王彦明 —— 著

钱谦益佛教文献与文学研究

中国社会科学出版社

图书在版编目(CIP)数据

钱谦益佛教文献与文学研究/王彦明著. —北京：中国社会科学出版社，2020.1

ISBN 978-7-5203-5448-6

Ⅰ.①钱… Ⅱ.①王… Ⅲ.①佛教—文献—研究②钱谦益(1582-1664)—文学研究 Ⅳ.①B948②I206.2

中国版本图书馆 CIP 数据核字(2019)第 245448 号

出 版 人	赵剑英
责任编辑	张 浩
责任校对	韩天伟
责任印制	李寡寡

出　　版	中国社会科学出版社
社　　址	北京鼓楼西大街甲 158 号
邮　　编	100720
网　　址	http://www.csspw.cn
发 行 部	010-84083685
门 市 部	010-84029450
经　　销	新华书店及其他书店

印　　刷	北京明恒达印务有限公司
装　　订	廊坊市广阳区广增装订厂
版　　次	2020 年 1 月第 1 版
印　　次	2020 年 1 月第 1 次印刷

开　　本	710×1000　1/16
印　　张	27.75
插　　页	2
字　　数	410 千字
定　　价	128.00 元

凡购买中国社会科学出版社图书，如有质量问题请与本社营销中心联系调换
电话：010-84083683
版权所有　侵权必究

序

李小荣

在风谲云诡的明末清初的大变局中，钱谦益（1582—1664）是学风、文风、诗风转变的关键人物之一。其身份多元，学识丰厚，既为东林党魁、文坛盟主，又是著名的藏书家和护法金汤；诗文唐宋兼宗，规模恢弘，融通性灵、学问与才情，集有明一代之大成，开清代风气之先，承先启后，足为模范。牧斋一生，枕席经史，淹通内外典籍，志在建立"通经汲古"（《答山阴徐伯调书》）之学，此实为乾嘉朴学先声之一。阎若璩《南雷黄氏哀词》曰"上下五百年，纵横一万里，仅得三人焉，曰钱牧斋宗伯也，顾亭林处士及黄南雷而三"，诚非虚誉也。钱谦益早年以"清流"自居，然因降清失节，故招非议，乾隆三十五年（1770），皇帝御览《初学集》后题诗讥之曰"平生谈节义，两姓事君王，进退都无据，文章那有光"，四十一年诏立国史，列钱氏为《贰臣传》之首。

钱谦益因著作遭乾隆禁毁，虽有抄本流传，但在很长的历史时期内，学术界对其人其文的研究成果并不多，直到清末民初，才渐得学人关注。特别是20世纪后半叶陈寅恪先生的皇皇巨著《柳如是别传》和钱仲联先生标校的《钱牧斋全集》等成果的问世，才加快了钱谦益研究的历史进程，并成为明清学术研究的热点之一，举凡文学、文献学、史学、经学诸领域，时有新材料之发现，可谓新见迭出，新人辈出。唯独对牧斋与佛教、佛学之关系的检讨，即便偶有学人著涉足，也无系统的文献爬梳，遑论有理论深度之文学批评了。

因受家族、地域、师承等多种因素的影响，钱谦益自幼奉佛，而晚年几近佞佛。一方面，他和禅宗、华严等传统宗派佛教之僧徒往来密切，另一方面，也和"晚明四高僧"颇有渊源。他以佛教学者之视角，完成了《楞严经疏解蒙钞》等佛学论著，整理刊刻了《憨山老人梦游集》等释家别集，浸染佛教之深，当世罕有其匹，而王彦明的新著《钱谦益佛教文献与文学研究》，即可弥补此方面研究之不足。

该书的基础是作者 2013 年于福建师范大学提交的博士学位论文《牧斋与佛教》，嗣后不久，又获 2015 年度教育部人文社会科学研究基金（青年项目）的资助。从动笔写作到正式出版，几经打磨，前后达七八年之久，它见证了作者的学术成长，如今终有所成，谨表诚挚祝贺！

统观全书，作者在较为全面掌握国内外已有研究成果的基础上，通过梳理相关佛教文献和细致考证钱谦益的奉佛史实，以历史还原为旨归，较深入地剖析了钱氏的佛学思想内涵，进而考察其人、其文与佛教思想、佛教信仰和佛教社会生活的交互影响。愚见以为，其优点有二：

其一，史实考证方面，作者不仅梳理了钱氏家族的奉佛传统，而且注重从家族内部着手，从其成长历程出发，剖析牧斋的心路历程。比如，对钱谦益自我形象体认之分析，对钱、柳营建佛化家庭乃至绛云楼失火与钱氏晚年佛教历程之转变的历史描述，颇有新见。作者在充分运用常见史料的同时，十分注意发现运用新材料，借此解决了钱氏佛教生涯中的某些疑难问题，如在考察钱谦益"天童塔铭"之诤时，作者便以《足本钱曾牧斋诗注》所存钱氏原稿和修改稿两相对勘，恰可印证钱氏所云"既不敢护短凭臆，亦未尝改头换面"的写作初衷，较之陈垣等诸位先贤所考，似更进一层。又如，考察破山寺鹤如禅师去留之争，作者用新发现的严熊诗歌和钱陆灿撰写的《钱朝鼎塔铭》，认为此事不仅涉及钱谦益、鹤如契德、牧云通门之间佛教理念的差异，亦涉及清初钱谦益与钱朝鼎的世俗权力倾轧，且将其视为钱氏家难发生之先导，这为深入探索钱氏家难之始末，提供了思考的新方向。

其二，佛教艺文方面，作者敏锐地觉察到佛教思想对钱氏诗文创作理念和文风转变的重要影响，颇为深入地剖析了钱氏诗文创作及其文学思想中所蕴含的佛学要素。诸如明亡前后，钱谦益由"缁衣偏喜醉红裙"（《陆子玄置酒墓田丙舍妓彩生持扇索诗醉后戏题八首》其三）至"笼眼琉璃映望奇"（《题〈吾炙集〉二绝句》其一）的创作理念的转变，乃至广泛借用佛教典故抒写故国情思、暗寓反清复明等写作技巧的剖析，颇有可圈可点之处。至于对钱谦益"灵心说"理论源头的发掘，对其借用"熏习"等佛教学说构建"灵心""世运""学问"三位一体之诗论体系的剖析等，均在前贤已有成果的基础上有较大的推进。

王彦明虽然出身贫寒，但其向学之心坚定，到目前为止，他是我指导过的近20位博士生中最刻苦用功者。其求学经历也和我相似，都是起步于中等师范学校，当过乡村教师，因此，在日常交往中有一种特别的亲近感。不过，我忝为导师，对钱谦益毫无研究。当时商定论文选题之时，我仅希望其研究是可持续的。现在看来，他从钱牧斋出发，由点及面，已经发掘出许多新的重要课题（如其承担的2018年度国家社科基金后期资助项目"四高僧与晚明佛教文学的重构"）。而且，他又入江西师范大学文学院李舜臣教授门下从事博士后研究，舜臣兄是明清佛教文学领域的著名学者，相信其得名师指点，将来的学术道路越走越宽，定能在中国佛教文学研究史上留下自己的一席之地。

是为序。

2019年4月19日识于福州仓山梦枕堂

目　　录

绪论 ……………………………………………………………（1）

第一章　钱谦益的佛教因缘与奉佛经历 ……………………（8）
第一节　钱氏家族奉佛事略 …………………………………（8）
第二节　钱谦益奉佛史略 ……………………………………（29）
第三节　佛教交游考 …………………………………………（45）

第二章　钱谦益与释家文献的疏释和刊刻 …………………（112）
第一节　反经明教的文献理念 ………………………………（112）
第二节　佛经疏释考 …………………………………………（120）
第三节　佛教别集整理 ………………………………………（165）
第四节　钱谦益与《嘉兴藏》 ………………………………（180）

第三章　钱谦益的佛教思想 …………………………………（192）
第一节　三教会通思想 ………………………………………（192）
第二节　佛教宗派思想 ………………………………………（218）

第四章　佛教与钱谦益的诗歌创作 …………………………（242）
第一节　缁衣偏喜醉红裙 ……………………………………（242）
第二节　笼眼琉璃映望奇 ……………………………………（254）

第三节　山阳诗隐倩谁传 …………………………………（281）
第四节　典故化用与理趣圆融 ……………………………（299）

第五章　钱谦益的佛教散文 ……………………………（311）
第一节　佛教散文创作概况 ………………………………（311）
第二节　佛教对钱谦益散文创作的影响 …………………（335）

第六章　佛教视阈下的钱谦益文学思想 …………………（346）
第一节　灵心论 ……………………………………………（346）
第二节　诗禅论 ……………………………………………（377）
第三节　佛典譬喻与诗论 …………………………………（386）
第四节　僧诗批评论 ………………………………………（406）

结论 …………………………………………………………（418）

参考文献 ……………………………………………………（420）

后记 …………………………………………………………（434）

绪　　论

无论从文学史、佛教史抑或学术史的角度，在明末清初这一特殊历史时期，钱谦益都是十分重要的一员。他在文学、史学、佛学等方面所取得的成绩，当时罕有匹者。但相对于文学、史学等方面的研究而言，钱谦益佛教文献与文学的研究略显薄弱。受家族、地域、师友等因素影响，钱谦益自幼接触佛教，晚年着力于佛教文献的整理和义理研究，成为名重一时的佛教居士。他生逢晚明佛教革新之时，与万历三高僧和其他宗派佛教徒往来密切，并卷入《天童塔铭》、鹤如禅师去留等佛教论争，浸染佛教之深，当时罕有及者。身为文坛盟主和东林党魁，钱谦益的诗文创作和文学思想也深受佛教影响。基于此，本书拟对钱谦益的奉佛史实、佛教文献、佛教思想以及佛教对诗文创作和文学思想的影响，进行较为全面的梳理，以期对钱谦益和明末清初佛教研究略有小助。

一　研究成果概述

钱谦益去世后，受贰臣身份和乾隆文禁影响，关于他的研究几近停滞。直至晚清民国年间，伴随着文网解禁，《初学集》《有学集》相继刊刻，钱谦益研究也逐渐引起学人关注。尤其是陈寅恪晚年巨著《柳如是别传》问世之后，经钱仲联、裴世俊、孙之梅、严志雄等学界贤达的努力，钱谦益遂成为明末清初学人中的研究热点。据粗略统计，目前与其相关的研究论文数百篇，论著十余部，涵盖文学、经学、史学等各个学科。① 然而，钱谦益佛教文献与文学研究也得到了学界的关注。

首先，钱谦益奉佛史实和佛教文献研究。除葛万里《牧斋先生年谱》、彭城退士《钱牧翁先生年谱》、金鹤翀《钱牧斋先生年谱》、张联骏《清钱牧斋先生年谱》②、方良《钱谦益年谱》③ 等年谱中简列他与明末清初僧人交往情况外，最早深入考察钱谦益与明末清初佛教的是陈垣先生。他的《清初僧诤记》④ 考察了钱谦益因撰写《密云禅师塔铭》引发的木陈道忞与继起弘储的僧诤始末。日本学者吉川幸次郎《居士としての——钱谦益と仏教》⑤ 考察了钱谦益与憨山德清等十五位高僧的交往。钱锺书《管锥编》认为钱谦益"借奉佛以隐愧丧节"，"倡言佞佛，非真奉佛"。台湾"清华大学"连瑞枝的硕士学位论文《钱谦益与明末清初的佛教》⑥ 考察了钱谦益的政治生涯、佛教生涯、佛教理念和密云第二碑之争。单就钱谦益与佛教关系而言，此文涉猎颇广，然在具体论证中则过于简略，尚有待于深入拓展。孙之梅《钱谦益与明末清初文学》⑦ 梳理了钱谦益与憨山德清、贤首宗、紫柏真可、云栖祩宏、临济宗、曹洞宗的关系，对钱谦益批判禅宗、提倡反经明教及重教抑禅、禅教合一等佛学思想进行了阐释。谢正光《钱谦益奉佛之前后因缘及其意义》⑧ 考察了钱谦益早期奉佛情况，认为钱谦益入清前即奉佛，非"借奉佛以隐愧丧节"，并梳理了破山寺住持鹤如禅师去留之争的始末。陈洪、王红蕾的《钱谦益与憨山德清的一段

---

① 关于钱谦益文学、史学诸方面的研究情况，详参严志雄、邓怡菁《钱谦益文学研究要目》，《中国文哲研究通讯》第 14 卷第 2 期；近年学人所撰之硕、博论文及相关论著中已有详细地分析，且与本文论旨不甚相关，故从略。

② 周和平主编：《北京图书馆藏珍本年谱丛刊》第 64 册，北京图书馆出版社 1999 年版，第 559—719 页。

③ 方良：《钱谦益年谱》，线装书局 2007 年版。

④ 陈垣：《清初僧诤记》，中华书局 1962 年版。

⑤ [日] 吉川幸次郎：《居士としての钱谦益——钱谦益と仏教》，载《吉川幸次郎全集》第 16 卷，筑摩书屋 1970 年版，第 35—64 页。

⑥ 连瑞枝：《钱谦益与明末清初的佛教》，硕士学位论文，台湾"清华大学"，1993 年。

⑦ 孙之梅：《钱谦益与明末清初文学》，齐鲁书社 1996 年版；山东大学出版社 2010 年版。

⑧ 谢正光：《钱谦益奉佛之前后因缘及其意义》，《清华大学学报》（哲学社会科学版）2006 年第 3 期。

思想因缘》①重点考察了钱谦益与憨山德清间的关系，后收入王红蕾《憨山德清与晚明士林》一书中。陈晓华《从〈绛云楼题跋〉看钱谦益对禅的皈依》②另辟蹊径，以《绛云楼题跋》为中心，考察了钱谦益的逃禅之举，然其观点尚有待斟酌。佛教文献方面，王红蕾《钱谦益〈大佛顶首楞严经疏解蒙钞〉考论》③论述了《楞严经疏解蒙钞》的疏经因缘、疏经过程及主导思想。笔者《〈楞严经疏解蒙钞〉的文献学价值》④《〈楞严经疏解蒙钞〉考论》⑤《钱谦益与〈嘉兴藏〉考论》⑥，简要梳理了钱谦益《楞严经疏解蒙钞》的成书过程、思想旨趣、文献学价值，以及钱谦益与《嘉兴藏》后期刊刻的关系。董永斌《〈宋文宪公护法录〉研究》⑦和贾素慧《〈宋文宪公护法录〉研究》⑧对钱谦益《护法录》的编撰动机、版本源流进行了考察。随着新文献的发现，《钱牧斋全集》失收的钱谦益佚文逐渐得到学界重视，诸如张明强《新发现钱谦益佚文考论》⑨《钱谦益集外文〈浮石禅师诸会语录序〉录考》⑩、孙中旺《钱谦益集外佚文〈山居诗引〉考论》⑪、笔者《钱谦益佚文考释》⑫等，辑录数篇钱谦益佛教佚文，为研究钱谦益与佛教之关系，补充了新的史料。

其次，钱谦益佛教思想研究。前举连瑞枝《钱谦益与明末清初的佛教》考察了钱谦益佛教思想的背景、对禅宗流弊的批判及佛教经世思想。孙之梅、王琳《钱谦益的佛学思想》⑬认为钱谦益从禅宗之盲、瞽、狂和

---

① 陈洪、王红蕾：《钱谦益与憨山德清的一段思想因缘》，《郑州大学学报》（哲学社会科学版）2007年第6期。
② 陈晓华：《从〈绛云楼题跋〉看钱谦益对禅的皈依》，《淮北煤炭师范学院学报》（哲学社会科学版）2010年第5期。
③ 王红蕾：《钱谦益〈大佛顶首楞严经疏解蒙钞〉考论》，《世界宗教研究》2010年第1期。
④ 王彦明：《〈楞严经疏解蒙钞〉的文献学价值》，《江苏广播电视大学学报》2012年第1期。
⑤ 王彦明：《〈楞严经疏解蒙钞〉考论》，《新国学》2016年第1期。
⑥ 王彦明：《钱谦益与〈嘉兴藏〉考论》，《新世纪图书馆》2013年第1期。
⑦ 董永斌：《〈宋文宪公护法录〉研究》，硕士学位论文，浙江师范大学，2012年。
⑧ 贾素慧：《〈宋文宪公护法录〉研究》，博士学位论文，上海大学，2016年。
⑨ 张明强：《新发现钱谦益佚文考论》，《苏州大学学报》（哲学社会科学版）2013年第3期。
⑩ 张明强：《钱谦益集外文〈浮石禅师诸会语录序〉录考》，《文献》2014年第1期。
⑪ 孙中旺：《钱谦益集外佚文〈山居诗引〉考论》，《图书馆杂志》2014年第10期。
⑫ 王彦明：《钱谦益佚文考释》，《文献》2014年第5期。
⑬ 孙之梅、王琳：《钱谦益的佛学思想》，《佛学研究》1996年第1期。

禅宗付拂之乱两个层面展开了对禅宗的批判，进而提出返经明教、重教抑禅、禅教合一等佛教理念，预示着以文献考证和逻辑分析并重的学院式佛教研究即将展开。日本学者岩城英规《『首楞厳経』注释书考》① 以《楞严经疏解蒙钞》为中心，考察了早期《楞严经》疏注及天台宗对"奢摩他""三摩""禅那"等三种禅定的不同解释。夏志前《〈楞严〉之诤与晚明佛教》②、龚隽《宋明楞严学与中国佛教的正统性——以华严、天台〈楞严经〉疏为中心》③ 从佛教阐释学角度对《楞严经疏解蒙钞》有所关注。南京大学张凌林的硕士学位论文《忠孝与佛性——钱谦益儒佛思想研究》④ 以忠孝与佛性为切入点，介绍了钱谦益批判禅宗、反经明教、提倡僧史等思想。

再次，钱谦益佛教与文学研究。文学创作方面，冯国栋《钱谦益塔铭体论略》⑤ 对塔铭这一"涉佛文体"的源流、钱谦益塔铭的特色及其表现出来的宗派倾向、"涉佛文体"的文学史价值作了较为公允的论证，呼吁学界加强对"涉佛文体"的研究。陆海旸的硕士学位论文《钱谦益后期诗歌研究》⑥ 考察了钱谦益后期诗歌表现出的佛教人生观、佛教宗教境界及钱氏对佛教人格的追求。严志雄《钱谦益〈病榻消寒杂咏〉论释》⑦ 以《病榻消寒杂咏》中七首佛教题材诗歌和十余联涉及佛教事典的诗句为中心，通过精致入微的文本剖析，揭示了钱谦益的奉佛渊源及其晚年的奉佛心境，为钱谦益诗歌与佛教关系研究提供了典型案例。文学理论方面，孙之梅《钱谦益的"香观""望气"说》⑧ 对"香观"说的佛典来源、生成

---

① [日]岩城英规：《『首楞厳経』注释书考》，《印度学佛教学研究》第52卷第2号，第144—148页。
② 夏志前：《〈楞严〉之诤与晚明佛教——以〈楞严经〉的诠释为中心》，《中国哲学史》2007年第3期。
③ 龚隽：《宋明楞严学与中国佛教的正统性——以华严、天台〈楞严经〉疏为中心》，《中国哲学史》2008年第3期。
④ 张凌林：《忠孝与佛性——钱谦益儒佛思想研究》，硕士学位论文，南京大学，2011年。
⑤ 冯国栋：《钱谦益塔铭体论略》，《文学遗产》2009年第5期。
⑥ 陆海旸：《钱谦益后期诗歌研究》，硕士学位论文，复旦大学，2005年。
⑦ 严志雄：《钱谦益〈病榻消寒杂咏〉论释》，联经出版事业股份有限公司2012年版。
⑧ 孙之梅：《钱谦益的"香观""望气"说》，《中国韵文学刊》1994年第1期。

背景及意义进行了评析。陈洪《清初文论中的佛学影响》① 对其文论中的"熏习说"与"弹斥淘汰说"予以论析。杨敬民《钱谦益"香观说"与蒲松龄"以鼻观文"论之比较》②，论述了"香观说"及蒲松龄"以鼻观文"之关系。师雅惠《佛境文心——试论佛学对钱谦益文学思想的影响》③ 梳理了钱谦益佛学与文学理念相关涉的"鼻观"说与"六根互用"，"平""淡"的文风与华严法界观、佛教改革观与文学变革在正本清源方面的相似性。杨遇青、王娟侠《论佛禅质素和晚明文学演进之思想脉络》④ 以华严与唯识为突破口，剖析了佛教思想对其文学创作的影响。熊艳《钱谦益诗论的佛学影响》⑤ 对钱谦益诗论中受佛学影响的诸如种子熏习说、香观说等方面进行了通俗性的介绍。李舜臣《钱谦益〈列朝诗集〉编选释氏诗歌考论》⑥ 认为《列朝诗集》所选释氏诗歌，不仅具有较高的文献价值，还清晰地反映出明代僧诗创作的发展态势，体现了钱氏独特的僧诗审美旨趣。虽有遗漏、舛误、取弃未允等现象，然为研究明代释氏诗歌提供了重要参照。

二 研究缘起与构想

经过百余年的学术积淀，中国佛教史及佛教文学史研究日渐成熟，各类佛教史大量涌现，佛教文献学研究积极开展，佛教文学史也不例外。明末清初佛教及佛教文学研究成为学界关注的热点，取得了一系列可喜的成果。然而，作为居士界及文学界的代表性人物，钱谦益与佛教研究并没有得到足够的重视。或许碍于贰臣身份，彭绍升《居士传》未列其名，学界

---

① 陈洪：《清初文论中的佛学影响》，《南开学报》1996年第6期。
② 杨敬民：《钱谦益"香观说"与蒲松龄"以鼻观文"论之比较》，《社会科学辑刊》2007年第2期。
③ 师雅惠：《佛境文心——试论佛学对钱谦益文学思想的影响》，《中国社会科学院研究生院学报》2009年第2期。
④ 杨遇青、王娟侠：《论佛禅质素和晚明文学演进之思想脉络》，《江汉论坛》2010年第11期。
⑤ 熊艳：《钱谦益诗论的佛学影响》，《文艺报》2011年5月27日第8版。
⑥ 李舜臣：《钱谦益〈列朝诗集〉编选释氏诗歌考论》，《文学遗产》2015年第3期。

对其奉佛史实的考察显然不够深入，且随着对新文献的发掘，有待补证处良多。钱谦益佛教文献、佛教思想研究也不够系统。由于缺乏佛教理论研究的有效支撑，钱谦益文学创作、文学思想与佛教关系研究虽取得了一定的成就，然对其宗教性和文学性的把握及内在理论体系的考察略显不足，一系列疑难问题悬而未决。这为钱谦益佛教文献与文学研究留下了深入发掘的空间。

鉴于此，本书尽量发挥个案研究优势，从奉佛史实、佛教文献、佛教思想、佛教与文学创作、文学思想的互涉影响等方面依次展开。具体而言，分为六章。

第一章"钱谦益的佛教因缘与奉佛经历"，重在奉教史实的考察。其一，从家族、地域、师友诸方面，考察钱谦益的佛教渊源。其二，以时为序，梳理钱谦益的佛教生涯，发掘绛云楼失火对钱谦益晚年奉佛的影响，解析钱谦益佛教形象的自我认同和佛化家庭的书写。其三，考察钱谦益与晚明清初禅宗、华严宗、天台宗、净土宗等各宗派僧俗的交游，剖析鹤如禅师去留之争始末及与钱氏家难的关系。

第二章"钱谦益与释家文献的疏释和刊刻"，重在考察钱谦益在反经明教理念下的佛教文献整理与研究。其一，梳理钱谦益反经明教的源流、内涵，及在此理念驱动下，整理、疏释佛教文献已经成为他晚年的心愿。其二，考察钱谦益《楞严经疏解蒙钞》等佛教经疏的疏释动因、成书过程、思想体系、刊刻流通和后世影响，剖析经疏的佛教文献学成就。其三，考察《憨山老人梦游集》等佛教别集的整理刊刻始末。其四，梳理钱谦益在《嘉兴藏》后期刊刻过程中的贡献。

第三章"钱谦益的佛教思想"，侧重思想层面的解析。其一，从儒释会通与政教会通两方面，揭示钱谦益的佛教思想，剖析其忠孝佛性论的渊源、理据和具体内涵。其二，以禅宗、净土宗、天台宗、华严宗为中心，揭示钱谦益对诸宗派优劣得失之评骘及其思想之倾向。

第四章"佛教与钱谦益的诗歌创作"，重在考察其诗歌和佛教的交涉。其一，以明清鼎革为界，考察钱谦益由以酒色诗禅为主体的晚明风流的文学书写，到以出世间妙义写世间感慨的创作理念的嬗变。其二，剖析钱谦益入清后，佛教视阈下的世间观照和诗歌呈现。其三，爬梳钱谦益诗歌佛教世界的构建及其现实指向。其四，梳理钱谦益诗歌佛教典故的化用和诗歌意境中的圆融与禅趣。

第五章"钱谦益的佛教散文"，重在梳理钱谦益的佛教类古文创作。其一，考察钱谦益塔铭、募缘疏、记体文、序跋等佛教类古文的创作情况和文体特性。其二，考察佛教在钱谦益古文创作转型中的促进作用，剖析佛教对其古文创作的影响。

第六章"佛教视阈下的钱谦益文学思想"，重在佛教视阈下考察钱谦益的文学思想。其一，剖析钱谦益灵心论的佛教渊源，揭示其借用佛教熏习说、香观说等构建出灵心、世运、学问三位一体的诗论体系。其二，以诗禅论为中心，剖析钱谦益对明代诗学的批判性总结。其三，考察钱谦益诗论中牛乳喻、医者喻等佛教譬喻的来源，揭示譬喻背后的诗学指向。其四，以蔬笋气和诗偈论为中心，考察钱谦益的僧诗批评理念及其在《列朝诗集》等大型诗歌选集中的体现。

鉴于学界在钱谦益的文献学、文学、史学等方面已取得较为丰硕的成果，本书在吸纳已有成果的同时，希望在研究深度和文献运用上有所补充、突破。如何能在学界已有成果基础上，深入发掘钱谦益的佛教史迹，揭示佛教与其诗文创作和文学思想的互涉，合理地把握他在明末清初佛教史、佛教文学史上的定位，是本书首先关注的问题。如何在浩如烟海的佛教文献中发现、利用新的文献材料，促进钱谦益与佛教研究的深入拓展，成为本书着重凸显的另一向度。因此，一事之始末，一典之源流，力求溯源探流；尚未使用之史料，尽力广为搜罗，胪列杂陈。然此二端，或失于支离，难免有穿凿之嫌；或失于冗杂，乃至有不堪卒读之感。加之钱谦益学识博大精深，佛学义理极尽精微，明清政局变幻莫测，笔者才薄识浅，每有矻矻难入之叹，尚请博雅君子斧正。

第一章　钱谦益的佛教因缘与奉佛经历

虞山钱氏家族有着悠久的奉佛传统，钱氏初祖吴越钱氏三代五王，就有浓郁的奉佛倾向。元末明初，钱氏一支迁到常熟。受地域奉佛氛围的影响，在战争创伤的激发下，钱琛之妻顾氏开启了虞山钱氏崇佛的序幕。钱谦益祖母卞氏、父亲钱世扬及柳如是等人，均为虔诚的奉佛人士。和钱氏关系密切的瞿氏、严氏等虞山望族，乃至于钱谦益的老师密友，不乏奉佛之人。受地域、家族、师友等因素的影响，钱谦益自幼游赏嬉戏于寺院僧侣之间。尤其是到晚年绛云楼失火后，他的毕生珍藏化为灰烬，进而奉佛日深，以佛经疏释作为余生志向。钱谦益生逢晚明佛教复兴之时，加之文坛盟主与东林党魁的社会影响，在他身边集结了大批奉佛文士，俨然成为居士佛教的吴中领袖。他与晚明四大高僧及其弟子、禅宗中的临济宗与曹洞宗、华严宗、天台宗、净土宗等各宗派僧人，关系密切。钱谦益因撰写《天童塔铭》和围绕破山兴福寺鹤如禅师去留，卷入了清初僧诤。尤其是鹤如禅师去留之争，某种程度上成为钱氏家难发生的前奏。

第一节　钱氏家族奉佛事略

钱谦益所属的虞山钱氏家族素有奉佛传统，其远祖吴越钱氏三世五王以奉佛著称于世。元末战乱，其中一支南迁虞山，钱氏第十七世钱琛之妻顾氏首开奉佛之风，并在家族中传承不息。钱谦益的叔祖父、祖母、父亲等亲属，皆信奉佛教。他的师友中，奉佛者亦为不少。凡此，均对钱谦益

第一章　钱谦益的佛教因缘与奉佛经历

产生了重要影响。

一　吴越钱氏与佛教

康熙二年（1663）十二月，82岁的钱谦益写下了组诗《病榻消寒杂咏四十六首》，第二十五首云："望崖人远送孤籧，粟散金轮总不应。三世版图归脱屣，千年《宗镜》护传灯。聚沙塔涌幡幢影，堕泪碑磨赑屃梭。莫叹曾孙憔悴尽，大梁仍是布衣僧。读黄鲁直先忠懿王《像赞》有感。"①从诗末自注可知，钱谦益此诗是受黄庭坚"先忠懿王《像赞》"感发而作。黄庭坚《钱忠懿王画像赞》云："文武忠懿，堂堂如春。中有樗里，不以示人。雷行八区，震惊听闻。提十五州，共为帝民。送君者自崖而反，以安乐其子孙。九万里则风斯在下矣，眇大物而成仁。"②观其旨趣，无非在称颂吴越忠懿王钱俶功名勋业的基础上，赞其以十五州归宋，进而保全钱氏子孙的仁德之举。衰残困顿中的钱谦益，在行将就木之年，称颂吴越钱氏奉佛史迹，缅怀家族奉佛传统。这无疑是考察钱谦益奉佛之路的一把金钥。

钱谦益是一个具有强烈历史意识的人。他曾待职史馆，有志于搜罗、编撰有明一代的历史、文学史、佛教史，而且留意于家族史。他在《牧斋晚年家乘文》中梳理了虞山钱氏家族的发展历史，其云：

> 我钱氏自少典以降，商伯封彭城，为始封之祖。周太师为钱氏受姓之祖。又四十九世富春侯由下邳徙长城，为江东之祖。二十一传武肃王，奄有吴越，为立国之祖。忠懿王奉国后，诸房子孙，奏名有司者近三千人，得官者殆半。不得官者，王分俸禄养之于京师。自是八十年不得展省坟墓。高宗初，荣国公忱，奉母秦鲁公主南渡，赐第于台。生三

---

①　（清）钱谦益：《有学集》卷13，上海古籍出版社2003年版，第657页。本书所引《初学集》《有学集》《牧斋杂著》，若无特殊说明，均见钱仲联先生标校的《钱牧斋全集》，上海古籍出版社2003年版，不再一一注明。

②　（宋）黄庭坚：《黄庭坚全集》，四川大学出版社2001年版，第556页。

9

子，长端仁，次端义、端礼。端义、端礼子孙皆在浙，而端仁子孙家常熟。……自端仁五世千一公渡江后，十二世孙体仁，重修族谱，依庆系谱，断以武肃王立国始祖，为吴越第一世。以第十二世千一公玄孙为海虞始祖。以十七世通九公镛为鹿园始祖。通十公琛为奚浦始祖。①

钱谦益将钱氏家族的历史远溯至少典。其后，篯鏗受封于彭城，称彭祖，为钱氏受封之祖。钱谦益自称"篯后人"②"彭祖九十九世"③"商大夫八百地仙彭祖九十七世裔孙"④等，即源于此。篯鏗第二十八子孚"为周文王师，官于钱府上士，因去竹而称钱氏"⑤，此为受姓之始。东汉时，富春侯钱让为江东始祖，武肃王钱镠为吴越钱氏立国之祖。⑥ 自第三世忠懿王钱俶献版图归宋后，钱氏子孙得到了妥善安置。其中北宋文学名家钱惟演（钱氏第四世）即为钱俶第六子，"今吴越钱氏本支，皆祖文僖（钱惟演）"⑦。钱惟演孙钱景臻（第六世）取宋仁宗之女秦鲁公主，赐第于台，子为钱忱（第七世）。钱忱长子钱端仁（第八世）之后钱元孙（第十二世）徙于常熟奚浦，遂为海虞钱氏之祖，钱氏因之又分为台越与海虞两支。海虞钱氏自钱氏第十二世钱元孙迁居常熟后，历经十四世而传至钱谦益（第二十五世）。此间，第十七世钱镛迁居于鹿园，常熟钱氏分为鹿园与奚浦两支。钱谦益属奚浦钱琛之后。

在钱氏家族历史上，吴越钱氏三世五王的政治功业足以让其引以为傲，他们的奉佛崇佛之举，也为后人树立了楷模。身为立国之祖的钱镠，年轻时曾信奉道教，"后转而并奉佛、道，晚年则深信佛教"⑧。当时两浙

---

① （清）钱谦益：《牧斋杂著》，第126—127页。
② （清）钱谦益：《有学集》卷41，第1402页。
③ （清）钱谦益：《牧斋杂著》，第547页。
④ 同上书，第726页。
⑤ 同上书，第124页。
⑥ 吴越钱氏一支，对后世影响最大。北宋钱惟演所作《庆系谱》，以吴越王钱镠为初祖，得到吴越钱氏后人的遵从。钱谦益《牧斋晚年家乘文》因之。为清楚体现钱氏辈分传承，书中均以"第某世"标之。若无特殊说明，均以钱镠为第一世，依次类推而成。
⑦ （清）钱谦益：《牧斋杂著》，第133页。
⑧ 杜继文等：《佛教史》，中国社会科学出版社1991年版，第333页。

地区精通术数的僧侣，多受钱镠礼遇。如僧文喜，"唐光启三年（887），武肃王请住龙泉寺，已又住圣果，表荐赐紫，加号曰无著。……（去世后）武肃王命神将邵志重封瘗焉。同时有虚受、鸿楚、从礼、惠明诸僧，皆为王所尊礼"①。僧无作，字不用，受"武肃王仰重，召居明州"②。诸如此类，不胜枚举。受钱镠影响，文穆王钱元瓘亦礼重僧侣，僧自新、全付、道怤等多受恩遇。忠懿王钱俶对佛教极为热忱。最为世人称道的，莫过于所制八万四千铜塔，"中间封藏《宝箧印陀罗尼经》刻印卷子，颁发境内。又以杭州为中心，兴建大型寺院数百，招揽当时全国的佛教精英，其中突出的有德韶、义寂、延寿等"③。此外，应义寂之请，遣使往高丽、日本等国搜寻天台宗论疏，为天台宗中兴奠定了基础。吴越王朝较为稳定的政治经济局势，为佛教发展提供了保证，吴越俨然成为佛教文化的又一中心。④

钱谦益自号聚沙居士，从典源的角度考察，无疑出自《妙法莲华经·见宝塔品》的"聚沙成塔"。然从家族史的角度考察，自然与钱俶造塔密切相关。康熙元年（1662）十月二十六日，81 岁的钱谦益在《异梦记并偈》中记述了童年时期的两个"异梦"，其一便是梦见宝塔，其云："昔我童稚时，梦中见宝塔。幢幡宝缨络，装校皆真珠。珠中燃宝灯，一一光映彻。菩萨诸天人，周遭凭栏楯。齐出妙音声，唱叹诸佛法。停住虚空中，回翔而西逝。落落天梵音，睡觉犹在耳。旬日之莲宫，讽诵《宝塔品》。风铃树罗网，宛然见昔梦。"⑤ 此梦的真实性虽无从考究，然至少说明，身为钱俶后人，他与宝塔之间有着难以割舍的联系。万历初年，钱谦益舅父顾耿光在迁移顾玉柱的墓葬时，意外发现了钱俶修造的阿育王铜塔。程嘉燧《破山兴福寺志·明中宪大夫墓》云："顾公历仕有声绩，为嘉靖间名臣，仕至山东副使。墓在寺东，今迁于墓门之东偏。营葬时掘得吴越钱忠

---

① （清）吴任臣：《十国春秋》卷 89，中华书局 1983 年版，第 1281 页。
② 同上书，第 1282 页。
③ 杜继文等：《佛教史》，第 333 页。
④ 潘桂明：《中国佛教思想史稿》，江苏人民出版社 2009 年版，第 1128 页。
⑤ （清）钱谦益：《牧斋杂著》，第 481 页。

懿王所藏阿育王铜塔，今尊藏寺中，憨山大师清公瞻礼作记。"① 万历十五年（1617）四月八日，应钱谦益等人邀请，憨山德清前往虞山。与钱谦益会面期间，他创作了《吴越忠懿国王造铜阿育王舍利塔记》，详细记载了阿育王塔的发现、形制及钱谦益自号"聚沙居士"的始末，其云："我明万历初，常熟顾耿光造其父宪副一江公茔地，中掘出一小铜塔，高五寸许，如阿育王塔式，内刻款云：'吴越国王钱弘俶敬造八万四千宝塔，乙卯年记'一十九字，外四面镂释迦往因本行示相，前则尸毗王割肉饲鹰救鸽，后则慈力王割耳燃灯，左则萨埵太子投崖饲虎，右则月光王捐舍宝首，文理密致，渗以金饰。顾为太史钱公母舅，因公为忠懿王之后，遂以塔付之。公得此，自号'聚沙居士'，志因也。乃送兴福兰若供养。予适东游，访太史，过洞闻上座，睹其塔，奇其事，因记之。"② 这不仅成为钱谦益"聚沙塔涌幡幢影"的最佳注脚，亦见吴越钱氏对其奉佛影响之大。

与吴越钱氏关系密切的僧人中，永明延寿是其中最重要者。吴任臣《十国春秋》载："僧延寿字冲立，本姓王，余杭人也。……至二十八岁，为华亭镇将，以官钱放生坐死，文穆王赦之，听其出家。……建隆元年（960），忠懿王重创灵隐寺，命延寿主其事。后迁永明道场，以心为宗，以悟为旨，度弟子一千七百人，著《宗镜录》一百卷。"③ 在钱谦益心目中，永明延寿及其《宗镜录》，不仅是钱氏家族奉佛历史的见证，也是钱氏家族的传家宝。康熙元年（1662），年已81岁的他在《秋日杂诗二十首》其八写道："汉东涌楼阁，庄严永明师。挥手弃山河，大梁一布衣。传家五百载，百卷《宗镜》书。莫欺粟散王，寄报良亦殊。"④ 所谓"挥手弃山河，大梁一布衣"，王偁《东都事略》卷二十四载："李煜贻书于俶，其略曰：'今日无我，明日岂有君？一旦明天子易地酬勋，王亦一大

---

① （明）程嘉燧：《程嘉燧全集》，上海古籍出版社2015年版，第573页。
② 同上书，第574页。
③ （清）吴任臣：《十国春秋》，第1286—1287页。
④ （清）钱谦益：《有学集》卷12，第585页。

梁一布衣尔。'"①忠懿王钱俶归宋,"挥手弃山河",钱氏子孙借此得以保全。钱谦益《牧斋晚年家乘文》载:"(钱氏)诸房子孙,奏名有司者近三千人,得官者殆半。不得官者,王分俸禄养之于京师。"② 在钱谦益心目中,勋名功业虽然无法与先祖相比,但至少在奉佛这一点上,算得上不坠家风了。作为《宗镜录》的结集之所,净慈寺住持无生愿公请钱谦益写作唱导疏文,钱谦益《武林湖南净慈寺募建禅堂斋室延请禅师住持宗镜唱导文疏》转录无生愿公之语云:"兹山实永明智觉禅师结集《宗镜》之地。现国王身,为大护法者,吴越文穆、忠献二王也。居士为佛法金汤,为吴越苗裔,愿于楮墨间放大光明,不独唱导四众,实天人眼目所凭依也。"③ 与其说是无生愿公在向钱谦益追溯他与净慈寺的渊源,倒不如说是钱谦益的夫子自道,是对家族奉佛历史和自我信仰取向的认同。因此,钱谦益不仅欣然撰文,而且将收藏的云栖袾宏《弥陀疏钞》,用作宗镜堂开堂资本,"居士身为穷子,财施法施,一切无有。皮册有莲池大师《弥陀疏钞》一部,谨函致上人,作《宗镜》开堂资本"④。在《西湖杂感》其十二中,钱谦益着重点出施经之事,"于今顶礼云栖老,拥卫人天五百余。宗镜开堂,余以《弥陀疏抄》一部为施,此诗申明之"⑤。

二 虞山钱氏与佛教

自千一公钱元孙开始,钱氏迁居虞山,在这片富有文化底蕴和奉佛氛围的土地上生根发芽,开始了新的历史传承。虞山,古称琴川,"巫咸、虞仲之故墟,季札、子游氏所游处"⑥。唐末动乱,"光启(885—887)、乾

---

① (宋)王偁:《东都事略》,齐鲁书社2000年版,第191—192页。
② (清)钱谦益:《牧斋杂著》,第125—126页。
③ (清)钱谦益:《有学集》卷41,第1401页。
④ 同上书,第1402页。
⑤ 周法高:《足本钱曾牧斋诗注》,三民书局1973年版,第1738页。
⑥ (清)钱陆灿等:《康熙常熟县志》,《中国地方志集成·江苏府县志辑》,江苏古籍出版社1991年版,第1页下。钱陆灿系谦益学生,《康熙常熟县志》"泚笔于癸亥(康熙二十二年,1683)之五月,至丁卯(康熙二十六年,1687)三月而始告竣"(杨振藻序,见该书第2页上—第2页下),距钱谦益去世仅二十余年。

13

宁（894—897）间，陷于僭乱，五代属于钱氏"①。"听巫史，事鬼神，尊事老释"②，是其显著的风俗特征。每至特殊节日，寺院组织相关活动，邑人积极参加。诸如"（正月）九日为天日，兴福寺僧斋天，邑人多早起往观之"。③ 四月八日为汉传佛教传统的佛诞节，"各寺院设斋传经，名曰浴佛会"④。七月十五日中元节，"僧舍多举盂兰盆会"⑤。七月三十日为地藏生日，"东岳行宫之西有证度庵，士女进香者极盛"⑥。

虞山地区分布的各类大大小小的寺庙庵院，反映出该地奉佛风习的兴盛。据钱陆灿《康熙常熟县志》卷十三《寺观》载，常熟从三国时期至清康熙年间，共有各类寺庙 158 座。建造历史悠久，延续时间长，是虞山地区寺院建设的显著特点。常熟的佛寺，最早可以追溯到三国时吴赤乌年间（238—251）建造的吉祥庵和泗州经堂。后受梁武帝萧衍佛教信仰的影响，虞山出现了历史上第一个佛寺建造高峰，共建造寺庙 13 座，包括有邑中首刹之称的慧日寺。陈朝分别于祯明三年（589）和祯明六年（592）建造寿圣晏安禅院和妙清寺。入唐后，建寺五所。自北宋赵匡胤开宝年间（968—976）邹知邈创建净慧禅院开始，虞山迎来佛寺建设的第二个高峰。两宋期间共造寺 66 座，其中北宋建寺 18 座，南宋建 47 座，不确定北、南宋者 1 座，约占历史上建寺总数的 42%。入元后，自大德年间（1297—1307）开始，共建寺 28 所，其中以庵为主。入明后，共建 12 座。清顺治年间建寺 4 所，其中有清初著名禅师玉林通琇（1614—1675）为葬母缪氏而建的大慈塔院。此外，另有见于记载而时代不明的 26 座。佛寺的地理分布，以虞山为中心，向四周呈发散式展开，小者分布于村社之中。寺院的创建者以僧人为主，遍及僧俗两界。在具体可考的 82 人中，僧人建寺者 60 位，邑人建寺者 22 位，其中 3 座是由女性施主建造。

---

① （清）钱陆灿：《康熙常熟县志》卷1，第 13 页下。
② （清）钱陆灿：《康熙常熟县志》卷9，第 164 页下。
③ 同上书，第 167 页上。
④ 同上书，第 167 页下。
⑤ 同上书，第 168 页上。
⑥ 同上。

第一章　钱谦益的佛教因缘与奉佛经历

虞山佛寺建造之多，足可说明奉佛风气之盛，其中不乏家世奉佛者。虞山望族与钱氏关系比较密切的，诸如严氏、瞿氏、顾氏等，均有奉佛倾向，其中最为显著者，莫过于严讷一族。

严讷（1511—1584），字敏卿，明嘉靖二十年（1541）进士，官翰林院侍读，后拜武英殿大学士，"寻致仕，归居常。信奉佛法，归心净土"①，著《乐邦文类序》。隆庆、万历年间，袾宏在云栖寺倡导净土法门，严讷为其外护。他"居乡好施予，出语唯恐伤人。岁饥，致书当事，请蠲租者三。民甚德之，称之曰'严老佛'"②。严讷次子严澂，字道彻，"师事管东溟，传其学，既又与瞿元立参究宗乘。……晚而家居，好云栖之教"③。严澂之子严朴，淳谨乐善，年25岁时，得疾将卒，"澂谓曰：'毋杂思，但一心念佛。'朴曰诺。澂又曰：'从今以往，吾亦一心念佛。'朴喜曰：'审如是，儿无虑矣。'正容合掌而逝"④。严氏父子生死关头相互砥砺若此，家族奉佛之世代传承，于焉可见。严澂之弟严泽、严泽之子严拭均为奉佛之士。入清后，严拭"构小楞伽室于锦峰山祖墓旁，息心禅诵"⑤。此外，以瞿汝稷为代表的瞿氏家族，也有浓厚的奉佛倾向。瞿汝稷字元立，以父荫为官，历任黄州知府，后迁长芦盐运使，以太仆少师致仕，"元立受业于管东溟，学通内外，尤尽心于佛法"⑥。同时，瞿汝稷为《嘉兴藏》早期发起人之一，"时径山刻大藏，元立为文导诸众信，破除异论"⑦，"上溯诸佛，下逮空门，撮其语要为《指月录》，盛行于世"⑧。其他如陈氏、梁氏，均为家世奉佛之族。

就虞山钱氏而言，初祖为吴越钱氏十二世钱元孙。其父钱迈在南宋咸

---

① （清）彭际清：《居士传》，《新编卍续藏经》第149册，新文丰出版公司1995年版，第935页上。
② 同上书，第936页下。
③ 同上。
④ 同上。
⑤ 同上书，第937页上。
⑥ 同上书，第957页下。
⑦ 同上书，第958页上。
⑧ 同上书，第960页上。

淳（1262—1274）、德祐（1275—1275）间守通州，卒于官。因元末战乱，钱元孙南迁常熟，"越四世而家声大振"①。元至正（1341—1368）年间，钱昌宗（1313—1364，钱氏第十六世、居常熟后五世）纳粟补官，正式涉足仕途。昌宗长子钱镛居常熟鹿园，是为鹿园支；次子钱琛（1329—1412，钱氏第十七世）居奚浦，为奚浦支。自此，常熟钱氏又有鹿园、奚浦之分。钱琛娶妻二：原配邵氏，生钱友安；继室顾妙贞（1352—1415），生钱虎。时正值元末动乱，顾氏携钱友安、钱虎与钱玺扶病奔逃。因形势所迫，顾氏将亲生之子钱虎丢弃在强家湾。七日兵退后，顾氏方能收拾安葬钱虎的遗骨。顾氏虽然育有二子钱友仁与钱友义，仍对钱虎心怀愧疚，晚年皈依佛门。《牧斋晚年家乘文》称其"晚年笃信因果，念通十公奄忽泉壤，乳哺儿暴骨沟壑，仗佛菩萨慈力拔济，捐资修宋绍定普福庵，丹青金碧，照耀人天。塑立像尺许于大士旁，以识皈依。慈容晬穆，知为佛地中人"②。她的奉佛及乐善好施之举，在钱氏后人中得以延续。顾氏子钱友义（1371—1433，钱氏第十八世），"族人以难告，倾身赴之。赈人之急，不责偿，乡人皆以为母"③。友义子钱宽（钱氏第十九世），"俭而好施，赒族赈乡。岁多凶饥，流人饿夫，蒙袂习屦者，咸以两家为归"④。钱洪（1406—1463，钱氏第十九世）"轻财重义，缘手散数千金"⑤。夫人范氏对此评云："佛家以布施为藏，此金入我藏中矣。"⑥ 钱泰（1427—1510，钱氏第二十世），"天顺庚子⑦，岁饥。明年，又饥。其设馆施棺，一如先府君故事。……修河阳观音殿，建虞山老子堂，斥千金结世外缘，意豁如也"⑧。钱尚仁（钱氏第二十二世）"遍游金陵、吴、越山水，修白雀寺，

---

① （清）钱谦益：《牧斋杂著》，第138页。
② 同上书，第140页。
③ 同上书，第141页。
④ 同上书，第142页。
⑤ 同上书，第145页。
⑥ 同上。
⑦ 天顺为明英宗年号，起丁丑（1457），终甲申（1464），共8年，并无庚子，离其最近之庚子年为明宪宗成化十六年（1480），此处当误。
⑧ （清）钱谦益：《牧斋杂著》，第147页。

饭僧普陀,以能施予闻于四方"①。钱谦益曾祖钱体仁(1509—1574,钱氏第二十二世)之妻赵氏,"晚而好佛,与家人言,谆谆因果"②。除奚浦本支外,迁于鹿园的钱氏分支,亦多奉佛之举。如钱建(第二十世)游焦山时,徘徊僧寮中,见殿堂多颓圮,"周视殿址,暗记梓材砖石几何,砉断架构抟塑丹垩之工几何,立遣人往维扬鸠材就工,计程登筑,未旬日檐牙翚飞,金浮碧明,乃设水陆道场,大斋四众而去"③。通过上述事例可见,虞山钱氏的奉佛主要以寺院布施为主,尚未涉及义理探究。

三 钱谦益亲属与佛教

对钱谦益奉佛产生直接影响的,无疑是与其关系最为密切的家族亲属,包括以祖母卞夫人、父亲钱世扬等为代表的直系亲属和以钱顺时等人为代表的旁系亲属。

钱谦益的祖父钱顺时(1532—1560),字道隆,嘉靖乙卯(1555)举人,嘉靖己未(1559)进士,殿试二甲,观政刑部。嘉靖三十八年(1559)冬,钱顺时奉诏携金数十万至辽阳饷军,饱受东北苦寒,得病而归,"竣事归省,病已中五内。疫疠传染,抵家五日而卒",年仅29岁。钱顺时卒后,其妻卞氏(1531—1604)"截发纳棺,以鞠觑孤胆于成"④,含辛茹苦,将钱世扬及钱谦益抚育成人。卞夫人方严刚正,熟悉小学、女训诸书,好奇伟画策,决疑解难,堪比男子。中年以后,卞氏归奉佛教,以兴复破山寺为己任。《牧斋晚年家乘文》载:

> (卞氏)中年归心佛乘,讲解《坛经》诸书,能了其义。破山古寺倾圮,命先君延僧营建。破殿数椽,四天王侧坐泥土中,拮据二十年,复还旧观。甲辰秋(1604),痹病剧,梦舌根先离,作偈辞众,

---

① (清)钱谦益:《牧斋杂著》,第152页。
② 同上书,第156页。
③ 同上书,第172页。
④ 同上书,第160页。

有"打叠身心早归去"之句。觉而曰:"吾其行矣,幸好送我。"迁榻西向,供观佛念佛。作观侧卧,不少解,越两日夜,沐浴披衣,端坐而逝。比大殓,顶门温热,两拳握印,侍婢手展之弥固。谦益卧枢前,恍惚见祖母头面现大圆镜中,斯往生之征也。①

钱谦益用饱含深情的生花妙笔,细致描绘出祖母卞氏的奉佛经历和往生景况。讲解经书、修建寺宇、作偈辞众、正定往生,俨然如得道比丘尼。

钱谦益的父亲钱世扬(1554—1610),字孝成,又字俙孝士兴,自号景行子,晚年自号聱隅子,常熟县增广生员,万历十九年(1591)乙榜,入国学,不第,万历三十八年(1610)卒。受母亲卞氏影响,钱世扬亦奉佛,"若其生平归心佛乘,笃信三宝,则得于母师胎教,熏习训迪为多"②。钱世扬著有《古史谈苑》,始于万历三十四年(1606)居母丧期间,万历三十七年(1609)成稿,"四年之中,横经籍书,寸纸不遗,秃管成冢"③。此书"取材于史,借经于稗,汰平钩异,撮繁就简"④,"采剟正史中异闻奇事,可以耸见闻、资劝戒者,有《旌行》《物差》《神迹》《咫闻》四部之目"⑤。《古史谈苑》虽为史学著作,却会通儒释,深受佛教思想影响。钱谦益《刻古史谈苑目录后序》云:"善言天者必验于人,三世之事,信而有征。"⑥《古史谈苑摘录后记》亦云:"《谈苑》一书,激扬忠孝,指陈修悖,主于明扶三纲,阴阐六度,斯志行之所存也。"⑦ 因此,周安石在此书基础上,选取其中"唱导因果,辅翊教乘者",汇为《古史谈苑摘录》一书,"厕诸《历代禅征》之集"⑧。钱谦益认为"庶几附丽《弘明》二

---

① (清)钱谦益:《牧斋杂著》,第161页。
② (清)钱谦益:《有学集》卷45,第1493页。
③ (清)钱谦益:《初学集》卷74,第1637页。
④ 同上。
⑤ (清)钱谦益:《有学集》卷45,第1493页。
⑥ (清)钱谦益:《初学集》卷74,第1637页。
⑦ (清)钱谦益:《有学集》卷45,第1493页。
⑧ 同上。

第一章 钱谦益的佛教因缘与奉佛经历

集,少裨法海,不徒传示子孙而已"①。当然,卞氏、钱世扬母子二人的奉佛举措,集中体现在破山兴福寺的兴复与修建上,详参后论。

钱世扬、钱谦益父子两代单传,人丁不旺。因此,与钱谦益关系最为密切的旁系宗亲,首属钱谦益的叔祖父。钱谦益的祖父钱顺时为长子,有弟四人,分别为钱顺德、钱顺治、钱顺理和钱顺化。

钱顺德(1535—1600),字道充,别号春池,嘉靖四十四年(1565)进士,官至山东按察司副使。②钱顺时精通干支之学,自知寿命不长,临终时将钱世扬托孤给钱顺德。钱世扬7岁丧父,在叔父照料下长大成人,名为叔侄,情同父子。钱谦益代父所作《故叔父山东按察副使春池府君行状》云:"初先君(按:指钱顺时)通支干五行之学,尝语公曰:'吾与若法皆富贵,然若当胜我,我患无年耳。'先君寝疾弥留,剑七岁孤以授公曰:'以累汝。'故先君之殁也,公以小子(按:指钱世扬)为子,小子亦以公为父。"③《康熙常熟县志》卷十八亦云:"顺德少与兄顺时同学,顺时通干支说,言己与仲皆当显,己苦无年耳,后果然。病革,携七岁孤授顺德,抚之成人,即尚书谦益之父,父事顺德不衰。"④钱顺德侧室沈氏生二子,分别为钱世臣与钱世显。钱世扬无兄弟,故与堂兄弟情同手足。钱顺德与钱世显去世后,钱世扬将钱世显之子钱谦贞抚养成人。在《从祖父令甫钱君墓表》中,钱谦益历数钱世扬与钱顺德两家三代人互相扶持的宗亲之谊:"初,我王父举进士,无禄即世,病革,剑先君以授宪副府君。府君抚先君于孤孩,克有成立。迨两从祖父之长也,先君已称名师宿儒,有声场屋矣。先君以无兄弟,移其友于从弟,相爱不啻手足。而从祖父之视先君,则师弟子如也。……而君又鲠介好直言,慷慨急人之难,先君尤笃爱之,以为真吾弟也。君卒,先君哭之恸。伯与宪副亦相继卒,单妻稚

---

① (清)钱谦益:《有学集》卷45,第1494页。
② 关于钱顺德生平,参见《故叔父山东按察司副使春池府君行状》,载《初学集》卷75,第1648—1650页。
③ (清)钱谦益:《初学集》卷75,第1650页。
④ (清)钱陆灿等:《康熙常熟县志》,第423页。

19

子,惸惸相吊,先君倾身抚之,一如宪副府君之抚己也。"① 钱顺理早逝,虽娶妻徐氏,并无子嗣。钱顺理去世后,钱顺德将钱世显过继给徐氏。在钱世显去世后,钱世扬与徐氏等合力将钱谦贞抚养成人。钱谦益结婚时,徐氏曾前往纳采。②

钱顺德一支祖孙四代人,皆为佛教信奉者。康熙二年(1663)七月十五日,钱谦益应钱谦贞之子钱孙保之请,写作《接待庵记》。在此文中,钱谦益详细梳理了钱顺德、钱顺化、徐氏、钱世熙、钱世扬、钱谦贞、钱孙保祖孙四代护持、资助接待庵的情况,足见佛教信仰在钱谦益旁系亲属中传承不息,为考察钱谦益佛教信仰的生成提供了参照。文曰:

> 出南门二里许,有庵曰接待。楚僧性镇所建,雪浪大法师恩公记曰:"虞山北枕江海,南通吴会,僧徒往来,烟包雨笠,无所爱止。有大护法宪副钱公,谋建招提,为接待之所。公有西河之戚,借为升济之因,鸠善友八十一人,人施一金,叶《华严经》卷之数,买金氏废地于三里桥。万历戊戌(1598)六月迄乙巳(1605)冬,构大殿三间,及诸旁舍。宪副即世,弟顺化、侄世扬,诸善女人,后先蒇事,而经营傫工,镇为其首。"记所载宪副钱公,吾从祖祖父春池府君也。曰弟顺化、侄世扬,则吾季祖父存虚翁与先君官保公也。……宪副府君介妇徐氏,岁供银米,施田若干亩,住以其间造中殿三楹。住殁,孽僧盗钟鱼什物,以奔豪右。徐夫人孙孙保,号呼撄柱,行求住僧普润理庵事。润有志禅净,多施为,改建故屋六间,以备宴息庖湢。斥三门邻地五亩余,购弃屋废椽,储庤木石砖甓,有事兴作,而属孙保请余为记。孙保曰:"兹庵之建,自吾曾祖父子兄弟,阃门为施主,四世于此矣。孙保单贫,无七钱一径之施。伯父为之记,以唱四众,孙保借以有助于润,抑亦有辞于先世也。"③

---

① (清)钱谦益:《初学集》卷75,第1653页。
② 参见《明旌表节妇从祖祖母徐氏墓志铭》,载《初学集》卷75,第1654—1655页。
③ (清)钱谦益:《牧斋杂著》,第732页。

第一章　钱谦益的佛教因缘与奉佛经历

钱顺德修建接待庵的原因，或曰其佛教信仰的出发点，源于丧子之痛。从钱顺时（1532—1560，29岁）开始，宗亲早亡成为笼罩在家族中挥之不去的隐忧。钱顺治（1537—1560）24岁，钱顺理（1538—1559）22岁，钱世显（1571—1595）25岁，他们在人生壮年纷纷离世。万历二十六年（1598），钱世臣（1569—1598）去世后，钱顺德联合亲友共计81人，契合《华严经》81卷之数，施资创建了接待庵。钱顺理的妻子徐氏①等女性成员也参与其中，施金布施。以至于祖孙四代，绵延不休。因此，接待庵的修建，成为钱谦益旁系亲属中佛教信仰的重要佐证。

钱顺时的幼弟钱顺化（1548—1625），字道光，世称存虚翁。钱谦益作为族中长孙，兼祖父早逝，钱顺时对他关爱有加。《牧斋晚年家乘文》载："余十二病痘疹，夜分危急，举家啼哭。存虚翁已炳烛立榻前，祷神召医，呼噪达旦。翁为予病，风雪中一夕数往来，涊月未尝就枕也。"②作为家族中的幼子，钱顺化并没有像钱顺时、钱顺德等人一样走上科举之路，而是喜欢学道，"杂学《参同》《悟真》诸道家言"③。学道无成转而奉佛，以致有"肉身菩萨""此土须达长者"之称。《牧斋晚年家乘文》称其"日以施予为事"，"修寺塑像，营斋刻经，施生掩骼，有为功德，以一身肩荷。坐卧小楼，游僧乞士，咸共床被。所至手摸衣领，搯虮虱掷地。索债者呼嚣填门，或群尾其后，口喃喃颂佛号不休"④。《吾宗篇寿族侄虎文八十》称："毁家檀施，号肉身菩萨，为从祖存虚翁。"⑤钱顺化乐善好施，得到了紫柏真可和密藏道开称赞："紫柏大师驻锡虞山，摩其顶曰：'吾行天下，见有一村一庵，数僧和合，无不颂钱季公檀施。勉之哉！

---

① 关于徐氏的奉佛情况，钱谦益《明旌表节妇从祖祖母徐氏墓志铭》云："晚而好浮屠法，长斋礼佛。"（《初学集》卷75，第1655页）钱陆灿《康熙常熟县志》卷二十二亦载："因闭一室，长斋事佛，朝夕无惰。凡内外亲疏，遇之皆有恩纪。"[见（清）钱陆灿《康熙常熟县志》卷22，第539页。]
② （清）钱谦益：《牧斋杂著》，第167页。
③ 同上书，第163页。
④ 同上书，第164页。
⑤ （清）钱谦益：《有学集》卷23，第934页。

无负诸方称汝为肉身菩萨也。'密藏开公亦赞翁此土须达长者。"① 万历十七年（1589），钱谦益8岁时，钱顺化带他参礼密藏道开。后来，年近80的钱谦益回忆起此事云："（密藏道开）师以万历己丑（1589），驻锡虞山东塔。余方童稚，从祖祖父存虚府君，携往礼足，《标目》中所谓钱文学顺化也。距今七十年矣。"② 钱谦益不仅以紫柏真可弟子自称，整理刊刻了《紫柏真可别集》，而且协助按指契颖搜集密藏道开文集，参与支持《嘉兴藏》后期刊刻，与幼年时受钱顺化的熏染密切相关。

四　钱谦益师友与佛教

钱谦益的师友中不乏奉佛之士，他们对钱谦益佛教信仰的生成和思想的转变，有促发之功。

钱谦益的老师如管志道、傅新德等人，外儒内佛，儒释兼宗，对其思想品格的养成影响颇大。管志道（1536—1608），字登之，号东溟，江苏太仓人。③ 明穆宗隆庆五年（1571）进士，任南京兵部主事，后改刑部。万历初年，因不满张居正当权，主张夺权以归天子，遭排挤被贬，后称老辞归。管志道师承泰州学派耿定向，黄宗羲《明儒学案》卷三十二将其列入泰州学派。他又是晚明著名的佛教居士，彭际清《居士传》卷四十四为其立传。钱谦益的《湖广提刑按察司佥事晋阶朝列大夫管公行状》，详细梳理了管志道由儒学至心学进而参悟佛学的修学历程："公少笃信好学，精研五经性理，确然以圣贤为己任。壮而从耿恭简游，与闻姚江良知之旨。已而穷究性命，参稽儒释，疑义横生，心口交蹴。经年浃月，坐卧不解衣。久之，纵横体认，专求向上，本儒宗以课业，资禅理以治心，视世间诗文著述，不啻如空华阳焰矣。隆庆己巳，应选贡入北京，阅《华严经》于西山碧云寺，至《世主妙严品》，顿悟《周易》'乾元统天，用九

---

① （清）钱谦益：《牧斋杂著》，第164页。
② （清）钱谦益：《有学集》卷50，第1620页。
③ 关于管志道生平，详参钱谦益《湖广提刑按察司佥事晋阶朝列大夫管公行状》，《初学集》卷49，第1252—1267页。

无首'之旨，与《华严》性海，浑无差别。豁然若亡其身，与太虚合。照见古往今来，一切圣贤，出世经世，乘愿乘力，与时变化之妙用。大概理则互融，教必不滥。"① 万历三十五年（1607），钱谦益正式拜管志道为师，执弟子礼，"谦益少游于梁溪，顾独喜读公之书，私淑者数年。丁未之秋，执弟子礼，侍公于吴郡之竹堂寺。公老且衰矣，晨夕训迪不少倦"②。管志道"本儒宗以课业，资禅理以治心"，外现儒学而内阆心宗，乃至于以华严学解《周易》的思想取向，均对其产生了重要影响。钱谦益借天台宗革除禅宗之敝，欲请即中大师在破山寺弘扬天台宗。而即中大师是管志道之子，"士珑深达佛乘，唱演台教，白衣说法，缁素归仰，号为即中大师。公尝悬谶，当有麒麟出于膝下，士珑岂其征乎"？③ 钱谦益晚年积十余年之功疏解《楞严经》，完成了佛学巨著《楞严经疏解蒙钞》，也与管志道晚年究心研究《楞严经》有关。

除管志道外，傅新德也是兼宗儒释之士。万历三十四年（1606），钱谦益的乡试座师为傅新德。傅新德（1569—1611），字明甫，一字元明，太原定襄人，著有《傅文恪公文集》《大事狂言》等。万历三十九年（1611），傅新德去世后，钱谦益作有《祭傅文恪公文》。此外，钱谦益还为他写了《嘉议大夫太常寺卿管国子祭酒赠礼部右侍郎谥文恪傅公神道碑》《跋傅文恪公大事狂言》《傅文恪公文集序》等文，可见师生情谊之深。在《神道碑》中，钱谦益称其"尽读经史子集之书，近穷掌故，旁搜释典，钩连穿穴，而后其学始大就"。④ 表现在思想层面上，则是"内阆心宗，外修儒行"，倡导儒释合一之旨："公在史馆，与南充黄昭素、会稽陶周望深研性命之学，常谓昭素：'人议赵大洲学禅，大洲直任不辞，腾诸奏牍，视阳明改头换面，更进一格。'又谓周望：'二程阆禅，语录中却多妙义，是从儒宗中透入禅宗，暗合而不自知。若东掩西护，阴用而阳斥之，此禅门五

---

① （清）钱谦益：《初学集》卷49，第1257—1258页。
② 同上书，第1265页。
③ 同上书，第1266页。
④ （清）钱谦益：《初学集》卷63，第1483页。

宗技俩，非吾儒立诚之行径也。'公内闼心宗，外修儒行，重规叠矩，不染狂禅气息，人以为学佛作家，吾以为吾儒世适也。"① 傅新德的《大事狂言》，探查儒释源流，倡导儒释会通，针砭狂禅、心学流弊。钱谦益《傅文恪公文集序》云："公集外之文，有《大事狂言》四卷，镜儒释之源流，披狂伪之窟穴，发挥心学，开辟手眼，唐之裴公美，金之李屏山，未能或之先也。"② 其《跋傅文恪公大事狂言》亦云："每谓昔人移头换面，是学问中穿窬手，于单传直指，深入不疑。然实死心于儒门，乃能穿穴逗漏，打破漆桶。非如今人影掠话头，从鬼窟中作活计也。"③"今人"者，指崇尚赵大洲的学禅之士，只知影掠禅宗话头，缺乏宗教修持实践。钱谦益转引傅新德《省心记》云："今之谈禅者，皆宗赵大洲，只贵眼明，不贵践履之说。终日谈玄说妙，考其立身制行，辞受进退之际，无一毫相应者，乃反贬剥周、程。岂知彼在塔中安坐，而我乃遥说相轮耶？"④ 钱谦益终其一生倡导儒释会通，极力批判禅学、俗学流弊，不能不说是受到了傅新德影响。

受晚明居士佛教兴盛和文人奉佛风习的影响，钱谦益身边会集了大批的奉佛友人。对他影响最大的当属嘉定四先生，尤其以李流芳、程嘉燧为最。

李流芳（1575—1629），字茂宰，一字长蘅，号檀园，又号香海、泡庵、六浮道人、慎娱居士等，嘉定人。万历三十四年（1606）与钱谦益偕举于南京。其后数次应考不第。天启二年（1622），李流芳再次北上赴考，闻辽东战事不利，遂弃考而返，绝意仕途。他善诗文，工书画，精通印刻，与唐时升、娄坚、程嘉燧并称"嘉定四先生"，与归昌世、王志坚并号"三才子"，与董其昌、杨文骢、程嘉燧、王时敏等号称"画中九友"。在钱谦益诗文理念转变过程中，李流芳起到了重要的引导作用。⑤ 在《李

---

① （清）钱谦益：《初学集》卷63，第1485页。
② （清）钱谦益：《有学集》卷16，第736页。
③ （清）钱谦益：《初学集》卷86，第1799页。
④ 同上书，第1800页。
⑤ 参见孙之梅《钱谦益与明末清初文学》，山东大学出版社2010年版，第48—53页。

长蘅墓志铭》中，钱谦益描述了其奉佛情况："自是绝意进取，誓毕其余年暇日以读书养母，谓人世不可把玩，将刳心息影，精研其所学于云栖者，以求正定之法。未久而病作，犹焚香洮颒，手书《华严》不辍。"①"长蘅精勤学佛，既了然于去来之际矣，余铭之不胜其悲，其以余为怛化已夫。"②铭文又云："云栖之教，落日悬鼓，西方为家。华严楼阁，涌现笔端，重重开遮。"③不难看出，作为云栖袾宏的俗家弟子，除了接受净土思想与修持之外，还深受《华严经》的影响。钱谦益与云栖袾宏间也有思想、著作上的承继关系，并在云栖袾宏基础上，重新整理了《护法录》。另外，因为有着共同的佛教信仰，他与李流芳及娄子坚、尹嘉宾结为异姓兄弟。《王淑士墓志铭》云："余为诸生时，与嘉定李流芳长蘅、昆山王志坚淑士交。已而与长蘅同举于乡，万历庚戌与淑士同举进士。三人者，器资不同，其嗜读书，好禅说，标置于流俗势利之外则一也。"④《尹孔昭墓志铭》亦云："万历中，余应乡会科举，取友二人焉，曰嘉定李流芳长蘅、江阴尹嘉宾孔昭。其人皆聪明特达，乐易淡荡，恬于荣进，而急于君亲。疏于势力，而笃于朋友。浅于世故，而深于文字禅悦。辱与余交，古人所谓兄弟也，但各姓耳。"⑤朋友之间砥砺若此，与钱谦益佛教信仰的生成密不可分。

嘉定学派中的程嘉燧（1565—1644），是钱谦益终生服膺之人。⑥关于钱谦益与程嘉燧的交往，孙之梅《钱谦益与明末清初文学》已有详细考察。为更清晰地描述二人之间的往来踪迹，现略作补充。程嘉燧崇祯四年（1631）所作《游虞山记》，简要梳理了虞山之行的始末："忆壬辰春，余从丘子成、张茂仁二先生始登虞山观七桧，后十年始至兴福，又十五年始陟秦坡，又十四年来为山中人，于兹山缘亦不浅矣。"⑦知程嘉燧始游虞

---

① （清）钱谦益：《初学集》卷54，第1349页。
② 同上书，第1351页。
③ 同上。
④ 同上。
⑤ （清）钱谦益：《有学集》卷31，第1125页。
⑥ 参见孙之梅《钱谦益与明末清初文学》，第61—78页。
⑦ （明）程嘉燧：《程嘉燧全集》，第524页。

山,始于万历二十年(1592)春。万历二十九年(1601)四月,程嘉燧二游虞山兴福寺,作《行书游虞山诗》。① 在《钱牧斋初学集序》中,程嘉燧云:"盖余识先生于未第时,一见而莫逆于心,且三十年矣。"② "未第时"者,或于此时与钱谦益相识,然并未深交。③ 万历三十四年(1606),钱谦益与李流芳等人前往南京参加乡试。李流芳与程嘉燧为中表兄弟,诗文取向相同。乡试期间,李流芳向钱谦益引荐程嘉燧。钱谦益《耦耕堂记》云:"予之得交于孟阳也,实以长蘅。长蘅与予偕上公车,尝叹息谓予:'吾两人才力识趣不同,其好友朋而嗜读书则一也。他日世事粗了,筑室山中,衣食并给,文史互贮,招延通人高士,如孟阳辈流,仿佛渊明《南村》之诗,相与咏歌皇虞,诗书终老,是不可以乐而忘死乎?'予曰:'善哉!信若子之言,予愿为都养,给扫除之役,请以斯言为息壤矣。'"④ 万历四十五年(1617)三月三日,程嘉燧泊舟常熟虞山下,携倪云林的《霜林远岫图》和王羲之的《定武帖》拜访等慈禅师而不遇。⑤ 同年五月,钱谦益养疴拂水山庄,程嘉燧从嘉定来流连旬月,共订耦耕之约。《耦耕堂记》云:"万历丁巳之夏,予有幽忧之疾,负疴拂水山居。孟阳从嘉定来,流连旬月。山翠湿衣,泉流聒枕,相与顾而乐之,遂有栖隐之约。"⑥ 崇祯三年(1630),应钱谦益之邀,程嘉燧携琴书至拂水,相依耦耕者十余年⑦,成为明末清初文学史上的一段佳话。

除了诗文创作与文学理念之外,悦佛风习是二人相识相知的重要纽带。从《程嘉燧全集》收录作品来看,二人有着近乎相同的佛教师友,如云栖袾宏、雪浪洪恩、一雨通润等。程嘉燧天启元年(1621)清明节所作《松寥诗引》,详细梳理了他的奉佛情况:

---

① (明)程嘉燧:《程嘉燧全集》,第860页。
② 同上书,第491页。
③ 程嘉燧此语多有矛盾处。此文作于崇祯十六年(1643)冬,逆推三十年为万历四十一年(1613)。钱谦益在万历三十八年(1610)进士及第,与"未第时"不符。
④ (清)钱谦益:《初学集》卷45,第1138页。
⑤ (明)程嘉燧:《程嘉燧全集》,第886页。
⑥ (清)钱谦益:《初学集》卷45,第1137页。
⑦ (明)程嘉燧:《程嘉燧全集》,第909页。

余己亥（万历二十七年，1599）夏寻洞庭润公不遇，留阁中，与湛公谈诗品茶，至通夕不寐。临行，握手谓余："江山九月最佳，子能一来。"是后凡两到山，而皆不相遇。壬寅（万历三十年，1602）十月，大风，夜留诗于壁云："寺外风江断去津，峰头木脱月相亲。僧斋归处窗如烛，始觉寒风是主人。"又十余年，岁甲寅（万历四十二年，1614），余复过江，时润公演《法华》于金山，而湛公亦来招余，中秋同宋比玉放舟至松寥，因值等慈。等公少为诸生时客闽，喜琴善诗，素善比玉，视余一见如平昔，皆夙契也。留廿日，至重阳始别，方期结夏山中，为书《圆觉经》。明春（万历四十三年，1615），湛公逝矣。丁巳（万历四十五年，1617），卧病虞山，则等公在焉，与余时有警策语。戊午（万历四十六年，1618），别之西行，偶一登焦山，是日风阴萧萧，堂宇阒寂，低回西廊阶除间，哑哑如闻老湛吟讽声，心为凄然。旧年刻诗二卷，取凡自丙午者曰《雪浪》，自甲寅者曰《松寥》，志余晚遇禅老，皈心空寂，其所存诗，皆唾弃结习之余耳。顷钱太史书云等公亦化去，拂水草深一丈矣。不觉投书失声，因追述此，引于卷端。①

另外，程嘉燧对《大报恩》《心地观》《金光明》及交光真鉴的《楞严疏》等佛教典籍涉猎颇深。其《与长蘅兄》云："去冬得交光师《楞严疏》，于旧闻稍觉豁然。又读《大报恩》《心地观》《金光明》诸经，于中得未曾有。第余习难尽，世累难遣，恐终无抖擞日也。"② 钱谦益晚年著述《楞严经疏解蒙钞》，实际上也受到了程嘉燧的影响。

在常熟本地，钱谦益身边也聚集了一批信奉佛教的同窗好友，其中不得不提的是拂水文社中的成员。在钱谦益之前，严讷与瞿景淳曾在三元堂结十杰文社，与钱谦益的拂水文社前后承继。严熊在《宝恩堂文谦次宋既庭韵二首》其一"十杰山房多故事，群贤准拟法前贤"诗末自注云："先

---

① （明）程嘉燧：《程嘉燧全集》，第277页。
② 同上书，第367页。

曾祖与瞿文懿诸公结十杰社，钱宗伯与顾朗仲结拂水山房社。"① 钱谦益《瞿太公墓版文》云："余年跨壮，与瞿子元初读书拂水山庄"②，"吾（按：指瞿纯仁）与瞿星卿、顾朗仲为文会。……其后诸子皆为名士，拂水文社遂甲天下"③。其《瞿元初墓志铭》亦云："而其所取友曰瞿汝说星卿、邵濂茂齐、顾云鸿朗仲，皆一时能士秀民，相与摆落俗虑，读书咏歌其中。晴烟晦雨，春䏚夏阴，互见于研席之上，悉收览之，以放于文辞。故拂水之文社，遂秀出于吴下。"④ 除了瞿纯仁、瞿汝说、邵濂、顾云鸿外，拂水文社中尚有赵用贤次子赵祖美。钱陆灿《康熙常熟县志》卷十八《赵用贤传》中附其次子《赵祖美传》云："祖美字叔度，为人激昂磊落，自喜英敏绝人，不矜门第。虽诸生，慨然以澄清为己任，文毅殊爱之。与瞿纯仁、瞿汝说、顾云鸿、钱谦益、邵濂辈倡拂水社，文名籍甚。"⑤ 曾道生也是文社成员之一，钱陆灿《康熙常熟县志》卷二十一《曾道生传》云："弱冠，与钱牧斋、顾朗仲诸先生，同事拂水文社，蜚声郡邑。"⑥

　　拂水文社诸子除了探讨诗文之外，信奉佛教是其另一特征。如瞿景仁（1567—1619），字元初，常熟虞山人，瞿汭京之子。如前所云，瞿氏为常熟著名的奉佛世家，瞿纯仁也为奉佛之士。破山兴福寺的等慈广润，就是在他的邀请下前往虞山并终老于此。钱陆灿在《康熙常熟县志》卷二十二《等慈广润传》云："等慈名广润，吴兴人。俗姓钱，名行道，字叔达。少负文藻，耿介重气，与乡曲牴牾，系狱。得释，削发于云栖，游虞山，瞿元初延居拂水，遂老焉，葬破山四高僧墓。梵行精严，轨范高峻。每逢词人胜流，评诗鉴画，弈棋度曲，辄流连竟日。"⑦ 瞿纯仁的临终遗言，无疑成为其奉佛风习的最佳说明。钱谦益在《瞿元初墓志铭》中说："病且革，属其友曰：'吾死，勿近妇女，勿归城市，斥山居以营斋供佛，无为俗子

---

① （清）严熊：《严白云诗集》，《清代诗文集汇编》第100册，第76页。
② （清）钱谦益：《初学集》卷67，第1556页。
③ 同上书，第1557页。
④ （清）钱谦益：《初学集》卷55，第1373页。
⑤ （清）钱陆灿等：《康熙常熟县志》，第425页。
⑥ 同上书，第517页。
⑦ 同上书，第560页。

所溷，盈吾志矣。'"① 此外，邵濂（1566—1611）也是钱谦益的挚友，曾称钱谦益为"楞严秀才"，临终前向其托孤。如《邵茂齐墓志铭》云："庚戌之秋，执余手而语曰：'余病消渴甚，自此无意于人世矣。'病革之日，顾稚子在前，指以属余，无甚怜之色。偕僧徒颂佛号，奉手而逝。"② 从"偕僧徒颂佛号"来看，邵濂亦为佛教信奉者。

第二节　钱谦益奉佛史略

一　明朝时期的佛教活动

受奉佛风习的熏染，钱谦益少年时在家人陪同下游赏寺院，与年幼沙弥玩耍嬉戏。祖孙三代全力护持的破山寺，成为其儿时的嬉戏之所。其《破山寺志序》云："余为儿时，每从先君游破山寺。饭罢，绝龙涧下上，激流泉，拾赭石，辄嬉竟日。"③ 儿时的经历，成为后来美好的回忆，"虽在车马尘埃、顿踣幽絷之时，灯残漏转，风回月落，山阿涧石，斋钟粥鼓，未尝不仿佛在梦想中也"④。毁齿时，侍瓶锡于雪浪洪恩。十五六岁时，跟随父亲到吴门瑞光寺游玩，与寺中沙弥竺璠嬉戏。《瑞光寺兴造记》云："余十五六时，从吾先君之吴门，则主瑞光寺僧蓝园远公。……远公居寺之后禅院，每令一小沙弥导余游废寺，殿堂萧然，塔下榛芜，不辨甃城，廊庑漏穿，败甓朽木，与像设相撑拄，有声拉拉然。相与顾视促步以反。"⑤《竺璠禅师塔铭》云："余年十六，寓瑞光后院。师少于余六岁，短小类侏儒，余狎之，墨其面以为戏。已而拉之游寺经行，废塔破壁，瓴甓圮墁，兀硊压人，相与狂奔而返。"⑥ 青少年时期的亲近佛教经历，在他心目中留下了一颗种子，随着年龄的增长而生根发芽，相伴一生。

---

① （清）钱谦益：《初学集》卷55，第1374页。
② 同上书，第1372页。
③ （清）钱谦益：《初学集》卷29，第887页。
④ 同上。
⑤ （清）钱谦益：《初学集》卷42，第1106页。
⑥ （清）钱谦益：《初学集》卷69，第1579页。

约从十七八岁始，钱谦益开始阅读《楞严经》《维摩诘所说经》等佛教经典。《与京口性融老僧书》云："《维摩诘所说经》，做秀才时，曾阅肇公疏义，言简义精，尝谓如郭象注《庄》，王弼解《易》，可以离经而孤行也。"① 18 岁时，他在父亲引导下阅读《楞严经》，读至众生业果章时，夜中感梦："世尊南面拟立，眉间白毫相光，昱昱面门。佛身衣袂，皆涌现白光中。旁有人传呼礼佛，蒙趋进礼拜已，手捧经函，中贮《金刚》《楞严》二经，《大学》一书。世尊手取《楞严》压《金刚》上，仍面命曰：'世人知持诵《金刚》福德，不知持诵《楞严》，福德尤大。'蒙复跪接经函，肃拜而起。既寤，金口圆音，落落在耳。"② 般剌密帝翻译的《楞严经》，虽有"百伪"之嫌③，因文辞优美，文学性强，深受历代文人士大夫诸如王安石、黄庭坚等喜爱，在教内外广泛流布。到了明代，《楞严经》成为教内外最为盛行的佛教经典。④ 钱谦益对房融"润文之妙"的赞扬，实际上是对《楞严经》文学性的认同。他甚至在时文创作中大量化用《楞严经》典故，博得了"楞严秀才"的美称。《何君实墓志铭》云："余为时文，好刺取内典，名儒邵濂呼为《楞严》秀才，必旁及《肇论》《净名》注，兄击节叹曰：'又是方袍平叔矣。'其欣赏如此。"⑤

随着晚明佛教的全面复兴，一时各宗派高僧辈出。钱谦益适逢其时，与各宗派龙象如雪浪洪恩、云栖袾宏、憨山德清、密藏道开、汉月法藏、洞闻法乘等往来密切，参师访学成为钱谦益早年佛教生涯的一项重要内容。⑥ 同样，在钱谦益身边，聚集了一大批奉佛居士，他们之间互相砥砺，讨诗论文，谈禅论道。仅谢正光《钱谦益奉佛之前后因缘及其意义》一文中所考，共得 22 人，现移录如下：

---

① （清）钱谦益：《初学集》卷 79，第 1703 页。
② （清）钱谦益：《牧斋杂著》，第 472—473 页。
③ 参见吕澂《楞严百伪》，《吕澂佛学论著选集》卷 1，齐鲁书社 1991 年版，第 370—395 页。
④ 参见［日］荒木见悟《明代における楞厳経の流行》，《陽明学の開展と仏教》，岩文出版社 1984 年版，第 245—274 页；周群：《晚明文士与〈楞严经〉》，《江海学刊》2013 年第 6 期。
⑤ （清）钱谦益：《有学集》卷 31，第 1146 页。
⑥ 详参见后文，兹不赘述。

朱鹭（白民，家栋，1553—1632）。董其昌（玄宰，思白，1556—1637）。赵宧光（凡夫，1559—1625）。钟惺（伯敬，1574—1624）。瞿汝稷（元立，1565—1623）。娄坚（子柔，1567—1631）。袁中道（小修，1570—1624）。文震孟（文起、湛持，1574—1636）。邵濂（茂齐，齐周，1566—1611）。李流芳（长蘅，茂宰，1575—1629）。程嘉燧（孟阳，1565—1644）。姚希孟（孟长，现闻）。严澄（道彻）。王在公（孟夙，1594 进士）。萧士玮（伯玉）。周祝（季华，1555—1640）。陶琪（仲璞，？—1638）。王志坚（弱生，淑士，1576—1633）。黄翼圣（子羽）。范景文（梦章，质公，1587—1644）。闻启祥（子将）。瞿纯仁（元初，1567—1619）。①

如此众多的奉佛友人，显示出士大夫奉佛已经成为晚明社会的普遍现象。钱谦益游处其间，俨然成了江浙居士界的核心人物。

出于护法居士的佛教责任，钱谦益猛烈攻讦晚明佛教尤其是禅宗流弊，极力倡导佛教革新。每当仕途失意、削籍入狱时，佛教情结悄然涌向心头，佛教思想成为消解内心痛楚的良方。如天启五年（1625），阉党大兴冤狱，杨涟、左光斗等东林六君子被毙狱中，各地东林党人惨遭迫害。五月，钱谦益被削籍为民，身陷困境，其佛道思想随之显现。《天启乙丑五月奉诏削籍南归》其五云："已分灰心思学道，夺官何必怨讥嘲？"② 其六云："心静六时闻刻漏，眼明五岳见真形。"③ "已分灰心思学道"，每当仕途失意时，他希望借佛道来消除内心的痛楚。此时的"道"，从"心静六时闻刻漏，眼明五岳见真形"来看，带有佛道杂糅的特点。明熹宗去世后，钱谦益冤屈难以昭雪，唯有将家国之忧和友朋之念寄托在佛教中，"苍茫野哭忧邦国，寂寞家居念友朋。痛定不堪重拭泪，清斋勤礼佛前

---

① 谢正光：《钱谦益奉佛之前后因缘及其意义》，第 19—20 页。
② （清）钱谦益：《牧斋初学集诗注汇校》，钱曾笺注，卿朝晖辑校，第 131 页。
③ 同上书，第 132 页。

灯"①。看破世事的纷争与喧嚣，钱谦益心中自然多了几分放达自在，"投老经年掩荜门，清斋佛火自晨昏。衣裳旋觉蜉蝣改，篱落频看木槿繁。时至雄风生左角，梦回斜日照西垣。水边林下君知否？定有高人一笑论"②。他借用佛教中的自性清净心，抒写自己出淤泥而不染的清净本心，"清切吴音和梵音，残经晚院影沉沉。含娇欲共荷花语，寂寂谁知不染心"。③"不染心"，也就是《华严经》中的"莲花心"，钱曾注云："故如莲花心，一切世法，不能染故。"④

崇祯十年（1637），钱谦益因遭同乡张汉儒诬告，被押入锦衣卫狱中。在《狱中杂诗三十首》中，钱谦益大量借用佛、道二教中的地狱学说，抒写他在狱中的悲惨生活。如其一云："支撑剑舌与枪唇，坐卧风轮又火轮。"⑤"风轮""火轮"者，借《楞严经》中世界生成之说，喻指狱中遭受的痛苦。佛、道学说的交互使用，旨在凸显险恶的狱中生活。如其七云："贯城西畔铁城幽，纣绝阴宫抵梦游。侧席深居皆虎尾，负墙离立总牛头。"⑥"铁城"之说，源出《楞严经》，其云："五者触报招引恶果。此触业交，则临终时先见大山四面来合无复出路，亡者神识见大铁城，火蛇、火狗、虎、狼、师子、牛头狱卒、马头罗刹，手执枪稍驱入城门，向无间狱发明二相。"⑦"纣绝阴宫"源出《真诰·阐幽微》，指人死后所入罗酆山六宫的第一宫，其云："罗酆山有六宫，第一宫名纣绝阴天宫，人初死，皆先诣纣绝阴天宫中受事。"⑧ 其十二云："天荒地老余圜土，鬼灿神焦见积尸。坐断波吒真地狱，不由罗刹不慈悲。"⑨"波吒"者，《楞严经》卷八云："二者贪习相计，发于相吸，吸揽不止，如是故有积寒坚冰

---

① （清）钱谦益：《牧斋初学集诗注汇校》，钱曾笺注，卿朝晖辑校，第234页。
② 同上书，第148页。
③ 同上书，第149页。
④ 同上。
⑤ 同上书，第618页。
⑥ 同上书，第624页。
⑦ （唐）般剌密帝译：《楞严经》卷8，《大正藏》第19册，第144页下。
⑧ 卿朝晖：《牧斋初学集诗注汇校》，第627页。
⑨ 同上书，第629页。

于中冻洌，如人以口吸缩风气，有冷触生。二习相凌，故有吒吒、波波、啰啰、青赤、白莲、寒冰等事。"①钱谦益《楞严经疏解蒙钞》引长水《疏》云："吒、波、罗等，忍寒声也，即八寒地狱。"其十三云："送去纸钱新鬼市，汲来井水伏尸流。八寒阴狱长如此，纵有阳春到此休"②，也是借用了八寒地狱的说法。基于佛教修行的角度，困境、逆境正是磨炼身心的最好时机。佛教的因果业报学说，为其入狱找到了聊以自慰的借口。其二十四云："经年狱底阻艰危，狂鸟投笼马就羁。尊者梦中曾示现，十五年前，梦多生为金马道人，与尊者说明，以诤论故，应受业报。老僧海上已先知。丙子岁，吴门王生谒普陀，有老僧嘱曰：'速归报钱公，往因中有王难，不免一行也。'蓬蒿环堵弹琴处，方丈毗耶宴坐时。儒行宗风都会得，信知调伏是便宜。"③《苕上吴子德舆次东坡狱中寄子由韵作丁丑纪闻诗六首盖悲余之逮系而喜其狱之渐解也感而和之亦如其前后之次》其一云："金马多生余诤论，欲临流水证前因。"④所谓梦中为金马道人，《异梦记并偈》云："又梦往昔世，为金马道人。与尊者角法，宝塔见手中。四众悉归依，尊者为义堕"⑤。诗中呈现出来的梦境以及老僧的谶语等，使他陷入了神秘主义，也坚定了他的向佛之心。《维摩诘所说经》中维摩诘虽然身为居士但精通佛法，佛教修持远胜于佛陀诸大弟子，无疑成为他的精神榜样。

二 入清后的佛教活动

入清后钱谦益的奉佛情况，钱锺书认为是"倡言佞佛，亦隐愧丧节"⑥。对此，谢正光已经提出了反驳。⑦梳理其入清后的佛教生涯可以发现，重要者有三：一是绛云楼失火是钱谦益晚年奉佛生涯的重要转变；二是佛教形象的自我塑造；三是钱柳姻缘与佛化家庭的组建。

---

① 卿朝晖：《牧斋初学集诗注汇校》，第629页。
② 同上书，第630页。
③ 同上书，第639—640页。
④ 同上书，第737页。
⑤ （清）钱谦益：《牧斋杂著》，第481页。
⑥ 钱锺书：《管锥编》，中华书局1982年版，第1266—1270页。
⑦ 参见谢正光《停云献疑录》，浙江大学出版社2016年版，第71—120页。

(一) 绛云楼失火与钱谦益晚年奉佛生涯的转变

顺治二年（1645）五月，清将王铎率兵包围南京，"乙未夜，前队至郊坛门。之龙、谦益奉舆图册籍，冒雨淋漓，褰裳跪道旁。豫王命谦益入清宫禁，谦益引我大清官二员、骑五百，自洪武门入。谦益忽向阙四拜下泪，众怪之。谦益曰：'我痛惜太祖三百年王业，一旦废坠也'！北兵有叹息者"。① 自此，集"文坛盟主"与"东林党魁"于一身，本为江南士人物望所钟的钱谦益，背上了永远无法抹杀的骂名。钱谦益降清之因，学界讨论得颇为热闹，约而言之，有忍辱以待、性格软弱、追求享乐、贪求功名诸说。② 其实，钱谦益的降清，是多种因素的结果。顺治三年（1646），钱谦益辞职南归，需要面对江南乡绅的谴责。托名陈子龙的《题虎丘石上》，被陈氏门人称为"虎丘石上无名氏，便是虞山有道碑"。王沄的《虞山柳枝词》十四首，乡人送给他"南北三朝元老，清明两代词臣"的对联，无不嘲讽备至。无怪乎钱谦益自我感慨："人情恶薄，无甚于吾乡。"③ 钱谦益在京期间，家乡人民的谴责之声，已传入耳中。《与邑中乡绅书》云："风闻吾邑物议，大以不肖为射的。标榜士论者，与挟持宿怨者，交口弹驳，体无完肤。"④ 对此，钱谦益认为是德薄所招，宿业所积，唯有"斋心持戒，朝夕向如来前发愿忏悔"⑤。他或许并未真正做到斋心持戒，朝夕忏悔，却开启了入清后奉佛的心路历程。顺治四年（1647）三月，"晨兴礼佛，忽被急征"⑥。"晨兴礼佛"四字，成为自顺治三年（1646）六月乞假南归以来九个月生活的缩影。顺治七年（1650）正月七日，也就是常熟风俗节令中的人日⑦，钱谦益、柳如是和女儿一起焚香礼佛。《庚寅

---

① （清）徐鼒：《小腆纪年附考》，中华书局1957年版，第365—366页。
② 参见丁功谊《钱谦益文学思想研究》，上海古籍出版社2006年版，第143—150页。
③ （清）钱谦益：《牧斋杂著》，第290页。
④ 同上书，第823页。
⑤ 同上。
⑥ （清）钱谦益：《有学集》卷1，第9页。
⑦ 钱陆灿《康熙常熟县志》卷九《节序附占候》中称"七日为人日，晴则少疾疫"。见《康熙常熟县志》第167页。

人日示内二首》云:"灵辰不共劫灰沉,人日人情泥故林。黄口弄音娇语涩,绿窗停梵佛香深。"① 柳如是《依韵奉和二首》云:"佛日初晖人日沉,彩幡清晓供珠林。地于劫外风光近,人在花前笑语深。"② 从"洗罢新松看沁雪"来看,礼佛的地点应在绛云楼,沁雪石恰在绛云楼门首。

顺治七年(1650)十月二日,绛云楼失火,钱谦益毕生珍藏毁于一旦。其在《书旧藏宋雕两汉书后》中沉痛地写道:"呜呼!甲申之乱,古今书史图籍一大劫也。庚寅之火,江左书史图籍一小劫也。"③ 身心倍受打击之余,除暗中参与反清复明外,钱谦益几乎将晚年精力全部投入佛教之中。《秦淮水亭逢旧校书赋赠十二首女道士净华》其二云:"妆阁书楼失绛云,香灯绣佛对斜曛。临风一语凭相寄,红豆花前每忆君。"④ 搜集文史材料,编撰明朝史书,是其一生心愿。降清后,这种愿望变得越发强烈。一生珍藏付之一炬后,世间文字著述也就无足轻重。《赖古堂文选序》云:"己丑(1649)之春,余释南囚归里,尽发本朝藏书,衰辑史乘,得数百帙,选次古文,得六十余帙,州次部居,遗搜阙补,忘食废寝,穷岁月而告成。庚寅孟冬,不戒于火,为新宫三日之哭,知天之不假我以斯文也。息心栖神,皈依内典,世间文字,眇然如尘沙积劫矣。"⑤ 他在写给徐波的信中也说:"丧乱余生,讨论旧学,搜集本朝文史,州次部居,取次命笔,一夕而毁于劫火。如天之复假我以斯文也,残灰余烬,示现宿因。水涸山枯,回向佛法。回观世间语言文字,如空花,如嚼蜡,如虫蚀木,如印印泥,以耽空扣寂之人,守旁行四句之典。"⑥

绛云楼失火之后,好友们纷纷以各种形式表示慰问,其中华严宗诗僧苍雪读彻的诗歌颇可留意。其《南来堂诗集补编》卷三下《寄询钱虞山绛云楼火后专意内典》⑦,仅从诗题来看,读彻认为绛云楼失火后,钱谦益专

---

① 周法高:《足本钱曾牧斋诗注》第3册,第1699页。
② 同上书,第1700页。
③ (清)钱谦益:《有学集》卷46,第1529页。
④ (清)钱谦益:《有学集》卷8,第402页。
⑤ (清)钱谦益:《有学集》卷17,第768页。
⑥ (清)钱谦益:《有学集》卷38,第1324—1325页。
⑦ (清)读彻:《南来堂诗集》,《清代诗文集汇编》第5册,第131页。

意于佛教典籍的整理与研究。钱谦益去世后,生前知交故旧纷纷撰写诗文追悼。与钱谦益同列贰臣的龚鼎孳在《祭宗伯钱虞山先生文》①中,回顾了二人往日的友情,"惟先生之视余也,为温公之小友;而余之恃先生也,存硕果于高枝。平生谦游,历历在目,最后则千里命驾,送余于燕子之矶。临长江而执手,托感慨于将离。频年契阔,辄念调饥。报书无恙,每庆慭遗"②。其后,龚鼎孳重点突出了钱谦益晚年潜心佛教,是受绛云楼失火的激发,"讵期苍旻丛妒,牙签道尽,绛云一炬,灰劫烟飞。先生于焉冥志艺林,研精佛旨,标新注释,演彻宗资"③。从二人晚年密切关系来看,龚鼎孳的判断符合钱谦益晚年的奉佛实情。钱陆灿论及晚年奉佛时说:"绛云一炬,皈心苦空,次第钞注《金刚》、二《严》,暗烛晕笔,残膏泼纸,细书饮格,夹注差行,目轮火爆,肩髀石压,气息绵惙,懂而就寝,其勤如此。"④此外,晓青禅师《高云堂诗集·挽钱牧斋先生四首》其三云:"记得随师访道玄,村庄红豆试花天。葡萄味美留清供,丝竹音沉启净缘。烈焰未能抛旧疏,残灯如待续新编。法门盛事殊难没,鼎足文和与大年。"⑤第五句下自注云:"绛云楼火,典籍俱毁。唯诸经录,点画无损。"⑥第六句下自注云:"翁有《增集传灯》藏本。"⑦凡此均可说明,顺治七年(1650)十月二日绛云楼失火,是钱谦益一生奉佛轨迹转变的关键时刻。如果说此前钱谦益奉佛,多少带有晚明名士风流的特征,此后的钱谦益,无疑以世间文字回向般若,致力于佛教经典的整理与研究。

(二) 佛教形象的自我写照

入清以后,钱谦益以史官自命,搜罗明代史事,致力于编撰《明史》。

---

① (清) 龚鼎孳:《龚鼎孳全集》第4册,孙克强、裴喆编辑校点,人民文学出版社2014年版,第2030—2032页。
② (清) 龚鼎孳:《龚鼎孳全集》第4册,第2030页。
③ 同上书,第2031页。
④ (清) 钱陆灿等:《康熙常熟县志》,第442—443页。
⑤ (清) 读彻:《南来堂诗集》,《清代诗文集汇编》第5册,第131页。
⑥ 同上。
⑦ 同上。

又搜罗明代诗歌,仿元好问《中州集》体例编撰《列朝诗集》,旨在以诗存史。他甚至希望通过编撰《传灯录》,辨明僧人传承谱系,振兴佛教。凡此均说明,在他内心深处具有强烈的历史意识。反观自身入清后的出处名节,他又将以何种面目呈现在历史之中?显然非他所能左右。然而,对自我身份或者形象的诠释与认同,他确实是下过一番功夫的。① 最为典型的,莫过于对画像中"我"的描述与阐释。耐人寻味的是,他在《顾与治书房留余小像自题四绝句》中,对画像中"我"进行了文字性描述和诠释。诗云:

一

峻嶒瘦颊隐灯看,况复撑衣骨相寒。指示傍人浑不识,为他还着汉衣冠。

二

苍颜白发是何人?试问陶家形影神。揽镜端详聊自喜,莫应此老会分身。

三

数卷函书倚净瓶,匡床兀坐白衣僧。骊山老母休相问,此是西天贝叶经。

四

褪粉蛛丝网角巾,每烦棕拂试煤尘。凌烟褒鄂知无分,留与书帷伴古人。②

对此四首诗歌,陈寅恪从"汉衣冠"入手,旨在凸显身为反清复明志士的钱谦益形象。③ 严志雄从诗意出发,做出了另外一番解释,"细玩四诗

---

① 关于钱谦益晚年自我身份的认定,严志雄的《钱谦益〈病榻消寒杂咏〉论释》从自传性时刻、自画像、反传记行动、自我声音四个方面进行了细致入微的阐释。参见严志雄《钱谦益〈病榻消寒杂咏〉论释》,第67—96页。
② (清)钱谦益:《有学集》卷8,第380—381页。
③ 参见陈寅恪《柳如是别传》,上海古籍出版社1980年版,第1145—1147页。

文意,牧斋给予其三'白衣僧'的我的形容无宁是最怡然自得的:其一着汉衣冠的我骨相寒薄,崚嶒瘦颊;其二的我苍颜白发;其四戴网角巾的我晦暗不华;而白衣僧宴坐匡床,函书、净瓶旁置,玩诵着贝叶佛经,一派清净舒心"①。应该说,严志雄的解读还是颇为精确的。其实,此组诗歌中,诚如钱谦益所言"莫应此老会分身",隐含了多重身份的自我认同。第一首中的"汉衣冠"从服饰入手,明确告诉读者画中之"我"的衣着为明朝旧服,由"形"及"神",凸显出画中人物的遗民心绪。第三首中的"骊山老母",是道教神仙序列中的一员,显然与"匡床兀坐白衣僧"的"我"显得有些格格不入。窃疑此处实际上暗示出他在佛、道二教间的挣扎与转变。

除了佛教外,道教在钱谦益思想中也占有一席之地。思想层面,如《留仙馆记》《佟夫人钱太君五十序》等文,倡导净明道,以忠孝为成仙之本,这与他的忠孝佛性论相应。实践层面,则指向了养生祛病、延年益寿一路。钱谦益的舅舅好长生冲举之术,他的表兄顾行之也继承家学,得延年益寿之用。如《顾行之七十寿叙》云:"仲舅好长生冲举之术,延致阎希言、李赤肚辈,皆百岁以外登真度世之人。兄少从诸道人游,金液之大丹,玉函之隐诀,靡不涉其津涯,启其关键。今兄形神志气,老而益壮,其所得于指授者多矣。"② 当母亲病危时,钱谦益延请道士借用道教仪式为其祈禳延寿。程嘉燧《祭钱母顾太夫人》云:"畴昔之秋,縈门而祊。再延炼师,祈年以禳。青词祝鳌,斗司文昌。燃膏布灯,奏箓飞章。步虚琅琅,拜舞蹈扬。兆兹中春,雨水其央。仰瞻星辰,元命弗将。曾不嚬呻,逝以吉祥。"③ 天启七年(1627)六月,钱谦益前往茅山为亡子设醮超度④。钱谦益本人也有寻仙访道、炼丹服食之举。早年曾与同乡同龄好友黄柱源结为道侣,寻仙访道,《黄柱源八十序》云:"余年与翁齐,得翁为

---

① 严志雄:《钱谦益〈病榻消寒杂咏〉论释》,第73页。
② (清)钱谦益:《牧斋杂著》,第544—545页。
③ (明)程嘉燧:《程嘉燧全集》,第498页。
④ 卿朝晖:《牧斋初学集诗注汇校》卷4,第210页。

世外道侣，慧车之虹景，招真之银筒，余两人访求于丹泉雪井间，又安慕乎古之左拍洪崖右挹浮丘也哉！"① 他与孙道人相约炼丹，"且约候余南还，策蹇追随，共了还丹大事"②。他希望毛晋能够将房子租赁给练川张载元，正是看中其丹药延年益寿的特点，"练川张君载元，精于方药，其大丹可以却老返童而度世，为人亦慷爽端谨，非慨慕高谊，原一谒见"③。到了晚年，钱谦益筑胎仙阁，欲拜弟子祝茹穹为师，修习道教，"余向辱先生执贽，师资之敬甚严。今效阳明还拜董罗石故事，以寿衣一袭为贽，反执弟子礼。先生不欲当，乃以还丹真诀见授，许以舐丹鼎上升，作淮南鸡犬也"④。足见钱谦益与道教亦涉猎颇深。

第三首所云"骊山老母休相问，此是西天贝叶经"者，盖在自我身份认同上，他最终选择了悠游于佛教经典之间的白衣僧形象。第四首中的"网角巾"，据陈寅恪先生考证，则为明朝特有的服饰特点，用意与第一首相同。然着眼于"凌烟褒鄂知无分，留与书帷伴古人"，旨在做一个不再执着世间功名富贵的纯粹书生，背后的潜台词无疑指向了"儒冠误我"。顺治十八年（1661）十月，钱谦益为牧云通门所作《恤庐诗》云："牧翁璪璪，儒冠误我。仕宦冰炭，患难汤火。晚归空门，翻诵呢喃。终守研削，如抱茧蚕。"⑤ "儒冠误我"，是钱谦益晚年对其仕宦生涯深刻总结与反省后得出的结论。《恤庐诗》末二句，在呢喃诵经声中，他又回到"白衣僧"的身份认同上。此外，《秦淮花烛词十二首为萧孟昉作》其十云："最是两家繁种姓，不妨齐作白衣僧。"⑥《霞老累夕置酒彩生先别口占十绝句记事兼订西山看梅之约》其七亦云："缁衣居士谓霞老，白衣僧自谓，世眼相看总不鹰。"⑦ 故而，"白衣僧"是其晚年自我形象、身份的体认。

---

① （清）钱谦益：《牧斋杂著》，第548页。
② 卿朝晖：《牧斋初学集诗注汇校》卷12，第657页。
③ （清）钱谦益：《牧斋杂著》，第301页。
④ 同上书，第569页。
⑤ （清）钱谦益：《有学集》卷11，第555页。
⑥ （清）钱谦益：《有学集》卷9，第433页。
⑦ （清）钱谦益：《有学集》卷7，第344页。

《自题小像》是另外一首描绘和阐释自我形象的重要作品，其云：

法堂清众，云衣翩翩。供来西国，花雨诸天。
叟何为者？不禅不玄，独立傲然。负苓拾穗，而支离攘臂于其间。
相其眉毛抖擞，衣祴悉牵。殆将芒鞋露肘，柳杴横肩。历百城之烟水，而见德云于别峰之颠。①

诚如严志雄先生所言，诗中钱谦益的自我形象经历了三次转变。② 前四句营造出一个和谐静美的佛教说法场面，画中的"我"厕列于云衣翩翩的法堂清净中，构成了一个圆融的整体。中间五句，钱谦益突出了画中之"我"的异化，以"不禅不玄"的姿态独立于众人之中。末六句中，"我"又转换成了精神矍铄、勇猛精进的善财童子，如《华严经·入法界品》所载，开启了遍历百城烟水的漫长参学旅程。在自我形象的转变与异化过程中，实际隐含着一个共通的基调，此在第一句"法堂"中已经凸显。"法堂"者，佛教讲法之所，《华严经·世主妙严品》云："世尊凝睎（一作'睎'）处法堂，炳然照耀宫殿中。"③ 明指宣讲佛法的法堂，盖有别于禅宗参禅的禅堂，印合了"不禅不玄"形象的突兀与异化，与末句遍历百城烟水、历经五十三参的善财童子形象相符。换而言之，这也是钱谦益重教抑禅、反经明教佛学主张的集中显现。

除了"白衣僧"外，钱谦益凸显的自我身份还有"逃禅客""小乘僧""老僧"等。自称"逃禅客"者，如"却怜雪顶逃禅客，折脚铛边未有穷"（《次韵答云间张洮侯投赠之作》）④；自称"小乘僧"者，如"伏虎降龙我未能，缝衣不学小乘僧。禅房正对空潭月，消得西斋一卷经"（《题破山四高僧图》）⑤；自称"老僧"者，如"我今翻经飯佛成老僧，陈

---

① （清）钱谦益：《有学集》卷42，第1445页。
② 参见严志雄《钱谦益〈病榻消寒杂咏〉论释》，第73—75页。
③ （唐）实叉难陀译：《大方广佛华严经》卷5，《大正藏》第10册，第24页上。
④ （清）钱谦益：《有学集》卷7，第322页。
⑤ （清）钱谦益：《有学集》卷12，第569页。

生代我为农何不可"(《陈伯玑与程士哲有耦耕之约命画史作图戏赋短歌以赠》)①。凡此可见,钱谦益晚年奉佛,是其内心的真实外露,远非"倡言佞佛,亦隐愧丧节"所能涵盖。

(三) 钱柳姻缘与佛化家庭的构建

钱谦益与柳如是佳人才子,相濡以沫,成为明末清初文坛上的一大佳话。陈寅恪晚年完成的巨著《柳如是别传》,详考柳如是生平与钱柳姻缘始末,考论缜密,新见迭出,极大地推动了钱、柳和明末清初文学研究,可谓居功甚伟。其中对于钱柳姻缘的佛教书写,时有涉及,今在陈氏的基础上,略作补充。

钱谦益与柳如是的结合,除文字才情外,奉佛风习也是其中重要的因素。早在结识钱谦益之前,柳如是已经开始研读佛教经典。对此,陈氏论云:"至若'高僧'一目,表面观之,似与河东君绝无关系,但河东君在未适牧翁之前,即已研治内典。所作诗文,如与汪然明尺牍第二七第二九两通及初访半野堂赠牧翁诗,(见东山酬和集一。)即是例证。牧斋有美诗云:'闭门如入道,沉醉欲逃禅。'(见东山酬和集一。)实非虚誉之语。"②相识相知乃至喜结连理,在二人诗文中,钱柳姻缘多了一丝佛教化色彩。《维摩诘所说经》所载长者维摩诘与散花天女的故事,成为钱柳姻缘的写照。如崇祯十三年(1640)十一月,柳如是扁舟造访钱谦益于半野堂。钱谦益《庚辰仲冬河东君至止半野堂有长句之赠次韵奉答》云:"沾花丈室何曾染,折柳章台也自雄。"③"沾花丈室"典出《维摩诘所说经》卷二:"时维摩诘室有一天女,见诸大人闻所说法,便现其身,即以天华散诸菩萨、大弟子上。华至诸菩萨即皆堕落,至大弟子便着不堕。"④盖钱谦益以散花天女喻柳如是,亦以长者维摩诘自比。柳如是《半野堂初赠诗》云:

---

① (清)钱谦益:《有学集》卷11,第554页。
② 陈寅恪:《柳如是别传》,生活·读书·新知三联书店2009年版,第382页。
③ 卿朝晖:《牧斋初学集诗注汇校》卷18,第1012页。
④ (姚秦)鸠摩罗什译:《维摩诘所说经》卷2,《大正藏》第14册,第547页下。

"竺西瓶拂因缘在，江左风流物论雄。"① 陈寅恪释云："上句之意，疑谓牧斋博通内典，具有宿世胜因，己身当如佛教中捧瓶持拂供奉菩萨之侍女也。"② 而此"侍女"，盖指"散花天女"也。顺治七年（1650）五月，钱谦益游说马进宝途中所作《西湖杂感》其八云："今是一灯方丈室，散花长侍净名翁。"③ "净名翁"即维摩诘，僧肇《注维摩诘所说经》云："维摩诘，秦言净名，法身大士也。"④ 顺治十三年（1656）十月，钱谦益在《高会堂酒阑杂咏》序中回忆起崇祯十四年（1641）六月二人结褵旧事时说："渐台织女，机石井然；丈室维摩，衣花不染。"⑤ 故而，长者维摩诘与散花天女，实际上成为二人姻缘的象征。

　　柳如是身体多病，成为归向佛教的原因之一。关于柳如是身体状况，陈寅恪在《柳如是别传》中云："河东君于崇祯六年及九年曾患病，至于十二、十三、十四等年之内，几无时不病，真可谓合'倾国倾城'与'多愁多病'为一人。倘非得适牧斋，则终将不救矣。"⑥ 又云："河东君适牧斋后，不久即患病。其病始于崇祯十四年辛巳秋冬之际，至十六年癸未秋冬之间方告痊愈，凡阅三甲子之时日。"⑦ 崇祯十六年（1643），钱谦益特地请人造观世音菩萨像，安置在我闻室中，希望借佛教空观思想与观世音救护之功，消除疾病困扰。《造大悲观世音像赞》序云："女弟子河东柳氏，名如是，以多病故，发愿舍财，造大悲观世音菩萨一躯，长三尺六寸，四十余臂，相好庄严，具慈愍性，奉安于我闻室中。"⑧ 在赞文中，钱谦益由观像而体悟到"我空"之理，"我"既为空，病痛亦空，借千手千眼观世音救拔之力，消除病苦，"我观斯像，黄金涂饰，旃檀斫砻。犹如我身，四大和合，假借弥缝"，"因爱生病，因病忏悔，展转钩通。是爱是

---

① （清）钱谦益：《初学集》卷18，第616页。
② 陈寅恪：《柳如是别传》，第534页。
③ 周法高：《足本钱曾牧斋诗注》第3册，第1735页。
④ （后秦）僧肇：《注维摩诘经》卷1，上海古籍出版社2011年版，第2页上。
⑤ （清）钱谦益：《有学集》卷7，第315页。
⑥ 陈寅恪：《柳如是别传》，第670页。
⑦ 同上书，第752页。
⑧ （清）钱谦益：《初学集》卷82，第1745页。

病，是大悲智，显调伏功。我闻之至，香华布地，宝炬昼红。楼阁涌现，千手千眼，鉴影重重。病苦蠲除，是无是有，如杨柳风"①。陈寅恪的《柳如是别传》描述出想象中柳如是参拜观世音菩萨像的情景，其云："顾云美称河东君'为人短小，结束俏利。'由是推想，当其虔诚祈祷，伏地和南之际，对兹高大庄严之像，正可互相反映，而与前此之现天女身，散花于净名居士之丈室者，其心理，其动作，其对象，大不同矣。"②

由于共同的奉佛取向，钱、柳二人组成一个佛教化家庭。每遇重要节日或重大事件时，焚香礼佛也就成为常态。元旦礼佛者，如顺治十三年（1656）所作《丙申元日》云："朝元颠倒旧衣裳，肃穆花宫礼梵王。"③康熙元年（1662）所作《灯楼行壬寅元夕赋示施伟长》云："如今老夫鬓婆娑，土室凫灯礼佛陀。"④人日礼佛者，如顺治七年（1650）正月七日，钱、柳二人和女儿在绛云楼焚香礼佛，笑语相对，其乐融融。冬至礼佛者，如顺治十四年（1657）所作《丁酉仲冬十有七日长至礼佛大报恩寺偕石溪道人然灯绕塔乙夜放光应愿欢喜敬赋二十韵纪其事》云："空门至日拜空王，肃穆炉烟玉几旁。"⑤

佛教影响钱氏家庭生活的另一层面，是在诞辰时通过礼佛诵经等佛教仪式祝寿。作为钱谦益的门生，毛晋深知其信仰旨趣所在。钱谦益六十寿诞时，毛晋在尚湖供养十六罗汉像为其祝寿，深得其心。钱谦益的《己亥正月十三日过子晋湖南草堂张灯夜饮追忆昔游感而有赠凡四十首》其二云："书阁清斋初度长，祝延醇酒最情亲。贯花贝叶翻长寿，炊饭香秔请应真。"⑥诗末自注云："辛巳（1641）八月，余六十初度，避客南湖，子晋为余开法筵，供贯休十六应真，为余祝延，坐客有戈庄乐、李孟芳、孙子长诸君，今失其半矣。"⑦《毛子晋六十寿序》云："往余六十初度，谢

---

① （清）钱谦益：《初学集》卷82，第1745页。
② 陈寅恪：《柳如是别传》，第810页。
③ （清）钱谦益：《有学集》卷6，第264页。
④ （清）钱谦益：《有学集》卷12，第570页。
⑤ （清）钱谦益：《有学集》卷8，第391页。
⑥ （清）钱谦益：《有学集》卷10，第474页。
⑦ 同上书，第474—475页。

客湖南，子晋为设南岳应真像，清斋法筵，呗赞竟日。今将偕一二名僧遗民，往修故事，恐子晋之或避匿也，告夫三子，俾曙戒以待我。而先之以斯文，以道余所以往贺之意。"① 毛晋的《首春日钱夫子枉棹隐湖怀旧感新示教四章敬步原韵酬谢》其二亦云："六十年华愧及辰，师恩弟纪倍情亲。千年城郭知经遍，七碗旗枪喜任真。桥外扬舲无俗驾，尊前酾酒半幽人。祝延相戒喧匏竹，莫道南村式燕贫。辛巳年（崇祯十四年，1641）祝延法席遐迩，弘道明教之士，往往效法。明年师八十矣，再申前请。"② 顺治十八年（1661）钱谦益八十寿辰，毛晋意欲仿照此前故事为钱氏祝寿。惜毛晋早卒，加之钱谦益有八十辞寿之举，祝寿化为泡影，却对其影响颇大。钱谦益屡屡劝说亲友，希望他们能够摆脱凡世庸俗的祝寿方式，以佛教仪式庆祝诞辰。如在《毛子晋六十寿序》中，他希望仿效毛晋之举，以佛教仪式为弟子祝寿。顺治十五年（1658）所作《慧命篇赠萧孟昉四十称寿》中，钱谦益希望萧孟昉以佛教仪式祝寿，其云："吴人生辰为寿，征笙歌制屏幛，多宰杀以供和筵。余年六十，子晋为伊蒲馔，供养贯休罗汉像，梵诵竟日，吴人至今以为美谈。今于孟昉生辰，当与子晋散花供佛，遥祝如故事。他日法侣善友，住世久长者，皆可援以为例，亦吾辈续佛慧命之一事也。"③ 王时敏寿诞时，钱谦益派人送去西方妙观图为其庆祝。《与王烟客四首》其一云："长至之后，便拟拿舟拿楫，登堂再拜，献西方妙观之图，致南极老人之祝。……只得先遣一介，赍捧颂图，九顿堂下，以告不宁。"④

作为佛教化家庭的又一表现，是钱谦益为后世子孙取字命名和启蒙教育时，往往带有佛教化色彩。钱谦益号聚沙居士自不用说，他分别为另外两个早殇的儿子取名钱佛霖、钱檀僧，为孙子取名钱佛日，均表明了佛教信仰的家庭化。在《亡儿寿耇圹志》中，钱谦益道出钱氏一族多单传，人丁不旺，取名与佛教相关，希望得到佛教庇佑，"我先君与余皆单子，余

---

① （清）钱谦益：《有学集》卷23，第937页。
② （清）毛晋：《和友人诗》，《清代诗文集汇编》第12册，第558页。
③ （清）钱谦益：《有学集》卷24，第965页。
④ （清）钱谦益：《牧斋杂著》，第195页。

妻生子佛霖殇，妾王氏生檀僧亦殇，汲汲焉惟嗣续之是虞"①。在浓厚的佛教氛围下，他的5岁早殇之子钱寿耇懂得礼佛拜僧，"（钱寿耇）尤好礼佛及僧，胡跪膜拜，俨若夙习"②。《桂殇诗四十五首》是顺治十六年（1659）秋，钱谦益为悼念长孙钱佛日而作的组诗。其三云："驱乌画地标秦塞，骑竹朝天习汉仪"③，透露出钱佛日早期家庭教育中的两个重要信息：一是"驱乌"，指驱乌沙弥，即佛教中收养或寄养的7岁至13岁的童子。二是"汉仪"，即中国传统之仪法礼节，以汉喻明，借以体现遗民意识。其四云："满口阿呕皆讽诵，经心辟呬每奔趋。"④ "满口阿呕皆讽诵"指诵读佛教梵呗，钱曾引《华严疏钞·世主妙严品第一之一》注云："《智论》云：'梵王昔有七十二字，以训于世，教化众生。后时众生，福德转薄。梵王因兹吞噉在口，两角各有一字，是其阿㰖，亦云阿呕，梵语轻重耳。'"⑤ 钱佛日自幼诵习佛教经典，亦见其佛教化家庭教育之特点。

第三节 佛教交游考

在经历了明代中叶的衰微后，万历三大师应运而出，明末清初佛教诸宗派如禅宗、天台宗、华严宗、净土宗等均呈现出复兴之势。钱谦益适逢其时，与各宗派主要人物及门下僧俗弟子往来密切，组建起颇为庞大的佛教社交网络，并卷入天童塔铭和破山寺鹤如禅师去留等僧争事件。

一 禅宗交游考

在明末禅宗中，临济宗与曹洞宗并兴。临济宗主要以幻有正传门下密云圆悟、天隐圆修、雪峤圆信及其弟子为主，在江南一带弘传。曹洞则是湛然圆澄开创的云门系与无明慧经开创的寿昌系为主，在江南、福建、岭

---

① （清）钱谦益：《初学集》卷74，第1643页。
② 同上书，第1644页。
③ （清）钱谦益：《有学集》卷9，第456页。
④ 同上书，第457页。
⑤ 同上。

南形成三个弘法中心。① 钱谦益与禅人的交往，亦以临济、曹洞两宗为主。

（一）临济宗

钱谦益与临济宗交往，最重要的当属天童塔铭之争。诚如陈垣《清初僧诤记》所论，天童塔铭之争共发生了两次，一是费隐通容对木陈道忞，二是木陈道忞对继起弘储。尤其是第二次论争，由于涉及钱谦益，备受学界关注。除陈垣外，连瑞枝、孙之梅等学界贤达多有考释。然囿于材料等原因，诸如论争过程、影响及钱谦益两次塔铭异文等问题，尚不甚明晰。因此，现以新发现《足本钱曾牧斋诗注》注文材料为中心，结合相关史籍载记，对请铭原因、请铭始末、论争始末、铭文差异、后续影响等事略加考论。

1. 请铭原因

天童密云圆悟圆寂以后，山阴王谷为其撰写《行状》，徐之垣撰写《全身塔铭》，《遗衣金粟塔铭》则经费隐通容之请，由乌程唐世济撰写、武原吴麟征篆额，崇祯十六年（1643）刻石，《道行碑》也经费隐通容之请，由韦克振撰文、成贤篆额、述贤书丹，于顺治五年（1648）刻石。上述文献，对密云圆悟生平事迹及懿行功德记载堪称完备。② 时隔十余年之后，木陈道忞为何在已有《塔铭》等文齐备的情况下选取钱谦益重新撰写第二碑，成为我们首要考察的问题。

木陈道忞请钱谦益重新撰写塔铭，表面看是基于钱氏的文坛声誉。木陈道忞的《柬牧斋钱虞山》云："不孝幼为诸生，习制艺，即知海内有以文鸣世，如老先生其人者矣。继行脚游方，间从碑铭传志间见先生一二古文词，益叹先生之文，非徒咀英而吐华者。其致广大而尽精微，极高明而道中庸者欤？去岁因贵乡许子，得广读先生《初学集》，益如横开武库，如深入宝山，如吴季札之观乐，至韶而止。窃谓非胸藏万卷，眼碧秋空，

---

① 参见杜继文、魏道儒《中国禅宗史》，江苏人民出版社 2008 年版，第 548 页。
② 《行状》《全身塔铭》《遗衣金粟塔铭》《道行碑》等文见《密云禅师语录》卷十二。又：木陈道忞收录《明天童密云悟和尚行状》，见《布水台集》卷十六，未收入《密云禅师语录》。

不可读先生之文。"① 从信札来看，木陈道忞对钱谦益的认识经历了几个过程。未出家前，他学习制艺科举之文时，已经深知钱氏以文学名世。出家后四出游方时，读到了钱谦益的碑铭传志之文，认为是"致广大而尽精微，极高明而道中庸"，赞赏不已。顺治十四年（1657），在钱谦益同乡许子的帮助下，道忞阅读《初学集》后，对其文才有了更加深入的认识，"如横开武库，如深入宝山，如吴季札之观乐，至韶而止"，"抑先生岂徒以文哉？明治乱，植人伦，故先生之文，为不可企及也"。②其次，密云圆悟的塔铭，虽有徐之垣等人旧作，然因作者名望文采等方面原因，"先师之道德终暗昧不彰"，使他萌生了请钱谦益撰写第二碑之意。单从文坛名望来看，身兼"文坛盟主"与"东林党魁"之称的钱谦益，虽入清后声势有所下降，亦远非徐之垣可比。又从现存徐之垣《全身塔铭》来看，开篇以天童寺之兴废引申塔主功德，盖局限于一时一地，缺乏全局观照。具体行文中，略述参学弘法经历，掺入大量语录话头，虽有意凸显密云圆悟的禅法特点，难免有杂乱失次之感。崇祯十四年（1641），密云圆悟受田宏遇推荐，崇祯帝谕旨修缮金陵大报恩寺，是其一生中最为荣耀之事，《塔铭》中亦以寥寥数语带过。加之徐氏《塔铭》撰写完成后，曾引起木陈师兄费隐通容不满，并引发二人间的一次论争。③凡此种种，均成为请铭之因。木陈道忞《柬牧斋钱虞山》云："今先师示寂且十七年，塔上之铭亦有操觚以论次者，而先师之道德，终暗昧不彰也。"④几经权衡后，他向钱谦益请铭，"窃谓人如先师，非先生之文不足以光扬至赜；文如先生，非师之人不足以焕若昭回"，"矫俊伟如先师者，先生岂有爱焉？末后光明，点出笔尖头，俾伊照天照地，非不孝一人之幸，实天下后世学者之幸也"⑤。

除此之外，木陈道忞请钱谦益写作塔铭，还有超出文采道德之外的因素。据清代纪荫《宗通编年》卷三十一、三十二载，自密云圆悟在天台通

---

① （明）道忞：《布水台集》卷22，《嘉兴藏》第26册，第395页中。
② 同上。
③ 参见陈垣《清初僧诤记》，河北教育出版社2000年版，第512—514页。
④ （明）道忞：《布水台集》卷22，《嘉兴藏》第26册，第395页中。
⑤ 同上书，第395页下。

玄寺圆寂后，住持天童寺者虽为其门下弟子，屡经变迁。崇祯十五年（1642）七月七日圆悟去世后，崇祯十六年（1643）由木陈道忞继席天童寺。顺治三年（1646）秋，木陈道忞离开天童寺，继之住持者为费隐通容。顺治七年（1650），费隐通容住持石门福岩寺，林野通奇继任住持。顺治九年（1652）冬，牧云通门继任住持。顺治十四年（1657），木陈道忞再次入主天童寺。崇祯十六年（1643）至顺治十四年（1657），短短十四年时间，天童寺住持五易其主。木陈道忞再次站稳脚跟，亟须提高他在同门中的地位。最直接的做法，莫过于请当时文坛大家为密云圆悟请铭刻石，借显发其师之德来巩固自己在宗门中的影响。钱谦益入清后专意于佛经注疏，且以反经明教为旗帜，继三大师后力主佛教义学复兴。他的《楞严经疏解蒙钞》等著作影响颇大。由他撰写塔铭，影响自然非小。加之法侄继起弘储周围聚集了大量晚明遗民，影响与日俱增，不能不引起他的注意。且钱谦益对汉月法藏深恶痛绝，一度将其列为海内三妖之一，《列朝诗集小传》云："天丧斯文，余分闰位，竟陵之诗与西国之教、三峰之禅，旁午发作，并为孽于兹世。"① 钱谦益撰写塔铭，必然会涉及密云圆悟、汉月法藏师徒之争。以至僧诤发生后，木陈道忞致信祁季超云："西遁固信山翁决不幸虞山舞弄笔舞舌而雌黄天下也"②，亦可窥见一二。

2. 论争始末

顺治十五年（1658）冬，木陈道忞派遣上座山晓本晳带着密云圆悟的行状、年谱及木陈的书信，来到常熟请钱谦益撰铭。钱谦益的《天童密云禅师悟公塔铭》云："越士有五年戊戌，嗣法弟子道忞具行状、年谱，申请谦益，俾为塔上之铭。"③ 钱曾在钱谦益的《己亥夏五十有九日》其四"法海何因起墨兵"后注（后文简称钱曾注）云："戊戌冬，天童密云禅师嫡子道忞具师行状、年谱，请公为塔上之铭。"④ 钱谦益以"抱疴，又方在

---

① （清）钱谦益：《列朝诗集小传》，上海古籍出版社1983年版，第572页。
② （明）道忞：《布水台集》卷22，《嘉兴藏》第26册，第396页中。
③ （清）钱谦益：《有学集》卷36，第1257页。
④ 周法高：《足本钱曾牧斋诗注》卷10，第2432页。

忧戚，都不见客"①为由，委婉拒绝。所谓"忧戚"者，指其孙钱佛日早殇。《桂殇四十五首》序云："桂殇，哭长孙也。孙名佛日，字重光，小名桂哥，生辛卯孟陬月，殇以戊戌中秋日。聪明勤敏，望其早成，拟作志传，毒痛凭塞，啜泣忍泪，以诗代之。"②钱谦益一支人丁不旺，痛失长孙，悲戚之情可以想见。无奈之下，木陈道忞找到了同门师弟牧云通门。牧云通门与钱谦益同乡，从钱谦益的《恤庐诗》《牧云和尚全集序》等诗文来看，二人关系颇为密切。在牧云通门的调解下，钱谦益勉为其难，答应次年浴佛节交稿。如木陈道忞致信牧云通门云："虞山与弟素未谋面，亦以半纸腐文，遂辱千里神交。去岁仰体江上，与兄凤念，敬遣晳首座以先师铭，再征椽笔。会伊抱疴，又方在忧戚，都不见客。及接弟书，欣然出相劳苦，诘弟行藏，竟日坐谈不备也。诺以浴佛就稿。"③钱谦益的《又与木陈和尚》云："第以此等文字，关系人天眼目，岂可取次命笔。年来粗涉教乘，近代语录，都未省记。须以三冬岁余，细加检点，然后可下笔具稿。谨与晓上座面订，以明年浴佛日为期。"④木陈道忞恐钱谦益中途变卦，便于顺治十六年（1659）春，再次派遣山晓本皙携带亲笔书信常住虞山，专候钱谦益的塔铭文稿。木陈道忞《复古南牧和尚》道出其中隐忧："仍期晳子先往，顷已在虞。虞山虽健忘，想不能忘诸此矣。"⑤《柬牧斋钱虞山》其二亦云："再遣山晓，拥篲龙门，恭俟奎璧亿雨迟云，惟高空其沛然早及之。春风尚寒，有冀颐神善摄，长为南邦文献。"⑥在木陈道忞、山晓本皙的反复督促下，顺治十六年（1659）春，推迟了15年的《天童密云禅师悟公塔铭》终于撰成。令人始料未及的是，钱谦益的塔铭引发了木陈道忞、继起弘储两派的僧诤，他本人也在不自觉间卷入其中。

钱谦益塔铭撰成后，引起汉月法藏嗣法弟子继起弘储的注意，并对请

---

① （清）道忞：《布水台集》卷27，《嘉兴藏》第26册，第414页中。
② （清）钱谦益：《有学集》卷9，第455页。
③ （清）道忞：《布水台集》卷27，《嘉兴藏》第26册，第414页中。
④ （清）钱谦益：《牧斋杂著》，第250页。
⑤ （清）道忞：《布水台集》卷27，《嘉兴藏》第26册，第414页中。
⑥ （清）道忞：《布水台集》卷22，《嘉兴藏》第26册，第396页上。

铭者木陈道忞和撰铭者钱谦益分别展开了攻击。

首先，继起弘储通过张有誉从中斡旋，想让钱谦益修改塔铭。钱谦益《己亥夏五十有九日，灵岩夫山和尚偕鱼山相国、静涵司农枉访村居，双白居士、确庵上座诸清众俱集，即事奉呈四首》一诗表明，继起弘储携诸弟子熊开元、张有誉、王双白、释鉴青前往虞山拜访钱谦益。其四中说："妙莲华界自圆成，法海何因起墨兵？少分观天知眼阔，多生持地学心平。蠛蠓地旷当街叫，蛮触人饶画角争。放箸同公与喷饭，须弥卢顶一萤明。"① 上述诸人中，真正出面敦促钱谦益修改塔铭者为张有誉与王双白。钱谦益所写《答张静涵司农第一札》《再答张静涵书》《三答静涵张司农书》三封信札，专为商讨塔铭之事。如第一札中说："顷承慈诲，谆谆启迪，因为开函一笑，语双白曰：'此是静老方便说法，劝我放下屠刀也。'却苦两日前付山晓小师赍去，不得重与台慈商推删定。"② 可见，塔铭初稿完成以后，王双白携带张有誉的信札找到钱谦益，希望他进行删改。钱谦益修改完成后，王双白、山晓本晳将其带给木陈道忞。钱曾注云："塔铭稿出，灵岩弘储和尚为汉月法嗣，见之，急挽静涵司农，两致手扎于公，力请删改。公不得已，为易其文云。"③ 值得注意的是，钱谦益在信札中反复表明，塔铭依据行状、年谱直陈史事，发挥密云圆悟最后光明，不敢妄加增改，"天童老人塔铭，是十五年未了宿逋。山翁复申前请，不敢固辞。其大意全为先皇帝悔悟左道，存问耆年，表章末后一段光明，以著存千秋万劫法门盛事，亦借此为百年臣子倾洒一点血泪耳。通篇叙次，援据行状、年谱，不敢增益一字"④。

其次，王双白带着钱谦益的修改稿及书信，找木陈道忞兴师问罪。木陈道忞首先向继起弘储问责，认为继起身为子侄辈，见塔铭语涉汉月法藏时，应通过他去找钱谦益提出修改，而不应自作主张，让张有誉直接去找钱谦益。言外之意，继起弘储及其弟子不应忽略师叔的存在。如木陈道忞

---

① （清）钱谦益：《有学集》卷10，第488页。
② （清）钱谦益：《有学集》卷40，第1385页。
③ 周法高：《足本钱曾牧斋诗注》卷10，第2433页。
④ （清）钱谦益：《牧斋有学集》卷40，第1385页。

的《复灵岩储侄禅师》于此云:"先老人塔铭,去秋始托虞山属笔。七襄之报,诺以今夏浴佛节为期。中间词锋有碍汉兄和尚,则山僧都未省览。老侄既阴得事状,何不移牍山僧俾为删改,乃假手张静翁斡旋钱牧老,抑复何也?虽老侄出乎机,入乎机,妙有化裁,但用之以待老阮籍,则所谓附同气、荷同心之语,又似信不由中矣。"① 针对祁季超的责问,他以同样之语应之,"先师塔上之铭,久空麟笔,刽怀非一日矣。去秋所以重请虞山者,不过借托文言,以光昭先老人之徽烈,庶几有以行远耳。西逷固信山翁决不幸虞山舞弄笔舌而雌黄天下也。况三峰为先师行二之子,则于山僧为同气连枝。手右而戕其左,叶滋而掊其根,在他人或恬然为之不顾,辱在西逷见谅之山僧,断不出此矣!或虞山信笔直书,不留余地,而犹子中如玄墓、如灵隐,即犹孙中如豁堂、如仁庵辈,走一使持片楮焉而问山僧,岂可不手勒八行,专人请改?矫灵岩之与山僧,犹称当世籍咸者乎?见不出此,乃规为布置,斡旋虞山,又动劳足下之管城君,是谓无识,且昧山僧"。②

对王双白的嗫嚅,木陈道忞极为反感。其《复灵岩储侄禅师》云:"先老人可谓有子有孙,是则借光多矣。区区十八年来,松柏既实之。枯骨寒原,远烦玉步,或有嗫嚅,得不深山僧之罪而消老人之福哉!乞泯此念,荷感犹多。改定铭词,谨依双白口谕,如命施行矣。"③《复西逷超道人》亦云:"双白远来,多嗫嚅,乞为山僧修饰,弗备。"④ 王双白问罪木陈,钱谦益也深感忧虑。他希望张有誉等人从中劝解,或请他人与王双白同行,以免事态进一步扩大。如《再答张静涵书》云:"双白为法猛利,腰包渡江。羽书旁午,戒行不可不早。又须一二好衲子结为伴侣,方便首途。勿令如阿难乞食,无上座及阿阇黎,为旃陀罗种所窃窥也。"⑤《复灵岩老和尚书》亦云:"双白素心苦行,白衣中哪有两人?但嫌其聪明流动,

---

① (清)道忞:《布水台集》卷22,《嘉兴藏》第26册,第396页中。
② 同上。
③ 同上。
④ 同上。
⑤ (清)钱谦益:《有学集》卷40,第1387页。

如水银抛地,方圆不定,须和尚痛下钳锤,为设一死关,勿令出虎丘寸步,乃可望其竿头转身耳。"① 此外,参与调解者尚有牧云通门。他在《复天童木陈和尚》中,希望木陈能够原谅弘储等人的少不更事,"承悯念赋体,幸迩来可杖行,第出门尚有小苦。铭塔一事,旧冬尔商,遂成少不更事。然为人后者,发扬先人光明,不一而足。念是或可恕也"。②

然而不论如何,此事在钱谦益、张有誉等人的调解下,最终双方和解。诚如钱谦益在《再与木陈和尚书》中所说:"上座归来,数日内再接张静翁手书,谓天童、邓尉两家子孙,已成水乳。"③

3. 塔铭异文

天童塔铭之争发生的根本原因,是钱谦益在塔铭中写入了不利于汉月法藏的言辞,原稿文字也就成为考察僧诤的关键。陈垣将《密云语录》收录塔铭与《有学集》对勘后论云:"至顺治十六年,木陈又请钱谦益为之,今附《密云语录》后。尝取与《有学集》校,字句偶有不同,大体无异,惟法嗣十二人,《集》为列举,此为常例,《语录》则一一叙入矣。又请铭一节,《集》单作忞公,《语录》则作忞公、门公,门公者牧云门,木陈不敢自专,引牧云以为重,盖所以塞同门之口,知前此费隐之诤为有效也。"④

---

① (清)钱谦益:《有学集》卷40,第1394页。
② (清)通门:《牧云和尚懒斋别集》,《嘉兴藏》第31册,第580页。
③ (清)钱谦益:《有学集》卷40,第1388页。
④ 陈垣:《清初僧诤记》,第514页。陈垣先生认为木陈道忞请铭时间为"顺治十六年",实误,详见前论。此外,《塔铭》又见于《天童寺志》(杜洁祥编《中国佛寺史志汇刊》第1辑,第522页),前题云:"敕赐慧定禅师密云悟和尚塔寺之南山幻智庵右,宗伯虞山钱谦益撰铭序曰"诸字,《塔铭》底本用钱谦益成稿。笔者仔细校勘后发现,两文文字差异共有81处,除避讳、通假及因字形相近、字音相同出现的讹误外,重要者有五。一为易《有学集》"天其或者假借磓锥,助扬水乳,用纵夺为正印,化同异为导师,于人何有,于师何有"一段文字为"天其或者假发难端,激扬真说,握提婆之正印,化同异为大通,于人何尤,于物何有。"二为详列法嗣十二人之名单,其云:"嗣法如大沩如学、邓慰法藏、梁山海明、径山通容、金粟通琇、宝华通忍、龙池通彻、天童道忞、雪窦通云、鹤林通门、善权通贤、天童通奇十有二人,皆亲承炉鞴。"三为"介子裁书介天童上座某属余为塔铭",《寺志》本作"介子裁书介鹤林门公属余为塔铭"。四为"用以副忞公之请",《寺志》本作"用以副忞公、门公后先之请"。五为《寺志》本文末署云:"海门弟子虞山蒙叟钱谦益粲谈谨造。"究其原因,第二处补充嗣法十二人具体名单,此塔铭创作之通例;三、四两处补入第一次请铭是黄毓祺遣钱谦益同乡牧云通门请铭,黄氏所选可谓得人,亦见钱谦益此次塔铭写作之前因也。

可见，陈垣对勘的两篇塔铭均为修改后的成稿，至于初稿文字，陈垣应当没有看到。否则，以其治学之精审严谨，断无视而不见之理。好在周法高所编《足本钱曾牧斋诗注》，影印补入傅斯年图书馆藏《初学集诗注》《有学集诗注》，比钱仲联标校之《钱牧斋全集》多出注文3931条，极具文献价值。其中钱曾在《己亥夏五十有九日灵岩夫山和尚偕鱼山相国、静涵司农枉访村居，双白居士、确庵上座诸清众俱集，即事奉呈四首》其四"法海何因起墨兵"句中，在"墨兵"二字之下详注初稿、成稿的文字差别，为重新考察僧诤提供了新的文献依据，现择要移录如下：

> 戊戌（1658）冬，天童密云禅师嫡子道忞具师行状、年谱，请公为塔上之铭。己亥（1659）二月七日，公制《塔铭》成，末后著语云："稗贩弘多，智惠轻薄。花箭突发于室内，疑网交络于道旁。于是乎三玄三要，辨析三幡；七书三录，折冲四战。状称相轧者，至为狂詟，为凶短折，为吐红光烂尽，斯则弓折矢尽，树倒藤枯之明验也。师不借彼之锋镝，则金翅之威神何由穷搜于海底？彼不犯师之毂率，则波旬之气势何由竭尽于藕丝？天其或者倒用魔印，逆宣正法，于彼何尤，于师何有？"公意盖有所指，此文之原本然也。塔铭稿出，灵岩弘储和尚为汉月法嗣，见之，急挽静涵司农，两致手扎于公，力请删改。公不得已，为易其文云："后五百年，斗争牢固，机锋激射，妨难弘多。师以慈心接之，以直道御之，以正理格之，以妙辨摧之。消有无于三幡，穷玄要于四战，务使其霜降水涸，智讫情枯而后已。初虽攝折多门，终乃镕融大冶。事有激而济，理有倒而相资。非铁石之钻磨则火光不发，非峡崖之束斗则水势不雄。天其或者，似借磓锥，助扬水乳。用纵夺为正印，化同异为导师，于人何尤？于师何有？"凡易一百二十六字。此文之改本然也。①（按：着重号为笔者所加）

---

① 周法高：《足本钱曾牧斋诗注》卷10，第2432—2433页。

初稿与成稿同为批判晚明禅林流弊，然初稿文字的个体指向性更强。举凡"花箭突发于室内""三玄三要，辨析三幡；七书三录，折冲四战"及"状称相轧者，至为狂罥，为凶短折，为吐红光烂尽"诸语，无一不涉及密云圆悟与汉月法藏师徒矛盾论争之事。① 据《三峰和尚年谱》② 记载，汉月法藏（1573—1635）15 岁辞别父母，在扬州德庆院出家。19 岁时方获度牒，正式出家为僧。29 岁从云栖袾宏受戒。天启四年（1624），52 岁的汉月到金粟寺拜谒密云圆悟，请求印可。天启七年（1627），密云圆悟正式传衣钵于汉月法藏。然而，师徒间的禅宗理论、修持路径并不一致。法藏在阅读高峰原妙《高峰语录》及参悟《临济三玄要》后有所发悟，在披读惠洪觉范《临济宗旨》后，"宛然符契，如对面亲质"③，"因见寂音尊者著《临济宗旨》，遂归心此老，自谓得心于高峰，印法于寂音，无复疑矣"！④ 天启五年（1625），汉月法藏着手编撰《五宗原》，探寻临济、曹洞、云门、沩仰、法眼五家宗旨，将其远溯至威音王佛，发扬如来禅而轻视祖师禅。他在临济宗已有棒喝传统外别求旨趣，以"三玄三要"为勘验临济宗旨的禅机所在。在师法与师人之间，他更加强调师法的重要性。如法藏《五宗原》云："师有人法之分，心有本别之异"，"良以师必因人，人贵法妙，分宗列派，毫发不爽。故传法之源流，非独以人为源流也"。⑤

汉月法藏的《五宗原》问世后，在禅林中引起极大反响，不少人随即提出异议。憨山德清《与汉月藏公》云："闻公以向上一路极力为人，此末法中最为难得。但众生识情深固，苟学人以思惟为参究，以玄妙为悟门，恐不能透祖师关，亦难出妄想窠堀也。公如真实为人，切不可以偈语引发初机，直使死偷心泯知见为第一着，庶不负此段因缘耳。若曰如来禅

---

① "状称"一句，源出木陈道忞《明天童密云悟和尚行状》，其云："其与师轧者，至为狂罥，为凶短折，为吐红光烂尽。真枯竭无余，无可奈何，而大慈摄受之心，师终无间也。"（《布水台集》卷 16，《嘉兴藏》第 26 册，第 370 页上。）
② 参见《嘉兴藏》第 34 册，第 203 页下—213 页上。
③ （明）法藏：《三峰藏和尚语录》卷 6，《嘉兴藏》第 34 册，第 153 页上。
④ （清）胤禛：《御制拣魔辨异录》卷七，《大正新修卐续藏经》第 114 册，第 479 页上。
⑤ （明）法藏：《五宗原》，《大藏新修卐续藏经》第 114 册，第 210 页上。

祖师禅如何如何,皆恆饤耳。"① 据纪荫《宗统编年》卷三十一载,崇祯八年(1635)法藏去世后,"一时怂恿者有三辟七辟之刻"。② 崇祯十年(1637),法藏弟子潭吉弘忍撰《五宗救》,为《五宗原》辩护。崇祯十一年(1638),密云圆悟亲自撰写并刊刻了《辟妄救略说》,"名义上批辟弘忍'妄救'之作,实指法藏在《五宗原》中'妄执''临济宗旨'"③。直到崇祯十五年(1642)密云圆悟圆寂后,此次论争才告一段落。

钱谦益与汉月法藏同在常熟,两人相交甚早。万历四十五年(1617)正月,憨山德清来到双径凭吊云栖袾宏,在西湖说法,应巢松慧浸、一雨通润等人邀请游天池,"将行,弟子洞闻、汉月久候,钱太史受之亲迎至常熟"④。钱谦益的《憨山大师曹溪肉身塔院碑》云:"万历丁巳(1617)□月,大师东游涖三峰,燃灯说戒。汉月师请坐堂上,勘辩学人。余与汉师左右侍立。诸禅人鱼贯而前,抠衣胡跪,各各呈解。大师软语开示,应病与药,皆俛首点胸,礼拜而退。"⑤ 钱谦益曾为汉月法藏《山居诗》作序,高度评价了汉月法藏僧团的修行情况,称为"虞山小云栖",如云:"藏公居三峰兰若,率其徒众,严持木叉。晨钟暮呗,激飏于丛篁灌木中。余过而乐之,以此为虞山中小云栖也。已得其《山居诗》,静夜诵之,殆如杜子美所谓'欲觉闻晨钟,令人发深省'者,以此知藏公之所存远矣。"⑥ 又云:"或言藏公死心学道。读《山居诗》,想见其根性猛烈,机锋自尔溢出也。心死如灰,根利如火,无火宁复有灰乎?火之种性,生而有光。千年之幽谷,破于一灯杲然,在于用光也。是诗也,以征诸藏公之种性,其亦千灯之一枝也与?"⑦ 万历四十七年(1619),紫柏真可法孙半偈禅师带着邢梅阳的书信,请汉月法藏住持庐山归宗寺。憨山德清也请其前往庐山。钱谦益得知消息后,寄信给半偈禅师,希望让汉月法藏留在虞

---

① (明)德清:《憨山老人梦游集》卷14,《中华大藏经》第83册,第832页上。
② (清)纪荫:《宗统编年》卷31,《卍续藏经》第147册,第475页下。
③ 赖永海编:《中国佛教通史》第12卷,江苏人民出版社2010年版,第346页。
④ (明)德清:《憨山老人梦游集》,北京图书馆出版社2005年版,第583页。
⑤ (清)钱谦益:《憨山大师曹溪肉身塔院碑》,《有学集》卷36,第1255页。
⑥ (清)钱谦益:《牧斋杂著》,第864—865页。
⑦ 同上书,第865页。

山弘扬禅法，并亲自前往三峰寺，劝汉月法藏留下。汉月法藏听从了钱谦益的建议，作书请辞，继续留在虞山。继起弘储《三峰和尚年谱》"四十七年己未"条云：

> 紫柏孙半偈禅师以邢梅阳居士书来，请住庐山归宗。五乳大师亦寻有书来，言："虞山亦人间世耳。道人深藏，莫如庐阜。"和尚戒行，钱太史以书抵半公曰："敝邑佛法衰微，赖汉师力振宗风，衲子中始知有本分下事。今闻邢公与师将遂邀往匡庐，一二有血性男子空群而行，是不特撤三峰法席，并撤此方佛法也。且匡山有憨师及吾师在，龙象云集，独不憨遗此一老以慰虞山之灵乎？"复诣山坚留。和尚作《辞归宗书》。太史书称汉师者，和尚法字汉月，又自号于密老人。①

汉月法藏《辞归宗书》现已无存，从继起弘储转录的钱谦益写给半偈禅师的书信来看，称法藏为有血性男子，虞山佛教由他来"力振宗风"，可见对法月法藏评价极高。

至于后来，钱谦益与汉月法藏交恶，称他为海内三妖之一，除了佛教理念的差异之外，可能还与汉月法藏和洞闻法乘的交恶有关。洞闻法乘（1552—1623），俗姓李，吴江人，少年出家，为默庵和尚侍者。后礼紫柏真可为师，改名法乘，号洞闻，主持天目云中庵、中峰讲寺、维摩庵等。受钱谦益邀请，洞闻接替钵庵法师（？—1610）继任破山寺住持。② 作为晚明虞山佛教界的两位重要人物，汉月法藏与洞闻法乘之间当有交集。钱陆灿《康熙常熟县志》卷二十二《洞闻法乘传》云："汉月和尚少曾请益于师。"③ 同书《汉月法藏传》云："少曾请益洞闻，中年嗣法密云和尚，

---

① （清）弘储：《三峰和尚年谱》，《嘉兴藏》第34册，第207页上—207页中。
② 关于洞闻法乘的生平经历，参见钱谦益《洞闻禅师塔铭》，《初学集》卷89，第1568—1569页；程嘉燧《常熟县破山兴福寺志》卷4，载《程嘉燧全集》，第587页；（清）钱陆灿等《康熙常熟县志》卷22，第560页。
③ （清）钱陆灿等：《康熙常熟县志》，第560页。

道法隆盛，近古无比。钱太史谦益诸公，延师与洞闻同住破山。"① 知汉月法藏曾向洞闻法乘请益，成为密云圆悟的嗣法弟子后，钱谦益曾邀请他和汉月法藏共同住持破山寺。至于其间的具体细节问题，则没有更多的说明。王伊的《三峰清凉寺志》卷十八《杂识》转引《堆山头陀笔记》，对此事始末进行了考察，其云：

> 万历庚戌（1610），汉师初入三峰，邂逅洞闻乘公，称紫柏弟子，时住中峰庵也。师仰慕紫柏，因屡叩其所得。洞闻见师状貌奇伟，辨论雄毅，极口赞叹，且谓有堪舆家言，此地遇庚年当出异人，今适其时矣。（《堆山头陀笔记》）
>
> 《三峰纪年录》：考钱谦益尝撰《洞闻塔铭》，序其初居虞山之三峰，徙天目之中云庵，卒老于破山。而黄毓祺序其《录》亦然。今阅其《录》，首载万历己丑（1589）住天目中云庵，乃万历十七年也。雪峤序文中谓万历癸卯（1603），过天目中云庵见之，此万历三十一年也。汉老人初到海虞三峰，而洞闻自天目复还虞山，住中云庵。时万历三十八年（1610）也。后洞闻迁维摩金粟堂者三四年，及其住破山兴福，则在万历四十三年（1615）也。至天启元年（1621），洞闻年七十二。三年癸亥（1623）而洞闻迁化焉。又尝自题像，有"直上天目狮子岩畔，偶被恶风吹过海虞，三处结茅，末后走向破山寺里"之句，此皆纪年之实录。盖明洞闻初住三峰，乃在万历十七年（1589）以前。而汉老人于万历三十八年（1610）住三峰，实非受洞闻推毂而有也。附此以备考较。
>
> 初，汉师因洞闻亲近紫柏老人来，疑有长处。师悟后，见洞闻出语支离，遂规正之，其意不乐。厥后迁往维摩，甚不称意。万历乙卯（万历四十三年，1615），钱牧斋访师，信宿三峰，见规制整肃，有"虞山中小云栖"之叹。未几，具币请住破山。师力辞曰："三峰深

---

① （清）钱陆灿等：《康熙常熟县志》，第560页。

静，与我相宜。洞老在维摩金粟堂，不足展拓，且年高腊长，应往请之。"牧斋曰："破山，我家植福地。今属意汉师者，意欲整破山如三峰耳。必欲逊洞老，当另具礼币请之。"仍以原礼致汉师，且曰："必请汉师同入院。"师勉允之。洞闻进院后，语师曰："文殊七佛师，折节以佐迦文。今屈汉公第一座以辅我，此亦牧老敦请之意也。"师笑曰："我愿将来佛佛出世，皆当成襫，今从洞老始可也。"师气虽刚大，志实谦下，一往虚中，冀整法席。而洞闻只作子孙计，遂成同异。一日，假入室之名，竟以主自居，且欲窥师意。师怫然不悦，历举其谬解而揭示之。其末云："绳床角畔觜庐都，绝胜人前作野狐。般若无门如火聚，休将雪印印红炉。"于是即拂衣归三峰。他日，诸檀具供，特请二师，意在和好。洞老南向坐，汉师北向坐。洞闻出语支离益甚，师举茶瓯，蓦而掷曰："老野狐，敢白日魅人耶？"掣身而行，一众挽留不可，自此绝交。盖洞闻虽见紫柏，未得大彻耳。余阅《洞闻录》中，尝自述再证因缘云："丁巳（1617）九月十九日午后，偶见狗子欲噇生台饭食，不觉就手戒尺一击，狗子跳去。以是证明三十年前，古人一击忘所知已了公案，不道老来又一番汗出也。"考丁巳在乙卯后二年，系万历四十五年间事，固亦无怪乎汉老人之叱咤也。①

从此段记载可见，汉月法藏因洞闻法乘出自名师紫柏真可之后，理应有高见。参礼之后，汉月法藏对洞闻法乘颇为失望，不满情绪随即凸显，甚至出语规劝。钱谦益鉴于汉月法藏经营三峰寺的功绩，邀请他和洞闻法乘共同住持破山兴福寺。在此期间，洞闻、法藏二人分歧越来越大，以至汉月法藏骂他为白日魅人的野狐禅，自此二人关系彻底破裂。此段记载可谓真伪参半。作者有意维护甚至美化汉月法藏，积极为其辩解。需要留意的是，对于洞闻法乘的佛教修持，钱谦益在《洞闻禅师塔铭》中云："天

---

① （清）王伊辑：《三峰清凉寺志》卷18，《中国佛寺志丛刊》第41册，第603—605页。

启三年七月，洞闻禅师示寂于破山之禅院。是时天方溽暑，流金铄石。越三日，余趋视之，垂首趺坐，若入正定。蚊蚋却避，肤理莹洁。四众观者，莫不叹异。师行解未知其何如？以余所见，亦可谓甚难希有者矣。"①显然，钱谦益称"师行解未知其何如"，仅记载临终异事以凸显其佛教修为，当属有意避讳。且洞闻法乘的语录，剃度弟子牧云通门也曾刊刻行世，钱谦益对此只字未提。然而，若从法脉传承的角度来讲，钱谦益自称是紫柏真可的私淑弟子，与洞闻法乘为同门师兄弟。在行文中有意维护洞闻法乘，亦情有可原。

基于上述因素，钱谦益对汉月法藏越来越讨厌，开始则作《休休歌示禅人汉月》②以嘲之，其后干脆直斥为妖孽。《列朝诗集小传》丁集《谭解元元春》云："天丧斯文，余分闰位，竟陵之诗与西国之教、三峰之禅，旁午发作，并为孽于斯世，后有传洪范五行者，固将大书特书著其事应，岂过论哉！"③在与黄宗羲的信中，钱谦益直接点出："自国家多事以来，每谓三峰之禅，西人之教，楚人之诗，是世间大妖孽。三妖不除，斯世必有陆沉鱼烂之祸。今不幸言中矣！"④乃至于对汉月法藏的弟子项目宏彻，也是极尽讽刺之能事，甚至称其为"无眼"之人，如钱谦益《赠项目禅人》云："晓日穹窿法鼓鸣，山茶树上鹧鸪声。浑身是眼原非眼，有眼何须顶上生。"⑤

钱谦益在《塔铭》初稿中斥汉月法藏为"波旬"，指责他"倒用魔印，逆宣正法"，实际上也是秉承了其一贯之态度。因指向性太强，措辞过于强烈，随即引起继起弘储等人强烈反对。在张静涵等人斡旋下，钱谦益最终改易文辞，成为我们今天见到的塔铭成稿。成稿虚化了原稿的指向，然蕴含于中的批判精神依然未变，可谓"名改而实未改"。钱谦益《再答张静涵书》云："朴学老生，懵然知识，每作法门文字，誓欲以世间绮语戏

---

① （清）钱谦益：《初学集》卷68，第1568—1569页。
② （清）钱谦益：《初学集》卷3，第116页。
③ （清）钱谦益：《列朝诗集小传》，第572页。
④ （清）黄宗羲：《黄宗羲全集》，浙江古籍出版社1993年版，第389页。
⑤ （清）钱谦益：《有学集》卷1，第17页。

论消归佛乘,安敢私心逞臆,信口雌黄?恭承慈命,再三绅绎,既不敢护短凭愚,亦未尝改头换面,点笔之余,恰与初心符合。焚膏呵砚,不免沾沾自喜。因思法门纲宗与文字血脉,此中大道理,合是如此。"① 其《再与木陈和尚书》亦云:"因将塔铭原稿,再一点检,但是文字中槎牙头角之语,改窜数行耳。是中君臣宾主,眼目历然,殊非婥阿两可,自附调人。更于老人激扬提唱,一片苦心,重为洗发。所谓颊上三毫,传神写照,未必不差胜于元文也。"② 身为族孙兼弟子的钱曾,深谙钱谦益的此番苦心。他在"墨兵"条后注文中说:"详公语句,郑重命笔,不相假借如此。然公生平撰述,初非党枯竹、仇朽骨、有私意存乎其间也。予编次《有学集》,于《天童塔铭》原本改本并列之而不敢逸其一者,盖不忍负公手稿付嘱之意,亦以见点定之际,原无一字出入,初未尝婥婀两可,自犯歧舌之规。此文中眼目,历然两存,以示后之知言者,亦公之志也。"③ 不难看出,钱曾在注文中详细记录原文、异文及僧诤始末的目的,不仅有感于钱谦益向其托付遗稿之苦心,更希望借此来为钱谦益正名,着重指出钱谦益对《塔铭》文稿虽进行了两次修订,然撰写之初衷不改,亦非挑拨是非之徒,自犯绮语两舌之规。

4. 影响

《天童塔铭》之争在诸方调解下和解,钱谦益初稿、成稿之文字差异、写作苦心也借钱曾注文于今大白。然而,此事对钱谦益产生了一定影响。其《答木陈和尚书》云:"《塔铭》稿出,有人自武林来,盛言磨刀镞矢,势焰汹汹,谈已辄为口噤手战。仆应之曰:'吾文之写于胸,犹弹丸之脱于手也。弹丸脱手,手中无复有弹丸矣。文字写胸,胸中无复有文字矣。彼将寻声问影,觅弹丸于吾手,不已愚乎?'其人茫然而去。"④ 岭南天然函昱请钱谦益为其师宗宝道独创作塔铭,钱谦益即以此为例写道:"向为

---

① (清)钱谦益:《牧斋有学集》卷40,第1387页。
② 同上书,第1388页。
③ 周法高:《足本钱曾牧斋诗注》卷10,第2433—2434页。
④ (清)钱谦益:《有学集》卷40,第1390页。

天童作铭，略说少分，诃谤蜂起，付之瑱耳。铭诗末云：'拗折拄杖，抛掷拂子。余与老人，觌面伊始。'连这老汉也与他劈头一棒，见者都不觉，懵懂而已。此文一出，逆知诸方唾骂，更甚往时。古人金汤护法，不惮放舍身命。知我罪我，何足挂齿。"①

从积极层面而言，通过僧诤，加深了钱谦益和继起弘储的关系，为其融入灵岩寺逃禅遗民群体，不无助益。从现有资料来看，僧诤发生前，钱谦益与继起之间并无往来。顺治十六年（1659）五月十九日，继起弘储率领众门人至拂水山庄拜访钱谦益，二人的关系发生了质的变化。与对汉月法藏的深恶痛绝相比，钱谦益与继起弘储的关系显然要亲密得多。同年九月，钱谦益本想赴吴门，"践腰包扣访之约"②。因"军声初解，干戈充斥"，未能成行，约次年春"枢衣纳屦，长侍法筵"③。顺治十七年（1660）春，钱谦益赴前约，入灵岩，访继起。此间，钱谦益将文琇的《增集续传灯录》和恕中的《山庵杂录》赠给继起弘储，希望他编辑明代灯录，振兴禅宗。继起弘储《增集续传灯录序》云："庚子，虞山钱宗伯惠我之书，一曰《增集续传灯录》，出南石和尚。一曰《山庵杂录》，出恕中和尚。读二书，又想见许古人。恕中前往瑞岩，南石前往灵岩，余在吴在越，宾主二岩，于二老俱为前后住持。以余想见二老，想见许古人，则知后人则想见今人，感慨略同也。书止四世，虽文献未备，典则可征。后学宗之，足起支离汪滥之习。今世禅瞉子，其有瘳哉。后三年，以《增集传灯录》先付诸梓而序之。"④ 同时，他搜访徐波诗集，借香观说品评徐氏诗文。顺治十八年（1661）春，为支持寂照庵住持按指契颖刊刻《嘉兴藏》，钱谦益致书继起弘储与王双白，望其予以支持。同年九月，钱谦益八十寿诞。钱谦益虽已寄去辞寿小笺，继起依然以天台万年老藤如意相赠。钱谦益《老藤如意歌》序云："余年八十，灵岩和上持天台万年藤如意为寿。余识之，

---

① （清）钱谦益：《有学集》卷40，第1391页。
② （清）钱谦益：《牧斋杂著》，第334页。
③ 同上书，第335页。
④ 张一留：《灵岩山志》，《中国佛寺志丛刊》第46册，第189—190页。

曰：此金华吴少君遗物也，歌以记之。"① 康熙元年（1662）冬，钱谦益读《弘明集》，感继起孝亲之举，作《报慈图序赞》，宣扬忠孝佛性论。康熙三年（1664）二月初八，继起弘储诞辰，钱谦益作《寿量颂为退和尚称寿》以祝之。钱谦益去世以后，逢其生忌，继起弘储升堂说法，以示纪念："虞山宗伯生忌，门人请对灵升座。蓦拈拂子曰：即此物，非他物，天上下独尊，偏大千共仰，是竺士大仙之心。大宗伯牧斋钱公之一灵，对三贤十圣说法身，以为极果，其实不无缘起，不有缘灭。道是近，十方世界，求不可得；道是远，只在目前。心既如是，法亦如是。一沤生波澜，始六入、十二因缘、十八界，乃至八万四千法门，有什么限际？喝一喝，曰：子期去不返，浩浩良可悲。不知天地间，知音复是谁？"② 能够被继起弘储以子期相比，以天地间知音相许，算是钱谦益在僧诤之外的最大收获吧。

（二）曹洞宗

明末清初，曹洞宗以湛然圆澄（1561—1626）的云门系和无明慧经（1548—1618）的寿昌系为主，尤以寿昌系影响为大。无明慧经三大弟子博山元来（1575—1630）、鼓山元贤（1578—1657）和晦台元镜（1577—1630），分别在岭南、福建、南京形成了三个弘法中心。钱谦益与曹洞宗的往来，一为宗宝道独（1600—1661）及门下函昰（1608—1685）、一灵今种（即屈大均）、澹归今释（金堡）；二为晦台元镜弟子觉浪道盛（1592—1659）及无可大智（方以智）等。

钱谦益与宗宝道独的往来，主要发生在搜访憨山德清《憨山老人梦游集》期间。《般若心经略疏小钞》等书成后，钱谦益寄给岭南诸法友，得到了宗宝的认可。③ 康熙元年（1662）三月，天然函昰遣弟子今觌，不远千里前来请铭。《秋日杂诗二十首》其十一云："华首上座来，锡带罗浮

---

① （清）钱谦益：《有学集》卷12，第605页。
② （清）弘储：《南岳继起和尚语录》卷8，《嘉兴藏》第34册，第317页上—317页中。
③ 钱谦益与宗室道独的关系，详参后文论证。钱谦益与顾与治、祖心函可的关系，陈寅恪《柳如是别传》中亦有详论，兹亦略之。（参见陈寅恪《柳如是别传》第五章"复明运动"，上海古籍出版社1980年版，第934—944页。）

雨。"钱曾注云："华首，空隐和尚弟子。"① 今无《壬寅春三月石鉴觋弟奉师命入间门为先师翁乞塔铭于钱牧斋先生赋此为赠》云："吾翁早具金刚眼，照耀大千无间歇。去秋忽唱还乡行，谁识双林未入灭。四百罗浮山君长，守护无缝威凛冽。譬如皓月被云掩，是月光明岂会歇。眼光所照亦复然，妄情瞥起即区别。还将佛子区别智，消尽妄情光不二。江南姑熟有虞山，山中长者名远被。如椽大笔干云汉，电抹风摇生妙义。点笔此光出笔端，恰与长者同巴鼻。石弟克绍吾家种，代师远走五千里。褋襟久藏妙喜机，笑口张君等儿戏。出门一句为余言，始信脚根方点地。"② 钱谦益应请撰写《华首空隐和尚塔铭》，发扬宗保道独忠君爱国之志。在《复天然昰和尚书》中，他以曹洞一脉相嘱："法幢倾倒，狐鼠塞路，洞下门风，全赖和上一肩荷担，千万珍重，千万努力"③，建议函昰与其提唱《林间录》，不如提唱永明延寿《宗镜录》。在写给澹归今释（金堡）的信札中，钱谦益揭示出《华首空隐和尚塔铭》中的"微旨"："所云'白睨碧血，长留佛种'者，指秋涛、正希二相公及吾徒黎美周辈也。所云'条衣应钵，同饭法王'者，指吾道隐先生也。"④ 钱谦益如此费尽心机而又小心谨慎，惟恐重蹈《天童塔铭》覆辙。同时，钱谦益将新刻的《楞严经疏解蒙钞》一并奉寄，并约明年（1663）《金刚会钞》完成后，再次寄奉。其实，金堡之出家是因永历小朝廷内部党争，遭攻讦被贬后的无奈之举。因被贬之地清浪卫"不入职方，无路可达，遂依留守公于桂，祝发城北之茅坪庵，法名性因，号澹归"⑤。顺治八年（1651），钱谦益作《寄怀岭外四君诗》，其一《金道隐使君》小注云："金投曹溪为僧。"诗云："法筵腊食仍周粟，坏色条衣亦汉官"⑥，极写金堡遗民僧人本色。然金堡后来发生的变化，如《清初僧诤记·记余》之论，则是钱谦益始料未及的。⑦ 顺治十

---

① （清）钱谦益：《有学集》卷12，第587页。
② （清）释今无：《阿字无禅师光宣台集》卷15，《清代诗文集汇编》第129册，第222页上。
③ （清）钱谦益：《有学集》卷40，第1391页。
④ 同上书，第1393页。
⑤ 周法高：《足本钱曾牧斋诗注》，第1868页。
⑥ （清）钱谦益：《有学集》卷4，第165页。
⑦ 参见陈垣《清初僧诤记》，中华书局1962年版，第90—91页。

一年（1654），金堡来到虞山寻访瞿式耜后人瞿伯申，其《访瞿伯申于虞山》云："难排悲喜望中颜，生面来如故里还。感慨一时犹桂水，留连两地共虞山桂林亦有虞山。挂瓢惯习曾悬榻，联省疑看旧押班。未堕传家忠孝绪，好将深念托高闲。"① 此间，他与钱谦益在瞿氏东皋园会面，作《酬钱牧斋宗伯壬辰②见寄原韵》，诗云："苍江白浪梦初残，游戏同归法海澜。未谢闲名还热客，现成公案付秋官。双鱼远韵三年续，百感劳生一曲蟠。拨尽孤灯犹独立，数声宿鸟报更阑。"③ 此外，钱谦益《东皋老僧》描绘了一个遁入禅门隐居避难而复明之心不改的老僧形象："春深花柳隐东皋，独抱军持护寂寥。一室香灯尘刹在，六时梵呗劫轮销。枝头怖鸽依林木，钵里眠龙应海潮。天眼定中常不昧，金轮时见鬼神朝。"④ "老僧"所指，当为金堡。金堡《又赠牧斋》赞扬了钱谦益的观棋诗及忠君报国之心，诗云："楸枰局里画乾坤，万里遥看一老存。峻极儒宗凭岱岳，大观义海发朝暾。劫灰欲尽丹心出，硕果将留黄发尊。欲许野人无事老，不教世谛落寒温。"⑤ 东皋相见，二人对彼此均留下了深刻的印象，其后书信往来不断。如钱谦益《复澹归释公》云："东皋一别，闲云野鹤，却如时时在瓶拂间。"⑥

钱谦益与天然弟子屈大均（法名今种）亦有往来。今种北上沈阳访函可而不得，南归时，参访觉浪道盛。经觉浪荐介，访牧斋于红豆阁。顺治十六年（1659）三月，牧斋为作《罗浮种上人集序》，赞其忠君爱国之情。

---

① （清）释澹归：《遍行堂集》卷34，《清代诗文集汇编》第47册，第139页。
② 钱谦益《寄怀岭外四君诗·金道隐使君》，见《有学集》卷四《绛云余烬诗》。该集写作时间为"起辛卯（1651），尽一年。"（见《有学集·目录》，第3页）。金堡诗题中的"壬辰"为顺治九年（1652），两者相差一年。钱曾在《金道隐使君》诗后注云："甲午（顺治十一年，1654）至虞山，晤牧翁于东皋"（周法高：《足本钱曾牧斋诗注》第3册，第1868页），金堡《酬钱牧斋宗伯壬辰见寄原韵》云："双鱼远韵三年续"，知钱谦益《寄怀岭外四君诗》作于顺治八年（1651），金堡诗中的"壬辰"，当为误记。
③ （清）释澹归：《遍行堂集》卷34，《清代诗文集汇编》第47册，第139页。
④ 周法高：《足本钱曾牧斋诗注》第3册，第1856页。
⑤ （清）释澹归：《遍行堂集》卷34，《清代诗文集汇编》第47册，第139—140页。
⑥ （清）钱谦益：《有学集》卷40，第1392页。

钱谦益与觉浪道盛的交往，始于顺治十五年（1658）四月，"会觉浪和尚于武林。数年相闻，握手一笑。观其眉宇，疏疏落落，如有一往冰雪之韵，沁入人心腑间。"① 多年神交，初次见面，"与觉浪和尚相闻十余年，始得把臂"。② 此间有夜话之举。《松影和尚报恩诗草序》云："余老归空门，少年习气，磨洗殆尽。戊戌（1658）岁，与觉浪和尚剧谈，举扬在龙湖时与梅长公诸人夜话，笑语和尚：'安所得麻姑长爪，爬我背痒邪？'"③ 在《觉浪和尚挽词八首》其七中，钱谦益对此念念不忘，其七云："须弥拍碎信乾坤，曾向龙湖彻底论。谁复夜阑闻软语，空余落月似金盆。"④ 五月十五日，应鹤溪之请，钱氏撰《天界觉浪盛禅师语录序》⑤《题觉浪和上天界初录》诸文。五月二十四日，钱谦益致书觉浪，商讨撰制《传灯录》。此前他通过龚鼎孳等人从岭南搜访憨山德清《梦游全集》，"觉浪和尚见而叹曰：'人天眼目，幸不坠矣。' 亟草一疏，唱导流通"。⑥ 同时，在《次韵酬觉浪大和尚》诗中，对禅宗现状表示担忧，末句"自古昆冈能辨玉，莫将燕石误题评"⑦，显为嘱托觉浪在灯录撰写中要严于拣择，精于明辨，达到扶正纲宗的目标。顺治十六年（1659），觉浪逝世后，钱谦益作挽词八首。在小序中，他简要记述了二人的交往，"予与浪上人武林邂逅，契在忘言；吴苑睽违，迹同交臂。俄闻顺世，早已隔生。叹夜壑之负趋，感晨钟而深省。刹竿却倒，智镜云亡。斯世同长夜之熄灯，伊余如跛人之夺杖。未能免俗，敬制挽词，以哭吾私，非谁为恸云尔。"⑧《挽词》第八首中，语及修灯录事，"伤心僧宝凭谁续？也似人间野史亭"。⑨ 钱曾于"续僧宝"下注云："紫柏大师谓本朝单传一宗，几乎灭熄，传灯未续，是出

---

① （清）钱谦益：《有学集》卷 22，第 908 页。
② （清）大成等：《天界觉浪盛禅师语录》卷首，《嘉兴藏》第 25 册，第 685 页上。
③ （清）钱谦益：《有学集》卷 21，第 885 页。
④ （清）钱谦益：《有学集》卷 10，第 510 页。
⑤ 详参见大成等《天界觉浪盛禅师语录》卷首，《嘉兴藏》第 25 册，第 685 页上。
⑥ （清）钱谦益：《有学集》卷 21，第 871 页。
⑦ （清）钱谦益：《有学集》卷 9，第 434 页。
⑧ （清）钱谦益：《有学集》卷 10，第 507 页。
⑨ 同上书，第 511 页。

世一大负。公尝以此言语浪丈人，嘱其较正五家宗派，作录以续传灯，作传以续僧宝。科拣纲综，区别邪正，庶几正法眼藏，不为魔外之所娆乱。今也浪老云亡，墨穴世界中狂禅横行，是非黑白，将使谁正之。公能不为之心伤乎？"① 盖两人神交已久，初会一面，长夜剧谈，共商编撰灯录，续紫柏之愿，扶禅纲宗，然事未成而觉浪已逝。

觉浪弟子方以智（1611—1671），字密之，号曼公，又自号龙眠者、宓山愚者等，披缁后改名弘智、行远、法号无可等。② 钱谦益与方以智之交往，始于崇祯五年（1632）。时年22岁的方以智出游东南，七月至苏州，文震孟为其《博依集》作序，名噪一时。后至常熟访钱谦益，有《呈钱牧斋宫尹》一诗。③ 明亡后，顺治七年（1650）十一月，清兵攻陷桂林，方以智匿入仙回山南洞，在清军逼迫下，剃发僧服。次年二月，马蛟麟劝降不果，听其出家，供养于梧州城东云盖寺。顺治十年（1653）春，方以智至南京，师事觉浪道盛，受具天界寺。钱谦益为《借庐语》题序④，方氏有《赵秋屋携老父借庐诗归，海虞钱牧斋先生见而序之》一诗。⑤ 顺治十一年（1654）秋，钱澄之造访方以智。其后，钱谦益和普照寺纯水僧房壁间诗韵，并邀无可（方以智）、幼光（钱澄之）同作。⑥ 自顺治十六年（1659）起，方以智禅游江西，二人从此无再会面之机。

二 华严宗交游考

自朱元璋将佛教划分为禅、教、讲三家后，作为讲家的华严宗，在明

---

① 周法高：《足本钱曾牧斋诗注》卷10，第2440页。
② 方以智名号颇多，披缁后经常改易，称呼多变，计有"无可、五老、药地、墨历、浮庐、五老峰无知子、呜嗚子、炮药者、闲翁曼、高座道人、吉支、极丸学人、廪山大智、无无关智、栾庐之孤、浮山之孤、易贡游子、浮度愚者、浮庐散人、药游老人、无可智道人。人或讹称之为木立，或简称之为木大师、木公、无大师、可大师、药公、愚公、浮公、宓山师。"（参见任道斌《方以智年谱》，安徽教育出版社1983年版，第2页。）
③ 任道斌：《方以智年谱》，第51页。
④ （清）钱谦益：《有学集》卷50，第1626页。
⑤ 任道斌：《方以智年谱》，第182页。
⑥ （清）钱谦益：《有学集》卷8，第406页。

代前、中期一直处于沉寂状态。在明末佛教复兴浪潮推动下，华严宗渐成复兴之势，分南北两地齐头并进。北方以五台山为中心，以月川镇澄为代表；南方以江浙为中心，以雪浪洪恩为代表。钱谦益与华严宗人的交往，主要以雪浪洪恩及其弟子为主。

钱谦益与雪浪洪恩的交往颇早，《华山雪浪大师塔铭》载："余自毁齿，即获侍瓶锡。丁未（1607），偕李长蘅扣师望亭。瞻向之余，心骨清莹，始悔向者知师之浅也。"①《跋雪浪师书黄庭后》亦云："余少习雪浪师，见其御鲜衣，食美食，谭诗顾曲，徙倚竟日，窃疑其失衲子本色。丁未（1607）冬，访师于望亭，结茅饭僧，补衣脱粟，萧闲枯淡，了非旧观。居无何而示寂去矣。"②雪浪众弟子中，巢松慧浸与一雨通润弘法于三吴，然与钱谦益的交往，却难以查考③。他们在吴中弘化的徒子徒孙，则与钱谦益往来颇为频繁。

巢松之徒名石林道源者，名不显于丛林，然爱好艺文，兼有《李义山诗集注》，颇为文士所知。钱谦益与他关系十分密切，先后创作了《石林长老七十序》《石林长老塔铭》《石林长老小传》《注李义山诗集序》《寄巢诗序》诸文，《与石林上人》书信两通。《石林长老塔铭》云："余长时翻经，肩镣竹阁。浃辰，有客款门，则惟长老石林与陆兄孟凫，童子闻扣镮声，辄能辨之。入座，问笺注《首楞》某卷某行，所获新异几何？欢喜赞叹，移时乃去。"④足见其往来之密切。明亡后，钱谦益奉佛日深，与僧侣交往亦频繁得多，加之朱长孺笺注李商隐诗，钱、石二人间的交往日渐增多。现据相关资料，勾勒如下：天启五年（1625），石林道源40岁，丧母，居吴之北禅，虞山破山、东塔诸寺。钱谦益或于此时与之交往。入清后，顺

---

① （清）钱谦益：《初学集》卷69，第1573—1574页。
② （清）钱谦益：《初学集》卷86，第1800页。
③ 万历三十五年（1607），钱谦益与李流芳前往望亭拜谒雪浪，此间他是否与雪浪弟子交往、与他哪些弟子交往，我们不得而知。万历三十六年（1608）十一月十五日，雪浪洪恩殁后，一雨法师"置钵于虞山北秋水庵，将终老焉。已而应天界之请，休夏于断臂崖"（《初学集》卷69，第1575页）一雨既生在虞山北秋水庵终老之计，则在虞山或有较好人脉基础。钱谦益若有拜访，当在此时。
④ （清）钱谦益：《有学集》卷36，第1266页。

治十年（1653），石林道源68岁，钱谦益为其作小传，述行履。顺治十二年（1655），钱谦益约石林道源、潘猷夫一起为黄翼圣祝寿，钱氏因事未果。钱谦益《黄子羽六十寿序》云："子羽诞辰在六月，余与名僧石林、隐人潘猷夫其以高秋往贺，称黄花晚节之觞。会有师命，羽书傍午，未敢行也。"① 同年，石林道源世寿七十，钱谦益为作寿序。顺治十四年（1657），石林道源卒，钱谦益为其作塔铭。其后陆孟凫整理其诗集，钱氏作序。在石林道源笺注李商隐诗集期间，钱谦益与他往来频仍，并为其作《注李义山诗集序》。有趣的是，因笺注杜诗与朱鹤龄交恶后，钱谦益自称"石林替身"，并以此为口实，对朱氏进行攻击。②

钱谦益与一雨通润弟子苍雪读彻与汰如明河往来颇密。苍雪读彻（1588—1656），号南来，云南呈贡人。万历中来吴，受十戒于云栖袾宏，受具足戒于古心律师，与汰如明河俱为一雨入室弟子。后与汰如，一住中峰，一住华山，开讲佛法，"东南法席，于斯为盛"③。钱谦益与苍雪读彻在崇祯初年已经相交。苍雪读彻的《过访钱虞山北归二首》，陆汾原注云："牧斋于崇祯年间，曾撄圣怒归里。"④ 其交往时间盖为钱谦益在崇祯初年北上参加枚卜失败后。其一云："惊心往事过风雷，梦说前身是辨才。白社几人悬问讯，青山无恙独归来。三生相见犹存古，多劫因缘莫辨灰。岂是谢公招不得，莲花空有漏声催。"⑤ 其二云："廿载藤溪路不忘，重过溪上认茅堂。东山高卧人依旧，南国同声喜欲狂。天宝衰时空叹息，少陵老句独悲伤。多情只有衔泥燕，犹自寻常绕画梁。"⑥ 苍雪以东山高卧的谢安比钱谦益，期之不可谓不高。崇祯十四年（1641）前后，钱谦益为丽江木增作《华严忏法序》，如苍雪读彻《辛巳春华山讲期中滇南丽江木太守生日公遣使以唐一行禅师所集华严忏法见委校雠刻行江南识者咸谓于两年间

---

① （清）钱谦益：《有学集》卷23，第923页。
② 参见王彦明《钱龙惕与清初李商隐诗笺注考略》，《中国典籍与文化》2016年第3期。
③ （清）钱谦益：《有学集》卷36，第126页。
④ （清）读彻：《南来堂诗集》卷3下，《清代诗文集汇编》第5册，第61页。
⑤ 同上。
⑥ 同上。

初得教义章再得贤首传三得华严忏次第出世得非吴贤首宗之几断而复续晦而复显之明验欤恭赋一诗纪之》诗题所云。① 崇祯九年（1636），钱谦益在《丙子仲春日，茂相公谢政遄归，招邀燕赏，余与其仲启美、张异度、徐九一、刘渔仲追陪信宿，游虎丘、支硎诸山，记事四首》中云："为问把茅寻石室，莫因渠井叹寒泉。茂苑与苍雪法师，有结茅之约。道人纵鹤今何处？且放双眸迥碧天。十五日游中峰院。"② 雪浪洪恩离世后，苍雪读彻请钱谦益作塔铭。一雨通润、汰如明河之塔铭，亦为苍雪读彻请钱谦益作。钱谦益塔铭写作完成后，苍雪读彻以诗相谢。《南来堂诗集补编》卷三《谢撰塔铭》云："罔象须眉漫写生，敲空作响借陶泓。老僧天下称斤两，一喝如雷辨重轻。塔样吾师无缝隙，笔端学士见光明。等闲便欲成龙去，头角昂藏试点睛。"③ 顺治七年（1650），绛云楼失火后，苍雪读彻有《寄询钱虞山绛云楼火后专意内典》一诗进行慰问。顺治十三年（1656）五月，苍雪圆寂，弟子书佩具行状请铭。《中峰苍雪法师塔铭》云："余老归空门，与师结契尤笃。每执手语余：'魔外昌披，法眼澌灭。'黯然欲泣者久之。尝告其徒：'风雪当门，孤立不惧者，虞山一人而已。'"④ 苍雪殁后，法孙行敏"掇拾其遗文，顶礼悲泣"⑤，请钱谦益为序，以期流传于后世。钱谦益为其写作《南来堂拾稿题词》。苍雪徒道开自扃（1601—1652），因早于苍雪离世，且"频年好游族姓，征逐竿牍"，"求名未了，世缘系牵"⑥，一度招致非议，"道开每出游，余（按：钱谦益）辄痛为锥劄"⑦，二人间往来文字不多。在《塔铭》中，钱谦益称"方外之友"，以正定往生为例，结合生平行履，将人们对道开的误解略作辩释。

一雨通润另一弟子汰如明河，"以崇祯十三年（1640）十二月四日顺

---

① （清）读彻：《南来堂诗集》卷3下，《清代诗文集汇编》第5册，第109页。
② （清）钱谦益：《初学集》卷10，第344页。
③ （清）读彻：《南来堂诗集》，《清代诗文集汇编》第5册，第131页。
④ （清）钱谦益：《有学集》卷36，第1265页。
⑤ （清）钱谦益：《有学集》卷48，第1585—1586页。
⑥ （清）钱谦益：《有学集》卷36，第1269页。
⑦ 同上。

世而去"①，钱谦益虽称"巢、雨迁谢，苍、汰与余法乳之契益深"②，然未见。入清后，他在《汰如法师画像赞》《书汰如法师塔铭后》《又书汰如塔铭后》《华山讲寺新建讲堂记》诸文中反复提及汰如明河，则不能不归功于其高徒含光渠。含光炤渠（1599—1666），号镜寸。《南来堂诗集补编》卷三《含光五十》③诗题下引《贤首宗乘》，对含光炤渠的生平进行了梳理，详后。

此外，钱谦益在《书华山募田供僧册子》中云："雪浪大和尚，贤首之法匠也。其徒曰巢、雨、苍、汰，分路扬镳，各振法席。今独苍老岿然如鲁灵光。而华山含光渠公，则与苍老代兴者也。"④入清后，汰如明河弟子对钱谦益撰写的《汰如法师塔铭》不满，认为"寥寥数言，不足以称道德业"，希望他重为修改。钱谦益覆视旧文，觉实无可改之处。顺治十四年（1657），作《书汰如法师塔铭后》一文，申明原委，正告汰师弟子。三年后，钱谦益作《又书汰如塔铭后》，对崇祯十二年（1638）汰如明河在华山讲《大钞》时石鼓有声、白鹤飞舞的神异之事加以补充，并云："戊戌（1658）冬，毛子晋过村庄，备道其亲闻于讲席者，乃知此。"⑤知在《汰如法师塔铭》的修改补记过程中，毛晋从中斡旋，"备道"汰如说法神异。钱谦益与含光渠之关系，也显得较为密切。含光炤渠在华山募田供僧，钱谦益为文募缘倡导；含光新建华山寺讲堂，他为文作记；含光开华严法会，接继苍、汰，弘演大法，钱谦益亦为之举扬赞叹。凡此种种，均表明二人关系不错。然而后来，因二人对《楞严经》理解不同，观点不合，进而交恶。故毛晋之调解者，非仅《塔铭》一事。顺治十八年（1661），含光炤渠为三十多年前已卒的化城庵主悟宗，向钱谦益请铭。时已八十的钱谦益，为作《化城庵主悟宗墓铭》，二人重归旧好。对同师于汰如明河

---

① （清）钱谦益：《初学集》卷69，第1577页。
② 同上。
③ （清）读彻：《南来堂诗集补编》卷3下，《清代诗文集汇编》第5册，第124页。
④ （清）钱谦益：《有学集》卷45，第1402页。
⑤ （清）钱谦益：《有学集》卷50，第1624页。

的固如通明，钱谦益虽应其徒正诣之请作《固如法师塔铭》①，然流露出勉强之状。究其因，固如通明虽听法于华山汰如明河处，"汰师将传衣付嘱，谢不受"②，其后转依天童，辛勤无果后又归于华严，听《大钞》，悟十玄之旨，后与三玄三要相契，作《十二颂》及《五十三参颂》，以相证明。钱谦益对此颇为不满，故《塔铭》之作，亦不过依据《行状》，勉为其难而已。

较其他宗派而言，钱谦益与华严宗雪浪法系的交往十分密切，评价也远较天台、禅宗为高。笔者认为，此中有两个因素值得注意。首先，自雪浪起，注重发挥教门特色，重视佛经注疏与佛法宣讲，与钱谦益以教扶宗、反经明教的观点契合。如《华山雪浪大师塔铭》云："极师弘法以来，三演《大疏》，七讲《玄谈》，师尽得华严法界圆融无碍之旨。本师迁化，次补其处。游泳藏海，囊括川注。单提本文，尽扫训诂，称性而谈，标指言外。……说法三十年，黑白众日以万计。闲游杖锡，四众围绕，遍山水为妙声，化树林为宝网。东南法席，未有盛于此者也。"③ 其后之巢、雨、苍、汰及含光焰渠等三代弟子，继师门风，弘法吴中，晚明华严宗已成复兴之势。钱谦益晚年疏解《楞严经》《心经》，均以华严思想为纲，兼有疏解《华严经》之举，游处其间，参访请益，此为其一。

其二，雪浪及其弟子，能诗善文，成为佛教之外的交流渠道。华严僧人雅好诗文，亦有经典依据。实叉难陀译《华严经》卷三十六"论五地菩萨"云："佛子！此菩萨摩诃萨为利益众生故，世间技艺靡不该习。所谓：文字、算数、图书、印玺；地、水、火、风，种种诸论，咸所通达；又善方药，疗治诸病，颠狂、干消、鬼魅、蛊毒，悉能除断；文笔、赞咏、歌舞、妓乐、戏笑、谈说，悉善其事；……持戒入禅，神通无量，四无色等及余一切世间之事，但于众生不为损恼，为利益故咸悉开示，渐令安住无

---

① （清）钱谦益：《有学集》卷36，第1270页。
② 同上。
③ （清）钱谦益：《初学集》卷69，第1572—1573页。

上佛法。"① 为了利益众生，身处难胜地的菩萨，将世间所有技艺纳入修习范围。雪浪及门下弟子，多能诗善画。钱谦益记雪浪洪恩云："公年十八，佛法洫通。乃留心义学，听极师演《华严大疏》，五地圣人，于后得智中起世俗念，学世间技艺，涉俗利生。……博综外典，旁及唐诗晋字。帷灯昼被，日夜不置。丹黄纷披，几案尽黑。万历中，江南开士，多博通诗翰者，亦公与憨大师为导师也。"②《跋雪浪师书〈黄庭〉后》云："余少习雪浪师，见其御鲜衣，食美食，谭诗顾曲，徙倚竟日。"③ 雪浪洪恩自己也说："予幼时失足雕虫，后渐与二三兄弟相期为丽藻摹仿之词。"④ 以至于后来深自忏悔，"返躬自省，罪魁元恶，或不能辞。由是万历乙酉（1609）之秋，请佛证盟，矢心自誓，忏悔前愆，将旧习笔砚谢绝，改过自新，端心圣道。"⑤ 雪浪弟子中雪山法杲，有"诗集八卷，为润公所辑，王百穀极称之"⑥。一雨通润的《山居诗》，深为钱谦益好友程嘉燧赞赏。石头如愚"自负才藻，剃染后，使性重气，时时作举子业，思冠巾入俗，与时人角逐"，诗歌深受曹学佺赏识。一雨通润的弟子苍雪读彻，精于诗文创作，钱谦益称其"博涉内外典，赋诗多新声句"⑦，王士禛《渔洋诗话》称："今日释子诗，以滇南读彻苍雪为第一。"⑧ 与钱谦益往来密切的石林道源，"衣坏色衣，持木叉戒，精专禅讲，博搜外典，丹铅荟萃，矻矻穷老，若莲花之产淤泥，亭亭如也"⑨。《石林长老小传》亦云："禅诵之隙，喜涉外典，焚膏宿火，食跕祭獭，笺注缮写，盈囊溢箧。"⑩ 石林道源去世后，陆敕先收集其诗，编成《寄巢诗》，并请钱谦益为序。如此种种均可说明，雪浪门下弟子精于歌诗，成为与钱谦益交往的契合点。

---

① （唐）实叉难陀译：《大方广佛华严经》卷36，《大正藏》第10册，第192页中。
② （清）钱谦益：《列朝诗集小传》，第704页。
③ （清）钱谦益：《初学集》卷86，第1800页。
④ （明）洪恩：《雪浪集》卷下，《四库全书存目丛书》集部第190册，第705页下。
⑤ 同上书，第706页上。
⑥ （清）钱谦益：《列朝诗集小传》，第712页。
⑦ （清）钱谦益：《有学集》卷36，第1265页。
⑧ （清）王夫之等：《清诗话》，上海古籍出版社1978年版，第178页。
⑨ （清）钱谦益：《有学集》卷36，第1267页。
⑩ （清）钱谦益：《有学集》卷37，第1289页。

三 天台宗交游考

晚明天台宗复兴的主要人物，以无尽传灯与蕅益智旭为代表。钱谦益交往之僧、俗士人，多有奉天台教者，如管志道之子管士珑。钱谦益《管公行状》载："士珑深达佛乘，唱演台教，白衣说法，缁素归仰，号为即中大师。"① 无尽传灯《楞严经圆通疏》问世后，即中大师赠给他一部，并嘱曰："此后时阅《首楞》标准也。"② 破山寺颓废不振，钱谦益一度想请即中入主破山寺，在晤恩旧地重振天台，"即中合掌赞叹，以为稀有"③。他在《复即中乾老》的信札中，嘱其重视经论疏注，平息山家、山外之争，重振天台宗。此外，钱谦益对无尽传灯之弟子性融长老④，显然持否定态度。崇祯六年（1633），钱谦益作《与京口性融老僧书》，称其《维摩诘所说经拟微》《法华直解》《目连愿法》诸书，"纵复有一知半见，自谓名通，譬诸日月中天，而爝火萤火，依微自照"⑤。与其流传后世，不如付之一炬，永绝后患："狥刍荛之狂言，回桑榆之末照，于鄙人作婆子观，于诸著述作疏钞观，但能然祖龙一炬之火，即是演法门无尽之灯。"⑥

值得注意的是，钱谦益与自称"私淑台宗，不敢冒认法脉"⑦的蕅益智旭，往来颇为密切。智旭比钱谦益小17岁，且为憨山德清再传弟子。钱

---

① （清）钱谦益：《初学集》卷49，第1266页。
② （清）钱谦益：《牧斋杂著》，第474页。
③ （清）钱谦益：《初学集》卷29，第888页。
④ 性融长老从云栖袾宏剃染，在天台宗无尽传灯处听法六年，后弘法吴中。《幽溪别志》卷八云："洞虚性融法师，江右进贤人，弱冠从莲池大师剃染，尝以三观之旨请问，师命入幽溪。听学六载，弘法吴中。"（《幽溪别志》卷8，《中国佛寺史志汇刊》第3辑第11册，第287页。）
⑤ （清）钱谦益：《初学集》卷79，第1703页。
⑥ 同上书，第1704页。
⑦ （明）智旭：《灵峰蕅益大师宗论》卷5，《嘉兴藏》第36册，第342页上。智旭（1599—1655），自号蕅益，别号西有、八不道人等，俗姓钟，名际明，又名声，字振之，先世为汴梁人，后迁居苏州木椟镇。智旭为晚明四高僧之一，亦被列入天台宗人。如清守一《宗教律诸宗演派》云："百松传无尽灯，灯传灵峰蕅益智旭大师，为灵峰宗，间开净土法门，演派四十六"（《续藏经》第150册，第537页下）。智旭始终以"私淑"自称而不入天台法脉，"诚恐著述偶有出入，反招山外背宗之消"（智旭：《灵峰蕅益大师宗论》卷5，《嘉兴藏》第36册，第342页上）。智旭去世后，弟子尊他为天台宗第二十八世祖，并改"智旭"为"正旭"，与天台六十四辈法系谱中"正"字辈相通。考虑到篇章的均衡性，本书暂时将其纳入天台宗予以考述。

谦益自称憨山德清白衣弟子。因此，就年龄和辈份而言，蕅益智旭为钱谦益晚辈。顺治四年（1647）九月，蕅益智旭的《弥陀要解》《四书蕅益解》完成后，钱谦益出于长者对晚辈的关爱，"微言规切之，（智旭）幡然有省，遂秘不复出"①。其后二人往来，处于亦师亦友之间。现存《有学集》卷四十《与素华禅师》及《灵峰蕅益大师宗论》卷五《寄钱牧斋》《复钱牧斋》三篇书信，为考察二人交游提供了参照。顺治九年（1652），智旭"结夏晟溪"②，钱谦益"闻蕅益旭公演法苕溪之晟舍，扁舟造焉"③，并以编撰灯录相嘱。顺治十年（1653）五月，蕅益智旭阅《宗镜录》。七月，他"作校定《宗镜录跋》四则"。④ 顺治十一年（1654）二月，蕅益智旭还灵峰，夏卧病，夏竟病愈。此间将其删校的《宗镜录》寄给钱谦益，望其校阅。钱谦益收到书信后，作《与素华禅师》，托白法性琮转寄给他。钱谦益信中云："顷闻冰山乍泮，阳焰倏消。空花陨灭，难邀空果。此是四天韦将，弘护大修行人，不愿清净佛国，受此尘染"，言其病愈之事；并重提编撰续灯录，望他努力完成紫柏大师未了心愿，勿为"祸福动摇，死生诱怵"。适值疏解《楞严》，钱谦益以"憨大师性相、达大师八识未了之义及交辟光师邪说本末"三段公案相商，望蒙指授。对于《宗镜删订》，钱谦益认为"非鹅王择乳，不能具此心眼"，"俟雒对毕，即当仍归湖水。"⑤ 是书因白法性琮便邮⑥，转付智旭。智旭见书后，作《复钱牧

---

① （清）钱谦益：《有学集》卷50，第1627页。钱谦益所言《四书解》，即《八不道人传》所云《四书蕅益解》，智旭49岁（1647）左右所撰。据智旭弟子成时《灵峰蕅益大师宗论序说》载，智旭著述当时未行于世者，有"《大记》《明咒行法》《四书蕅益解》"（参见《灵峰蕅益大师宗论序说》,《嘉兴藏》第36册，第357页上），或为钱谦益"微言规切"所致。今本施维、周建雄整理《周易四书禅解》云："此书因不符合当时主流文化，流传不广，至今已罕见其书，而且《孟子》一章已失传。"（见该书"编辑前言"，巴蜀书社2004年版）
② 释弘一：《蕅益大师年谱》,《弘一大师全集》第7册，福建人民出版社1991年版，第412页上。
③ （清）钱谦益：《有学集》卷27，第1019页。
④ 释弘一：《蕅益大师年谱》，第412页下。
⑤ （清）钱谦益：《有学集》卷40，第1373页。
⑥ 是年，白法性琮七十九岁。观《有学集》卷二十五《白法长老八十寿序》、智旭《灵峰蕅益大师宗论》卷八《白法老尊宿八十帙寿序》，知白法性琮信函往来于钱谦益、蕅益智旭间，为第二年（1655）八十大寿做准备。

斋》，认为"续灯事，遍集明朝语录，乃可成之，非朝夕能办。未填沟壑，当以三四年为期也。"① 对钱谦益的《楞严经疏解蒙钞》等佛教著述，蕅益智旭提出了善意的劝诫，"著述须实从自己胸中流出，方可光前绝后。设非居安资深，左右逢源，纵博极群书，遍采众长，终是义袭而取，不可谓集大成也"。② 对钱谦益所问的三个问题，智旭云："憨大师《性相通说》，久为教家嗤笑，无能为害。达大师以能所八法所成释性境二字，不过承鲁庵之讹习而不察，白璧微瑕耳。交光用根一语，毒流天下，遗祸无穷，非一言可罄"③，希望钱氏将《宗镜录》校对完后寄还。

是年冬，智旭复有《寄钱牧斋》，陈述自己病痛缠身之状："今夏两番大病垂死。季秋阅藏方竟，仲冬一病更甚。七昼夜不能坐卧，不能饮食，不可疗治，无术分解，唯痛哭称佛菩萨名字，求生净土而已。具缚凡夫，损己利人，人未必利，己之受害如此。平日实唯在心性上用力，尚不得力，况仅从文字上用力者哉。出生死成菩提，殊非易事。非丈室，谁知此实语也。"④ 此书竟为智旭寄给钱谦益最后的文字。顺治十二年（1655）正月，智旭病复发，"二十一日晨起病止，午刻，趺坐绳床角，向西举手而逝，世寿五十七岁，法腊三十四"⑤。智旭去世两年后，顺治十四年（1657）四月八日佛诞节，钱谦益作《素华法师像赞》，称其"经藏论藏，如烟如海，誓含摄乎丸墨。论主疏主，如竿如墙，期消归于点画。双脚踏须弥山，一拳碎微尘国。志决身歼，惜乎未见其止；眼明手快，岂曰茫无所得"；并借以道出钱谦益之深情，"我瞻遗像，不自知泪之沾臆也"⑥。次年（1658），智旭的徒弟圣可携带所藏《蕅益道人自传》《十八祖道始颂》等，请钱谦益品题。钱谦益作《书蕅益道人自传后》《题十八祖道始颂》两文，赞其"千经万论，如水泻瓶，横心横口，信心信口，横说竖说，具大辨

---

① （明）智旭：《灵峰蕅益大师宗论》卷5，《嘉兴藏》第36册，第343页下。
② 同上。
③ 同上。
④ 同上书，第343页中—343页下。
⑤ 释弘一：《蕅益大师年谱》，第413页上。
⑥ （清）钱谦益：《牧斋杂著》，第839页。

才","持木叉戒,冰清玉粟","笃信大乘最上法门,破斥第二义谛","于佛法与救鸽饲虎等"。继紫柏真可、憨山德清之后,钱谦益将智旭比之于程婴、公孙杵臼、田光、贯高,盛赞他在末法中扶危救弊之功。

四 净土宗交游考

钱谦益早年"与石门、稼轩辈,结放生莲社"①。他和专意于净土宗弘传的云栖袾宏亦有关联。万历三十八年(1610)五月十六日,钱世扬去世。丁忧期间,钱谦益前往云栖礼忏,为父追荐祈福。其《题武林两关碑记》云:"神庙庚戌之后,余居忧礼忏云栖。"②钱谦益《八十八祖道影传赞》所云"云栖曾侍巾瓶"③,盖指此事而言。

万历年间,钱谦益在云栖袾宏基础上增补编撰了宋濂的《护法录》。是书《序》作于万历四十四年(1616),此前一年,云栖袾宏已经去世。顺治七年(1650)左右,钱谦益在说服马进宝的返程途中,拜祭云栖袾宏之塔,《与时伯和》云:"适往檇李,吊敝同年包仪甫;并往武林,拜云栖大师之塔。"④又《西湖杂感》其十二云:"于今顶礼云栖老,拥卫人天五百余。"诗末自注云:"宗镜开堂,余以《弥陀疏钞》一部为施,此诗申言之。"⑤施经一事,《武林湖南净慈寺募建禅堂斋室延请禅师住持宗镜唱导文疏》云:"居士身为穷子,财施法施,一切无有,皮册有莲池大师《弥陀疏钞》一部,谨函致土人,作宗镜开堂资本。"⑥钱谦益与云栖袾宏的感情,与从未谋面的紫柏相比,略显淡薄。这与他对持名念佛的态度有关。

钱谦益僧俗师友中,信奉净土者颇多,其中不乏云栖袾宏门下僧俗弟子。现以《钱牧斋全集》为中心,列表1-1钩稽如下。

---

① (清)钱谦益:《牧斋杂著》,第577页。
② (清)钱谦益:《有学集》,第1597页。
③ (明)德清:《八十八祖道影传赞》,《新编卍续藏经》第147册,第998页下。
④ (清)钱谦益:《牧斋杂著》,第228页。
⑤ (清)钱谦益:《有学集》卷3,第99页。
⑥ (清)钱谦益:《有学集》卷41,第1402页。

表 1-1　　　　　　　　《钱牧斋全集》所见净土友人略表

类别	姓名	载记	出处	备注
教外	邹孟阳	盖其天质近道，又早奉教于云栖，得唯心净土之旨。	《邹孟阳六十序》，《初学集》卷37，第1040页	
	李流芳	再上公交车不第，又再自免归，皆赋诗以见志。自是绝意进取，毕其余年暇日以读书养母，谓人世不可把玩，将刳心息影，精研其所学于云栖者，以求正定之法。	《李长蘅墓志铭》，《初学集》卷54，第1349页	
	闻子将	云栖标净土法门，子将笃信之，外服儒风，内修禅律，酬应少闲，然灯丈室，趺坐经行，佛声浩浩，俨然退院老僧也。卜筑龙泓、清平之间，将诔茅以老焉。	《闻子将墓志铭》，《初学集》卷54，第1365页	
	谢耳伯	心依莲漏，久已种净土之因缘；身入藕丝，或恐作修罗之眷属。	《追荐亡友绥安谢耳伯疏》，《初学集》卷81，第1733页	
	大育头陀	少好清律，晚而归心西方，取云栖《净土文》谱为琴曲，浪仗人每为倾耳，如迦叶闻那罗奏乐，诞散不能自持。	《大育头陀诗序》，《有学集》卷21，第892页	
	王兆吉	君于称寿之日，康强逢吉，谛思积劫因缘，然灯炷香，念佛念法。	《王兆吉六十序》，《有学集》卷24，第963页	
	王季和	中更家难，事莲池和尚于云栖，称幅巾弟子，遂以金汤弘护为己任。……其没也，不欲死妻子之手。武林闻谷禅师与严忍公持诵佛号，抚之而绝。	《王季和墓志铭》，《初学集》卷55，第1377页	
	王德操	少授金刚于耶溪法师，中年走曹溪，礼大鉴肉身，承事憨山和尚，归授记云栖，命名广宝。法筵清众，投迹如市，名僧老衲，半为伴侣。	《王德操墓志铭》，《有学集》卷31，第1143页	
	周敏成	君以己卯岁归田，六年而国难作，坚卧读书，归心空门，守云栖净戒，十三年而卒，年七十有三。	《周参军墓表》，《有学集》卷35，第1239页	因程嘉燧而与之相识
	黄子羽	乱后还沙溪故居，不自意乱而得免，免而得归，不罄余年修净业，以西方为大归。……子羽行安节和，天资近道，晚而归心净业，殆亦宿世受熏，如染香人身有香气，吾知香光三昧，去子不远矣。	《莲蕊楼记》，《有学集》卷26，第999—1001页	
		子羽益专修净土，日持名数万声，不少间，士大夫希风诵慕，咸以为国之遗老，邦之端士，世之幸人，天之君子也。	《莲蕊居士传》，《有学集》卷37，第1283页	
	邵得鲁	得鲁家世皈依云栖，精研《内典》。	《题邵得鲁迷涂集》，《有学集》卷49，第1587页	

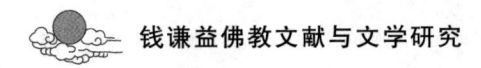

续表

类别	姓名	载记	出处	备注
教外	徐元叹	推心净土,知兄已悟了自度。然相宗奥义,须一加研讨,亦未必不是西来赀粮也。	《与徐元叹》其一,《牧斋杂著》,第251页	
	尹孔昭	孔昭于禅家自诡有得,能挂禅人于句下。一夕醉酒,破云栖尸罗戒,截发剪爪,然灯忏除,不肯自假易也。	《尹孔昭墓志铭》,《有学集》卷31,第1125页	
	周季华	丁亥秋,持佛名号三十昼夜,泊然坐脱,君提唱之力为多。云栖宏公叹曰:"诸上善人,同会一处,其周氏母子之谓乎?"于有为功德,不以有漏之因小之。	《周府君墓志铭》,《初学集》卷54,第1367页	钱谦益与周季华无直接交往,与其子周永年却为好友
	陈至善	秉金刚心,持木叉戒,军持籯囊,与笔床诗版相错互。朝梵夕呗,日无暇晷。笃信惟心净土之旨。	《介卿陈府君墓志铭》,《牧斋杂著》,第577页	
	朱鹭	晚弃而归禅,参云栖、憨山二老,结茅华山寺之左	《朱鹭传》,《初学集》卷71,第1592页	
教内	鹤林法师	得度于护国寺永敏和尚,受具戒于云栖大师,学经论于绍觉法师。单丁行脚,凡十余年。缚禅于庐山,游少林,礼五台,归虞山而老焉。	《鹤林法师塔铭》,《初学集》卷68,第1570页	
	济舟长老	老僧能具四威仪,稽首云栖是本师。频炷香灯频埽地,不拈佛法不谈诗	《西溪郑庵为济舟长老题壁》,《初学集》卷18,第633页	
		憩郑家庵,济舟长老具汤饼相劳。观其举止朴拙,语言笃挚,宛然云栖老人家风也。	《书西溪济舟长老册子》,《初学集》卷81,第1732页	
	闻谷广印	年二十四,入云栖进具。二十六从介山法师习台宗,期年而臻其奥。云栖大师开法净慈,特举师为维那。数年来,昼则听讲,夜则缚禅。……出山至云栖,受菩萨戒,朝夕请益,尽得云栖之道。	《闻谷禅师塔铭》,《初学集》卷68,第1566页	
	广传	传,太仓州沈氏子,学儒不成,去学贾;又不成,遂好学浮图法,参雪浪、云栖诸大和尚,栖止郡之华山寺。鸠集净侣,翻阅大藏,披攘经营,若庀其家。	《龙树庵记》,《初学集》卷42,第1105页	

五 破山寺鹤如禅师去留之争

破山寺是钱谦益一家四代全力护持的佛教寺院。入清后,乃至在他去世前，围绕破山寺住持鹤如禅师去留问题，钱谦益与钱朝鼎、鹤如契德、牧云通门之间发生了多次论争，其中不仅涉及僧、俗势力的角逐，也涉及法脉和佛学理念差异。鹤如禅师被钱朝鼎驱逐出寺，实际上成为钱氏家难发生的前奏。关于钱氏家难，实为钱谦益晚年的一桩公案，陈寅恪《柳如是别传》首先对钱氏家难进行了较为详细的考证，其后张旭东《钱曾与严熊——〈柳如是别传〉钱氏家难章补论》通过剖析钱谦益、钱曾、严熊三人关系，对钱氏家难予以补证。① 然而，陈、张二人在考察钱氏家难时，对鹤如去留之争均未曾着笔。谢正光《钱谦益奉佛之前后因缘及其意义》梳理了钱谦益与鹤如禅师以及钱谦益、钱福先、钱朝鼎等人的关系，初步考察了鹤如去留之争的始末。然囿于材料，可待补证之处良多。鉴于此事牵涉人物众多，且对研究钱谦益与常熟佛教界僧俗关系乃至钱氏家难，具有重要价值。故现凭借新发现的诸如钱氏弟子严熊《喜鹤如禅师诸弟子复还破山，历叙缘起，成古体一章》、钱陆灿《中宪大夫大理寺左少卿都察院左副都御史钱府君墓志铭》等文献，梳理钱氏家族与破山寺的渊源，详辨鹤如禅师去留之争及其背后涉及的僧俗权势、理念之争，对深入研究钱氏家难，或有小助。

（一）钱氏家族与破山寺兴废

破山兴福寺为常熟名寺，始建于齐，邑人倪德光舍宅为寺，初名大慈寺。至梁大同三年（537）改名兴福寺。元、明两代，兴废不一。至明万历年间，在钱谦益一族的全力护持下，始得兴复。妙生《常熟破山兴福寺志》云：

> 明嘉靖中，以倭难废。明隆庆六年（1572），僧玄宙募修四高僧祠。信士屈裕施银拾两，助塑高僧像。明万历时，住持僧明昱矢愿重修。钱顺时妻卞氏，罄产倡缘，万历二十六年（1598）建方丈。钱世

---

① 参见张旭东《钱曾与严熊——〈柳如是别传〉钱氏家难章补论》，《中国文化》2016年第1期。

扬奉母命，倾资重建大雄宝殿于原址西二十丈，二十九年（1601）经始，三十二年（1604）落成。三世佛，十八罗汉塑像皆备。嗣后，历天启、崇祯，住持僧钵庵、洞闻、契德，治事僧海莲、本善等，或捐衣钵资，或募诸檀越：钱世扬及子谦益孙孙爱、钱时俊、许士柔、严杓、陆延祉、孙鲁、孙藩、鲍应鸿等，修建四高僧殿、懒云殿、韦陀殿廊庑，四天王殿、地藏殿、观音殿、云会堂、观堂、斋堂、香积厨、茶庵、库房、三门，赎归茶园、山场。清顺治、康熙间屡修。康熙二十二年（1683）至四十年（1701）间，住持僧大意募修殿堂廊庑，撤旧更新；又开辟后岩，建高阁层轩。①

严熊《喜鹤如禅师诸弟子复还破山，历叙缘起，成古体一章》云：

前明万历中，紫柏大觉仙。高弟有洞闻，卉中实兰荃。行脚至吾乡，爱此地幽偏。吾祖与钱氏，暨诸檀护贤。延师主法席，梯航布金钱。洞闻始住中峰，后住破山。先伯祖太守天池府君、先祖中翰开宇府君、与钱御史秀峰、钱宗伯牧斋护法为最。更有善女人，不惜簪珥捐。钱宗伯母卞太夫人。雪庵胜因辈皆洞闻之徒，佽助力颇专。遂令草莽地，渐成钟鼓筵。②

上述材料可见，明代嘉靖年间，由于倭寇侵扰，寺院变成一片废墟，原有寺产被豪族侵占。隆庆六年（1572），玄宙着手修复高僧祠。万历年间，无著明昱（？—1606）住持破山寺。无著本在天池寺禅修，迁居兴福寺，"专力兴复，捐衣捐食，伐木辇工，与其徒偕力作者数年，二百年芜废蔚为宝坊。万历三十四年卒于寺，葬高僧塔旁"③。程嘉燧《常熟县破山兴福寺志》（后文简称寺志）卷三云："无著禅师昱公自天池来，誓葺此

---

① 妙生主编：《常熟破山兴福寺志》，古吴轩出版社1993年版，第14—15页。
② （清）严熊：《严白云诗集》，《清代诗文集汇编》第100册，第117页。
③ （明）程嘉燧：《程嘉燧全集》，第586—587页。

宇，披攘经营，不舍昼夜。万历二十九年经历大殿，三十二年落成，三世佛，十八罗汉塑像皆备，请《大藏》于南都，会其徒以翻阅将建阁尊藏，未果而卒。兴福今复为丛林，昱公开山之力也。"① 万历二十九年（1601）至万历三十二年（1604），在卞夫人和钱世扬母子资助下，无著重修大雄宝殿，他个人捐资修建了方丈室。

万历三十四年（1606），无著明昱去世，钵庵圆信（？—1610）继任住持。《寺志》卷四云："钵庵法师名圆信，嘉兴人也。无著殁，来住山，坚持毗尼，昼夜礼诵"，"万历三十八年卒，葬在无著塔之右"。② 万历三十八年（1610），钵庵圆信捐资修建了韦陀殿廊庑。同年，其弟子六空募缘修建了东寮。

万历三十八年（1610），钵庵圆信去世，洞闻法乘继任住持。钱谦益《洞闻禅师塔铭》云："初居虞山之三峰，徙天目之中云庵，卒老于破山。"③ 王伊《三峰清凉寺志》卷十八《杂识》，考察了洞闻法乘在常熟的行迹和住持破山寺的时间：

《三峰纪年录》：考钱谦益尝撰《洞闻塔铭》，序其初居虞山之三峰，徙天目之中云庵，卒老于破山。而黄毓祺序其《录》亦然。今阅其《录》，首载万历己丑（1589）住天目中云庵，乃万历十七年也。雪峤序文中谓万历癸卯（1603），过天目中云庵见之，此万历三十一年也。汉老人初到海虞三峰，而洞闻自天目复还虞山，住中云庵。时万历三十八年（1610）也。后洞闻迁维摩金粟堂者三四年，及其住破山兴福，则在万历四十三年（1615）也。至天启元年（1621），洞闻年七十二。三年癸亥（1623）而洞闻迁化焉。又尝自题像，有"直上天目狮子岩畔，偶被恶风吹过海虞，三处结茅，末后走向破山寺里"之句，此皆纪年之实录。盖明洞闻初住三峰，乃在万历十七年（1589）

---

① （明）程嘉燧：《程嘉燧全集》，第579页。
② 同上书，第587页。
③ （清）钱谦益：《初学集》卷68，第1569页。

以前。而汉老人于万历三十八年（1610）住三峰，实非受洞闻推毂而有也。附此以备考较。①

万历四十三年（1615），洞闻法乘在钱谦益等人邀请下，继任住持。如前所论，同时邀请者还有汉月法藏。后来二人发生了争论，汉月法藏拂袖而去，破山寺住持实际上只有洞闻法乘。他"慈和乐易，具大人相，所至住山，其徒雪庵拮据庀治，师焚香宴坐，优游奥兀而已"②。就目前资料看，他在破山寺修建过程中并未做出实质性贡献。万历四十四年（1616），其弟子雪庵海莲在钱时俊资助下修建了四高僧殿。万历四十七年（1619），在钱谦益资助下修建了四天王殿。

从无著明昱开始，破山寺重兴过程中，需要依靠本地佛教外护的支持。万历三十二年（1604）闰九月一日，屠隆《重建破山寺碑》云：

> 无言率物，桃李下自成蹊；至德感人，枹鼓之应如响。善女人罄产倡缘，几似昔贤之舍宅；诸檀信发心乐助，一同长者之布金。梵宇巍峨，倏尔高骞云表；玉毫璀璨，焕然光映林端。山光潭影，亦增秀于往时；鸟性人心，且振响于雅咏。是如来式临之日，佛日中兴之期也；方殿宇仗缘而落成，适道民采真而至止。钱侍御汝瞻翁、给谏兆隆及侍御子用章进士、太学生钱君偶孝、孙君子桑等率僧无著问记道民。③

参考程嘉燧《寺志》可知，破山寺重兴过程中，虞山籍外护主要包含以下家庭。首先是钱氏家族，分为两支。一是钱谦益祖孙四代，即卞夫人、钱世扬（字偶孝）、钱谦益、钱孙爱。屠隆所云"善女人罄产倡缘，几似昔贤之舍宅"的"善女人"，即卞夫人。他们资助修建了大雄宝殿、

---

① （清）王伊辑：《三峰清凉寺志》卷18，《中国佛寺志丛刊》第41册，第603—605页。
② （明）程嘉燧：《程嘉燧全集》，第587页。
③ 同上书，第577页。

四天王殿、地藏殿,以及赎回了被豪族侵占的高僧墓和菜园。二是钱汝瞻一支,含钱岱(字汝瞻)、钱时俊(字用章)。他们参与修建了四高僧殿和懒融殿。其次是孙氏家族,包含孙森(字子桑)、孙鲁(字孝若)、孙藩。他们参与修建了三门和龙溅桥。其三是其他护法。如许士柔(1587—1642),字仲嘉,其父许俊为钱世扬入室弟子。钱谦益《明故南京国子监祭酒赠詹事府詹事翰林院侍读学士石门许公合葬墓志铭》云:"公讳士柔,字仲嘉,学者称石门先生","父俊,字伯彦,娶冯氏,生公。伯彦高才强记,授《春秋》于先宫保,为入室弟子。"① 许士柔参与修建了东房和茶庵。此外,陆廷祉参与修建了准提殿,鲍应鸿参与修建了云会堂,严杓参与修建了观音殿,高云举参与修建了观堂。

可见,破山寺重修过程中,钱氏家族是主要力量,钱谦益祖孙四代人承担了破山寺主体建筑的修建,所谓"善女人罄产倡缘,几似昔贤之舍宅"者,诚非虚语。

表1-2　　　　　　　　破山兴福寺修建募缘表

序号	建筑名称	修建时间	募缘者	施主	备注
1	大雄宝殿	万历二十九年至万历三十二年	无著	钱世扬	
2	四高僧殿	万历四十四年	海莲	钱时俊	
3	懒融殿	崇祯七年	本善	钱时俊	
4	韦陀殿廊庑	万历三十八年	钵庵		钵庵捐衣钵建
5	四天王殿	万历四十七年	海莲	钱谦益	
6	地藏殿	崇祯十一年	契德	钱孙爱	
7	准提殿	崇祯十六年	契德	陆廷祉	
8	云会堂	崇祯十二年	契德	鲍应鸿	
9	东寮	万历三十八年	六空	不详	钵庵弟子
10	西寮	崇祯八年	契铭	不详	
11	观音殿	崇祯八年	契铭	严杓	
12	观音殿回廊	不详	契德	不详	
13	观堂	崇祯十五年	契德	高云举	

---

① (清)钱谦益:《有学集》卷28,第1053页。

续表

序号	建筑名称	修建时间	募缘者	施主	备注
14	方丈	万历二十六年	无著	无	
15	斋堂	不详	契德	不详	
16	库房	不详	契德	不详	
17	香积厨	不详	契德	不详	
18	茶寮	崇祯十三年	契德	许士柔	
19	三门	崇祯十六年	契德	孙藩	
20	龙溅桥	崇祯十五年	契德	孙鲁	
21	东房	崇祯八年		钱谦恭、许士柔等	赎归
22	西房	不详	不详	不详	
23	茶庵	崇祯十三年	契德	许士柔	
24	日居庵	崇祯十五年	恒思		恒思本人建
25	高林庵	万历年间	法雨		法雨本人建
26	团瓢	不详	了幻		了幻本人建
27	高僧墓	万历某年	如子	钱谦益	赎归
28	菜园	万历某年	无	钱世扬	赎归
29	山场	天启某年	不详	不详	赎

资料来源：本表是在程嘉燧《常熟县破山兴福寺志》卷三基础上绘制而成，参见《程嘉燧全集》第579—585页。

（二）僧诤初起：鹤如契德与牧云通门之争

鹤如契德与牧云通门均为洞闻法乘弟子。洞闻去世后，二人相继担任破山寺住持，引发了第一次僧诤。严熊《喜鹤如禅师诸弟子复还破山，历叙缘起，成古体一章》云：

> 洞闻有两孙，亭亭污泥莲。其一曰智如牧云和尚旧号，参访历水烟。虽受天童拂，马麦寡因缘。未尝主大刹，伴侣常孤单。其一曰鹤如，自幼究真诠。慈和善接物，闳现盘珠旋。诗笔颇清洒，外典能渔畋。平生勇任事，险不避山川。募建诸殿宇，金碧骇飞鸢。次第置寮室，俨若蜂房缠。广拓寺傍地，松柏何葱芊。乞食恐难继，千亩营斋田。杂储供用器，溷厕无颓砖。六时梵呗继，镇岁香灯然。江南数大

刹，屈指畴敢先。辛勤四十载，心瘁手足胼。晚年喜习静，力愿卸巨肩。举智以自代，脱屣无留连。①

关于鹤如契德，生平资料颇为罕见。钱陆灿《康熙常熟县志》卷二十三云："契德字鹤如，幼与牧云同投洞闻出家，又参天童和尚，归破山。自大殿外种种兴建，至今丹碧巍焕，蔚为宝坊，契德一人力也。晚年谢事，退居惟实居，焚香染翰。邑中名流，多与还往酬唱。又有破山僧本旭，字东升，苦行朴鲁，人多易之。后自知时至，无疾坐化。"② 鹤如五十岁寿诞时，钱谦益、吴伟业和牧云通门均有祝寿之作。其中吴伟业的《破山兴福寺僧鹤如五十》，据谢正光考证，作于顺治七年（1650），知其生于万历二十九年（1601），小钱谦益19岁。③ 鹤如与牧云自幼追随洞闻法乘出家，后又参访密云圆悟。或许由于他在密云圆悟弟子中不很突出，加之参访时间不长，现存密云圆悟相关资料中，未见与鹤如相关的记载。天启三年（1623），洞闻法乘去世，鹤如继任住持，全身心投入了寺院的修建。如崇祯十一年（1638），他在钱孙爱资助下修建了地藏殿④；崇祯十二年（1639），在鲍应鸿资助下修建了云会堂；崇祯十三年（1640），在许士柔资助下修建了茶庵；崇祯十五年（1642），在高云举、孙鲁资助下修建了观堂、龙溅桥；崇祯十六年（1643），在陆廷祉、孙藩资助下修建了准提殿、三门。此外，他还募缘修建了观音殿回廊、斋堂、库房、香积厨、茶寮等。仅此而言，鹤如禅师可谓破山寺中兴功臣，功劳不在无著之下。

鹤如禅师辞去住持的时间，难以详考。顺治元年（1644）三月二十五日，毛晋与沈璧甫、林若抚、殷介平、马人伯等人前往破山寺修大悲忏，寻访空心亭旧迹，"同主寺鹤上人洗石剔藓，揭得元段判官天祐、国朝李

---

① （清）严熊：《严白云诗集》卷17，《清代诗文集汇编》第100册，第117页。
② （清）钱陆灿等：《康熙常熟县志》，第561页。
③ 参见谢正光《停云献疑录》，第99页。
④ 钱孙爱生于崇祯二年（1629），崇祯十一年（1638）年方10岁，故出资者实为钱谦益，署名钱孙爱，或出于行善积福之目的。

尚书杰二记，具见废兴岁月"（《重建空心亭》）①，"遂与寺僧谋复其旧，拟面潭构亭，旁结一庵，为舅氏缪仲醇、先师魏叔子祠，痛其高风卓荦，皆无嗣也"（《暮春游兴福寺》）②。可知，顺治元年（1644）三月，鹤如尚任破山寺住持。至于卸任的具体时间，则有待于新材料的发现。

鹤如辞去破山寺住持的原因，严熊《喜鹤如禅师诸弟子复还破山，历叙缘起，成古体一章》云："晚年喜习静，力愿卸巨肩。举智以自代，脱屣无留连。"③ 由此可见，鹤如禅师自愿卸任，并推荐同门牧云通门继任住持，应该没有受到外在势力胁迫。

牧云通门和鹤如类似，也是自幼追随洞闻法乘出家，后参密云圆悟。与鹤如不同的是，他是密云圆悟的嗣法弟子。喻谦《清四明天童寺沙门释通门传》云："释通门，字牧云，号卧庵，姓张氏，常熟人也。从近邑破山寺洞闻祝发，后参密云，得法于天童。"④ 牧云通门住持破山寺，除了鹤如推荐外，主要是得到了虞山护法的邀请。《牧云和尚懒斋别集》卷四收录了牧云通门写给虞山护法的一批信札，既有公开信，也有私人信件，成为考察牧云通门住持始末和破山寺僧俗关系的重要史料。

在这批书信中，牧云通门写给钱谦益的信札格外引人注目。钱谦益与牧云通门同为常熟人，且两家相距不远。钱谦益《牧云和尚全集序》云："牧云和尚门公，吾里中张氏子，住近城东坊桥，去吾家一牛鸣地耳。"⑤ 二人地缘相近，相知颇早。崇祯十六年（1643）七月底八月初，通门自梅溪至虞山，祭扫洞闻法乘之塔，夜宿破山寺，与寺中僧众相谈甚欢。⑥ 顺治元年（1644），他重返常熟，与钱谦益会面。四年之后，钱谦益邀请通门重返破山寺继任住持。通门《复钱牧斋宗伯》云：

---

① （清）毛晋：《野外草》，《清代诗文集汇编》第12册，第561页。
② 同上书，第571页。
③ （清）严熊：《严白云诗集》卷17，《清代诗文集汇编》第100册，第117页下。
④ 喻谦：《新续高僧传》卷9，民国喻昧庵辑影本。
⑤ （清）钱谦益：《有学集》卷21，第889页。
⑥ 参见通门《牧云和尚懒斋别集》卷八《癸未八月朔日礼洞闻和尚塔有感六首》、卷十一《癸未七月下浣将归海虞破山寺扫洞闻和尚塔舟发梅溪即事》《雨中归破山寺》《留别山中法属》等诗。

> 甲申趋候，四载于兹。丈室虽退，怀思则迹。山河梦幻，佛语良真。陵谷变迁，世说不谬。非大护法向百草头一为点眼，则老瞿昙于五浊界未由出气。破山常住，借弘护香火正隆；古柏家风，闻往来阴凉不改。窃惟某望法实未之见，怀乡敢即归来？过辱奖提，已觉惭惶无地；使居方丈，是宜战栗兼并。未发大心，猥承严命？第以名山发迹，亦此生莫大因缘。迷径逢师，乃末世不多遭遇。脱俗网幸，即获五夏巾瓶之侍。于山门理，宜执一番洒扫之勤。谨布愚衷，伏惟台鉴。①

通门在信中称赞钱氏护持破山寺之功，阐明自己"名山发迹"，师出名门。表面上说继任住持是"战栗兼并"，实际上是"宜执一番洒扫之勤"。虽说喜忧参半，实则喜多于忧。应该说，能够在家乡弘法，通门心中还是充满期待与热情。此种心态，在他写给虞山护法的公开信中表露无遗。《复虞山诸护法》云：

> 窃以破山禅院，创自齐梁，咏于唐代。某往时出家其中，拾石跳涧，倚松弄云，嬉戏快乐，不知有人间世。蒙先老人洞闻和尚，每见呼责，喻以生死事大。从是剔起眉毛，行而索，坐而思，疑关未破。会老人告寂，即学古人行脚，于今二十余年矣。追忆禅房花木，恍如昨梦。奈野性习成，病缘久染，优游他山，竟忘故里。兹承诸大护法受灵山之嘱，推屋乌之爱，遥命还山，弘大法，振宗风，以光先德。斯盖须弥针芥，沧海木龟，时节因缘，时难遭遇。所愧某缁行未全，福缘素薄，恐不克副诸大护法之望，有难惬龙天佛祖之心。念此回遑，莫能自决。或者略为之兆，安禅一冬，结戒半月，借鼎言垂护，上德如风，下应如草，则春风迟日，胜事告圆。某之进退，可裕如矣。肃此拜瞻，不胜悚仄。②

---

① （清）通门：《牧云和尚懒斋别集》卷4，《嘉兴藏》第31册，第565页。
② 同上。

《又启》云：

> 叶落归根，水流宗海。窃惟破龙禅院，某剃染处也。因行脚于东浙西浙，遂相忘于故寺。故山古树老藤，安然世外；山光潭影，时在意中。虽先德只履退归，幸弘护共钦如昔。兹承嘉召，敢不遄趋？所恐病迹浮踪，莫能承曲录之大任；松风萝月，未肯着鄙朴之闲僧。倘高鉴已略玄黄，则弱丧应还乡国。聆毗耶之玄论，磕膝聚头；挹君子之光仪，染香行雾。社期青眼，盟订白云，某不胜欣忭之至。①

牧云通门能够在家乡兼剃度寺院弘法度众，"弘大法，振宗风，以光先德"，佛重生地，落叶归根，他非常高兴，也充满期待。同时，在家乡弘法也有弊端，能否真正承担起弘法兴教之则，不辜负护法居士期望，对他而言，也是必须面临的挑战。如前所言，鹤如禅师在破山寺重兴过程中居功至伟，且正值人生壮年，即使鹤如本人自愿卸任，门下弟子也难协调。为了避免陷入进退两难的境地，他提出一个折中方案，"安禅一冬，结戒半月"，先尝试性管理一段时间，如果一切顺利，自可水到渠成地继任住持。

为了顺利接掌寺院，通门还给破山寺其他外护一一致信，希望能够得到他们的支持。现不辞笔墨，迻录并略作考释如下。

1.《复孙光甫方伯》：

> 某昔侍先老人洞闻和尚，凡檀护往来，皆得窃闻其姓氏。恭闻门下，虽未及觏，然中心钦仰，与日俱积矣！兹承念，伶俜他乡，招返故里，此门下行佛祖之仁慈，付穷子以家业者也。所虑法王大宝，匪薄福便可担荷。谚云："物离乡贵。"今某一土僧耳，人微言轻，一旦高踞法座，大人君子得不哂之？门下之翰曰义不忘本，此某所深服膺

---

① （清）通门：《牧云和尚懒斋别集》卷4，《嘉兴藏》第31册，第565页。

而不敢违者。然去就之间，又法门所系。轻身则易，徇法良难。昔者野狐说法，天帝为之拥护，斯则贵其法而忘其人也。今某非知法者也，仰借门下鼎言倡之。倘得阖邑高明君子垂谅，即其寺忘其人之卑，则某可以趋丈室而聆玄诲矣。①

孙朝让（1594—1683），字光甫，号本芝，常熟人。他是崇祯三年（1630）举人，崇祯四年（1631）进士，由刑部员外郎出任泉州府知府，后升福建按察司按察使、江西布政司左布政，未赴任而明亡。明亡后，优游林泉四十余年，时人称其"孙老佛"："其居乡也，与人煦濡吐沫，推燥就湿，无骄矜喜愠之色见于颜面，与往来晋接，无一言芥蒂。儿童妇孺皆望其平肩舆，欢曰：'孙老佛，孙老佛。'东阡北陌，鸡黍近局，提杖即往，至老不倦。虞邑百余年，士大夫身名俱泰，福寿骈臻，在朝为能吏，于野为瑞人，未有如朝让者。"② 牧云通门与孙朝让未曾谋面，仅从洞闻法乘口中知其名字而已。孙朝让请牧云通门住持破山寺，当受钱谦益举荐。从信中看，牧云通门迫切希望得到孙氏支持，说服破山寺僧众、护法，顺利返归寺院，继任住持。

2.《复严子张兵部》：

> 重阳前四日，兴福鹤师至。展大翰，述廿余年前事，不觉怃然。某与门下饮先洞老人禅悦为多，固法门手足也。乃一别以来，门下如上林之木，扶疏霄汉，苍生被其荫。而某泛泛沟中，即而匹之，真有云泥之隔矣。然门下于道不自足，且以未离尘鞅为慨。呜呼！使世界皆若沮溺辈自怡自悦，得不孤洙泗辙环天下乎。破山常住，先哲屡逝，鹤师承之，清规凛然，轮奂聿起，亦无俟于头上安头矣。乃阖邑大护，欲招病躯还山，其词皆勤恳。而门下高论，又亲且切，似弗获辞者。某顽懒为习，痴兀成性。近又增益脾疾，置之闲处，始遂其

---

① （清）通门：《牧云和尚懒斋别集》卷4，《嘉兴藏》第31册，第565—566页。
② （清）钱陆灿等：《康熙常熟县志》卷18，第446页。

生。今者督以法任，使如古佛大宗师行化，得无过乎？法门之难易，门下盖素知。举手低头，皆成佛道，十地等觉，又莫测佛性之浅深，此所以同而别也。至于天童一棒，起河北之宗，截断众流，直指本源，于斯为尚。信之未及，每至望崖。得之未深，斯多吚唧。此所以建法幢、立宗旨，殊难于末世耳！兹如命还山，用遵佛制，安禅一冬，结戒半月。斯则上下齐收，智蒙咸益，以副舆望。至于某之去住久速，一听于缘。何也？僧，东西南北之人也。凡所住处，公诸十方，处处皆为旅寓。若曰此家舍也，当无舍诸。明眼闻之，则必胡卢绝倒，共呵为不材也。恃在知爱，缕缕信笔。①

严栻字子张，严泽次子，严熊之父。钱陆灿《康熙常熟县志》云："少通内典，五十外励志参究，构小楞伽静室于祖茔之侧，禅灯梵策，不知有户外。嗣法于费隐容大师。先一日，手书付长子熊，戒勿刊行所著诸书，犹数廿言，字画端楷可诵。次早，盥洗礼佛，无疾趺坐而逝，年七十有九。"② 在此信中，通门称其为"法门手足"，显然刻意拉近二人关系。至于"法门之难易……殊难于末世耳"云云，表面看虽曰"信之未及""得之未深"，貌似自谦之语，实际上带有自我炫耀之意，概谓其嗣法天童，师出名门。与参访天童而无所得的鹤如法师相比，自然要高明得多。"此家舍也，当无舍诸"，似乎隐含着对鹤如的不满。从"兹如命还山，用遵佛制，安禅一冬，结戒半月。斯则上下齐收，智蒙咸益，以副舆望"来看，他对自己也是十分自信。

3.《复钱嗣懿封翁钱嗣希进士》：

破山寺之中新，于上府有大因缘矣。此不特勒之石碣，即传之口碑无异辞者。而二十余年，游方之外，每念畴昔盛事，兴感不已。鹤师得借庇护，轮奂大备，有光先人。某固一驽骀耳，祇宜闲放。若策

---

① （清）通门：《牧云和尚懒斋别集》卷4，《嘉兴藏》第31册，第566页。
② （清）钱陆灿等：《康熙常熟县志》卷18，第440页。

以长途,必多惊惧。且鹤师高林曲径,尽可优游,空谷白驹,何更他适?愿祈门下勉之,则一众有所凭依,山门不至寂寞。承命回山,乃得久长接教矣。①

钱裔忠字嗣懿,钱裔僖字嗣希,皆为钱时俊之子、钱岱之孙。据《康熙常熟县志》载,钱时俊有子五人,"长裔肃,万历乙卯(1615)举人,次裔穆、裔忠、裔文、裔僖。僖顺治丁亥(1647)进士,肃子召丙戌(1646)举人,忠子祖寿丁亥(1647)进士,文子延宅壬辰(1650)进士"。② 前已言及,钱岱、钱时俊父子为仅次于钱谦益祖孙的破山寺护法。钱时俊子孙多为清初科名显著,为入清后朝廷新贵。通门有意推举鹤如禅师,希望他能继续留在破山寺,或许基于鹤如在重修寺院时与钱氏家族建立的密切关系。

4.《复翁子安孝廉》:

　　破山舟来,获接诸护法公启,复发大翰,乃知门下念我深矣。破山为千年常住,而弘护亦世相袭。披先老人洞和尚语录,悼尊翁光太常之挽章具在。哲人往矣,岁不我与,读之令人感且涕也。某未识门下面,捧札若旧交者,得非以故山檀护,凤昔皆在耳中,至今不能忘乎。所谕眼目人天,沾溉后学,某岂其人也哉。第望门下今日之维护,不异先世之维护,则破龙一脉法席愈光,而门下先世护法之泽,永流于龙洞矣。③

翁汉麐,字子安,常熟人。《康熙常熟县志》云:"(翁宪祥)子汉麐,字子安,崇祯壬午(1642)举人。具悉邑中利弊,当事咸咨访之。与阁部史可法论东南赋役书,阁部赏之。(翁宪祥)孙叔元,以游学录籍永

---

① (清)通门:《牧云和尚懒斋别集》卷4,《嘉兴藏》第31册,第566页。
② (清)钱陆灿等:《康熙常熟县志》卷18,第427页。
③ (清)通门:《牧云和尚懒斋别集》卷4,《嘉兴藏》第31册,第566页。

平，中康熙壬子（1672）顺天举人，丙辰（1676）进士，探花及第。"①翁汉麐、翁叔元或为举人，或中进士，显系清初新贵。从信中看，牧云通门与翁汉麐并未谋面，仅从洞闻法乘语录中，知翁氏一族与破山寺颇有渊渊，希望翁汉麐能够继承先世遗风，继续护持破山寺。

5.《复孙孝若孝廉》：

> 樗衲远游，浪淹岁月。山门不替，赖有金汤。方策杖以临流，乃隔山而飞翰。道忘缁素，谊切云林。为法求人，忧在三车五浊。开心道义，锡以双金百朋。捧读再三，感佩何似？所念维桑与梓，恒情自古有怀，缚葰折苇，古宿在先，无必时将至矣。道则云然，期见古殿残灯，发起照用主宾之焰；山光潭影，笑回东西南北之人。萍迹若斯，松枝曷向，某不胜翘企。②

孙鲁，字孝若，号沂水，其父孙朝让为清初显宦。通门所谓"萍迹若斯，松枝曷向"，似乎有意试探孙鲁的态度。毕竟鹤如禅师和孙氏家族关系密切，如崇祯十五年（1642），鹤如在孙鲁资助下修建了龙溅桥，崇祯十六年（1643），在孙藩的资助下修建了三门。

6.《复钱西翰孝廉》：

> 囊者某在故山时，见安众护法之殷，惟尊族为最。而令先尊又归依洞老人，瞻仰殊切。则今日座下缁素虽殊，固同脉也。承笃劝还山，曷敢辞以他意？独微躯病缘久缠，虑不能久处以慰四众之望。至于山门倚赖，有旧护法在，或无他事也。青峰数朵，白云一片，当期赏音共之。③

---

① （清）钱陆灿等：《康熙常熟县志》卷18，第429页。
② （清）通门：《牧云和尚嬾斋别集》卷4，《嘉兴藏》第31册，第566页。
③ 同上。

钱西翰即钱召,字西翰,钱裔肃之子,钱时俊之孙,顺治三年(1646)举人。通门"同脉""至于山门倚赖,有旧护法在,或无他事也"诸语,乃是为了有意拉近二人距离,希望得到钱召的支持。

7.《复陆禹舟陆定尔两护法启》:

> 古柏婆娑,空潭影现。开士以明心远人,于焉思躅。我邑名蓝,洵无若破山矣。恭惟护法,眷兹香刹,不异灵峰。思继往以开来,因感今而念旧。特颁嘉翰,遥慰病缁,此犹给孤玄度钟情于法林觉地者也。第某瞻风拨草,久如水面之萍;翔野脱笼,大类云边之鸟。慨光阴犹过客,将天地作旅亭,栖息他山,视同桑梓,言旋故寺,不落主宾。过溪且复期三,往哲敢齐为五?来启云:"寺有四高僧,得老师而五之。"四高僧者,唐尝达、怀述,朱梁彦称,宋晤恩也。北涧简诗"寺倚四僧传",即此。大率常住要有千年之香火,而僧徒宜守十方之准绳。此鹤师所以欲某还山,聊为措置者也。乃若兴替不移,则金汤斯望。①

陆禹舟、陆定尔二人生平待查。通门信中引述陆氏"寺有四高僧,得老师而五之"之语,无疑为自己张目。文末云鹤如请通门还山,维护寺院千年香火,使寺院僧众能够严守戒律。参考通门前云"安禅一冬,结戒半月"之语,或许鹤如住持破山寺时,在寺院僧众管理上出现了问题。

8.《复毛子晋檀越》:

> 久离故乡,孤踪邈矣。遥接大翰,归思悠然。坐立不作山中人,驰骋岂非门外汉。恭惟门下文苑寺权,法门作护。空心及第,句明庞老之机;由义居仁,学溯尼山之脉。生平素昧,因及门愚弟子,遂获神交。文彩既彰,数从上老冻脓,都如面觌。临空潭而照影,喜曲径之通幽。古涧滔滔,欲鼓曹溪之波浪;真灯烨烨,独推临济之风颠。

---

① (清)通门:《牧云和尚懒斋别集》卷4,《嘉兴藏》第31册,第566页。

窃惟某叨依黄面，滥厕缁林，念生死以遑遑，积春秋而汲汲。布单卖却，图明树倒藤枯；草履破来，依旧饥餐渴饮。病骨秖堪闲放，名蓝曷克住持？猥辱宠招，恐违佳贶。桂香已过，山谷之鼻孔必开；菊英未残，柴桑之醉吟有待。虎溪一笑，龙涧三生，良晤匪遐，短词聊复。①

毛晋为明末清初常熟著名刻书家、藏书家，钱谦益弟子。通门在信中盛赞毛晋儒释兼通，文章风采与佛教义理兼具，希望在继任破山寺后，二人参桂访菊，诗文相酬，访陶渊明、慧远故事，名僧名士，尽得风流。

9.《复钱孺饴孝廉》：

名山玉韫，草木生辉。止水珠藏，波澜增媚。恭惟座下，道学既世其家，法护亦传之远。秋风落叶，特招门外之僧；潭影山光，颇切林间之谊。际斯嘉会，能不快心？惟冀还山之日，期促膝以谈玄；入社之时，当联笻而舒啸。抚兹旧寺，爰谛新盟。遥复云章，不胜欣忭。②

钱孺饴字孙爱，钱谦益子。通门希望重返破山之后，二人共结方外之交，蝉联诗文之盟。

10.《答破山西林隐谷禅丈》：

往时在故山曾接清范，草鞋紧峭，不觉廿有余年。世事浮云，头颅老大，回思怃然。五月暂归，叩扉特谒。闻幽栖他山，所履高尚。睹箫萧霜竹，如见颜色衣裓清凉。承惠翰，深感厚谊。樗散之材，自知山门无补。第同袍良友，得重把臂于高林之下，亦末后之缘也。③

西林隐谷生平不详，当为通门破山寺故友。通过此信，通门显然希望

---

① （清）通门：《牧云和尚懒斋别集》卷4，《嘉兴藏》第31册，第566页。
② 同上书，第566—567页。
③ 同上书，第567页。

能够得到虞山佛教界教内僧徒的支持。

上述罗列的 10 封信，加上前引《复钱牧斋宗伯》和《复虞山诸护法》《又启》，共计 13 封，涉及钱谦益、孙光甫、严栻、钱裔忠、钱裔僖、翁汉麐、孙鲁、钱召、陆禹舟、陆定尔、毛晋、钱孙爱、西林隐谷等 13 人，包含前述虞山护法中的钱氏、孙氏、严氏、陆氏、翁氏等主要家族。此中既有如钱谦益、孙光甫等老辈护法，亦有钱召、钱孙爱、钱裔忠、钱裔僖、孙鲁等青年才俊和清廷新贵。不论家族层面还是年龄结构，他们都足以成为清初虞山世俗佛教权势的代表。通门入主破山寺之前遍致信札，其中不乏素未谋面者，传达其谦逊之辞和致谢之意，希望得到他们的支持。身为土生土长的虞山僧徒，通门不仅深谙教外、教内权利纠葛之理，且为所谓善于经营者。

由于前期做了充分的准备，顺治四年（1647）秋冬间，牧云通门继任破山寺住持。其《谢钱牧翁宗伯》云："某启：忆自丁亥秋过辱台翰，命主破山一席，于兹三年矣。法缘所至，鸟性人心，均为欢喜。此莫非护法弘愿所加被，敢忘所自哉。"①《开法破山酬徐白雨见赠》其二亦云："坐喜幽林无法说，是谁空际雨香花。"② 欣喜之情，溢于言表。他希望继承先贤遗志，将破山寺法席发扬光大，"愿学象龙能负物，何辞泥水一拖犁"③。然而，顺治四年（1647）秋至顺治五年（1648）春，短短不到半年的时间，他感到自己身心憔悴，筋疲力尽，随即萌生退隐之念。通门《卧疾吟八章有序》云："余向疏拙，丁亥冬，还故山，事繁责重，夙夜黾勉。入春，不觉精神大疲，肢节若堕，药不即灵。因暂谢人事，专务静默，为养疴计。适小阁初成，山雨忽至，爰有感触，写怀自解。"④ "事繁"，就僧众管理事务而言，当与冬安居等事相关。"责重"，无疑指向了虞山外护的期望与失望。他在处理与破山寺外护的关系问题上，遇到了一些问题。在组

---

① （清）通门：《牧云和尚懒斋别集》卷 4，《嘉兴藏》第 31 册，第 568 页。
② （清）通门：《牧云和尚懒斋别集》卷 13，《嘉兴藏》第 31 册，第 624 页下。
③ 同上。
④ 同上书，第 624—625 页。

诗《卧疾吟八章有序》中，通门反复慨叹世态炎凉、人情冷暖，如："一榻卧亦好，三门久不经。有谁来问疾，隔涧犬须听"①，"春鸟呼群至，相将树底鸣。余生完饮啄，介性惧逢迎"②，等等。《病起有怀》中，通门更是慨叹道："蝴蝶庄周总梦身，世间无法可相亲。生余自觉人情冷，病极方知佛语真。"③ 此间，他离开破山寺，至苏州无量寺、虎丘小武当、慈云庵、勺庵等地游赏。顺治五年（1648）除夕，他在勺庵度岁。顺治六年（1649）二月，通门回到虞山，在宝月堂与毛晋、顾麟士、殷介平等人会面，后至水月庵卧疾。通门的举措，引起了破山寺护法的注意。孙鲁曾以"三不可去"挽留。通门分别给孙鲁、孙非台、王兆吉等人写信，以生病为由拒绝回山。如其《复虞山诸护法》云："某白：嘉命之锡，宠光已沾，敬祈台亮。酷暑病躯，弗克匍匐。"④ 在众人劝说下，顺治六年（1649）七月，他返回破山寺。其《悼黄介老有序八首》序云："己丑（顺治六年，1649）春暮，传闻坐脱江宁，得大自在。永诀时，手书一扇，嘱门人邓生者相寄，至七月中浣始得见之。于是就破山丈室中，奠一茗，咏叹其诗，如见其人。"⑤ 他此次入山，实为离别做准备。入秋之后，通门致信钱谦益，明确表示要辞去破山寺住持，离开虞山。《谢钱牧翁宗伯》云："自夏入秋，每思走讯毗耶，侧聆深诲，竟以泄病时作，弗克遂愿。今病转深。窃念古德应世，行解卓荦，尚嫌住持事繁。况某蚊虻之力，曷克久肩泰山？凤兴夜寐，切思一茅以适余生，惟护法原其情而悯焉。某又念灵山一花，有识不轻拈示，以非具眼，谈真逆俗矣。所以云栖家法，作息空山，六时莲漏，三根获益。选佛之场，至今有继。破山仿此，必永其传。洞祖在山诸法属在近，主持谅有人也。"⑥

通门离开破山寺时，向孙鲁等人推荐弟子担任破山寺首座，负责安排

---

① （清）通门：《牧云和尚懒斋别集》卷13，《嘉兴藏》第31册，第625页上。
② 同上。
③ 同上书，第625页中。
④ （清）通门：《牧云和尚懒斋别集》卷4，《嘉兴藏》第31册，第567页。
⑤ （清）通门：《牧云和尚懒斋别集》卷8，《嘉兴藏》第31册，第597页。
⑥ （清）通门：《牧云和尚懒斋别集》卷4，《嘉兴藏》第31册，第568页。

夏安居。其《复孙孝若孝廉》云："堂中第一座，履历多年，佛法识见俱有头绪。且其人温恭谦谨，能和于众，可以权结夏制，分座接引，古规如是。"① 通门离开后，他的一部分弟子继续留在破山寺，为破山寺第二次僧诤埋下了伏笔。

通门离开破山寺，原因有三。首先是僧俗势力的干扰。通门虽为常熟人，自幼追随洞闻法乘出家，然外出参访二十余年，新旧护法多未曾谋面，必然需要一个相互了解的过程。鹤如禅师虽已离开，其他僧众尚在。通门组织诵戒、安居等佛教事务，加强僧团管理，必然遭到各种力量的阻挠。关于寺院僧职人员的任用，也会受到旧有势力的干预。其《简王兆吉护法》云："前在茶亭，承台驾柱顾雪窦法兄，得接聆清言。临别时，又蒙嘱一人佐监院。仰佩盛德，深为法门。然某细筹之，佐者不无其人，但难凑破山之局。虽强立之，决然无恒。今监院且辞矣！时节因缘，某亦当他山自适。一枝聊寄，不妨道气自居。千载名蓝，难徇世俗行事。山门在，土田在，无愁肩任绝人。十方来，眷属来，一听机缘成熟。"② 他感慨人情冷暖："僧是离乡草，远则有香。我力辞破山者，以此久住则不美也。"③ 最终是满怀希望而来，失望而去，此与僧俗势力的干扰不无关系。

其次是师承法脉不同。通门在洞闻法乘门下剃度，为密云圆悟嗣法弟子，属临济宗法脉。对此，他颇为自豪。如《酬毛子晋见赠》云："吾宗单传事，西来求俊贤。安心仍得髓，骑鹤兼腰缠。五叶特地分，所唱弥高玄。其终匪墙壁，钻研一何坚。真机鲜能构，庭草日芊芊。吾师起临济，霹雳轰青天。风颠在昔记，针芥投今缘。愧余鲁钝资，亦许一灯然。深山愿栖息，其敢出人前。夕惕作三省，恐孤胡僧传。未全窥正令，黾勉握化权。"④ 诗中，他简要追述禅宗法脉，称其师"霹雳轰青天"，俨然是禅宗法脉的正宗传人。他自称"鲁钝"，实际上自炫远胜自谦。师承名师，得

---

① （清）通门：《牧云和尚懒斋别集》卷4，《嘉兴藏》第31册，第567页。
② 同上书，第568页。
③ （清）通门：《牧云和尚懒斋别集》卷6，《嘉兴藏》第31册，第581页。
④ （清）通门：《牧云和尚懒斋别集》卷13，《嘉兴藏》第31册，第624页。

禅宗真传，是他在家乡弘法的重要资本。然而，破山寺外护对临济宗态度不一。身为破山寺重要护法的钱谦益，是德清和紫柏真可的私淑弟子，对禅宗尤其是临济宗僧人极为反感，一度将通门的师兄汉月法藏视为"海内三妖"之一。洞闻法乘师承德清、真可，与钱谦益师出同门，鹤如禅师亲承法乘，为德清、真可法孙。如《洞闻禅师塔铭》云："师吴江李氏子，少出家，入华山，为默庵和尚侍者。舍而归紫柏大师，大师改名法乘，号曰洞闻。"① 《题鹤如禅师诗卷》亦云："洞闻长老为紫柏、憨山上首弟子，坐破山道场，说自在法，频申婆和而逝。鹤如禅师德公，为其再世嫡孙，亲承巾瓶，妙得心印。"② 钱谦益全力支持洞闻法乘、鹤如禅师，与二人师承不无关系。

其三是佛教理念的差异。由于师承关系，在佛教理念上，钱谦益与通门也存在差异。通门为密云圆悟嗣法弟子，佛教理念秉承临济宗门风，反对佛教经典注疏和义理研究。其《与李明远文学》云："未生已前一段光景，必要亲知灼见，寻觅根蒂。日用应缘时，断不忘却，所谓居尘而出尘也。然又不得以道理心性注疏之，一注疏便无交涉也。"③ 钱谦益与此相异。他明确提出反经名教的佛教革新理念，晚年沉浸于佛教经典注疏，先后完成了《楞严经疏解蒙钞》《般若心经略疏小钞》等佛学名著。对于二人佛教理念的差异，通门自然十分清楚。他在临别前写给钱谦益的信中说："某又念灵山一花，有识不轻拈示，以非具眼，谈真逆俗矣。所以云栖家法，作息空山，六时莲漏，三根获益。选佛之场，至今有继。破山仿此，必永其传。洞祖在山诸法属在近，主持谅有人也。"④ 所谓"某又念灵山一花，有识不轻拈示，以非具眼，谈真逆俗矣"之语，明指二人在佛教理念上的差异。对于破山寺将来的佛教走向，通门认为与其纠结于禅、教之间，不如另辟蹊径，承袭云栖袾宏家风，弘扬净土。

---

① （清）钱谦益：《初学集》卷68，第1569页。
② （清）钱谦益：《有学集》卷48，第1581页。
③ （清）通门：《牧云和尚懒斋别集》卷5，《嘉兴藏》第31册，第575页。
④ （清）通门：《牧云和尚懒斋别集》卷4，《嘉兴藏》第31册，第568页。

（三）僧诤再起：鹤如禅师的去与留

顺治六年（1649）秋冬之际，通门离开破山寺。顺治七年（1650）秋，鹤如禅师五十寿诞，钱谦益、吴伟业、牧云通门等人以诗相贺。钱谦益《寿鹤如五十》云："如莲半偈一灯遥，雪被冰床护寂寥。石壁寒云人世在，禅房花木劫尘消。枝头怖鸽依潭影，钵里眠龙应海潮。天眼定中常不昧，金轮时见鬼神朝。"① 通门《兴福鹤师兄五秩寄言写怀》云："六朝遗构近山城，初日高林宿鸟鸣。古柏客来多问腊，空潭云过竟忘名。弄泉昔笑皆童子，对菊今成老弟兄。鸿雁南飞人北望，秋风不断故乡情。"② 吴伟业《破山兴福寺僧鹤如五十》云："听法穿云过，传经泛海来。花深山径远，石破讲堂开。潭出高人影，泉流古佛苔。长留千岁鹤，声绕读书台。"③ 从"兴福鹤兄""破山兴福寺僧"等诗题及"禅房花木劫尘消"来看，此时鹤如禅师重回破山寺继任住持，破山寺僧诤暂时得以缓解。通门亲自写诗为鹤如祝寿，也可说明二人第一次去留之争，更多的受教外势力的干扰，最终和平解决，盖未伤及二人同门之谊。此外，钱谦益《喜鹤如上人还破山》云："应器浮囊总息机，孤云还往本无依。即看白鹤凌空去，又见青猿洗钵回。席上龙参三谛法，阶前虎守七条衣。禅房花木浑如故，莫道沧桑劫已非。"④ 他与鹤如禅师相识甚早，"昔我邂尔，年方驱乌。字以鹤如，皎洁僧雏"⑤，"鹤如"之名即钱谦益所起。⑥ 因此，鹤如禅师重回破山寺，钱谦益自然满心欢喜。

鹤重回破山寺不久，僧诤又起。此次僧诤始末，目前仅见钱谦益写给钱朝鼎、钱祖寿的两封信札。为明晰起见，先迻录信札原文，再将相关

---

① （清）钱谦益：《牧斋杂著》，第95页。
② （清）通门：《牧云和尚懒斋别集》卷14，《嘉兴藏》第31册，第636页上。
③ （清）吴伟业著，李学颖集评标校：《吴梅村全集》卷4，上海古籍出版社1990年版，第130页。
④ （清）钱谦益：《牧斋杂著》，第95页。
⑤ （清）钱谦益：《有学集》卷48，第1583页。
⑥ 关于钱谦益和鹤如禅师间的交往，参谢正光《停云献疑录》，第99—101页。

史实人物略作考释。①

钱谦益《与禹九书》云：

> 病废卧榻，不复问人间事。适犬子来，言足下不惬意于鹤如，不欲其居此寺。此寺自先母创修，愚父子三世为檀越，亲见鹤如苦心为众撑柱山门，毫无过举。必有佥人以浮言中伤，致有谴怒。然此僧无罪而去，则山寺无人料理，立致倾颓，恐非足下护法盛心。若老病檀越剥尽面皮，又不足置喙也。种种遣犬子面悉，并询福先、大士，可以知公道也。草草不多及。②

《与福先大士书》云：

> 昨犬子归传命，即削牍致都宪公，婉转启请，求其勿急逐寺僧，以全薄面。旋奉报章累纸，词严气厉，凛凛乎金科玉条，不可干犯。仆为心折气尽，惭悚无地，今不更敢有陈奏，窃平心降气，为两足下私言之。亦非敢违宪台严命，触冒为此僧申雪也。
>
> 据其所言，则有之矣。破山寺为寒门三世檀越，间里所通知也。仆虽老朽，其人尚在，何不走一介之使，将尺一之诏，好言谕之曰："寺僧不法，当驱遣之，以净山门。"即旁人有忿恚者，亦必正告之曰："彼自有檀越在，当令彼善遣。"以全老人体面，旁人亦无所置喙矣。今悻悻然不通一信，不致一词，震雹冯怒，立刻驱遣。此其为抹杀老朽，借逐僧以逞其咆哮凌厉，居可知也。乃云"仰体护法盛心，非有异同。"此不可以欺黄口竖子，而可以欺八十老人乎？又谓"舆论喷喷，卖菜佣三尺子皆悉其颠末。老人龙钟衰迈，两耳双聋，受欺

---

① 谢正光在《停云献疑录》中已经进行了较为详细的考证，由于所见材料不全，间有失当之处，故不辞繁复，再作考察。其中间或参考谢氏大作，不敢掠美。详参见谢正光《停云献疑录》，第101—107页。

② （清）钱谦益：《牧斋杂著》，第556页。

受蔽，无足怪也。"两足下聪明绝世，持公秉直，亦颇为此僧称冤。岂两足下之见闻，反不如卖菜佣三尺子，而主持名教，为邦之司直者，独都宪公一人耶？又云："千余年破山寺，百余年叔翁护法，乃出此无行妖僧，玷辱刹宇。"则鹤如之奸媱无行，乃老人百余年护法养成之也。斧钺之诛，市朝之挞，不在鹤如，而反在老人。倒行逆施，亦已甚矣！

衰残病榻，屏迹匿影，无因无缘，恶口辱骂，此亦世间罕有之事也。书词反覆，意气高张，俨然以金汤护法自命。试问都宪公平日于兴福寺曾舍一粒米、施一分香否耶？何劳挺身护法，如此迫切？又请问都宪公平日参诸方善知识几人？护法海内道场几处？佛法嘱付国王大臣，今日谁为推择？谁为见证？此法印便独归于都宪公耶？仆虽老废，生平于宪府诸老，旧交则有邹南皋、赵侪鹤、高景逸、李茂明辈，新朝有房海客、龚芝麓辈，颇辱其道义深知，草木臭味。今观此公，铁面霜棱，威风凛凛，先后执法，似只有此一人。老人眼界，颇自宽阔，付之哑然一笑而已。

仆有"鹤如撑柱山门"之语，彼谓"破山寺鹤如若死，谁人料理？"此言似尤背理。今所谓撑柱山门者，正谓鹤如未死，而责其料理也。彼若死，则其责归于后人。今日彼他日必有死期也，而先逐之，山门倾圮，不利众僧。此等罪业，必有与鹤如分肩之者。此又不可不深长思也已。都宪虽尊重，死与不死，似非出其主张。阎罗老子勾消世人，原不依捋尖文薄。闲话及此，聊供两足下一抚掌而已。病甚，不能造晤。种种遣犬子面告，不赘。①

此二封信札，主要涉及钱谦益、钱祖寿、钱延宅、钱朝鼎等人，其中挑起僧诤的主要人物为钱朝鼎。

关于钱朝鼎和钱谦益的矛盾，陈寅恪和谢正光曾做过梳理。② 然而受

---

① （清）钱谦益：《牧斋杂著》，第557—559页。
② 详参见陈寅恪《柳如是别传》，第1232—1239页；谢正光《停云献疑录》，第104—115页。

材料所限，关于钱朝鼎的生平、世系及二人交恶始末，并不明晰。钱朝鼎之生平，钱陆灿《中宪大夫大理寺左少卿都察院左副都御史钱府君墓志铭》是目前所见最为直接之史料。据载，钱朝鼎（1617—1685），字禹九，号黍谷，常熟邑西徐墅人。钱朝鼎之世系，钱陆灿云："我钱氏远有代序。自武肃王十二世千一公始居海虞，为海虞始祖。又五世静闲公镛，公居禄园，为禄园始祖。镛三子讳德、智、信。德之次子衡，为东三十六房，余之世也。信之子泉迁新宅，则府君之世。余与府君，自静闲之再世而异新宅，又四世拙隐公徙徐墅，又三世衡门公讳尚宾，生南园公，讳永达，诰赠授中宪大夫，鸿胪寺正卿，尤多隐德，详余所纂次《南园公家传》。公二子，府君其长也。"①据此可知，钱朝鼎和钱陆灿同为吴越钱氏第二十七世，也就是钱谦益的侄孙。明朝时，钱朝鼎补博士弟子员。入清后，他是顺治二年（1645）举人，顺治四年（1647）进士，"授刑部尚书主事，历员外郎中，升广东提学道，晋二级，转浙江按察司按察使，召为都察院协理院事，左副都御使。坐他户奏销钱粮，降补鸿胪寺正卿，升大理寺少卿。京察，坐同官某事，应镌级，调五品京官用，遂谢政归里，时癸丑（1673）岁也"②。从仕宦历程来看，钱朝鼎可谓清初常熟显宦，"贤士大夫，合郡无可以右君者。缁衣之慕，君殁而不衰焉"③。

钱祖寿字福先，钱裔忠之子，钱时俊之孙。他是顺治二年（1645）举人，顺治四年（1647）进士，官至户部员外郎，其举人、进士，皆与钱朝鼎同年。钱延宅字大士，钱裔文之子，钱时俊孙，"顺治九年（1652）进士，授行人出使宁夏、湖广，升祠部主事"④。二人为同祖堂兄弟。从世系上看，钱谦益属吴越钱氏第十七世钱琛之后，钱朝鼎与钱祖寿、钱延宅同属第十七世钱庸之后，较钱谦益略近一层。就私人关系而言，钱谦益与钱祖寿、钱曾二人较为亲密。如《有学集》卷五《武陵观棋六绝句示福先侄

---

① （清）钱陆灿：《调运斋文集》，《四库未收书辑刊》第7辑第23册，第760页上。
② 同上。
③ 同上书，第763页上。
④ （清）冯桂芬：《同治苏州府志》，《中国地方志集成·江苏府县志辑》第9册，第587页下。

孙》、卷四十九《题武林两关碑记》等文，皆为钱祖寿所作，他还分别给钱祖寿的五个儿子取名为象升、象晋、象蒙、象临、象鼎，足见二人私交之深。

关于此次僧诤的发生时间，可从钱谦益写给钱祖寿的信札《与福先二首》中找到端倪。第一封信札是在钱祖寿迁官后，钱谦益劝他弃官归隐，共享天伦之乐。信中言及钱谦益将《心经小笺》相寄，且云"赖荆妻课耕劝织，聊以卒岁"。顺治十六年（1659）春，钱谦益将《般若心经略疏小钞》交付毛晋刊刻，知此信写作时间为顺治十六年（1659）冬。在第二封信中，钱谦益得知钱祖寿辞官归隐的消息后，不胜欢喜，请他务必先到自己家中，然后再返城市，"原约归里之日，先到村庄，后入城市，此言万万不可爽约。专率稚孙，扫门酤春酒，以待车骑之至，勿令老人望眼欲穿也。"① 此信紧接前信而写，从"酤春酒"来看，当作于顺治十七年（1660）春。信中语气至为迫切，知此时僧诤已起，钱谦益急召钱祖寿商量对策。此外，吴伟业《夜发破山寺别鹤如上人》云："得来松下宿，初月淡相亲。山近住难定，僧高别更真。暗泉随去马，急叶卷归人。过尽碧云处，我心惭隐沦。"② 谢正光认为是顺治十六年（1659）作。据《吴梅村年谱》，顺治十六年（1659），吴伟业并无虞山之行。《吴梅村全集》收录钱谦益《梅村诗集序》尾题"顺治庚子十月朔，虞山蒙叟钱谦益再拜谨序"③，知顺治十七年（1660）十月前，吴伟业曾至虞山拜访钱谦益，恰与"急叶卷归人"的时序吻合。④ 从"山近住难定，僧高别更真"来看，鹤如去留不定，此时僧诤已经发生。综上，破山寺二次僧诤的发生时间为顺治十六年（1659）冬末至顺治十七年（1660）春初。

从前引钱谦益信札来看，破山寺二次僧诤的发起者为钱朝鼎。钱朝鼎对鹤如极不满意，称其"无行妖僧，玷辱刹宇"，进而致书钱谦益，意欲

---

① （清）钱谦益：《牧斋杂著》，第 323 页。
② （清）吴伟业：《吴梅村全集》卷 13，第 367 页。
③ （清）吴伟业：《吴梅村全集》，第 1486—1487 页。
④ 冯其庸、叶君远：《吴梅村年谱》，文化艺术出版社 2007 年版，第 331 页。

将其驱逐出寺。钱谦益致书婉言相劝,希望看在鹤如禅师苦心修复破山寺的份儿上,让他继续留在寺院。信中所云"此寺自先母创修,愚父子三世为檀越",强调他与破山寺的渊源,希望在鹤如禅师去留问题上享有话语权。为此,钱谦益让钱孙爱前往面谈,也希望钱祖寿、钱延宅从中调解。谁知钱朝鼎"词严气厉,凛凛乎金科玉条,不可干犯",钱谦益只好写信给钱祖寿、钱延宅二人,谴责钱朝鼎。从前引《与福先大士书》来看,钱谦益的长信主要包含两层意思。首先,钱谦益一家三代均为破山寺重要护法,在鹤如禅师去留问题上,应该有话语权和决定权。未经他同意而执意驱逐鹤如禅师,是对其身份地位的挑战。所谓"全老人体面,旁人亦无所置喙","不通一信,不致一词,震霆冯怒,立刻驱遣。此其为抹杀老朽,借逐僧以逞其咆哮凌厉,居可知也",意即在此。即使真要驱逐鹤如禅师,也应该好言相商,而非词气严厉,"不可干犯"。钱谦益认为,钱朝鼎素来对破山寺毫无施舍,对佛法并无知解,仅仅凭借"都宪公"的权势强行驱逐鹤如,显然是以权势欺人。为此,钱谦益抬出了身居高位的旧雨新知。其中颇可留意的是龚鼎孳。龚鼎孳颁诏岭南时,钱朝鼎时任岭南督学,是其顶头上司。其次,钱谦益反复强调,鹤如禅师苦心经营兴复破山寺,有功无过。由于文献阙失,钱朝鼎所云"无行妖僧,玷辱刹宇",具体所指为何,不得而知。从前述通门初住破山寺时反复强调的"安禅一冬,诵戒半月"来看,破山寺内部的僧团管理、僧人戒律或许存在一些问题。钱朝鼎以此为由驱逐鹤如禅师,也是为将来的继任者造势。

僧诤发生前,钱谦益与钱朝鼎二人私交颇好。如顺治十四年(1657),时任岭南学宪的钱朝鼎帮助他寻访憨山德清的文集。钱谦益《憨山大师梦游全集序》云:"其在岭表,共事搜葺者,孝廉万泰、诸生何云、族孙朝鼎也。"[①] 至于后来,钱朝鼎为何不顾及钱谦益的颜面,执意驱逐鹤如禅师,甚至在钱谦益生前殁后步步威逼,不惜怂恿钱谦光、钱曾等人,制造钱氏家难,逼迫柳如是自缢。关于钱朝鼎与钱氏家难,陈寅恪《柳如是别

---

① (清)钱谦益:《有学集》卷21,第871页。

传》论述甚详。钱朝鼎为何向钱谦益发难,以及钱氏家难与鹤如禅师去留存在何种关联,尚存未发之覆。故首先迻录钱朝鼎与钱氏家难的相关史料,其次稍作考释。

《柳夫人遗嘱》云：

> 汝父死后,先是某某并无起头,竟来面前大骂。某某还道我有银,差遵王来逼迫。遵王、某某,皆是汝父极亲切之人,竟是如此诈我。①

《孝女揭》云：

> 如今日活杀吾母柳氏一案,操戈而杀母者,兽族谦光与兽侄孙曾也。主谋而令其杀者谁？呼其名,无不疾首痛心；称其爵,无不胆战股栗；叙其恶,无不发竖眥裂。在今血控,不敢显触其凶锋；嗣后登闻,誓必直陈其恶款。……昔之受厚恩于吾父者,今日忽挺戈而入室；昔之求拯救于吾父者,今日忽背噬而甘心；昔之呼高上于堂下、执子弟于门墙者,今日忽揭竿树帜,耽耽而逐逐。②

文中省略的"某某",陈寅恪明确指出是钱朝鼎,"遗嘱中所谓'某某',即钱朝鼎","可知此人当日在常熟之势力为何如矣"③。此言甚确。关于钱朝鼎和钱谦益之间的具体过节,《原任苏州府常熟知县瞿四达揭》云：

> 及问致死者谁？则贪恶俗绅钱朝鼎也。孤子钱孙爱刊布门状,有"恶族肆屠威劫,庶母柳氏立刻惨毙"等语,恶族指朝鼎也。本县李初审口词,有"族之簪绂繁指不无觊觎其私橐"等语,簪绂指朝鼎

---

① 范景中、周书田编纂：《柳如是事辑》,中国美术学院出版社2002年版,第410页。
② 同上书,第404—405页。
③ 陈寅恪：《柳如是别传》,第1237页。

也。请陈其实。朝鼎为浙臬司,娄张安茂厚赂,内有银杯两只,工镌细文"茂"字于杯脚。天败落四达之手。先年具揭首告,朝鼎挽腹亲王曰俞解其事。此大证佐也。为科臣柯讳聋、张讳惟赤交章通劾,故虽蹑升副宪,并未到任,旋奉严旨,何尝一日真都宪哉?今犹硃标都察院封条告示,封芙蓉庄房屋。其逼死柳夫人实案一。朝鼎居官狼藉,如湖州司李龚廷历情极刎颈,亲叔钱王任久遇居间,俱登白简,苦浼钱夫人舍身挽救,得豁重罪。乃反诬以受赂。当夫子疾笃卧床,即遣狼仆虎坐中堂,朝暮逼索,致含愤气绝。随逼柳塪赵生员含泪立虚契,夺田四百亩。其逼死柳夫人实案二。①

据此,钱朝鼎在钱谦益生前遣恶奴相逼,钱谦益去世后逼死柳如是,盖钱朝鼎任职浙江时逼死湖州司李龚廷历,因而获罪下狱,其亲叔钱王任苦苦请求柳如是舍身相救。事成之后,反而诬陷柳如是受贿。在钱谦益病重其间及去世后,钱朝鼎千般威逼,意在追回此前花费的钱财。

关于钱朝鼎为官浙江时入狱一事,钱陆灿《中宪大夫大理寺左少卿都察院左副都御史钱府君墓志铭》云:

适台垣多浙人,相与谋下石,而惟其无可乘之短,可攻之隙。不幸君赴副宪之任未上,而有湖州府推官龚廷历之狱焉。先廷历以丁酉科不得分房考试,衔君也。实巡按王某意欲入某以代廷历,而君亦以廷历多钦件未结,不为力争。廷历衔君,君不知也。比君以宪副行,所部官送之竟上,廷历照荼毒。廷历故无锡人,与敝邑相接壤,皆故旧,有假贷往来。笔又湖产,不及却也。君既去,闻吾郡有某部郎过湖,骋告廷历曰:"抚军且飞章逐公矣,得二万金可解。"是日,奉按檄观风湖士,念二万金无办,手书一揭压砚底,自刎其颈。不殊湖守张懋忠入视创曰:"君揭前二款,佼抚侵按。且君又不死,某不敢上。

---

① 陈寅恪:《柳如是别传》,第1237页。

惟钱大人已赴召,且裂此塞责。"守遂申抚,而某部郎已于是夕踰城遁矣。抚疏之入也,据廷历揭钱某,曾入龚茶笔,盖指前竟上赆为证也。余亦以过湖,并君乡试房师萧公讳琯者连染,曰上司所荐士。萧前守扬州,已罢官归滇南,往回辽□,故候勘在浙,凡三年而白。三年之内,浙士大夫之在台垣者,争起而扼君。借钦案之久未结,竟为端露章参君。尚某胡某者,一立蹶死长安门,一注籍,三日不汗,死旅邸。而前某部郎,亦未几疽发于背死。于是人咸谓天其以礼悔祸于钱氏矣。某某不书名讳,恶也。①

钱朝鼎入狱,肇因于龚廷历自杀。关于龚廷历,《清儒学案小传》卷二云:"龚廷历,字玉臣,号震西,武进人,徙居无锡。顺治壬辰进士,官浙江湖州推官,以平反冤狱,忤上官,罢职归。……讲学东林,著有《愿学编》《理学醇疵辨》《诸儒语录》诸书。"② 龚廷历身为东林党人,自然与东林党魁钱谦益相熟。瞿四达《揭》中提到的柯聱,生平事迹不详。关于张惟赤,颜光敏《颜氏家藏尺牍》云:"张惟赤,字君带,号螺浮,浙江海宁人。顺治十二年进士,历官工科给事中。"③ 吴修《昭代名人尺牍小传》称其官"刑科给事中"④。龚廷历赠送钱朝鼎湖笔一事,始末不详。然钱朝鼎以湖笔赠人,却有记载。如程先贞《海右陈人集》卷上《谢钱中丞禹九寄赠湖笔》云:"笔出湖州擅异灵,双函远寄到柴扃。彩毫已见攒狼尾,班管浑如截凤翎。曾与台臣书白简,忽从野客写黄庭。匣中亦有隃糜在,并向幽窗伴独醒。"⑤ 程先贞为卢世㴶同乡,卢世㴶为钱谦益挚友。钱朝鼎赠送程先贞湖笔之目的,则不可知。贿赂钱朝鼎的张安茂,"字子美,号蓼匪,华亭人。顺治四年进士,官西宁道,工画"⑥。他与钱朝鼎不

---

① (清)钱陆灿:《调运斋文集》,第 760 页下—761 页下。
② 徐世昌:《清儒学案小传》卷 2,《清代传记丛刊》第 5 册,第 347 页。
③ 颜光敏:《颜氏家藏尺牍》,《清代传记丛刊》第 29 册,第 827 页。
④ (清)吴修:《昭代名人尺牍小传》,《清代传记丛刊》第 30 册,第 238 页。
⑤ (清)程先贞:《海右陈人集》,《清代诗文集汇编》第 25 册,第 45 页。
⑥ (清)李放:《皇清书史》卷 15,《清代传记丛刊》第 83 册,第 482 页。

仅为同年，且为画友。果如此，则钱谦益似乎是钱朝鼎入狱的幕后推手。事后虽蒙柳如是舍命相救，钱朝鼎对钱谦益的愤恨之情，已然深植心底。趁其病危乃至去世后，打击报复，敲诈勒索，也在意料之中。鹤如禅师去留之争，也就成为钱朝鼎试探钱谦益之权势地位，进而试图打击报复的先导。

关于钱朝鼎入狱的具体时间，钱陆灿云："府君之于余也，盖兄弟而兼朋友之交焉。辛丑（顺治十八年，1661），世祖先皇帝之丧，哭临毕，君谓余礼闱当改期，叔出季处，此其时乎？褐器三十金，而趣余行也。下第归，甚愧见君。君笑曰：'其为未卒事于西湖故也乎。'遂往毕候勘之役。"①《康熙常熟县志》卷十八《钱朝鼎传》载："以谢绝竿牍，屏绝苞苴，为本省不肖绅一二辈所衔。章皇帝（指顺治帝）知朝鼎广东学政第一，按察精明，臬事办治，破格召入，为都察院左副都御史。重违先入者，言俾赴所司廷办，三年而事白。"② 知钱朝鼎入狱候勘，前后历经三年，入狱时间在顺治十八年（1661）前，而出狱时则为康熙元年（1662）左右。从时间层面上考虑，恰在破山寺僧诤发生之时。

此外，钱谦益拉拢钱祖寿、钱延宅从中调解，希望得到二人声援，除了私交甚好，且二人为入清后钱氏家族中之佼佼者，有能力和钱朝鼎相抗衡之外，还与钱岱和钱朝鼎之父钱永达的旧怨有关。《康熙常熟县志》卷十九《钱永达传》云：

> 钱永达，字益之，一字超宇，家本贵胄，父衡门中落。永达弃举子业治产，又去而为商，家大起。……当其谢去举子业而为商也，群从方贵盛，岁时庆吊，裾屐龛热。独布袍芒履，升堂揖让，众为肃然。族议牴牾，得发一言乃定。其平生外和而内介，上交不谄而下交不渎。自御史秀峰公以下，皆严惮之。永达自其为士，而农而商，然尝有意于南公灌丈人之徒，卒用自老。晚辟南园，觞咏其中，遂号南

---

① （清）钱陆灿：《调运斋文集》，第763页下。
② （清）钱陆灿等：《康熙常熟县志》卷18，第447页上。

园公。详其族子陆灿《南园公家传》。①

可见，钱朝鼎祖上也曾身为贵胄，显赫一时。自钱朝鼎祖父衡门公钱尚宾开始家道中落，钱永达被迫放弃举业，务农经商。岁时庆吊，群从贵盛，而钱永达布袍芒履升堂揖让，无疑会遭受族人的冷眼相待。所谓"众为肃然"者，多少带有美化的成分。所谓"自御史秀峰公以下，皆严惮之"，"秀峰公"指钱岱。《康熙常熟县志》卷十八《钱岱传》云："林居修饰池馆，度曲饮酒，对客谈燕，移日不厌。其族最盛，多至三千余丁。族人有事，必得岱一言平亭"②，足见钱岱在虞山钱氏家族内部的地位。钱永达忌惮钱岱，自然也在情理之中。钱朝鼎文集取名"山满楼"，实为钱岱故业。钱谦益在顺治十八年（1661）春所作《宿述古堂四首》其三"蘩华宅第太平时，山满高楼夜宴迟"句后自注云："山满楼，是侍御汝瞻兄宴客处。"③ 或山满楼为钱朝鼎一族故业，因家境衰落而为钱岱所得，后又为钱朝鼎收回，亦未可知。

此次破山寺鹤如禅师去留之争，最终以钱谦益失败、鹤如禅师被赶出破山寺而告终。严熊《喜鹤如禅师诸弟子复还破山，历叙缘起，成古体一章》云：

> 智公住未久，衲子多播迁。其徒四五人，智力无殊悬。相继来主席，繁手少安弦。殿宇日颓废，未闻添寸椽。器物各星散，钱谷私坑填。檀护尽解体，瓦钵冷粥馆。最后有平岩，翼武挟戎游。不调和合众，但见斗诤坚。手拈一茎草，杀人干镆铘。阳逃金木诛，阴犯韦陀鞭。两入王舍城，夏腊宁久延？予忝世外护，目击心忧煎。欲援手无力，欲置难恝然。中宵布诚恳，额榻青天笺。何时旃檀风，迅扫诸腥膻。今年十月吉，喜事等病痊。鹤如诸徒众，襆被归联翩。何劳檀护

---

① （清）钱陆灿等：《康熙常熟县志》卷19，第467页上—467页下。
② （清）钱陆灿等：《康熙常熟县志》卷18，第426页下。
③ （清）钱谦益：《有学集》卷11，第521页。

请,奚借官长权?子孙守祖业,僧俗同杯棬。鹤如清规在,洞闻法重宣。古桧复东指,龙虎咸伏虔。高僧寂光中,笑颊微涡漩。山光潭影在,依旧还澄鲜。有如鸟避缴,一旦巢林颠。又似失水鱼,悠然逝深渊。予愿从此后,闭户安食眠。老实莫捏怪,修行省尤愆。刖足罢登座,塞口休谈玄。白拂止拍蚊,拄杖驱鸟鵳。历历西来意,立地合成圆。作诗纪始末,与寺俱永传。①

从诗中看,鹤如禅师被钱朝鼎驱逐出破山寺之后,由通门弟子平岩定(1627—1681)继任住持。据清代超永《虞山兴福平岩定禅师》载,平岩定为浙东姚江人,俗姓蒋。16岁,礼四明法海裕如剃染,随金粟容受具足戒,后参大觉琇,往天童拜谒牧云通门,服劳十载,受记莂,"即结茅于塘栖,额曰六息,韬光七载。门诒书,命住虞山兴福。北游,住都城广音、铁佛二刹"②。从传中记载粗略推算,平岩定奉牧云通门之命继任破山寺主持在其33岁之后,也就是顺治十七年(1660)之后。盖钱朝鼎邀请牧云通门再次返回破山寺。鉴于此前主动退出,通门另派弟子平岩定前往。严熊诗中所说两入王舍城,指平岩定在北京住持广音、铁拂二刹而言。在柳如是等人的救助下,钱朝鼎约在康熙元年(1662)左右结束候勘,前往北京都察院任职。平岩定也在北京主持广音、铁拂二刹,或与钱朝鼎之间互相往来。因为平岩定得到了钱朝鼎等京城势力的支持,严熊等素来亲近钱谦益的破山寺外护也是无能为力,只能看着寺院日渐颓废。康熙二十年(1681),平岩定在去世前将破山寺托付给弟子灯岩德,《虞山兴福平岩定禅师》载:"师于康熙辛酉(1681)春末示疾,至浴日,上堂辞谢。望日,以兴福委门人灯岩德,铁佛委吼崖,有垂示教诫语。"③ 平岩定55岁去世,自然不算高寿。严熊诗云:"阳逃金木诛,阴犯韦陀鞭。两入王舍城,夏腊宁久延?"显然有幸灾乐祸之意。关于灯岩德,据超永《京

---

① (清)严熊:《严白云诗集》,《清代诗文集汇编》第100册,第117—118页。
② (清)超永:《五灯全书》卷76,《卍续藏经》第141册,第581页下。
③ 同上书,第582页上。

都大悲灯岩德禅师》载，他为常熟人，俗姓朱，10岁丧父，后礼象游达剃染，"受嘱后，初住虞之破山，复入都，住大悲、广泉诸刹。"① 康熙二十年（1681）春末，灯岩德遵循平岩定嘱托，前往家乡常熟住持破山寺。同年十月，在严熊等虞山旧有护法支持下，鹤如重返破山寺，于此终老。此时钱朝鼎已六十五岁，接近人生暮年，权势已非昔日可比。无奈之下，灯岩德只好返回北京，相继主持大悲、广泉等寺。在入清后的三十多年时间里，鹤如禅师三次住持破山寺，两次被逐，可谓历经波折。此恰恰与钱谦益入清后权势地位的变化乃至于钱氏家难休戚相关，成为钱谦益身世起伏的一个缩影。鹤如被钱朝鼎驱逐出寺，标志着钱谦益晚年权势地位急剧下降，钱氏家难的发生，也就成为必然。

---

① （清）超永：《五灯全书》卷96，《卍续藏经》第141册，第903页下。

第二章　钱谦益与释家文献的疏释和刊刻

为改变晚明佛教重语录而轻经典的陋习，钱谦益提出了反经明教的革新理念，倡导回归经典本位，重视义理研究。为此，他积晚年之力，先后疏释了《楞严经》《心经》《金刚经》《华严经》等佛教经典，整理刊刻了《护法录》《憨山老人梦游集》《紫柏尊者别集》等佛教文献，并为《嘉兴藏》后期刊刻流通，做出了积极贡献。

第一节　反经明教的文献理念

"反经"之说最早由孟子提出，是儒家系统内的一个概念。钱谦益借此用于讨论学术，成为佛教革新思想的组成部分①，充分体现了他的佛教文献学理念，为其佛教文献的整理与研究提供了理论基础。

一　"反经"的渊流

"反经"之说，最早出自孟子。《孟子·尽心下》云："（孟子曰）君子反经而已矣。经正，则庶民兴；庶民兴，斯无邪慝矣。"② 在此，孟子实借万章之问来批判"乡愿"。何谓反经？赵岐注云："经，常也。反，归也。君子治国家，归其常经，谓之以仁义礼智道化之，则众民兴起而家给

---

① 参见孙之梅、王琳《钱谦益的佛学思想》，《佛学研究》1996年第4期；孙之梅《钱谦益与明末清初文学》，齐鲁书社1996年版，第247—252页。
② （清）阮元校刻：《孟子注疏》卷14下，《十三经注疏》，第2779页下—2780页上。

人足矣。仓廪实而知礼节,安有为邪恶之行也。"① 朱熹注云:"反,复也。经,常也,万世不易之常道也。……世衰道微,大经不正,故人人得为异说以济其私,而邪慝并起,不可胜正,君子于此,亦复其常道而已。常道既复,则民兴于善,而是非明白,无所回互,虽有邪慝,不足以惑之矣。"②细品赵岐、朱熹两家之注,微有不同。赵岐注旨在君子治国当归其常经,即以仁义礼智信教化国民,则家丰人足而邪慝不行。朱注重在世道衰微、大经不正、异说纷纭、邪慝并起之时,当复归常道,使人明白是非,则邪慝不可惑人。赵、朱两家虽对反经之背景解释不同,然"反"作"返"释,返归、恢复之意则同,此为其一。

其二,"反"者,亦可作"违背"解。"反经"者,虽与"经"相违背,却因"权变"而复合常道。如《朱子语类》卷三十七云:"《公羊》以反经合道为权,伊川以为非。若平看,反经亦未为不是。……但反经而不合道理,而不可。若合道理,亦何害于经乎?"③从伦理纲常来看,汤、武伐桀、纣,是以臣弑君;周公诛管、蔡,是以弟杀兄,均不符合君臣、兄弟之道。若从"权"变的角度来看,两者均以有道讨无道,故与常道暗合。此"反经"之"反",显然与禅宗"反常合道"之"反"相通。

二 钱谦益的"反经"

论及明代学术风气,学者多以"空疏浮泛"论之。在清代学者看来,明代学风不值一提。顾炎武对此深恶痛绝,如《窃书》云:"若有明一代之人,其所著书无非窃盗而已","今代之人但有薄行而无俊才,不能通作者之意,其盗窃所成之书,必不如元本,名为钝贼,何辞!"④《勘书》云:"苟如近世之人,据臆改之,则文益晦,义益舛,而传之后日,虽有善读

---

① (清)阮元校刻:《孟子注疏》卷14下,《十三经注疏》,第2780页上。
② (宋)朱熹:《四书章句集注》,中华书局1983年版,第376页。
③ (宋)黎靖德:《朱子语类》卷37,王星贤点校,中华书局1988年版,第990页。
④ (清)顾炎武:《日知录集释》,黄汝成集释,栾保群等校点,上海古籍出版社2006年版,第1074页。

者，亦茫然无可寻求矣。"①《改书》云："万历间，人多好改窜古书。人心之邪，风气之变，自此而始。"② 四库馆臣也说："盖明人著书，好夸博奥，一核其实，多属子虚，万历以后，风气类然。"③ 其实，在顾氏之前，钱谦益已发其先。《赖古堂文选序》云："近代之文章，河决鱼烂，败坏而不可救者，凡以百年以来，学问之缪种浸淫于世运，熏结于人心，袭习纶轮，酝酿发作，以至于此极也。盖经学之缪三……史学之缪三……《说文长笺》行而字学缪，《几何原本》行而历学缪，冬瓜瓠子之禅行而禅学缪。凡此诸缪，其病在膏肓凑理，而症结传变，咸着见于文章。"④ 简而言之，在钱谦益看来，明代的经学、史学、字学、历学、禅行，无一不错谬百出。

针对明代空疏的学术风气，钱谦益提出了"反经"说，意在返归经典。在《新刻十三经注疏》序中，他在列述古今经学升降变化之大端，汉儒/宋儒、讲经/讲道、儒林/道学之分野后，认为"经学之熄也，降而为经义；道学之偷也，流而为俗学。胥天下不知穷经学古，而冥行擿埴，以狂瞽相师。驯至于今，轻材小儒，敢于嗤点六经，訾毁三传，非圣无法，先王所必诛不以听者，而流俗以为固然。生心而害政，作政而害事，学术蛊坏，世道偏颇，而夷狄寇盗之祸，亦相挺而起"⑤。在此基础上，他借孟子之语提出："我亦欲正人心，君子反经而已矣。诚欲正人心，必自反经始；诚欲反经，必自正经学始。"⑥ "我亦欲正人心"者，出《孟子·滕文公章句下》。当孟子弟子公都子问及"外人皆称夫子好辩"时，孟子道出其不得已而好辩的苦衷，"欲救正道，惧为邪说所乱"⑦。在"杨、墨之道不息，孔子之道不著，是邪说诬民，充塞仁义也。仁义充塞，则率兽食人，人将相食"之时，孟子之好辩，是情非得已，"我亦欲正人心，息邪

---

① （清）顾炎武：《日知录集释》，第1075页。
② 同上书，第1076页。
③ （清）永瑢等：《四库全书总目》卷146，中华书局1965年版，第1247页中。
④ （清）钱谦益：《有学集》卷17，第768—769页。
⑤ （清）钱谦益：《初学集》卷28，第851页。
⑥ 同上。
⑦ （清）阮元校刻：《孟子注疏》卷6下，第2714页中。

说，距诐行，放淫辞，以承三圣者，岂好辩哉？予不得已也"①。孟子"正人心"之举为好辩，而钱谦益提出的"正人心"之举为"反经"，"以反经正学为救世之先务"。不难看出，此处"反经"之倡，为返归经典（《序》文特指儒家经典）为主，而非孟子所言返归仁义礼智信等伦理常道。就诗文创作而言，他认为，古之学者，以学习《诗经》为先，十三岁则诵《诗》舞《勺》。今之学诗者，迥然与之有别，"不知《诗》学，而徒以雕绘声律剽剥字句者为诗，才益驳，心益粗，见益卑，胆益横"②。若想救此之弊，"非有反经之君子，循其本而救之，则终于胥溺而已矣"③。只有返归经典本身，务为有本之学，方可救诗学割剥之弊。

其次，从"正人心"出发，钱谦益的"反经"带自我反省之意。《答徐巨源书》云："今诚欲回挽风气，甄别流品，孤撑独树，定千秋不朽之业，则惟有反经而已矣。何谓反经？自反而已矣。吾之于经学，果能穷理折义、疏通证明，如郑、孔否？吾之于史学，果能发凡起例、文直事核如迁、固否？吾之为文，果能文从字顺，规摹韩、柳，不僩规矩，不流剽贼否？吾之为诗，果能缘情绮靡，轩轾《风》《雅》，不沿浮声、不堕鬼窟否？"④"自返"者，自我反省经学、史学、诗、文是否符合古人标准，进而达到正心的目的。然后"虚中以茹之，克己以历之，精心以择之，静气以养之"，方可"函道德、通文章，天晶日明，地负海涵"，摆脱俗学之熏染与自是之流弊。

同样，为救佛学空疏之弊，他提出"反经"说。在《北禅寺兴造募缘疏》中，针对"佛法之凌夷，可谓至于斯极"的佛教现实，钱谦益提出："居今之世，而欲树末法之津梁，救众生之狂易，非反经明教，遵古德之遗规，其道无由也"⑤，"佛法如大地之载众生，从地倒者须从地起。经教为药草之疗百病，中药毒者还用药攻。知假之非真，则真子故在，黎丘之

---

① （清）阮元校刻：《孟子注疏》卷6下，第2715页上。
② （清）钱谦益：《有学集》卷20，第845页。
③ 同上。
④ （清）钱谦益：《有学集》卷38，第1314页。
⑤ （清）钱谦益：《初学集》卷81，第1729页。

鬼祸自销；识迷头之非我，则明镜了然，若多之狂性自止。"① 反经为明教之根本，为救弊之药草，唯此可救治当下佛教似是而非之弊。在写给即中长老的信中，他认为当此"正眼希微，法幢摧倒"之时，若摧伏群魔，唯有反经，"经正则庶民兴，庶民兴斯无邪慝矣"②。唯有返归经典，固植根本，扶植元气，昌明正法，方能革除狂禅之弊，根除邪说的恶劣影响，否则必受其害，"辟诸用药治病，先扶元气。辟如发兵讨贼，先固根本。今之为法者，不先昌明正法，徒欲以歧口沓舌，揩柱盲禅。伐治之不克，又薰其气味熏灼，借言合会，倒戈而从之，则亦末矣"③，"今者狂焰少息，病根未除，正须昌明宗教，以扶元之药，治狂易之症"④。在《大报恩寺修补南藏法宝募缘疏》中，他回顾了自释迦双林入灭、迦叶组织第一次佛教经典结集的历史，强调经教在护法救弊中的重要作用，"护法以破邪为宗，破邪以显正为本。如上所说，总属谬因。一则罪重拨无，一则病深狂易。从地倒者还从地起，生灭不外一心；用药毒者还用药销，对治必资三宝。惟兹法镜，有照即空；斯彼邪坛，不摧自倒"。⑤

其实，重视佛教经典，已成为教内外有识之士的共识。如紫柏真可云："凡佛弟子，不通文字般若，即不得观照般若；不通观照般若，必不能契会实相般若。实相般若，即正因佛性也；观照般若，即了因佛性也；文字般若，即缘因佛性也。今天下学佛者，心欲去其文字，一超直入如来地，志则高矣，吾恐画饼不能充饥也。"⑥ 他认为，文字般若是通向观照般若与实相般若的基础，是显发正因佛性的重要助缘。如果抛弃文字般若而悟入佛性，无疑是画饼充饥，劳而无功。紫柏真可对文字般若的重视，正体现出他对佛教经典的重视，强调经典在佛教复兴中的重要作用。他发起刊刻的《嘉兴藏》，为晚明佛教复兴提供了经典保证。在《书某禅人募刻

---

① （清）钱谦益：《初学集》卷 81，第 1729 页。
② （清）钱谦益：《有学集》卷 40，第 1374 页。
③ 同上。
④ （清）钱谦益：《初学集》卷 86，第 1798 页。
⑤ （清）钱谦益：《有学集》卷 41，第 1396—1397 页。
⑥ （明）真可：《紫柏尊者全集》卷 1，《新编卍续藏经》第 126 册，第 645 页上。

大藏卷后》，紫柏写道："夫大藏，佛语也；而大藏之所诠者，佛心也。佛语如薪，佛心如火。薪多则火炽，薪尽则火不可传。火不可传，则变生为熟、破暗张明之用几乎息矣。"① 在《石门文字禅序》中，他以宋代惠洪文字禅的继承者自居，提出禅、文字、经论不二的观点，"盖禅如春也，文字则花也。春在于花，全花是春；花在于春，全春是花，而曰禅与文字有二乎哉？德山、临济，棒喝交驰，未尝非文字也；清凉、天台，疏经造论，未尝非禅也，而曰禅与文字有二乎哉？"② 惠洪《石门文字禅》在晚明的盛行，离不开真可的大力倡导。圣严法师《明末佛教研究》辑录出明末禅宗、净土宗、唯识宗及奉佛居士的大量佛教著述，亦为重教之风的最佳佐证。

三 佛教典籍整理与研究：明亡后的心愿

明亡后，钱谦益的降清之举饱受世人非议。为了洗清自己的过错，钱谦益在《与邑中乡绅书》中表示要"斋心持戒，朝夕向如来前发愿忏悔。"③ 赎罪也好，忏悔也罢，一心沉浸于佛教典籍的整理与研究，成为他晚年的心愿。如顺治十三年（1656），钱谦益在南京大报恩寺中过春节。《丙申元日》云："朝元颠倒旧衣裳，肃穆花宫礼梵王。佛日东临辉象设，帝车南指涤文章。秋衾昔梦禅灯稳，春饼残牙粥鼓香。誓以丹铅回法海，三千床席劫初长。"④ 晨起礼佛，以此获得身心的安隐，发愿整理佛教典籍，弘法度众，报答佛恩。他在写给明末清初著名唯识宗学者内衡智铨的信札《寄内衡法师书》中，表达了欲借经典疏释来报答佛恩的苦心：

> 益以西垂之岁，归心法门。既不能勤修六度，又不能了悟一心。多生结心，在声名文句中。只好借此一路，回向真乘。庶几就路还

---

① （明）真可：《紫柏尊者全集》卷15，《新编卍续藏经》第126册，第903页下。
② （明）真可：《紫柏尊者全集》卷14，《新编卍续藏经》第126册，第873页上。
③ （清）钱谦益：《牧斋杂著》，第823页。
④ （清）钱谦益：《有学集》卷6，第264页。

家，不断佛种。窃念尔许时世，魔强法弱，宗炽教微，台、贤、慈恩三家，不绝如线。而时师之明教者，又往往崇今薄古，沿流失源，如清凉所谓"胜负气高，是非情厚，上古妙义，用而不言，先贤小疵，广申斥破"者，昧昧思之，窃心恫焉。良不自揆，思以凡心浅智，讨论经论之异同，和会宗门之斗诤，庶几使诸圣玄旨，如日中天，古师微言，不坠于地。而根器暗劣，学问单疏。屈步失足，水母无眼，如然萤火以照须弥，如持牛毛以蘸海水，心诚知其非任，然终不能以但已也。①

"西垂之岁，归心法门"，是其晚年奉佛的自谦之词。他不能如僧人般勤修六度，彻悟自心，只好发挥慧业文人的优势，致力于佛教典籍的研读。他希望通过佛教经典注疏和义理研究，抑宗扬教，反经名教，借以上报佛恩，下除佛教积弊，为晚明佛教复兴做出贡献。其《致憨大师曹溪塔院住持诸上座书》亦云："益年七十有五，誓以西垂之岁，归命佛门。会台、贤之异同，破性相之歧轨。阐扬遗教，弘护真乘。庶几黾勉余生，不负大师摩顶付嘱至意。"②整理研究佛教经典，也是教内外友人对他的期望。他在《萧伯玉春浮园集序》中写道："丧乱甫息，伯玉遣石涛僧遗书，劝以研心内典，刊落绮语。余方笺注《首楞严》，谢绝笔墨，报书曰：'如兄约久矣。'书往而伯玉已不及见。然吾两人文字之交，其终始如此也。"③

为了完成自己的心愿，钱谦益晚年闭门不出，夜以继日，精勤不已，劳苦之状，溢于言表。《与徐元叹》其二云："日来脚气作苦，想因日日翻残经，钻故纸，便应作折脚法师。今幸少差矣，然毕竟懒出柴门，视虎丘、天池，如在天外。"④ 在写给儿女亲家赵月潭的信中，钱谦益也说：

---

① （清）钱谦益：《有学集》卷40，第1379页。
② 同上书，第1384页。
③ （清）钱谦益：《有学集》卷18，第786页。
④ （清）钱谦益：《牧斋杂著》，第252页。

"别后掩迹荒村,自了翻经公案。寒灯午夜,鸡鸣月落,揩摩老眼,钻穴贝叶。人世有八十老书生,未了灯窗业债,如此矻矻不休者乎?"① 钱谦益晚年惜时如金,精勤著述,因替别人写作序文耽误两日而懊恼不已,如《复林茂之》云:"但以看经课程严,自朝至夕,无晷刻之暇。即如兄命作洞庭一友诗序,便费我翻经两日工夫,殊为懊恼。"②

　　作为一个藏书家兼文献学家,钱谦益对佛教经典著述,始终保持着极为谨慎的态度。如《答徐巨源书》云:"佛门文字,非贯穿内典,不可聊且命笔。南北二宗是宗门事,与教下无预。性相二宗是教门事,与宗下无与。惟清凉五教,用顿教摄宗门,此别自有说。今以性相判南北宗,非也。凡此皆无预于文体,亦不得不一检点,以为反经之小助耳。"③ 就佛经疏释而言,钱谦益认为,与其另立新说,不如恢复古注,以免劳而无功。如在《与京口性融老僧书》其三中云:"窃尝谓大藏经论,浩如烟海。诸大法师论师疏钞注解,不啻入海算沙。虽复穷年研味,皓首披陈,尚不能了,后人更于何处别出手眼?纵复有一知半见,自谓名通,譬诸日月中天,而爝火萤火,依微自照,不亦劳而无功乎!"④ 因此,对于性融长老的《维摩诘所说经拟微》《法华直解》《目连愿法》等佛经疏释著作,他认为与其标新立异,不如阙而不注。为此,他以婆子话头委婉相劝,"昔人感婆子机缘,立焚疏钞,伏愿大德狗刍荛之狂言,回桑榆之末照,于鄙人作婆子观,于诸著述作疏钞观。但能然祖龙一炬之火,即是演法门无尽之灯。"⑤ "婆子机缘",指德山宣鉴火烧青龙疏钞,《五灯会元》卷七《鼎州德山宣鉴禅师》载:"师(按:指德山宣鉴)将《疏钞》堆法堂前,举火炬曰:'穷诸玄辩,若一毫置于太虚。竭世枢机,似一滴投于巨壑。'遂焚之。"⑥ 钱谦益晚年集十余年之心力,完成了《楞严经疏解蒙钞》《般若

---

① (清)钱谦益:《牧斋杂著》,第255页。
② 同上书,第253页。
③ (清)钱谦益:《有学集》卷38,第1315页。
④ (清)钱谦益:《初学集》卷79,第1703页。
⑤ 同上书,1704页。
⑥ (宋)普济著,苏渊雷点校:《五灯会元》卷7,中华书局1984年版,第371—372页。

心经略疏小钞》等一系列佛经疏释著作,整理刊刻了《憨山老人梦游集》《紫柏尊者别集》等佛教僧人别集,并致力于《嘉兴藏》的后期刊刻,这是其反经明教理念的具体实践,完成了他晚年佛教文献整理与研究的心愿。

第二节 佛经疏释考

一 《楞严经疏解蒙钞》

《楞严经》,全称《大佛顶如来秘因修证了意诸菩萨万行首楞严经》,又名《中印度那烂陀大道场经》,十卷,唐般剌密帝译,现收于《大正藏》第 19 册等。关于译者及经文之真伪,学界争论颇多。然不论真伪若何,它在中国佛教史上的影响是毋庸置疑的。《大正藏》及《续藏经》中所收《楞严经》疏解之作,现存约为五十余种,足见其重要性所在。

《楞严经疏解蒙钞》是钱谦益的晚年积十余年之力完成的佛学巨著,也是《楞严经》诠释史上的集大成之作。梁启超《中国近三百年学术史》认为钱氏人格虽不可取,然"他尝亲受业于释憨山德清,人又聪明。晚年学佛,著《楞严蒙抄》,总算是佛典注释里头一部好书。"① 现将其疏释因缘、疏释过程、阐释理念、文献学价值等略作考释。

(一) 疏释因缘

在众多的佛教经典中,钱谦益首先选择《楞严经》进行疏释,主要基于以下三方面的考量。

首先,钱谦益与《楞严经》渊源颇深。其《与惟新和尚书》云:"少于《首楞》,薄有宿缘。"② 所谓"宿缘"者,乃缘于他 18 岁时一段神奇的际遇,"万历己亥,蒙年一十有八,我神宗显皇帝二十有七年也。贴括之暇,先宫保命阅《首楞严经》。中秋之夕,读众生业果一章,忽发深省,

---

① 梁启超:《中国近三百年学术史》,东方出版社 2004 年版,第 196 页。
② (清) 钱谦益:《有学集》卷 40,第 1371 页。

寥然如凉风振箫，晨钟扣枕。夜梦至一空堂，世尊南面凝立，眉间白毫相光，昱昱面门。佛身衣袂，皆涌现白光中。旁有人传呼礼佛，蒙趋进礼拜已，手捧经函，中贮《金刚》《楞严》二经，《大学》一书。世尊手取《楞严》，压《金刚》上，仍面命曰：'世人知持诵《金刚》福德，不知持诵《楞严》，福德尤大。'蒙复跪接经函，肃拜而起。既寤，金口圆音，落落在耳"①。表面看是荒诞不经的梦境，但对钱谦益来说却是"染神浃骨，谛信不疑"。此后，在科举时文创作中，他喜欢借用《楞严经》中的典故，博取了"楞严秀才"的美誉。顺治七年（1650）绛云楼失火后，唯有佛像经厨，保存完好，钱谦益"震慑良久，矍然醒悟"，将《楞严经》作为回向般若的首选，"克念疮疣，痛求对治。刻心发愿，誓尽余年，将世间文字因缘，回向般若。忆识诵习，缘熟是经，览尘未忘，披文如故"②。

其次，得益于众多师友的指引。在明代《楞严经》盛行的大环境下，钱谦益师友中不乏深究《楞严经》之士。其《楞严经疏解蒙钞缘起论》云："上党旧游，曾遗《正脉》；交光《正脉》，友人程孟阳游泽、潞得本。吴门法侣，先赠《圆通》。幽溪《圆通疏》初出，即中兄赠我曰：此后时阅《首楞》标准也。……东海征心，少依讲席；指东溟管夫子。牢山《悬镜》，长侍巾瓶。指海印憨山大师。"③ 从小注中看，钱谦益优先选择疏释《楞严经》，与师友的影响密切相关。如其挚友程嘉燧就非常推崇《楞严经》。钱谦益《耦耕堂诗序》云："孟阳诵持《首楞严经》，闻鸡警悟，于篇什中每有省发。"④ 又《题孟阳仿大痴仙山图》云："人世俯仰，不堪把玩。孟阳每拈《首楞》中前尘影事一语，念之恻然，因作歌题其上。"⑤ "即中兄"是钱谦益业师管志道之子，其为天台宗门人。钱谦益曾想请他住持破山寺，借天台宗教法以复兴佛教。憨山德清为钱谦益的教内之师，曾以护法重任相嘱托。师友之间的互相砥砺，是他疏释《楞严经》的动因。其《佛顶目录后记》

---

① （清）钱谦益：《牧斋杂著》，第472—473页。
② 同上书，第473页。
③ （清）钱谦益：《楞严经疏解蒙钞》，《新编卍续藏经》第21册，第79页上。
④ （清）钱谦益：《有学集》卷18，第783页。
⑤ （清）钱谦益：《有学集》卷9，第425页。

云:"记菊自惭违先生之况,歧路茫茫烦智者之诃","仰托师承,灌顶之大法昭然,觉迷之绪言具在。入室敢同真子,泛海终借导师"①,所指即在于此。

其三,《楞严经》思想圆融,疏注众多,异解纷呈,是禅宗、天台宗、华严宗等各宗派共同尊奉的佛教经典,自然成为钱谦益力图复兴晚明佛教的首选。《楞严经》以"以人法为名,常住真心为体,圆通妙定为宗,返妄归真为用,上妙醍醐为教"②,"无论是从华严的真心缘起,还是大台的止观正定,都可以透过某种解经的策略而在该经中找到自家宗旨的认定"③。在历代注疏中,佛教各大宗派诸如华严宗、天台宗(含山家与山外)、禅宗等都从中寻找经典依据,进而造成异解纷呈、论争不止。钱谦益称此为"标新竖义,置毒于醍醐"④,"分河饮水,诤论烦兴"⑤。因此,返归经典本意,纠正历代《楞严经》疏释之失,成为他选择《楞严经》的又一原因。《佛顶目录后记》云:"窃欲甄明总别,参详异同,搜剔本根,剃剔秔莠。务俾钤键开涤,教观分明,入三摩地门,照涅槃日,示明了还家之路;修三无漏学,濯奢摩水,断轮回生死之根。庶可以上报佛恩,下酬誓愿,是本心也"⑥,"居今之世,末法倒澜,时教凌夷,魔外锋起。诚欲兼宗性相,和会台贤,抉摘生盲,枝柱恶觉。……斯则照万法之智灯,烛群邪之心镜,捞笼末劫,津筏异生者也。"⑦ 在与黄宗羲的信中,他更为直接地写道:"注《楞严经》,正要宣明此一部经,杀尽天下妖魔和尚。若待杀尽和尚,然后注经,孔夫子近不能杀季孙,远不能杀陈恒,何以成《春秋》而乱臣贼子惧乎?"⑧ 正是本着"杀尽天下妖魔和尚"的

---

① (清)钱谦益:《楞严经疏解蒙钞》,《新编卐续藏经》第21册,第79页下。
② 钱谦益:《楞严经疏解蒙钞》,《新编卐续藏经》第21册,第741页上。
③ 龚隽:《宋明楞严学与中国佛教的正统性——以华严、天台〈楞严经〉疏为中心》,第34页。
④ 钱谦益:《牧斋杂著》,第424页。
⑤ 钱谦益:《有学集》卷40,第1374页。
⑥ (清)钱谦益:《佛顶目录后记》,《新编卐续藏经》第21册,第79页下。
⑦ 同上书,第80页上。
⑧ (清)黄宗羲著,吴光校点:《黄宗羲全集》第11册,第390页。

雄心，钱谦益积十余年之力，立志疏经，在佛教文献学史上留下了浓墨重彩的一笔。①

(二) 疏释过程

钱谦益疏释《楞严经》，始于顺治八年（1651）春，"披寻三载，钞略十卷，但是筌蹄，咨决十章，敢云悬叙"②。顺治十一年（1654）九月，已经初具规模。顺治十二年（1655）九月初，钱谦益寓居于虎丘石佛院，继续投入对《楞严经》的疏释中。《赠别施伟长序》云："今年中秋，栖虎丘石佛院，僧窗隐几，日抄《首楞严》数纸。"③ 顺治十三年（1656）元月、二月间，钱谦益寓居金陵丁家水阁，或有反清之谋，间疏《楞严经》至第十卷。《就医秦淮寓丁家水阁绝句三十首》其七云："后夜翻经烛穗低，《首楞》第十重开题。数声喔喔江天晓，红药阶前旧养鸡。"④ 同年秋，钱谦益完成了《楞严经疏解蒙钞》的初稿，《秋日曝书得鹤江生诗卷题赠四十四韵》云："老夫归空门，沉心研内典。钞解《首楞严》，目眵指亦茧。诗筒如束笋，堆案不遑展。虫蚀每成字，蛛网旋生藓。今年中秋日，十轴粗告藏。暇日理素书，秋阳晒残卷。"⑤ 此时距离开始疏经，"岁凡七改，稿则五易"，"削稿粗就，编排略毕"。长至日，钱谦益宿于长干大报恩寺，与介邱髡残、雪藏韶师、勖伊问师及诸遗民熏塔祈愿，疏解内典。他屡向教内人士求教，颇得赞许。如《示藏社介丘道人兼识乩神降语》云："长干藏社结长期，雪柱冰棱扣击时。横扫葛藤谈满字，匡山雪藏韶师细寻行墨问三伊。普德勖伊问师并舟分月人皆见，两镜交光汝莫疑。珍重天宫催结集，犍锥声已报须弥。有神降乩云：速完经疏，天堂报汝。"⑥ 所谓的降乩之语"速完经疏，天堂报汝"，流露出疏经时的某种功利色彩。《重记》又云：

---

① 《楞严经疏解蒙钞》的佛教文献学意义，详参见王彦明《〈楞严经疏解蒙钞〉的文献学价值》，《江苏广播电视大学学报》2012年第1期。
② （清）钱谦益：《佛顶目录后记》，《新编卍续藏经》第21册，第79页下。
③ （清）钱谦益：《有学集》卷22，第897页。
④ （清）钱谦益：《有学集》卷6，第281页。
⑤ （清）钱谦益：《有学集》卷8，第368页。
⑥ 同上书，第408页。

"丁酉长至，遇雪藏韶师于长干，出斯钞就正。韶师偕介丘残师，呵冻开卷，废寝食五昼夜。读罢，说八偈以唱叹。介丘告我曰：'雪老教乘宿学，不妄许可一字，谓此得《楞严》大全，古圣师面目各在，亟宜流布，勿复疑滞'。"① 顺治十六年（1659），钱谦益重审旧稿，发现了其中若干错误，于是抖擞精神，刊定缮写，前后历经五个多月。顺治十七年（1660）春，因第二年为其八十岁生日，在家人的劝请下，刻经流通。萧伯玉的侄子萧孟昉，首先唱导，共刻斯经。

从 70 岁到 79 岁，前后 10 年的时间里，钱谦益为完成《疏解蒙钞》，夜以继日，饱受困苦。首先，他以七旬年迈之躯，饱受病痛之苦。《后记》云："七年之中，疢病侵寻，祸患煎逼，僦居促数，行旅喧呶，无一日不奉经与俱。细雨孤舟，朔风短檠，晓窗鸡语，秋户虫吟。暗烛汇笔，残膏渍纸，细书饮格，夹注差行。每至目轮火爆，肩髀石压，气息交缀，仅而就寝。盖残年老眼，著述之艰难若此。今得溃于成焉，幸矣！"②《与徐元叹二首》其一云："《楞严》疏稿，五削草而未定。余冬三月，重加删定，了此因缘。老眼寒灯，殊为艰苦。"③ 其次，经疏言简意赅，解索不易，饱受解索之苦。《楞严经疏解蒙钞·后记》云："蒙初翻此经疏解，上溯资中，下循长水，文质理精，词简义富。有读之三四过犹未了者，有绎之三四年始得解者。少言多义，自古皆然，无不契真，无不成观。"④

当然，在疏释过程中，除了他本人刻苦努力外，也得到了众多教内外众多师友的支持与鼓励。《后记》云："是钞也，激赞咨决，亲加标目，怂恿卒业，发愿流通者，苍雪彻师也。指决三摩，冥符古义，相期扬榷，未睹厥成者，蕅益旭师也。与闻草创，共事蓝缕，采掇清凉，佽助旁论者，含光渠师也。指瑜伽之教相，考匿王之生年，搜剔小宗，旁资引证者，楚

---

① （清）钱谦益：《牧斋杂著》，第 478 页。
② 同上书，第 476 页。文中言"七年"者，实自顺治八年至顺治十四年初稿完成之时。
③ （清）钱谦益：《牧斋杂著》，第 251 页。
④ 同上书，第 476 页。

松影省师也。明镜清流，不辞披拂，霜天雪夜，共许参求者，长干社中勖伊闲师、介立旦师、雪藏韶师、介丘残师也。耳目濡染，晨夕扣击，欢喜赞叹，异口同音者，里中石林源师及亡友陆铣孟凫也。敢告诸方，勿吝诲迪。凡沾法乳，敬俟续书。"①

其中，钱谦益与含光炤渠间探讨疏经文字犹多。含光炤渠（1599—1666），号镜寸，长洲人，俗姓滕，《贤首宗乘》中载其生平颇详，其云：

> 法师名炤渠，字含光，号镜寸，苏之长洲人也。俗姓滕，父永年，母张氏。年十三，以父遗命，礼化城庵悟宗师出家，二十二听法于水田巢松师，二十六于二楞一雨师。既勤参访，遂至武林礼宗镜塔，访云栖道场，渡钱塘，上会稽。禀戒于显圣湛然禅师，回龙树与戒雷辈习《唯识》《止观》《中论》《肇论》等法。巢、雨门庭称后劲白眉者，推公为巨擘。当是时，吴门华山虚席，同人辈各执瓣香，迎高松主之，而公从焉。品地学术，遂莫之敢颉颃矣。崇祯庚辰，高松主金陵报恩讲肆，人集万指。公与戒雷并列东西序首座，由此道香流播，望重一时。还山未几，而高松圆寂。临终，手授袈裟一顶，为嗣法之冠。次呼戒雷，而戒雷已先一日逝矣。先是高松与南来彻公有分演大钞之约，以九会为次第。次年辛巳春，南来自中峰移锡临讲堂，而首司监寺者为道开启。一日，以辑众不协，忽遁去。群喙大哗，始一心推毂于公。时值荐饥，旱蝗为虐。公子身腰包入山任其事，捋茶仔肩。处此伊始，而一众贴席。公之行解相应，允诸方领袖矣。吴中宰官姚文毅公、文文肃公之后，其能究心佛学力行檀度者，独虞山大宗伯钱公谦益，以文章宗匠，兼综教乘。与公析微阐奥，有针芥之合，津津讨论，每移日而不倦也。尝拈华严玄谈四韵歌诗以赠之，契同支、许，闻于四方。②

---

① （清）钱谦益：《牧斋杂著》，第477页。
② （清）读彻：《南来堂诗集》，《清代诗文集汇编》第5册，第124—125页。

《牧斋先生尺牍》中现存钱谦益写给含光炤渠的信札多达 14 封,多与《疏解蒙钞》相关。其一言及"苍老龛到",作于顺治十三年(1656)五月苍雪读彻卒后。信中谈到《疏解蒙钞》卷首中的"《咨决》一编,乞批削见示,勿以示人。"① 关于疏经次第,钱谦益"意欲先《金刚》而后《佛顶》,以佛法精深,流通不易,不同外典,可以聊尔卒业也"②。其二则紧接前信,言"草本备具,疑义弘多。非得面聆慈诲,手授笔削,故未可以会通诸家,折衷近德也"③。他恳请含光炤渠于是年(1656)入秋后,"飞锡村庄,盘桓数日,俾得从容扣击,咨决各疑"④。顺治十三年(1656)七月初,含光炤渠如约来到红豆山庄,为其宣讲佛法,与会者尚有石林道源等人。钱谦益在《七月朔日含光法师驻锡红豆村谈玄累日石师潘老赋听法诗拈华严玄谈四字为韵如次奉和》中,记录了此次法会的过程和听法的感受。顺治十四年(1657)春,"《首楞四录》及经钞首册,知已经绳削,幸即检付。……《咨决十义》及《十门悬叙》,如命点窜一过,亦俟晤时更求指示耳"⑤,兼及询问《起信论》推检法出处与《七征偈》作者。其四中,钱谦益向含光索取《首楞四录》及《蒙钞》首帙,并再次询问《起信论》推检法及《七征偈》。其五中,钱谦益对"三性权实"等,与含光炤渠已有不同意见出现。其六中,对含光炤渠之指点表示谢意,称"一片直心古道,盎然于楮墨之外。此番得奉海示,直是积劫因缘,非复寻求经义商榷也"⑥。其八中言及"《金刚会笺》,开岁重为整理,方有头绪,了此即再理《楞严》,完积年未了公案"⑦。又有"苍师塔铭,已经法眼鉴定,料不至如汰师之文,供一辈无眼人摸索也。《长干塔光诗》,附上请政"⑧诸语,当作于顺治十五年(1658)。其九云"专此来领《蒙钞》,以

---

① (清)钱谦益:《牧斋杂著》,第 337 页。
② 同上。
③ 同上书,第 338 页。
④ 同上。
⑤ 同上。
⑥ 同上书,第 340 页。
⑦ 同上书,第 341 页。
⑧ 同上。

便接写，即未能三卷全付，且先付第四一册"，"三卷全依尊批，奉为指南"①，透露出《蒙钞》每成一卷，即寄与含光焰渠阅示勘校，然后钱谦益再行修改。其十云："今特遣一介奉复，赍《蒙钞》二三卷，专求治定，并乞即付首册，以便缮写。"② 其十一云："四卷将竣，得六七两卷接手，欣慰无量。后手望拨忙料理，伫俟法乳之惠也。"③

如前言，在第五封信中，二人就经疏中个别问题，已有不同意见。观第十二封以后，前此积累之矛盾，一并喷发出来。其云：

> 法门情谊关切，救失长善，不惜一片婆心，效此忠告。不谓公贡高自是，愎谏遂非，一至于此也。来教但展首行"耳报圆通"四字，不但笑破人口，正恐大妄语成，业报凛然，哀哉！惜哉！良可悲愍。其他满纸葛藤，一经点笔，应手破碎。逐段批驳，便成一篇大文字。姑留箧中，且未流布。清凉凡有破斥，须存礼乐之训，不欲尽情发挥，不留余地耳。度公不能见□□地，只是尔尔，决□而驰，不以我为不忍答，不欲答，而以为不能置答也，则当倾囊倒箧，与文初辈诸法友有心眼者，共不抚掌耳。寒窗逼岁，晨夕料理大经。古人云："那有闲工夫与俗人拭鼻涕耶？"聊此裁答，此后无烦往复。如有智人见此，亦当解颐一笑耳。呵呵！④

从"那有闲工夫与俗人拭鼻涕"及"此后无烦往复"诸语视之，两人之疏释合作，已经到了决裂的程度。

其十四中，钱谦益交代了争论的原因，"此中以《华严》序文成益顿超十义，配合《楞严》观音圆通，揆诸教理，似有未必然者"⑤。如此强行分配比附，他认为"将倒《楞严》以就圆文，则主宾易位；将举圆文以摄

---

① （清）钱谦益：《牧斋杂著》，第341页。
② 同上书，第342页。
③ 同上。
④ 同上书，第342—343页。
⑤ 同上书，第344页。

《楞严》，则函盖失宜"，"今以圆文十益，凑合圆通，则以一乘教义等十对配十圆通，亦可以一莲花十圆门配十圆通，亦可以《华严》三法界各各十门各各配十圆通，亦无不可。屋上架屋，床上安床"，如"八寸三分帽子，逢人便戴"①，只能落人以口实。钱谦益《二十五圆通解》论二十五圣圆通法门云"楞严会上，文殊亲奉佛敕，选择圆通法门，进退拣收，迄至未有定义。良以实无优劣，如来之慈旨圆融；承佛威神，文殊之选择谛审"②，并不能简单地以"拣"或"收"概之。虽争论若此，然《楞严经疏解蒙钞》的完成，含光焰渠功不可没。

（三）疏释思想

《楞严经》"以人法为名，常住真心为体，圆通妙定为宗，返妄归真为用，上妙醍醐为教"③，"无论是从华严的真心缘起，还是天台的止观正定，都可以透过某种解经的策略而在该经中找到自家宗旨的认定"④，"贤家据以解缘起，台家引以说止观，禅者援以证顿超，密宗又取以通显教。宋明以来，释子谈玄，儒者辟佛，盖无不涉及《楞严》也"。⑤ 在钱谦益看来，具有代表性的，唯有三派，"有宋诠释，约有三科。孤山以衡台立观，长水以贤首弘宗，温陵以禅解竖义。自兹以降，枝派繁芴，坛墠错互"⑥。在《古今疏解品目》中，钱谦益收录历代《楞严经》疏解类著作计54人63种⑦，其中唐代4种，五代1种，宋代18人21种，元代4种，明代27人

---

① （清）钱谦益：《牧斋杂著》，第344—346页。
② （清）钱谦益：《有学集》卷44，第1472页。
③ （清）钱谦益：《楞严经疏解蒙钞》，《新编卍续藏经》第21册，第741页。
④ 龚隽：《宋明楞严学与中国佛教的正统性——以华严、天台〈楞严经〉疏为中心》，第34页。
⑤ 吕澂：《楞严百伪》，《吕澂论著选集》卷1，第370页。
⑥ （清）钱谦益：《楞严经疏解蒙钞》，《新编卍续藏经》第21册，第102页下。
⑦ 清初通理《楞严经指掌疏悬示》云："前崇福下五十五家，俱系蒙钞所载"，此说未确。其著录"福唐沙门可度笺释"，未见于钱氏《古今疏解品目》。又通理著录明及明前《楞严经》疏解之作，除补充乳峰德水大师摘脉下七家及可度笺释外，全依《古今疏解品目》，自云"按蒙钞有正书有附引（谓正书下双行附见），今依《灌顶疏》，皆作正书"，并将疏注次序打乱，附引部分重新辑出成书，未见钱氏《品目》编排之用心，《楞严经指掌疏悬示》"辨章学术，考镜渊流"的目录学功用几不可见。

33种。除福唐沙门可度的《楞严经笺》未收外，将此前《楞严》疏释著述囊括无余。他在对天台宗、华严宗、禅宗三家疏释《楞严》源流得失考察的基础上，提出了自己的看法。

首先，以禅解《楞严》者，始于长庆道巘的《楞严说文》。"巘师以赵州嗣孙，撰此经说文，宗门引重，义海失载。……唐人以禅宗解经者，自长庆始。于振、沇二师之外，别标一宗，即温陵诸师之祖也。"① 承接道巘的是温陵戒环的《楞严经要解》，是书"言约义丰，词畅理诣，披文见经，如指诸掌"。戒环作疏时，曾受到长水子璇的影响，"暗用其义门，而巧遮其面目"②。然两人之旨归各有不同，"长水由禅综教，能用文字解脱，故其宗趣深。温陵用禅判教，主于解脱文字，故其宗趣捷"③。虽同宗华严，然长水宗澄观，而戒环宗李通玄。宗趣不同，遂使戒环的《楞严说文》走上了以禅解经的道路。宋代以禅解经的，尚有惠洪觉范的《尊顶法轮》。元代中峰明本的《楞严征心辨见或问》，明末憨山德清的《楞严悬镜》《楞严通议》，紫柏真可的《楞严解》、湛然圆澄的《楞严经臆见》，也都是以禅宗疏释《楞严经》之作。

天台宗与《楞严经》的关系，最早可追溯到智者大师的"悬记"。唐代资中弘沇的《楞严经疏》，"其解奢摩他三法，云大意与一心三观相应，此则原本止观，即孤山诸师，用台观解经之祖也"④。真正以天台教义解经且影响较大者，则属天台山外之孤山智圆。智圆号称"十部疏主"，有《楞严经疏》《楞严经谷响钞》各十卷。吴兴仁岳继之而起，有《楞严经集解》十卷、《楞严经熏闻记》五卷。对此两家经疏，钱谦益认为："自智者大师遥礼《楞严》，入灭遗记。于是孤山圆师，首先奋笔，思应肉身比丘之谶，用三止三观贴释此经。吴兴岳师，力扶孤山，张皇其说。自时厥后，讲席师承，咸以台观部属楞严，无余说矣。"⑤ 宋室南渡后，以天台解

---

① （清）钱谦益：《楞严经疏解蒙钞》，《新编卍续藏经》第21册，第82页上—82页下。
② 同上书，第84页上。
③ 同上。
④ 同上书，第82页上。
⑤ 同上书，第83页上。

《楞严》者,层出不穷,"竹庵可观得法于车溪,大慧称为教海老龙。虽其搜剔苦心,未免葛藤满纸。观之嗣为北峰印,印之后为桐洲坦、无极度,各有诠释。桐洲《集注》,收集神智《补注》、竹庵《补遗》、北峰《解题》诸家,皆以敷演教观,辅翼圆、岳,开张本宗,显扬父祖而已。元皇庆中,北峰孙我庵本无重为修治,附以《私议》,亦山家一家之书也。柏庭善菩月,嗣法月堂。竹庵常命分讲,著《玄览》二卷,疏通大意,谓一家借位,未始定论,斯亦山家之铮铮者矣"①。天如惟则的《楞严会解》,对后世影响极大。惟则之师中峰明本为元代临济宗大师,曾以《楞严》小本付嘱惟则,"当发明全经,以终吾事"②。钱谦益将其归入天台宗,且评之云:"其宗印虽本原天目,而教眼则专属天台。孤山、吴兴,主伯亚旅,收温陵为眷属,置长水为附庸。宗趣一成,取舍硕异,宜其传久而敝也。"③明代天台弘传《楞严》者,有盘阴沙门洪阔的《冥枢会解》、槜李幻居真界的《楞严纂注》、燕中讲师如相的《古今合解》,"皆是《会解》枝流"。④在幽溪传灯的带领下,晚明天台宗呈现中兴,解《楞严经》者亦不乏其人。钱谦益《古今疏解品目》所收,有传灯之师百松法师的《楞严百问》,幽溪传灯的《楞严玄义》二卷、《楞严会解圆通疏》十卷,蕅益智旭的《楞严经玄义》二卷、《楞严经文句》十卷。

与天台系解《楞严》并驾齐驱者为华严宗。此系疏解之最早者,可追溯至惟悫法师的《楞严经玄赞》。《古今疏解品目》云:"《高僧传》云:'悫公撰疏……在乎华严宗中文殊智也。'永明《宗镜》引悫公论楞严六十圣位,深契华严圆融法界之旨。人知长水释《楞严》用华严宗旨,而不知其原本于悫公也。"⑤永明延寿的《宗镜录》,以"一心"为基础,广泛采集各家之说,为长水子璿所本,"长水疏经,裁决要义,用《宗镜》为诠

---

① (清)钱谦益:《楞严经疏解蒙钞》,《新编卍续藏经》第21册,第83页上。
② 同上书,第84页下。
③ 同上。
④ 同上。
⑤ 同上书,第82页上。

准"①。长水子璿是宋代华严宗中兴者，他的思想以华严宗为本，同时受禅宗与天台宗的影响。《古今疏解品目》云："长水初依灵光敏师学贤首教观，尤精于《楞严》。已而得悟于琅琊，受扶宗之付嘱。"②灵光洪敏为慈光昭恩法嗣，后被四明知礼斥为天台宗山外系。山外系对华严思想有所涉猎，长水跟他学"贤首教观"，也不足为奇。他的《楞严义疏注经》，"受扶宗之付嘱，乃依贤首五教，马鸣五重，详定馆陶《科判》，采集悫、沇、敏、节诸家之解，释通此经，勒定一家"③，被紫柏真可称为"百代心宗之祖"④。秉承长水之学者，有苏台元约的《疏钞》、道欢法师的《手鉴》《释要》等。随着天台宗经解的盛行，华严系经疏一度不被人重视。直到明初，吴江融室法师净行撰《楞严广注》十卷，在"台家谛观，诠旨纷如，长水心宗，等闲抹杀久矣"的情况下，"独归宗长水，一灯再焰"。尤为钱谦益所看重者，"经中三摩地大总相法门，譬如摩尼宝珠，沉理尘垢。长水遗文，犹含藏于额内。吴江新解，乃豁露于衣中"⑤，故钱氏在《蒙钞》中，特为诠表。晚明华严宗中兴，可分南北两系。北方以五台山为中心，空印镇澄为代表，"空印为万历中五师之一，北方法席最盛"。他的《楞严正观疏》，"博引大小乘诸经论，证明《首楞》行位，破斥天台借别名圆之说"⑥。交光真鉴的《楞严正脉》，"扫拂台观，排抵《会解》，流传幽朔，惊动江左"⑦，并引发了与无尽传灯间的论争。华严南方一系以雪浪及门下弟子为代表，他们的《楞严经》疏释亦有多种。钱谦益在故友箧中发现的《雪浪楞严解》，"枝经理解，要言为烦，《科判》一章，尤为孤迥"⑧。一雨通润的《楞严合辙》，"盛谈师门讲授，顾其开演宗指，略而不传。……又复杂拈公案，多引机缘，借禅门棒喝之谈，资讲筵排演

---

① （清）钱谦益：《楞严经疏解蒙钞》，《新编卍续藏经》第21册，第83页上，第82页下。
② 同上。
③ 同上。
④ 同上。
⑤ 同上书，第85页上。
⑥ 同上书，第86页上。
⑦ 同上书，第86页下。
⑧ 同上书，第85页下。

之口"。①

　　佛教经典与佛经疏释之间的关系,正如龚隽先生引唐纳德·罗佩兹（Donald S. Lopez）所云:"大乘佛教经典与解经的不同学派之间存在着一种辩证关系,即一面是经典的权威为这些学派成立提供了合法性的根据,另一方面,经典中的许多思想又是透过不同学派思想家的解释而被系统化。"② 这在《楞严经》上表现得尤为突出。因《楞严经》疏释宗派不一,取舍各异,各融本宗之思想体系于经疏中,以达到扬宗之目的。钱谦益称此种解经是"标新竖义,置毒于醍醐"③。疏经各家间,"分河饮水,诤论烦兴"④,钱谦益体会尤深。《楞严解叙》云:"是经自唐、宋以来,义疏烦多,天如之《会解》,诸家悉庋高阁矣。自台宗据梵僧之悬记,映望三观,而《楞严》遂为山家之《楞严》。自吴兴倚孤山以扶宗,克定三止,而《楞严》遂为山外之《楞严》。自天如推中峰之征心,附台宗之立观,旁收温陵,力简长水,而《楞严》又为天如之《楞严》。……交光鉴师奋笔孤起,扫除台观,刊订《会解》,欲使后五百年,重见《首楞》真面目,而有智者以谓主张太过,总摄未审,斗诤良坚,堕负犹在。"⑤ 不难看出,钱谦益极力反对者,为天台宗系统的《楞严经》注疏。他对古注和华严宗系统经疏,还是颇为认同的。所谓"古注",《咨决疑义》云:"然崇福弘赞《杂华》,馆陶创始科段,资中广演义门,命古作家,唯兹三匠"⑥,"古师解释,异见同归,随人浅深,咸趣智海"⑦。钱谦益的《疏解蒙钞》表现出浓厚的崇古倾向,"古师弘法,确有渊源。今人习而不察,间有采剟,徒取骈偶之词,资为旁义而已。蒙之钞略,披文拣集,广引证明,零义单词,罔敢遗阙。欲使学者,知古义有所从来,勿寻枝而失干也"⑧。对

---

① （清）钱谦益:《楞严经疏解蒙钞》,《新编卍续藏经》第21册,第85页下。
② 龚隽:《宋明楞严学与中国佛教的正统性》,第33页。
③ （清）钱谦益:《牧斋杂著》,第424页。
④ （清）钱谦益:《有学集》卷40,第1374页。
⑤ （清）钱谦益:《牧斋杂著》,第424页。
⑥ （清）钱谦益:《楞严经疏解蒙钞》,《新编卍续藏经》第21册,第102页上—102页下。
⑦ 同上书,第102页下。
⑧ 同上书,第82页下。

华严宗经疏，尤其是长水子璿的《楞严经义疏注经》，被他"奉为准绳"①。正如王红蕾所言："钱谦益《蒙钞》是站在华严一系的立场上，依据华严宗旨对楞严学史进行的评判与总结"②，华严宗思想成为《楞严经疏解蒙钞》的主线。

以华严宗思想为宗，有意无意间便确立了《楞严经疏解蒙钞》的宗派立场，自然与钱谦益强调的"自命调人，违顺相成，遮表互摄""不主张一法，不偏赞一门，解禅、讲二席之交绥，息台、贤两宗之接刃"③的疏经理念自相矛盾。为了变"异"为"同"，使自己的宗派立场模糊化，他极力宣扬长水子璿《楞严经义疏注经》的圆融性。《古今疏解品目》云："长水初依灵光敏师，学贤首教观，尤精于《楞严》。已而得悟于琅琊，受扶宗之付嘱，乃依贤首五教，马鸣五重，详定馆陶《科判》，采集悫、沇、敏、节诸家之解，释通此经，勒定一家。是中修治止观，参合天台，拣辨心识，圆收《宗镜》。理该教观，又通经论，性相审谛，悟解详明。"④《楞严志略序》云："余博观诸家笺疏，平心而论之。长水初参琅琊觉禅师，问清净本然，云何忽生山河大地？觉依其言，抗声而答。遂领旨于言下，归而诠解此经。……长水既问道琅琊，又从灵光敏传贤首教。灵光，天台之人也，清凉大士咨《杂华》于大诜，习《止观》《法华》等疏于荆溪，参决南宗于牛头、径山。古人学无常师，群机尽摄，类如此也。长水于台、衡之宗，岂不了然？其注经则以《楞严》还《楞严》，未尝执泥三观，私为家珍。斯非所谓毁相泯心，开前疑而决后滞者乎？"⑤ 从参学经历来看，琅琊慧觉属禅宗⑥，灵光敏属天台宗，长水于是兼有天台宗、禅宗两

---

① （清）钱谦益：《楞严经疏解蒙钞》，《新编卐续藏经》第21册，第82页下。
② 王红蕾：《钱谦益〈大佛顶首楞严疏解蒙钞〉考论》，第74页。
③ （清）钱谦益：《楞严经疏解蒙钞》，《新编卐续藏经》第21册，第106页上。
④ 同上书，第82页下。
⑤ （清）钱谦益：《有学集》卷21，第866页。
⑥ 子璿是否真的参访琅琊慧觉，尚存疑问。王颂认为，禅宗语录中称"汝宗不振久矣，宜励志扶持"这种"先知式的口吻反倒让人感到有造作的痕迹"，"禅宗把他当作一个典型人物编入公案，客观上也起到了贬抑教门的作用。"参见王颂《宋代华严思想研究》，宗教文化出版社2008年版，第5—6页。

家背景，他本人又确确实实为宋代华严学的一大宗匠。此种对长水疏"集大成"般的宣说，意为消弭《楞严经疏解蒙钞》的宗派界限，达到调解宗派矛盾的目的。

（四）刊刻流通

《楞严经疏解蒙钞》本由毛晋负责刊刻，顺治十六年（1659）九月毛晋去世后，钱氏只好另寻资助之人。《与侯月鹭四首》其一云："村庄多暇，订正《金刚》《楞严》二疏，已付梓人矣。因毛子晋去岁捐馆，家计倥偬，刻资未能相继，不得不为劝募之计，而不能强干不相知者。席氏昆仲翩翩，能世其家，又闻颇留意法门。得吾丈与安卿昆仲出广长舌相劝成圆满功德，此经得流通世间，利益不浅。知必为首肯，不笑其沿门持钵也。"① 然《疏解蒙钞》博取众经，卷帙颇大，远非一二人财力所能完成。限于材料，当时具体组织刊刻之详情已难明了。幸《嘉兴藏》所收《疏解蒙钞》，每于卷末详附题记，为我们探讨此经之刊刻流通，提供了珍贵的资料。现迻录如下。

卷首之一末云："戊戌（1658）夏，佛弟子虞山何云校勘于武林报恩院。"②

卷首之二云："佛弟子虞山毛凤苞发愿流通。"③

卷一之一云："佛弟子泰和萧伯升开板。"④

卷一之二云："灵岩和尚弘储、□□、翠堂、僧鉴、物英、圣初、大圆、月函开板。"⑤

卷一之三："□张□□、□□□邑助缘。"⑥

卷二之一云："张有誉、王时敏、吴伟业、陈湖、徐波、沈明伦、郑

---

① （清）钱谦益：《牧斋杂著》，第231页。
② （清）钱谦益：《楞严经疏解蒙钞》卷首，《嘉兴藏》第18册，第119页中。
③ 同上书，第127页中。
④ （清）钱谦益：《楞严经疏解蒙钞》卷1，《嘉兴藏》第18册，第139页上。
⑤ 同上书，第147页下。
⑥ 同上书，第157页上。

□教、王廷璧、王挺、王揆、周云骧、顾湄、徐开任、钱煆、叶国华、黄侃、李选之、郑钦谕、陆献陛助缘。"①

卷二之二云："孙朝让、□□□、赵士春、邵灯、赵延先、陈式、陈□□、桑沃、薛维严、王入玄助缘。"②

卷二之三云："周敏、沈汝兰、毛诗雅、席启图助缘。"③

卷三之一云："蒋萊、归起先、严恙、瞿玄锡、陈煌图、许琪、戴泌、浚、洵助缘。"④

卷三之二云："严杙、陆廷保、陆廷福、王奉来、徐文蔚、陆文焕、陆辂、曾肇甲助缘。"⑤

卷四之一云："归泓、毛扆助缘。"⑥

卷四之二云："钱祖寿、钱朝鼎、钱祖授、钱祖行、钱龙惕、钱国辅、钱陆烂、钱朝鼐、钱讃先、钱谦光、钱臣绩、钱孙燕、钱裔嘉、钱万选、钱宗龙、钱敏忠、钱思山、钱谦亨、钱谦吉、钱谦孝、钱王桓、钱孙保助缘。"⑦

卷五之一云："孙永祚、陆贻典、王俊臣、王济臣、严熊、吴培昌、吴龙锡、陈鹤徵、许德璠、许德珍助缘。"⑧

卷五之二云："佛弟子泰和萧孟昉开板。"⑨

卷六之一云："佛弟子泰和萧孟昉开板。"⑩

卷六之二云："王曰俞、王澧、李临助缘。"⑪

卷六之三云："孙茂叔、周安仁、周长生、顾茂伦、戚左千、朱鹤龄、

---

① （清）钱谦益：《楞严经疏解蒙钞》卷2,《嘉兴藏》第18册，第166页下。
② 同上书，第177页中。
③ 同上书，第181页下。
④ （清）钱谦益：《楞严经疏解蒙钞》卷3,《嘉兴藏》第18册，第191页上。
⑤ 同上书，第200页上。
⑥ （清）钱谦益：《楞严经疏解蒙钞》卷4,《嘉兴藏》第18册，第215页中。
⑦ 同上书，第226页上。
⑧ （清）钱谦益：《楞严经疏解蒙钞》卷5,《嘉兴藏》第18册，第231页下。
⑨ 同上书，第242页中。
⑩ （清）钱谦益：《楞严经疏解蒙钞》卷6,《嘉兴藏》第18册，第250页下。
⑪ 同上书，第259页上。

文秉、黄廷表、胡八水、管应律、苏鸣皋助缘。"①

卷十之三云："佛弟子泰和萧孟昉开板。"②

卷末五录卷二云："佛弟子泰和萧孟昉开板。"③

卷末五录卷四云："佛弟子泰和萧孟昉开板。"④

卷末五录之五云："佛弟子泰和萧孟昉开板。"⑤

卷末五录卷六云："佛弟子泰和萧孟昉开板。"⑥

卷末五录卷七云："佛弟子泰和萧孟昉开板。"⑦

卷末五录卷八云："佛弟子泰和萧孟昉开板。"⑧

《嘉兴藏》所收《楞严经疏解蒙钞》，卷首刻佛陀说法图四幅及《佛顶目录后记》，卷首为《古今疏解品目》《咨决疑义十科》二卷。经文卷一析为三、卷二析为三、卷三析为二、卷四析为二、卷五析为二、卷六析为三、卷七析为二、卷八析为四、卷九析为二、卷十析为三，计经文十卷，共析为二十六卷。卷末附《佛顶五录》，分别为《佛顶图录》《佛顶序录》《佛顶枝录》《佛顶通录》《佛顶宗录》（四卷），共八卷。从卷末题记来看，参与助缘者110余人，其中萧伯升出资尤多，累计助刻八卷，卷四之二为钱氏族人助刻，计22人。这表明，《楞严经疏解蒙钞》在募刻中得到了众多士人支持，也说明入清后的钱谦益，仍具一定的社会影响力。

《楞严经疏解蒙钞》未刻之前，"颇为诸方所知，亦有人谓白衣说法，多出弥天指授者"⑨，在僧俗两界已有一定的知名度。《楞严经疏解蒙钞》刻成后，钱谦益又将其赠给诸方好友，在寻求指正的同时，也加速了它的流播。如通过澹归今释（金堡），《疏解蒙钞》流通于岭南，并得到天然函

---

① （清）钱谦益：《楞严经疏解蒙钞》卷6，《嘉兴藏》第18册，第263页上。
② （清）钱谦益：《楞严经疏解蒙钞》卷10，《嘉兴藏》第18册，第345页上。
③ （清）钱谦益：《大佛顶首楞严经疏解蒙钞》卷末，《嘉兴藏》第18册，第355页上。
④ 同上书，第380页中。
⑤ 同上书，第392页下。
⑥ 同上书，第405页中。
⑦ 同上书，第411页中。
⑧ 同上书，第417页中。
⑨ （清）钱谦益：《牧斋杂著》，第338页。

昰等人认可。《复澹归释公》云："《楞严蒙钞》附上座腰包呈览。闻岭外读《楞严》，专宗交光《正脉》，不复知长水悟后注经，为百世心宗之祖。所望法眼重为证明，勿令读此经者，但作徐六担板，亦区区一片老婆心也。"①《复天然昱和尚书》云："《楞严蒙钞》是蒙童训解之书，非没量大人所可着眼。以近代《会解》圈绘，抹杀长水心宗，交光、幽溪辈，函矢交攻，耳目瞀乱。虽复苦心勘办，毕竟矮人观场，漫说长短。幸俯赐证明，重为刊定。人天眼目，加被何已。"② 此外，钱谦益以求正为名，将其赠予官宦之士，蔡魁吾即为其一。《致蔡魁吾四首》其四云："《楞严注》已刻就，因石台公祖便邮，附呈法眼，以求教正。石台文章品望，头头第一，知老祖台自能圆赏也。"③ 当然，《疏解蒙钞》远较《般若心经略疏小钞》卷帙浩繁，所赠之人也极为有限。

后世《楞严经》注疏受《楞严经疏解蒙钞》影响最明显者，为通理的《楞严经指掌疏悬示》。《悬示》收录的《楞严经》传译、疏释著作，是将《楞严经疏解蒙钞·古今疏解品目》所载诸家之注疏依次迻录，并云："此上共六十二家。前崇福下五十五家，俱系《蒙钞》所载。按：《蒙钞》有正书，有附引（谓正书下双行附引），今依灌顶疏，皆作正书，有《蒙钞》各有评量，或抑或扬，亦自有据。"④ 他在"钱牧斋先生《疏解蒙钞》"下注云："先生自称蒙叟，盖谓取诸家疏解而以蒙义钞之，上取崇福已下诸师，以长水为司南。仍复网罗多家，衷其得失，其搜剔之心良苦。但以其笔墨不慎，奉旨撤出藏函。甚哉，笔墨一事，不可以不慎也。"⑤ 正道出《楞严经疏解蒙钞》在后代影响不大的一个重要原因。

乾隆三十四年（1769）六月，乾隆皇帝颁布上谕："钱谦益本一有才无行之人。……今阅其所著《初学集》《有学集》，荒诞背谬，其中诋谤本朝之处，不一而足。……钱谦益已身死骨朽，姑免追究。但此等书籍，悖

---

① （清）钱谦益：《有学集》卷40，第1393页。
② 同上书，第1392页。
③ （清）钱谦益：《牧斋杂著》，第202页。
④ （清）通理：《楞严经指掌疏悬示》，《新编卍续藏经》第24册，第166页上。
⑤ 同上。

理犯义，岂可听其流传？必当早为销毁。著各该督抚等，将《初学》《有学》二集，于所属书肆及藏书之家，谕令缴出，汇齐送京。至于村塾乡愚，僻处山陬荒谷者，并著广为出示，明切晓喻，定限二年之内，俾令尽行缴出，毋使稍有存留。钱谦益籍隶江南，其书板必当尚存，且别省或有翻刻印售者，俱著该督抚等，即将全板，尽数查出，一并送京，勿令留遗片简。朕此旨，实为世道人心起见，止欲斥弃其书，并非欲查究其事，所有各书坊及藏书之家，原无干碍。各督抚务须详悉谕知，并严饬属员，安静妥办，毋任胥役人等，借端滋扰。若士民等因此查办，反以其书为宝，不行举出，百计收藏者，则其人自取罪戾，该督抚亦不可姑息。若将来犯出，惟该督抚是问。其京城地面，著提督衙门、五城、顺天府，一体办理。将此通谕中外知之。"① 于是，在全国范围内搜访查禁钱谦益著述的行动便拉开了帷幕。

《楞严经疏解蒙钞》虽然是不夹杂任何政治观点的佛经疏释之作，仍在查禁之列。据军机处档第010289号载，浙江曾曰理奏称查获钱谦益著述："又钱谦益《尺牍》十部，《诗钞》一本，《楞严经蒙钞》一部，计十四本。……又据委员于余杭县化城寺内起出《楞严经蒙钞》全板一副，共六百九十三块。"② 军机处档第010376号载高晋八月十六日奏称："又查有钱谦益撰《楞严经蒙钞》一部，前后皆有钱谦益序记，阅其首卷，末有'校勘于武林报恩院'字样，则此板自系刻于浙省，现亦移咨浙抚。"③ 乾隆三十四年（1769）八月，浙江按察使曾曰理等奏《浙江等处提刑按察使司造送钱谦益所著书籍解京部本细数清册》云："又《楞言（严）经蒙钞》一部，计十四本。"④ 同年九月二十五日，大学士尹继善等奏称："查续藏内有钱谦益所著《楞严蒙钞》一种，相应请旨撤出。其从前已经颁发

---

① 《高宗实录》，《清实录》第19册，中华书局1986年版，第155页上—第156页上。
② 转引自徐美文《钱谦益著述与藏书之研究》，硕士学位论文，台北大学，2007年，第82页。徐美文《钱谦益著述与藏书之研究》第三节《钱谦益禁毁书目》中，从军机处档及宫中档硃批奏折中，将有关钱谦益著述被禁之官方奏折一一辑录，为学人了解钱氏著述禁毁过程提供了许多材料。下文所据，多转引于此。
③ 转引自徐美文《钱谦益著述与藏书之研究》，第86页。
④ 同上书，第87页。

京城及外省各寺藏经内此项经册，臣等城及外省各寺藏经内此项经册，臣等即交该管处，令其转行通传，汇缴军机处销毁。所有板片，令该处查明，交武英殿，留为别项之用。"① 于是，收录在全套《嘉兴藏》中的《楞严经疏解蒙钞》，也遭到了清查。各寺院中藏有《楞严经疏解蒙钞》者，悉数撤出。如乾隆五年（1740），青州府大觉寺与即墨县崂山华严庵各颁《续藏》一部，大觉寺僧人查出原颁《续藏》有《楞言（严）蒙抄（钞）》六套，华严庵藏经内有《楞严蒙抄经》六十册，一并撤出，呈交军机处销毁。② 乾隆三十四年（1769）十二月十九日，浙江巡抚觉罗永德奏称："臣当即依据各属，查收《初学》《有学》二集共二百八十二部，《尺牍》十部，《诗钞》一部及《楞严经蒙钞》一部，《蒙钞》板片全副，已委负解京。"③ 乾隆三十四年（1769）十二月二十七日，高晋奏称："今将《续藏》内钱谦益所著《楞严经蒙抄》一种，及僧人圆悟之塔铭、序等传赞之跋二项，通行查缴。臣即饬司转行各寺院查收汇解，是钱谦益片言只字，即颁自内府者，均应一例查销。"④ 乾隆三十五年（1770）三月初五日，江南苏州府儒学奏呈钱谦益存局应毁之书板明细中载：《楞严经疏解蒙钞》十三部，不全《楞严经疏解蒙钞》五十五本，奏请军机处销毁。⑤ 在此严密控制下，《楞严经疏解蒙钞》后世影响之衰微，也就不足为奇了。

二 《般若心经略疏小钞》考释

《般若心经略疏小钞》是钱谦益佛经疏解之又一力作，他在法藏原有《心经略疏》的基础上，参考师会的《般若心经略疏连珠记》，以华严禅观（尤其是真空观）为中心，对其进行了疏释，体现出他以华严思想为中心，调和其他诸宗的努力。

---

① 转引自徐美文《钱谦益著述与藏书之研究》，第103页。
② 同上书，第103—104页。
③ 同上书，第105页。
④ 同上书，第107页。
⑤ 同上书，第111—112页。

(一)《心经》传入、疏释概况

随着佛教入华，般若类经典很早就传入我国。现存最早的是东汉支娄迦谶所译《道行般若经》。《心经》作为般若类经典之一，早在三国时由吴国支谦译出，后亡佚，唐贞观二十三年（649），玄奘法师在终南山译出后，便大行于世。据方广锠统计，《心经》"先后被译达二十一次之多，其中既有汉文意译本，也有汉注梵音本及梵汉翻对字音本"①。与译本之多相比，"《般若心经》作注疏者超逾百人，留存至今的注疏也在八十种以上"。②保存在《大正藏》与《续藏经》之中的历代注解达61部，其中《大正藏》收7部，《续藏》收54部。就时代而言，唐代7部、宋代7部、明代27部、清代16部、朝代不明者4部。在历代疏解中，明代的《心经》疏解占有重要的位置，仅从数量而言，约占总量的44%。就所属宗派而言，涵盖了唯识、天台、华严、禅宗等各派，注疏形式多样，思想体系复杂。考虑到钱谦益的《般若心经略疏小钞》以华严宗思想为主导，故以华严宗《心经》注疏为例，略作介绍。

1. 法藏的《般若心经略疏》

华严宗系统内首先疏解《心经》的当属法藏。法藏为华严宗三祖，一生著述繁富，《般若心经略疏小钞》云："《传》称康藏诠述富至三五十本。数纸孤行，为时所贵。"③汤用彤认为："其所撰现存者二十三部，知名而已佚者约亦有二十余部。"④《般若心经略疏》为现存著作之一，《宋高僧传》称："为时所贵，天下流行。"⑤ 与《华严经探玄记》《华严金师子章》《华严一乘教义分齐章》《修华严奥旨妄尽还源观》等重点阐释法界、六相、十玄、五教十宗等华严思想略有不同，《般若心经略疏》也有其思想特性。

---

① 方广锠：《般若心经译注集成·前言》，上海古籍出版社2011年版，第3页。
② 同上书，第15页。
③ （清）钱谦益：《般若心经略疏小钞》，《新编卍续藏经》第41册，第714页上。
④ 汤用彤：《隋唐佛教史稿》，武汉大学出版社2008年版，第159页。
⑤ （宋）赞宁：《宋高僧传》，《大正藏》第50册，第732页中。

首先，借释"般若"，广辨空有。"般若"是梵语 Prajñā 的音译，意为慧、智慧等，特指具有宗教意义的真正超脱凡常的智慧。法藏《略疏》释云："夫以真源素范，冲漠隔于筌罤；妙觉玄猷，奥赜超于言象。"① 作为万法真源的"般若"洁白无瑕，远非外界所能污染；能够保持自己的自性，恒久而不变。对般若类经典中讨论最多的"空""有"问题，法藏云："良以真空未尝不有，即有以辨于空。幻有未始不空，即空以明于有。有空有故不有，空有空故不空。不空之空，空而非断；不有之有，有而不常。四执既亡，百非斯遣，般若玄旨，斯之谓欤。"② 可见他对"空""有"关系的辩证认识。"空"非"断空"，非"恶趣空"，是含"有"之空。通过"有"，"空"才能显现出来。"有"非实有，是幻有，是因缘假合而生，故本性为"空"。唯有如此，才能达到对般若的正确认识，发挥"曜昏衢之高炬，济苦海之迅航。拯物导迷，莫斯最为"③ 的妙用。

就经文疏释体系而言，他从"教兴""藏摄""宗趣""释题""解文"五个方面对《心经》进行了解释。"教兴"解释此经出现的目的和意义。"藏摄"重点解决《心经》的判教问题。"宗趣"解释本经的具体内容、宗旨及宗教实践的最终归向。法藏以"总""别"二分加以说明。"释题"，是对经题的解释。法藏从教义（"般若心"为"义"，"经"为"教"）、法喻（"般若波罗蜜多"为"法"，"心"为"喻"）、体用（"般若"是"体"，"波罗蜜多"是"用"）三个方面进行了说明。"解文"是对经文的具体解释，也是此经疏解的重点。法藏条分缕析，科判严密，体现出华严宗僧人的疏经特点：经文科分精细烦琐，层次分明，逻辑体系严密。就具体内容而言，除简明扼要，言简意丰外，作为华严宗师的法藏，在疏解时明显带有华严宗思想的某些特点。在释"观自在菩萨"时云："观自在菩萨者，是能观人也，谓于理事无碍之境，观达自在，故立此名。"在释"色不异空，空不异色。色即是空，空即是色"时，法藏在"便显正义"

---

① （唐）法藏：《般若波罗蜜多心经略疏》，《大正藏》第33册，第552页上。
② 同上。
③ 同上。

中，运用了"色空相望"三义、"真空通有"四义、"色望于空"四义等理论广辨空有间的关系，尤其是后二者，具备了华严宗理事四对的雏形，为后人借理事无碍疏释空有关系奠定了基础。

2. 师会的《般若心经略疏连珠记》

华严宗在唐武宗灭佛后，加之唐末战乱，失去了经院式经济基础，迅速衰退。直至北宋，方显复兴之势。作为宋代华严宗中兴四大家之一的师会（1102—1166），是宋代华严中兴之祖晋水净源的再传弟子，也是继义和之后宋代华严宗中兴之地杭州慧因寺的领军人物。关于他的学术特点，善熹云："先师专用《搜》《探》二玄，《孔目》《问答》等解释前代诸师"①，希望回到以智俨、法藏为代表的正统华严宗学说中去。《般若心经略疏连珠记》是他晚年的作品，书末慧诜尾题云："慧因华严法师独明幽趣，颖迈常谭，每苦旧章颇乖疏意，一日俯从众请，爰出新记，名曰《连珠》。盖取诸祖遗训以为指南，经论格言而作程序，钩索深隐，诒厥方来。"②师会"取诸祖遗训"，以法藏《心经略疏》为基础，以华严宗思想体系为中心，对法藏疏文进行了二次疏释。

《连珠记》最大的特色，是以华严宗思想来疏解《心经》。《心经略疏》在释"空""有"辩证关系时，借用色空相望三义等进行诠解。师会在此基础上，借用澄观的"理""事"之辨，将"色""空"引申至"理""事"，配以理事十门，初步完成了华严宗思想体系下的《心经》疏释。

澄观"理""事"关系的论证及"理事无碍"的提出，是在智俨、法藏等人"十玄门"理论基础上演化而来。他以"无碍"为基础，特别拈出"理""事"，以"理""事"配"空""色"，进行诠释。《华严经行愿品疏》卷一云："缘起之事与性空之理，二互相望，有乎三义。一相违义，二不相碍义，三相作义。由此三义，成前十门。"③在此，他将法藏"色空相望"三义演变为"事理相望"三义，以此作为"理事无碍"的理论基

---

① （宋）师会：《华严一乘教义分齐章复古记》，《新编卍续藏经》第103册，第574页上。
② （宋）师会：《般若心经略疏连珠记》，《大正藏》第33册，第568页下。
③ （唐）澄观：《华严经行愿品疏》，《新编卍续藏经》第7册，第489页上。

础。具体而言，以相违义配理事无碍十门中的五（以理夺事门）、六（事能隐理门）、九（真理非事门）、十（事法非理门）四门；以不相碍义配事理十门中的七（真理即事门）、八（事法即理门）二门；以相作义配事理十门中的三（依理成事门）、四（事能显理门）二门，对没有涉及的初、二两门，他认为是"即通显体相，亦即不相碍义"。同样，在"色空相望"三义基础上，又延伸出"真空通有"四义和"色空于望"四义。"真空通有"（亦即空望于色）四义中的"废已成他"义，即第三"依理成事"门；"泯他显己"义，即第八"事法显理"门；"自他俱存"义，即第九"真理非事"门；"自他俱泯"义，即第五"真理夺事"门。就"色望于空"言，"显他自尽"即第四"事能显理"门；"自显隐他"即第七"真理即事"门；"俱存"义即第十"事法非理"门；"俱泯"义即第六"事能隐理"门。"有前四门必带后四门，有后四门必带前四门，是则幻有存亡无碍，真空隐显自在，合为一味圆通无碍。"① 同样，若进一步追问，"色""空"相违、相作及不相碍三义的理论基础又是什么？于是他又推演出缘生四义：一，缘生故有；二，缘生故空；三，无性故有；四，无性故空。在此四义中，一、四相别，成"相违"义；二、三相成，成"相作"义。缘生四义都统一于缘起法中，因此成就其"无碍"义。由"一"（缘生故有）、"二"（缘生故空）延伸到"有望于空"四义："缘生故有"为"隐他显己"义；"缘生故空"为"废己成他"义；"缘生故有"与"缘生故空"两者无碍，成"俱存"意；两者相形，成"自他俱泯"义。由"三"（无性故有）、"四"（无性故空）延伸到"空望于色"四义："无性故有"为"废己成他"义；"无性故空"为"隐他显己"义；"无性故有"与"无性故空"两者无碍，成"俱存"意；两者相形，成"自他俱泯"义。

显然，上述澄观以"空""色"释"理""事"，以之构建"理事无碍"的理论体系。师会在解释法藏关于"色""空"关系的论述时，借用

---

① （唐）澄观：《华严经行愿品疏》，《新编卍续藏经》第 7 册，第 490 页上—490 页中。

澄观的理事十门诠解论证。也就是说，他套用澄观的"理""事"理论，来解释法藏的"空""色"之论，对《心经》中"色空"四句进行间接诠解。如此费尽周折，体现出师会借用华严宗思想体系建构《心经》疏释体系的苦心，在法藏的基础上又迈出了一步。

(二)《般若心经略疏小钞》

1. 疏解刊刻

《般若心经略疏小钞》（以下简称《小钞》）是钱谦益晚年的佛经疏解著作之一。《心经》篇幅短小，疏解过程虽不像《疏解蒙钞》那样漫长，亦屡经波折。

顺治十三年（1656）三月，钱谦益开始疏解《心经》。同年十二月，钱谦益完成初稿后，向含光炤渠等教内人士求证。《缘起后记》云："《钞》始于丙申（1656）之病月，毕于是岁之涂月。"① 又云："循文下笔，勒成《小钞》二卷，持示含光渠师。师出《玄镜私记》相质，推求义门，彼此符顺，乃惊喜而相告也。"②

初稿成后，毛晋屡次敦请刻版流通。顺治十五年（1658），钱谦益强忍其孙钱佛日去世之痛开始校勘。《桂殇四十五首》其二十一云："佛日为名本佛奴，临行大士数提呼。业山凤昔从兹倒，泪海今生为汝哭。香像衔悲频顶礼，金经扪泣重笺疏。笔端舍利含桃许，凭杖光明度冥涂。"③ "金经扪泣重笺疏"之"金经"，即指《心经》。钱谦益希望此举能够起到度冥的作用。顺治十五年（1658）十二月二十五日，《小钞》校勘完毕。

顺治十六年（1659）春，钱谦益将《小钞》交毛晋付梓。二人在往来书信中，多次提及刊刻版式、文字校勘等问题。《与毛子晋》其二十二云："《心经》脱稿，颇为含老许可，尚有一番校对工夫，新岁当

---

① （清）钱谦益：《般若心经略疏小钞》，《新编卍续藏经》第41册，第721页上—721页下。
② 同上书，第720页下。
③ （清）钱谦益：《有学集》卷9，第461页。

奉致，以商流通。"① 关于刊刻版式，则以《嘉兴藏》为准，"《心经》既欲流通，似须照藏板为妙"②。刊刻过程中，毛晋先将已经完成的部分样稿交给钱谦益审阅："《心经缘起》领到，尚俟细阅以复"③，对样稿颇为满意，"《心经序》刻镂甚佳，法宝为之增重矣"④。顺治十六年（1659）年九月，毛晋去世后，钱谦益又发现了《小钞》中的若干错误，写信给毛晋之子毛表，请其剜板改正，"《心经小笺》改正讹舛，幸命刻工细为剜补，可便流通矣"⑤。在毛表的帮助下，《小钞》最终刻印完成，流播于世。

2. 思想体系

《小钞》是钱谦益在法藏《心经略疏》、师会《连珠记》等基础上，以华严宗思想为纲疏释《心经》，构建起以华严法界观，尤其是以真空观为中心的疏释体系，有效回应了华严宗"有教无观"之说，充分证明了钱谦益以华严宗禅观思想指导宗教修持的努力。

华严思想以义理宏富著称，与天台宗等相比，禅修实践实非所长。对于名为杜顺所作的《华严法界观门》，教内外颇有疑义⑥，乃至有"有教无观"之讥。如何在华严宗诸祖中搜寻华严宗禅观思想，构建华严宗禅观传承体系，是钱谦益面临的首要问题。

首先，在《小钞》中，钱谦益勾勒出隐藏在《心经略疏》中的华严法界观传承体系。他认为《法界观》是入法界之门，"帝心付云华，云华付贤首，再传而清凉圭山，各为注释，其传始盛"⑦。为何以"制造浩博"著

---

① （清）钱谦益：《牧斋杂著》，第307页。
② 同上书，第314页。
③ 同上书，第302页。
④ 同上书，第303页。
⑤ 同上书，第319页。
⑥ 关于《法界观》真伪问题，讨论颇多，目前比较倾向于认为《法界观门》非杜顺所作，而是8世纪后半叶，有人根据法藏《发菩提心章》的部分内容编纂而成并托名杜顺，详参王颂《宋代华严思想研究》第114—118页的相关论述。又钱谦益提到的杜顺传智俨，若从华严宗义理传承角度讲自然没有问题，若论《法界观》的传承，却可商讨。目前所见智俨的相关材料，不仅没有提到《法界观门》之名，也没有涉及类似的思想。
⑦ （清）钱谦益：《般若心经略疏小钞》，《新编卍续藏经》第41册，第713页上。

称的法藏,却无《法界观》疏解之作?钱谦益此疑,正是天台宗等佛教宗派对法藏禅观和华严宗禅法的质疑。对此,钱谦益认为:"贤首未尝不释法界观也。彼所谓启其枢钥,扣其门而入者,盖已钩玄纂要,撮寄于《略疏》之中,而世罕有知之者也。"① 在《缘起后起》中,他详细记述了法界观的发现过程:"蒙读贤首《心经略疏》,征义玄奥,消文简约,研求经年,矻矻不能入。一夕,读杜顺《法界观》,触目心开。掩卷深思,忽悟及真空法界一门深入之旨,由是按经披疏,观智乍生,重门欲辟。"② 据此,他在研读《心经略疏》百思不得其解之时,受《法界观》"真空法界,一门深入"影响,重新发现了隐藏在《心经略疏》中的法界观法,弥补了法藏没有疏释《法界观》的缺失。

其次,钱谦益以法界观为中心,构建出《心经》疏解体系。法界观为华严宗中最重要、最流行的观法,共分三重观门:真空观、理事无碍观和事事无碍观。每一观中有四句十门或十门之分。就真空观而言,下设"会色归空""明空即色""空色无碍""泯绝无寄"四观。"会色归空"与"明空即色"各含四门,总成八门,再加"空色无碍"与"泯绝无寄"二门,总为四句十门。"会色归空"初三门都以"色不即空,以即空故"为题,对"色是断空""色是真空""色空为空"(异色明空)等三种不正确的看法提出批判,最后归结到"色即是空"。"明空即色"的思路与此略同,阐明"空非幻色""空非实色""空非色空",最后归结到"空即是色"。

对于《心经》"色即是空""空即是色"两句,钱谦益从"拂疑"开始,以"真空观"中的"会色归空""明空即色"两观释之。"拂疑"者,拂小乘疑与菩萨疑。小乘疑有二:其一,小乘有余位中见"蕴"无"人",说为法空,"色不异空"可为对治;其二,小乘无余位中身智俱尽,认为空中无色,误在灭色得空,"色即是空"可为对治。菩萨疑指《究竟一乘

---

① (清)钱谦益:《般若心经略疏小钞》,《新编卍续藏经》第41册,第713A页上。
② 同上书,第720下—720页上。

宝性论》卷四提到的空乱意菩萨三疑①：一为疑空异色，取色外空，可用"色不异空"对治；二疑空灭色，取断灭空，可用"色即是空"对治；三疑空是物，取空为有，可用"明空即色"对治。三疑既尽，真空自显。"拂三疑"与杜顺《法界观》"真空者，非断灭空，非离色空。即有明空，亦无空相，故名真空"②，含义相近。疏文"三疑既尽，真空自显"的思维方式，与真空观中"会色归空""明空即色"二门的前三句遣三疑，后一句显真体的思维方式，同出一辙。基于此，钱谦益认为"（法藏）以二门八句，束归于遣空乱意菩萨之三疑"③，"遣初疑，即观文非离色空也。遣次疑，即观文非断灭空也。遣后疑，即观文即有明空，亦无空相也"。④ 同样，法藏为对治三疑而提出的"色即是空""空即是色""色不异空"三法，分别对应真空观中的"会色归空""明空即色""空色无碍"三观。对"色不异空，空不异色"两句，钱谦益则以"空色无碍""泯绝无寄"收之，分别从相融和无碍两个层面加以论述。

关于三观次第问题，钱谦益认为："观门有三，枢钥惟一。若不启第一门之枢钥，则后二门固无由而入也。"⑤ 真空观为后二观的基础，是进入后二观必不可少的门径，"入此一门，则百门千门，自可一蹴而开。舍此一门，无别门也"。⑥ 杜顺设法界之门，故开三关以广说，"贤首启般若之钥，其门不得不束。其以披图登高，为善用枢钥之人，则一也"。法界三观是证入华严法界的门径，真空观则为其枢钥。钱谦益如此强调真空观的重要性，可能与法严宗观法自身的特点有关。木村清孝认为："法界观的三观中，第一真空观是实践的核心，最具有具体性和现实性，而第二理事

---

① 后魏勒那摩提译《究竟一乘宝性论》原文云："又散乱心失空众生者，谓初发心菩萨，离空如来藏义，以失变坏物修行，名为空解脱门。此以何义？初发心菩萨起如是心：实有法断灭后时得涅槃，如是菩萨失空如来藏修行；又复有人以空为有物，我应得空；又生如是心，离色等法别更有空，我应修行令得彼空。"（见《究竟一乘宝性论》卷4，《大正藏》第31册，第840页上）
② （唐）澄观：《华严法界玄镜》，《大正藏》第45册，第672页下。
③ （清）钱谦益：《般若心经略疏小钞》，《新编卍续藏经》第41册，第740页下。
④ 同上书，第740页下—741上。
⑤ 同上书，第714页上。
⑥ 同上。

无碍观和第三周遍含容观与其说是具体的观法，不如是说是通过第一观的实践、证得所显现的深广法界的理论描述。"① 真空观与其他两观的关系，如法藏所论"举一为主，余五为伴，随入一门，全收法界"②，亦如杜顺《漩澓颂》所说"只用一念观一境，一切诸境同时会"③。若能从真空观一念深入，则能通达帝网重重之华严法界。在释完"色空"四句后，钱谦益从观门与观理两方面作一总结。"约观门言之，'色即是空，空即是色'，是初二会色归空、明空即色二门。'色不异空，空不异色'，乃第三空色无阂门，则观门有次第也。约观理言之，凡是色法，必不异空，是故色即是空。凡是真空，必不异色，是故空即是色。则观理无历别也。"④ 从具体观行实践的角度来讲，三观之间，是有观行次第的。但从观理的角度而言，色空圆通无别。此与长水子璿在《起信论笔削记》中所说："天台云：'法性寂然名止，寂而常照名观。'此乃以修止观契性止观也。双修之旨岂徒然哉。"⑤ 通过修止观与性止观的分别，突出修止观要契合于性止观，有相通之处。

再次，钱谦益对《心经》中真空观的发掘与建构，旨在回应"有教无观"之批判。关于"有教无观"，宋代宗鉴《释门正统》"宗密"条云：

> 盖凡立观，要令行人修证，必须依教修何因，至何位，断何惑，证何理。如荆溪云：立三观，破三惑，显三谛，证三智，成三德。今《法界观》于彼宗五教中，未知定属何教？破惑显理，如何修证？若云依一乘圆教立兹观门者，且五教建立始自贤首，岂贤首未判教而杜顺先立观耶？抑杜顺立观与贤首判教悬合耶？岂彼教宗贤首、观宗杜顺耶？圭峰注《法界观》"修"字云"止观熏习造诣"，不知是何止观？若单止单观，乃属小乘偏空修证，如何入华严称性法界？若三止

---

① 转引自王颂《宋代华严思想研究》，第119页。
② 同上。
③ （清）钱谦益：《般若心经略疏小钞》，《新编卍续藏经》第41册，第715页上。
④ 同上书，第752页下—753页上。
⑤ （宋）子璿：《起信论疏笔削记》，《大正藏》第44册，第398页中。

三观，为次第耶？为一心耶？若次第者，须说先修何止观，到何位，断何惑，显何理。若一心者，亦须明说何位圆融而修，何位圆融而证。倘如旧传，乃文殊示现。岂菩萨别为一缘，立此观法乎？①

宗鉴对华严宗观法的批判，涉及的内容主要有二：一是判教思想与禅观思想的不同步性，即杜顺立观在前，而法藏判教在后，言外之意表现出对《法界观》作者的怀疑。二是观法的具体内容，亦即观法的修行次第问题。同书卷八"子璿"条下亦云："况天台所立四教，教下有观法。贤首既不遵天台判释，自立五教，至说《起信》观法，却云：'修之次第，如顗师《摩诃止观》。'岂非有教无观？"② 批判的矛头直接指向了法藏的《大乘起信论义记》。面对此种批判，宋代华严僧人已作出回应。长水子璿《起信论疏笔削记》提出了"以修止观契性止观"③，暗示出华严宗体系中教观并重的自我认同。净源、义天等华严宗学僧在著述授徒的过程中也表现出教观并重的特点。对法藏在华严观法尤其是法界观方面的质疑，依然未能解决。

钱谦益对"有教无观"之批判，有着清楚的认识。为达到用华严禅观来统合天台禅法及禅宗禅法的目的，他必须对此批判作出明确的回应。在《略疏小钞》中，钱谦益主要从三个方面作出回应。

首先，钱谦益努力挖掘法藏疏中所蕴含的禅观思想并对其加以阐发，从禅观理论上解决"有教无观"之讥。此见前释，不赘。

其次，对于观行次第的阐释。宗鉴等讥华严"有教无观"，依据之一是无观行次第。师会《连珠记》引澄观之论，以"空""色"配"理""事"，用"理事无碍"十门来疏释"色空"四句。钱谦益则以真空观"四句十门"来疏释"色空"四句乃至全经，与师会在观门次第上显然有等级差别。对此，他从"通""别"两个方面进行判释。以"通"而言，"空即

---

① （宋）宗鉴：《释门正统》，《新编卍续藏经》第130册，第912页下—913页上。
② 同上书，第913页上—913页下。
③ （宋）子璿：《起信论疏笔削记》，《大正藏》第44册，第398页中。

是色"隐含"依理成事门","色即是空"隐含"真理夺事门",与理事十门有相通之处。然真空二义中"废己成他",但并非专指"依理成事"。也就是说,虽暗含其义,并不表明两者可相等同,虽"通"而不废"别"。"所以通者,真空法界,空色同如,理无不具故,观无不照故。所以别者,真空初门,一向空理,理未遍事故,相未广显故。观境不可凌猎,观智不可杂乱。"① 澄观认为十门无碍属理事观而不属于色空观,师会"克指十门无阂,贴释初门,以通废别,以理具文含之旨,或未之思耳。"② 为此,钱氏云:"此疏中释成空色三义,印前显后之文也,是中具含第二观门统收五对之义。"③

钱谦益如此判释,其实涉及法界观与天台宗观法的次第关系。早在澄观注《华严法界观门》时,已将天台三观中的"空"观对应"会色归空观","假"观对应"明空即色观","中观"对应"空色无碍观""泯绝无寄"观。而华严宗的"理事无碍观""事事无碍观",是天台三观无法对应的。师会用理事无碍十门来解释真空观,此一次序被打乱,自然遭到钱谦益的批判:"贤首于此文,但指空色,不标理事;于次文,但略标存泯四义,不配列理事十门,所谓不以第三色空无碍滥于第三事理无碍观者,良以章门观网,不容错互故也。"④ 对天台、华严两家观法,钱谦益虽持调和态度,实际倾向于华严法界观。他引《华严法界玄镜》,说明澄观"约三观就《心经》说,即色空四句,为空假中之三观。此贤首家相传宗旨也"⑤,引澄观《大方广佛华严经随疏演义钞》卷三十五及《华严纲要》卷十四为据,认为龙树作《中论》,全取华严宗旨。天台智者依《贤首品》立圆顿止观,故天台止观皆出于华严,"两家观门,同出华严,同归法界",在看似合理的推论中包含有个人强烈的宗派倾向,"此中依台教安立三观,谓空假中三观,即色空无异等三句。贤首清凉配文不一,皆是真空观中,观

---

① (清)钱谦益:《般若心经略疏小钞》,《新编卍续藏经》第 41 册,第 717 页下。
② 同上。
③ 同上书,第 743 页上。
④ 同上书,第 746 页上。
⑤ 同上书,第 718 页上。

网交罗。故《玄镜》云：'虽有三观，意明三观融通为真空耳'"①。也就是说，天台三观似乎毫无疑问地融会在真空观中。

最后，改法藏疏文中"门"为"观"，突出修行实践。"门"者，梵语为 dvāra，共三有意：一指设于王宫、寺院、居宅等出入口的建筑物；二指区别法相义理等名目之用语，如常见的"四门"："有门""空门""亦有亦空门""非有非空门"等；三指依一法门而立宗旨之一宗一派，即"宗门""门徒"之意。②佛教疏解科判中所指之"门"，以第二意居多。"观"者，梵语为 vipaś yanā，音译为毗钵舍那，是佛教观想真理的方法，也是修行实践法门，"意即以智慧专心观想佛或法等特定对象，而致力于证悟"。③佛教观法种类繁多，目的各异，其中颇具代表的，原始佛教有四谤观、十二因缘观、数息观、不净观等，小乘佛教有空观、析空观、生空观、法空观等，天台宗有一心三观与次第三观，华严宗有法界观，法相宗

表 2-1　　　　　钱谦益《般若心经略疏小钞》疏释体系④

《心经》经文	法藏疏文				《般若心经略疏小钞》补充建构：真空观门			十地经文	三摄	理事无碍观
	拂菩萨疑		便显正义							
	拂小乘疑	菩萨疑对治之法	色空相望三义	色望于空	观门名称	观门含义	观门内容			
色不异空	蕴异于色	空异色疑	色不空异色	不相碍义	自他俱存	空色无碍观	非离色空	色空无碍观者，谓色举体不异空，全是尽空之故故，即色不尽而空现。空举体不异色，全是尽色之故故，即空即色而空不隐也。是故菩萨观色无不见空，观空莫非见色，无障无碍，为一味法。思之可见	不二	离异摄	真理非事门事法非理门
空不异色					自他俱存					

① （清）钱谦益：《般若心经略疏小钞》，《新编卍续藏经》第 41 册，第 750 页下。
② 详参见慈怡主编《佛光大辞典》，佛光出版社 1988 年版，第 3064 页下—3065 页上。
③ 同上书，第 6960 页下—6962 页上。
④ 此表系根据《小钞》绘制而成，共分三个部分：一是《心经》经文，二是法藏《略疏》内容及其分判体系，三是钱谦益引用经、论资料，以真空观为中心，对《略疏》疏释，此部分是《小钞》的重心所在。不难看出，法藏《略疏》以理论阐释为中心，钱氏《小钞》则根据法藏之理论阐释，以观门实践为中心，将真空观门一一分判其中，从而构成了他以真空观解《心经》及《略疏》的体系。

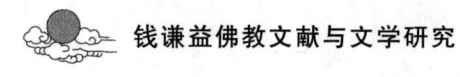

续表

《心经》经文	法藏疏文				《般若心经略疏小钞》补充建构：真空观门			十地经文	三摄	理事无碍观
	拂菩萨疑		便显正义		观门名称	观门含义	观门内容			
	拂小乘疑	拂菩萨疑	对治之法	色空相望三义	真空通有	色望于空				
色即是空	灭色方空	空灭色疑	色即是空	泯他显己	会色归空观	非断灭空	色不即空，以即空故，何以故？以色不即断空故，不是空也。以色举体是真空故，故云以即空故。良由即是真空故，非断空也。是故言由是空故，不是空也	有	离谤摄	依理成事门 真理夺事门
							色不即空，以即空故，何以故？以青黄之相，非是真空之理，故云不即空。然青黄无体，莫不皆空，故云即空。良以青黄无体之空非即青黄，故云不即空也			
							色不即空，以即空故，何以故？以空中无色，故不即空。会色无体，故是即空。良由会色归空，空中必无有色，是故由色空故，色非空也			
						相作义	色即是空，何以故？凡是色法必不异真空，以诸色法必无性故，是故色即是故。如色空既尔，一切法亦然。思之			
空即是色		疑空是物	空即是色	废己成他	自显隐他	即有明空	空不即色，以空即色故，何以故？断空不即是色，故云非色。真空必不异色，故云即色。要由真空即色，故令断空不即色也			事能显理门 事能隐理门
					明空即色观		空不即色，以空即色故，何以故？以空理非青黄故，云空不即色。然非青黄之空，必不异青黄故，是故言空即色。要由不异青黄故不即青黄，故言空即色不即色也			
							空不即色，以空即色故，何以故？空是所依，非能依故，不即色也。必与能依作所依故，即是色也。良由是所依，故不即色。是所依故，即是色。是故言由不即色故，即色也			
							空即是色，何以故？凡是真空必不异色，以是法无我理，非断灭故，是故空即是色。如空色既尔，一切法皆然。思之			

续表

《心经》经文	法藏疏文				《般若心经略疏小钞》补充建构：真空观门			十地经文	三摄	理事无碍观
	拂菩萨疑		便显正义		观门名称	观门含义	观门内容			
	拂小乘疑	拂菩萨疑	对治之法	色空相望三义	色空通有					
不生不灭，不垢不净，不增不减					色望于空		谓此所观真空，不可言即色不即色，亦不可言即空不即空			
是故，空中无色，无受、想、行、识；无眼、耳、鼻、舌、身、意；无色、声、香、味、触、法；无眼界，乃至无意识界			相违义	自他俱泯	自他俱泯	泯绝无寄观	三疑既尽，一切法皆不可	离异灭摄	不尽	真理即事门 事法即理门
无无明亦无无明尽，乃至无老死亦无老死尽；							不可亦不可			
无苦集灭道；无智亦无得							此语亦不受，迥绝无寄，非言所及，非解所到			

有三界唯心观、五重唯识观，三论宗有八不中道观，等等。在释"是故，空中无色，无受想行识，无眼耳鼻舌身意，无色声香味触法，无眼界乃至无意识界。无无明，亦无无明尽。乃至无老死，亦无老死尽。无苦集灭道，无智亦无得"一段经文时，法藏《略疏》云："第三明所离。……统略有四：一法相开合门，二缘起顺逆门，三染净因果门，四境智能所门。"① 疏文按照经文内容的义理结构，分为四类进行疏解。钱谦益《小钞·缘起论》改"门"为"观"，"于所离门中，约五蕴作法相开合观，约十二缘作缘起逆顺观，约四谛作染净因果观，约二智作境智能所观。所离者是情，能离者是智，此第四泯绝无寄之观门也"。② 此中虽为一字之差，实突出强调修行实践性。

3. 后世流播

《小钞》刊印后，钱谦益遍赠教内外同好，以求指正。《钱牧斋先生尺牍》中保留了相关七封书信。《致李石台》云："《心经小笺》二册，奉求

---

① （唐）法藏：《般若心经略疏》，《大正藏》第33册，第554页上。
② （清）钱谦益：《般若心经略疏小钞》，《新编卍续藏经》第41册，第715页上。

法眼印证。"① 《复朱沧起》云："《心经小笺》及辞寿一通，奉呈台览，亦可想见老人心迹也。"② 《复李膚公》云："远承存念，草率附谢。《心经小笺》，附供法喜。"③ 《与侯月鹭四首》其一云："外附《心经》一册，祈法眼为点正。"④ 《与吴时应二首》其二云："《心经小笺》，专呈求正。小根钝品，盘桓注脚中如屈步虫，未知高明何以加箴砭也？"⑤ 《与王楚先》云："《心经小笺》附求印证。箑灯捉笔，不尽驰企。"⑥ 《与福先二首》其一云："仆自戊戌（1658）秋殇一亢宗之长孙，自此益厌薄世事，专向空门。附去《心经小笺》并《桂殇诗》二种，聊以见老人近况。"⑦

上述诸人，多为宰官居士。钱谦益虽名为赠送《小钞》以求教示，实际上作为礼品相赠的成分更大。如赠予吴时应、侯月鹭、王楚先三封，均有事相求，带有明确的目的性，或请求为《嘉兴藏》募捐，或为自己的《楞严经疏解蒙钞》等经疏流通募缘，或请求减免《嘉兴藏》经板运输时所需缴纳榷税。远在岭南的宗宝道独，也看到了《小钞》，可见其流行地域之广。宗宝之徒天然函昰阅完《小钞》后，甚为赞赏，在致钱谦益的书信中云："去春捧《心经钞》，居士真我法龙象也。真空一门，《般若》六百卷，赞叹尊重。悟此则百千三昧，无量义海，弹指圆成。居士非宿植灵根，何能深入法界？"⑧

因乾隆皇帝之禁毁，《小钞》影响不是很大。清孙念劬《般若心经汇纂·凡例》中云："此经批注虽多，可宗者只有数种。唐国师贤首有《略疏》，明天界寺僧宗泐（名如玘）有批注，金华宋濂有《文句》，紫柏老人（名真可，字达观）有《论说》。毛子晋刻《略疏小钞》（系明季人所纂），乃采集各家，以为贤首《略疏》之注（训诂极备，于理事精蕴，尚少发

---

① （清）钱谦益：《牧斋杂著》，第 207 页。
② 同上书，第 222 页。
③ 同上书，第 227 页。
④ 同上书，第 231 页。
⑤ 同上书，第 251 页。
⑥ 同上书，第 317 页。
⑦ 同上书，第 322 页。
⑧ （明）函昰：《庐山天然禅师语录》卷 10，《嘉兴藏》第 38 册，第 184 页。

明），大圆居士张有誉有《义句诠》（纂集各说，最为详备，提纲揭旨，于理事精蕴极有发明），近今龙兴寺僧（雯璃）有《正解》。其余所见，不足流传，亦不列其名目。"① 在文网严密的情况下，孙念劬不列钱谦益之名，只笼统地称为"明季人所纂"，实际上却暗含着对《小钞》价值的肯定。

三　其他经疏

（一）《金刚经颂论疏记会钞》

《金刚经》全称《金刚般若波罗蜜经》，属般若类经典。汉译本有六，其中后秦鸠摩罗什、北魏菩提流支、陈真谛译本名《金刚般若波罗蜜经》，隋达摩汲多译本名《金刚能断波罗蜜经》，唐玄奘译本名《能断金刚般若波罗蜜多经》，唐义净译本名《佛说能断金刚般若波罗蜜多经》。除了经名外，各译本文字也不尽相同。此外，还产生了在六译基础上的删改之作，如唐杨承和的《新集金刚般若波罗蜜经》等。《金刚经》篇幅短小，语约义丰，深受教内外人士喜爱，历代注释者不下数十百家。钱谦益的《金刚经颂论疏记会钞》，是在弥勒菩萨《颂》、无著《金刚般若论》、天亲《金刚般若波罗蜜经论》基础上，辅以唐代宗密《金刚般若经疏》和宋代子璿《金刚经纂要刊定记》，参订钞纂而成。因未见《金刚经会钞》原本，现以《钱牧斋全集》等材料为中心，对其疏释过程和思想体系略作考察，阙略之处，俟来日再补。

钱谦益发愿疏释《金刚经》，当始于顺治十二年（1655）。《与含光法师》其二云："又去冬发愿会钞《金刚》论疏，已具草本。是中章门，正待商榷。知为法门弘度，不惮烦劳也。"② 从"秋风已至，倘得飞锡村庄，盘桓数日，俾得从容扣击，咨决积疑"看，钱谦益极力邀请含光法师到红豆山庄为其讲法。钱谦益的《七日朔日含光法师驻锡红豆村累日石师潘老赋听法诗拈华严玄谈四字为韵如次奉和》，作于顺治十三年（1656）七月

---

① （清）孙念劬：《般若心经汇纂》，《新编卍续藏经》第42册，第48页上。
② （清）钱谦益：《牧斋杂著》，第338页。

初，见含光法师应钱谦益请如期赴约。从"去冬发愿会钞《金刚》论疏"看，钱谦益发愿疏经始于顺治十二年（1655）。自顺治八年（1651）春开始，钱谦益着手疏释《楞严经》。或许由于疏释进度过慢等原因，钱谦益希望先完成《金刚经会钞》，再疏释《楞严经》，《与含光法师》其一云："抄略次第，意欲先《金刚》而后《佛顶》，以佛法精深，流通不易，不同外典，可以聊尔卒业也。"① 顺治十五年（1658），钱谦益暂时中断了对《楞严经》的疏释，转而投入《金刚经会钞》的写作。《与含光法师》其八云："《金刚会笺》，开岁重为整理，方有头绪，了此即再理《楞严》，完积年未了公案。"② 又云："《长干塔光诗》，附上请政。"③《长干塔光诗》即指《有学集》卷八《长干塔光集》，写作时间"起丙申年，尽丁酉年"④，则此信写作时间为顺治十五年（1658）。顺治十六年（1659）六月末，钱谦益完成了《金刚经颂论疏记会钞缘起论》，详细阐释了在已有注疏基础上重新疏释《金刚经》的原因，此时或已完成了《金刚经会钞》的初稿。其后，钱谦益又屡次进行了修订。

《金刚经会钞》的刊刻工作，本由毛晋负责。顺治十三年（1656），苍雪读彻去世后不久，毛晋亦有失子之痛。钱谦益劝毛晋礼颂《金刚经》，借以超度亡子。《与毛子晋四十六首》其二云："贤郎英妙，遘此夭折，当是世缘浅薄，观化而去。东门、西河，人情楚、越。佛言初生即有死，不为愚者说。惟有无生之法，可以消除爱别离苦也。若欲捞漉三涂，惟《金刚般若》，幽冥为功德经，当多礼诵，以资冥福。不然，骸山泪海，积劫相缠，一往悲哀，徒增沉坠耳。"⑤ 这可视为毛晋答应刊刻《金刚经会钞》的原因之一。因《金刚经会钞》尚未定稿，是书未刻。顺治十六年（1659）毛晋去世，临终前曾遗命诸子，完成《金刚经会钞》的刊刻。然而由于刻经资金等问题，此经刊刻并不顺利。一方面，钱谦益请侯月鹭等好友募

---

① （清）钱谦益：《牧斋杂著》，第337页。
② 同上书，第341页。
③ 同上。
④ （清）钱谦益：《有学集·目录》，第8页。
⑤ （清）钱谦益：《牧斋杂著》，第299页。

刻。《与侯月鹭四首》其一云:"村庄多暇,订正《金刚》《楞严》二疏,已付梓人矣。因毛子晋去岁捐馆,家计悾偬,刻资未能相续,不得不为劝募之计,而又不能强干不相知者。席氏昆仲翩翩,能世其家,又闻颇留意法门。得吾丈与安卿昆仲出广长舌相劝成圆满功德,此经得流通世间,利益不浅。知必为首肯,不笑其沿门持钵也。"① 另一方面,钱谦益请严伯玉、陆敕先等毛晋亲戚好友,督促毛表等人尽快完成《金刚经会钞》的刊刻。如《与严伯玉二首》其一云:"毛氏昆仲,以子晋遗命,许刻《金刚笺注》。间一会面,自刻经之外,不复阑及他语,近亦久不闻问矣。舅甥至戚,岂须外人关说。况少年盛气,老人多口,徒供其揶揄耳。拜命之辱,俟诸面请。"②《与陆敕先九首》其五亦云:"《金刚》刻工,幸为催促令坦,有信示报。"③《与毛奏叔四首》表明,钱谦益在毛晋去世后,与其子毛表集中商讨《楞严经》《金刚经》等佛经注疏和《憨山老人梦游集》的刊刻,其写作时间在顺治十七年(1660)至顺治十八年(1661)之间。其一云:"《金刚经》想已卒业,有《感应》四则,全稿所无,幸补刻入之,亦颇有劝发也。"④ 其二云:"《心经小笺》改正讹舛,幸命刻工细为剜补,可便流通矣。大师《梦游集》,缮写人多写难字,不便诵读,必须改正,此等尚是寒山之流毒也。《楞严》首册,乞付潘老。《金刚》稿已有次第,即日可奉览也。"⑤《憨山老人梦游集》后记时间为"上章困敦之岁仲冬长至日。"即顺治十七年(1660)十一月,此信当作于顺治十七年(1660)末。从信中看,钱谦益的《金刚经会钞》定稿此时即将完成,希望完成后交由毛表刊刻完成。其三系接前信而作,其中云:"潘老来,知《憨大师全集》梓工过半,贤昆仲乃心法门如此,为之喜而不寐。大师小像应刻卷首,并《托生辨》一篇,乞付潘老入梓。《金刚疏解》,亦即日刊正奉览

---

① (清)钱谦益:《牧斋杂著》,第 231 页。
② 同上书,第 284 页。
③ 同上书,第 288 页。
④ 同上书,第 318 页。
⑤ 同上书,第 319 页。

也。"① 此时，《金刚疏解》尚未完成最后定稿。至于《金刚经会钞》刻成与否及刊印时间，因未见原本，则俟来日详考。

《金刚经会钞》的疏释体系，是以传为弥勒菩萨所作的《颂》和无著、天亲的《论》为主导，辅以宗密《金刚般若经疏》和子璿《金刚经纂要刊定记》。其《与王烟客书》云："《心经》则贤首略疏，全通法界；《金刚》则慈氏颂偈，亲授僧佉。近代大老笺注，犹多遗落本源，少有管窥，每思就正。"② 钱谦益之所以选取《疏》《论》，是基于对当下《金刚经》疏释的不满。《寄内衡法师书》云："且如《金刚》一经，慈氏以补处菩萨著《颂》，无著、天亲以地上地前菩萨造《论》。圭峰《纂疏》，科文则依天亲，释义兼采无著。不独禀承青龙、大云诸古师，实佛佛相承之宗旨也。今欲一切抹杀，各竖新义，不但无著牵羊，且使慈氏退舍，可乎？不可乎？"③ 在《金刚经颂论疏记会钞缘起论》中，钱谦益更明确指出："此经偈论，出自圣人，少文多义，分齐幽深。去圣渐远，根弱智浅。凡心凡笔，用管窥天。希声未扣，望崖辄返。认奥义为艰深，苦玄文之诘曲。有夫狂易，妄议通方，谓天亲久习小乘，无著引归大教。今当依甚深般若，何须谈第二义门？"④ 因《颂》《论》文少义繁，深奥难解，疏释者干脆略而不谈，甚至以小乘相讥。对此，钱谦益极为不满。为了改变此类流弊，发掘《金刚经》的疏释源流，他以《疏》《论》为纲进行疏释："当知佛法冲深，般若尊重。我等凡愚，凭仗佛菩萨悲智，依彼光明，庶得冥加，渐成显了。若欲拂遣偈论，逞臆师心，影掠宗传，增长邪慧。斯则三根不收，终当诸佛不化。吾为此惧，搜讨源流，奉慈氏为真子，立二匠为大宗。使后来论释确有师承，开正法藏，息边邪狂瞽之见，而作是钞。"⑤ 这不仅体现出钱谦益探源讨流的学术路径，也体现出重兴佛教的一片苦心。

---

① （清）钱谦益：《牧斋杂著》，第319页。
② （清）钱谦益：《有学集》卷39，第1358页。
③ （清）钱谦益：《有学集》卷40，第1379—1380页。
④ （清）钱谦益：《牧斋杂著》，第619页。
⑤ 同上书，第619—620页。

在本土《金刚经》疏释著作中，钱谦益重点选取了圭峰宗密的《金刚经疏论纂要》和长水子璿的《金刚经纂要刊定记》。他认为宗密、子璿之作，是承接《颂》《论》而来，"圭山造疏，妙极折衷。有一义中二论兼该，如住修降伏之文者；有一章中二论互采，如大乘中住之义，先明广大四心，次明三摩教观者。先取蹑迹疑者，所以洞明觉地。次取发行立住者，所以密示观门。即开即合，双遮双照。由是销归秦译，符顺经宗。二论合经，譬如四河入海。般若真宗，至是而几无余蕴矣。"[①] 在有"千家"之称的《金刚经》疏释著作中，只有宗密、子璿两家注疏，发挥《圆觉经》《华严经》义理，对《金刚经》旨趣进行了正确的阐释，"《金刚》笺解，古曰千家。囊括指南，无逾《疏记》。圭山以《圆觉》玄珠，发挥智地。长水以《杂华》性海，敷畅圆宗。云外之众义兼宗，石壁之多文蔚截。郁为梁栋，炳若日星"[②]。宋代以来的《金刚经》注疏，错谬百出，真伪混杂，对《金刚经》义理的研究，造成了极大的困扰，"有宋之世，讹伪繁兴。有伪造六祖口诀，谓金刚喻佛性，羖羊角喻烦恼。金刚坚利，羖羊角能坏；佛性虽坚，般若智能破者。有伪引金海光如来注，谓一切众生，与卢舍那法身，是一合相，出自《华严经》者。有妄捏铜牌记，无著升兜率，请问慈氏，谓无我相等四句是四句偈者。此等皆凡愚下劣，聋瞽邮传，末法芜秽，稂莠不别。"[③] 又云："从上伪解，萃于宋杨圭十七家。密藏开公所诃，中多邪见，非教眼，非禅宗者是也。又有黄观使瑞山者，粗涉宗门，掇拾剩语，每解一分竟，结以冶父道川师一颂，标目为七祖注。流俗妄传，目为秘本。其过亦易了也。末法凌夷，宗教讹滥。邪师恶觉，实烦有徒。彼谓客店流闻，便呈心偈。婆子勘问，立焚《疏钞》。正须遣拂言诠，何用牵缠偈论，争夸悬解，各命宗通？有云者几句是铁撅子，者几句是金刚圈。有云三句义即一句，四句偈即百千句，三十二分即

---

① （清）钱谦益：《牧斋杂著》，第620—621页。
② 同上书，第623页。
③ 同上。

无一字一句。嚼馊饭以哺人，凭寱语而取物。盲盲相导，昈昈君趋。"① 对于此类错解误解盛行的原因，钱谦益认为有四：一是便于弄引凡愚，"今谓人人顿悟，个个证真，不听经论，不参善友，佛位天成，不劳而至。谁不奔驰，更相鼓煽"②；二是便于捞拢小根，"今谓片言彻悟，合下无生，般若现前，明珠在额，但入此门，已绍祖位。如薄醉人，饮以狂药"③；三是便于拂略经义，"今谓句后声前，忘言得意，截径进取，不务枝流，字字疮疣，言言糟粕。谁有心力，复钻故纸"④；四是随逐末法，"今谓真俗无二，魔佛皆如，戏论相扶，斗诤不作，颠顶佛性，笼统真如。初无疑断，有何住修"⑤。有感于此，钱谦益出于护法真心与借教扶宗的愿望，重疏此经，"今欲揩柱末流，拔倒圆种，断邪师恶网之毒，而作是钞"。⑥

为了体现正本清源、探讨源流的学术路径，改变妄以已意删改经文的陋习，达到反经名教的革新目的，钱谦益在经文译本选取与排列上，也进行了仔细的推敲。《金刚经颂论疏记会钞缘起论》云："弘、始以后，翻译有六。古今尊奉，独有秦经。虽慈恩新旧，义更委翻。而南山天人，语有诚证。今世学人，傍求六译，妄欲刊定经文，裁量佛语。如有宋之孙明府、王龙舒者，径山、金华，后先破斥，比于毁谤大乘，良可惧也。今兹钞略，对决分明。首列魏经，以明偈论因依之本，则论释之纲领清矣。次列秦经，以综疏记现行之要，则说解之条目定矣。净师重译，兼带颂论，文无累书，夹注于魏译偈论之下，则今人无著重颂，天亲重译之疑误，可以涣然冰释矣。"⑦

《金刚经会钞》虽然未见，其主导思想与疏释体系，当大致不误。值得注意的是，康熙三年（1664）五月，也就是在钱谦益去世前后，僧人行

---

① （清）钱谦益：《牧斋杂著》，第624页。
② 同上。
③ 同上。
④ 同上。
⑤ 同上。
⑥ 同上书，第625页。
⑦ 同上书，第622页。

策完成了十卷本《金刚般若经疏论纂要刊定记会编》①，并于康熙八年（1669）秋在嘉兴楞严寺般若堂刻成。行策此书，也是在无著等人《颂》《论》《纂要》《刊定记》的基础上进行的会钞会编，思想路径与钱谦益的《金刚经会钞》极其相近。在《金刚般若经疏记会编序》中，行策写道："是经文则甚略，而义该大部，入位上流，乍难窥测。然自创译已来，此方疏释约数百家，深经浅解，已谓少益，况偏辞臆说，至有不堪闻见者乎？昔佛灭后，西域有无著菩萨入日光定，上升兜率，诣弥勒问此经义。弥勒以八十偈颂之。无著出定，与弟天亲各禀偈造论，二论互释。经旨弥深，乃非浅智所了。唐土山大师以妙悟之姿，泳游教海，愍物兴慈，遂正本二论，旁采诸说，述《纂要疏》二卷，辞精理极，为众释中最。然一往读之，不了者十犹六七。石壁师别为广解，又失之太繁。长水师复起而蕱削之，成《刊定记》，而疏义显矣。疏义显，而后金刚般若教行理三经乃无不显矣。但今宇内谬解偏多，传讲诸师又恒习世本，各封己见，以故鲜知宗尚。嗟乎！独不思圣凡愚智，藐若云泥。无著是登地菩萨，天亲是地前加行菩萨，二人亲禀弥勒。弥勒是补处菩萨，亲禀释尊。今疏悉依二论，则疏即佛语，佛语不宗，将谁宗乎？"② 行策此论，与钱谦益的《金刚经颂论疏记会钞缘起论》对读后，可谓如出一辙。目前虽未发现二人间往来文字，但考虑到钱谦益发愿疏经在前，且与嘉兴楞严寺关系密切。行策此书，当受钱谦益《金刚经会钞》的影响。

（二）《华严经会钞》

钱谦益接触研究《华严经》，当和教内外师友间的熏染密切相关。其师管志道的思想，就是参会《华严经》和《易经》而来，如《湖广提刑按察司佥事晋阶朝列大夫管公行状》云："隆庆己巳，应选贡入北京，阅《华严经》于西山碧云寺，至《世主妙严品》，顿悟《周易》'乾元统天，用九无首'之旨，与《华严》性海，浑无差别。豁然若亡其身，与太虚

---

① 见《嘉兴藏》第 31 册，第 671 页上—748 页下。
② （清）行策：《金刚般若经疏论纂要刊定记会编》卷首，《嘉兴藏》第 31 册，第 674 页上。

合。照见古往今来，一切圣贤，出世经世，乘愿乘力，与时变化之妙用。大概理则互融，教必不滥。"① 他的友人李流芳，"未久而病作，犹焚香洮颒，手书《华严》不缀"②，王志坚"读佛书，研相而穷性，阐教而阐宗，手写《华严》至再"③。至于教内师友，如憨山德清刺血书《华严经》，著有《华严纲要》。而华严宗师友如雪浪洪恩、苍雪读彻等，以《华严经》为本宗经典，自不用说。

相对《楞严经》《维摩诘所说经》，钱谦益对于《华严经》的阅读与接受稍晚。他的学生瞿式耜在《牧斋先生初学集目录后序》中说："癸酉（1633），居太夫人丧，读《华严经》，益叹服子瞻之文，以为从华严法界中流出。"④ 崇祯十四年（1641），钱谦益在《华严忏法序》中对《华严经》的传译、注疏和华严宗思想源流进行了概括性总结，其云："《华严》之为经王也，夫人而知之矣。肇于晋，广于唐，于是有实叉难陀之译，有清凉国师之《疏钞》，有李长者之《合论》，有杜顺和尚之《法界观》。千年以来，薄海内外，顶礼而捧诵者，无虑万亿，不可说转。"⑤ 足见此时钱谦益对《华严经》已经有较为深入的研读。乃至于人清之后，钱谦益倡导义学研究，以华严宗思想为主体，疏释了《楞严经》《心经》等佛教著作，为华严宗乃至于晚明佛教复兴做出了贡献。

除了师友影响和义学研究外，钱谦益疏释研究《华严经》，尚有宗教层面的需要。在《白椎庵建造弹指阁华严堂募缘疏》中，钱谦益重点突出了《华严经》的两大功德：一是破地狱，二是止刀兵。关于"破地狱"，钱谦益借《华严经》中的《觉林菩萨偈》，说明《华严经》的破地狱功用，其云："众生在五浊世，贪淫盗杀，种种造地狱因。能破地狱者，此经也。……故曰：'一偈之中，能破地狱。'况一卷一品一部之文乎？"⑥ 关

---

① （清）钱谦益：《初学集》卷49，第1258页。
② （清）钱谦益：《初学集》卷54，第1349页。
③ 同上书，第1352页。
④ 卿朝晖：《牧斋初学集诗注汇校》，第1218页。
⑤ （清）钱谦益：《初学集》卷28，第863—864页。
⑥ （清）钱谦益：《有学集》卷41，第1416页。

于止刀兵，钱谦益说："众生在三灾世，恶业招报，往往遇刀兵劫。能止刀兵者，此经也。……以修罗之犷勃，帝释败北，藏针孔以避之。今乘法力，立使奔溃。而况于人世之刀兵，有不冰消雾解者邪？"① 顺治十七年（1660），他在《题张善士墨书华严经后》中云："《华严》大经，经中之王。受持读诵书写，是功德无量无数无边。往吾友昆山王提学淑士、嘉定李孝廉长蘅，皆发愿写《华严经》。淑士临终正定，耳中闻天乐来迎。殁后亦数见生天之兆。嘉定人有入冥者，见沈公路在善趣中，问曾见长蘅否？沈答曰：'长蘅写经，功德高大，吾辈安得见之？'予亦梦长蘅告曰：'吾写经功德，受用不可訾省。此中专设一官，为我典守。'此二事皆予所灼知者。以是知传记所载盥水拯虫蚁，一偈破地狱，皆是实理实事，如语不诳语也。"② 王志坚与李流芳二人因抄写《华严经》，不仅临终正定，且去世后得种种福报。抄写经典尚得如此，注疏经典所得福报自然远超其上。钱谦益年近八旬，即将面临生死问题。而《华严经》中一偈破地狱、往生得善趣等思想，无疑带给他信仰层面的需求。虽语涉荒诞，他却深信不疑。

钱谦益疏释《华严经》，当发生在他和朱鹤龄因注杜而产生论争之时。《复吴江潘力田书》云："《杜诗新解》，不欲署名，曾与长孺再三往复。日来翻阅《华严》，漏刻不遑，都无闲心理此长语。"③《与朱长孺》其二云："《华严》《宗镜》，方事研求。义门深微，卷帙浩繁。遵王刻《杜》之役，止之不获，期以秋深岁尽，偷翻经余晷，为作一序，以副其意。仆之不敢自居注《杜》，与不欲成书之故，向为兄作序，既已反复自明，抚卷三叹，有识者皆能了其微意。今再一申明，吾事毕矣。"④《与遵王》其二十三云："晚年学道，深知一切皆空，呼牛呼马，岂惮作石林剃身。以此但任其两行不复更措一词。若笺本既刻，须更加功治定。既已卖身佛

---

① （清）钱谦益：《有学集》卷41，第1416—1417页。
② （清）钱谦益：《牧斋杂著》，第850页。
③ （清）钱谦益：《有学集》卷39，第1350页。
④ （清）钱谦益：《牧斋杂著》，第235页。

奴，翻阅《疏钞》，又欲参会《宗镜》，二六时中，无晷刻偷闲。世间文字，近时看得更加嚼蜡矣。"① 钱谦益因注杜之事而与朱鹤龄发生论争，当在康熙元年（1662），时朱鹤龄携带杜注稿本第二次坐馆钱谦益家。朱鹤龄在《辑注杜工部集》卷首识语中云："壬寅（1662），复馆先生家。"②从钱谦益写给潘力田、朱鹤龄、钱曾等人的书信来看，此时已集中精力，从事于《华严经》《宗镜录》的疏释。时钱谦益已81岁，且《华严经》卷帙浩繁，为了疏经，钱谦益惜时如金，全力以赴。《与陆敕先》其七中云："日来从事《华严疏钞》，谢客之禁甚厉，虽足下相过，亦不能数数延见。"③ 为疏此经，钱谦益闭门谢客，用功之勤，于此可见。《华严经会钞》的最后完成时间，钱谦益《为王兆吉赠陆仲德序》云："兆吉今年七十，诸士友请生辰为寿之词，余恶其俗而弗为也。余今会《华严疏钞》已毕，将顶戴以往，散花作礼，诵《如来寿量品》，以代南山之祝，而以斯言先之。"④ 关于此文写作时间，从篇首"甲辰春，余方有幽忧之疾"来看，当作于康熙三年（1664）春，此时《华严经会钞》已经完成，而钱谦益也于此年五月去世，可谓是他一生中最后一部佛经疏释著作。

钱谦益去世后，钱氏家难随之而来，其后人当无力刊刻。袁津琥在《钱谦益手批〈华严经〉残稿的下落》中，记录了钱谦益《华严经》残稿的不幸遭遇，其云："朋友D君早从名师，精研版本目录。某日，言及钱柳。D君忽痛心疾首言：昔所供职某省图，犹藏牧斋手批《华严经》八十卷，纸墨精好。经文为明刊本，批语似犹有钱夫人柳氏手笔。乃馆中诸人无识，某次整理装裱图书时，竟视天头钱柳批语为赘疣，尽数截去投入下水道中。D君其时适外出，归来虽急急呵止，则已损失三分之一矣。D君犹冀侥幸于万一，更调阅借阅记录，则此书自入藏以来，从无人借阅，则

---

① （清）钱谦益：《牧斋杂著》，第330页。
② 周金标：《钱谦益与朱鹤龄交往考论》，《江南大学学报》（人文社会科学版）2010年第1期。
③ （清）钱谦益：《牧斋杂著》，第289页。
④ 同上书，第532页。

自也不会有人过录其中钱柳批语。"① 因语多隐晦,《华严经》残稿的下落,当留来日再访了。

此外,钱谦益的佛教类著述还有《内典文藏》《宗镜提纲》二书。关于《内典文藏》,钱谦益写给龚鼎孳的信中云:"年来多暇,采辑释门文字,为《内典文藏》,差足继《弘明》之后,恨末由一请正。"② 据此,《内典文藏》当如梁代僧祐《弘明集》、唐代道宣《广弘明集》般,搜集三教论衡文字,而最终归趣在于佛教。《宗镜提纲》是钱谦益在疏释《华严经》的同时撰述的,内容当为永明延寿《宗镜录》的节选本。钱谦益对此所言无多,或为未成之作,只好留待来日详考了。

第三节 佛教别集整理

钱谦益感于师友咐嘱之情,出于护法救弊之需,搜集整理了憨山德清的《憨山老人梦游集》和紫柏真可的《紫柏尊者别集》。此外,钱谦益在云栖袾宏已有成书的基础上,在憨山德清殷殷嘱托下,整理校刻了宋濂的《护法录》。

一 《憨山老人梦游集》

《憨山老人梦游集》是憨山德清的作品集,抄本藏于岭南。钱谦益有感于他和憨山德清的师生情缘,鉴于当时通行本远非完璧,且憨山德清的文字有末法救弊之功,于是借龚鼎孳赴岭南之机,寄书岭南诸友人,寻访原本,抄写归吴。钱谦益在此基础上将其整理校勘,编刻流通,成为一时盛事。

(一)整理缘由

憨山德清(1546—1623),字海印,全椒人,万历三高僧之一。钱谦益与憨山德清的唯一一次会面,是在万历年间。万历四十四年(1616),

---

① 袁津琥:《钱谦益手批〈华严经〉残稿的下落》,《读书》2005年第11期。
② (清)钱谦益:《牧斋杂著》,第199页。

憨山德清前往径山吊唁紫柏真可。《憨山大师自序年谱实录》载："（十一月）长至日望，至寂照。十九日，为达大师作荼毗佛事。……二十五日，手拾灵骨，藏于文殊台。"① 在此之前，钱谦益曾在锡山等待憨山德清，但"当面错过，大为怅然"。为此，憨山德清致信钱谦益，"尚有云栖一行，湖上无多留连。归次吴门，必入毗耶之室"。②

万历四十五年（1617）正月，憨山德清凭吊云栖袾宏，说法西湖，"诸山各路名德法师，俱集于湖上问法，各申诘难，时谓东南法会之最胜，昔所未有也。"③ 返回吴门时，应巢松慧浸、一雨通润等人之请，入华山，游天池。临行前，特意抽出时间，赴弟子洞闻法乘和钱谦益之约，"将行，弟子洞闻、汉月久候，钱太史受之亲迎至常熟"④。钱谦益《憨山大师曹溪肉身塔院碑》云："万历丁巳（1617）囗月，大师东游洎三峰，燃灯说戒。汉月师请坐堂上，勘辩学人。余与汉师左右侍立。诸禅人鱼贯而前，抠衣胡跪，各各呈解。大师软语开示，应病与药，皆俛首点胸，礼拜而退。"⑤ 在迎请憨山德清期间，钱谦益好友时伯和也曾从中斡旋，《与时伯和》其二云："向上一着，尚未梦见。闻憨山大师，惠然肯来。果然，则水边林下，少日周旋，或不至终身作瞎汉矣。"⑥

此间，憨山德清参访破山兴福寺，见吴越王钱弘俶所造佛塔，应钱谦益之请，作《钱吴越忠懿国王造铜阿育王舍利塔记》，记佛塔出土发现之经过，"我明万历初，常熟顾耿光造其父宪副茔地中掘出一小铜塔，高五寸许，如阿育王塔式，内刻款云：'吴越国王钱弘俶敬造八万四千宝塔，乙卯年记'一十九字"⑦。钱谦益据此史事，取聚沙成塔之义，号聚沙居士，"顾为钱太史之母舅，因公为忠懿王后，遂以塔付之。公得此，自号聚沙居士，志因也，乃送兴福兰若。予东游，访太史，过洞闻上座，睹其

---

① （明）德清著，孔宏点校：《憨山老人梦游集》，第582—583页。
② 同上书，第325页。
③ 同上书，第583页。
④ 同上。
⑤ （清）钱谦益：《有学集》卷36，第1255页。
⑥ （清）钱谦益：《牧斋杂著》，第229页。
⑦ （明）德清：《憨山老人梦游集》卷25，《中华大藏经》第83册，第957页下。

塔，奇其事，因记之"①。尾题"万历四十五年佛生日记"，盖憨山德清此次造访虞山，在四月八日佛诞节前后。会面期间，憨山德清对钱谦益寄托良深，希望他能担负起护法护教的重任。暂居信宿之后，钱谦益亲自送别。崇祯三年（1630），憨山大师全身入五乳峰塔院，钱谦益赋诗为记，对十三年前送别之景念念不忘："犹忆拿舟夜别师，胥江水落月斜时。草堂未践青山约，莲社空余白首期。"②《列朝诗集小传·憨山大师清公》亦云："师之东游也，得余而喜曰：'法门刹竿，不忧倒却矣。'灯炧月落，晤言亹亹，所以付嘱者甚至。"③

胥江送别后，两人虽无会面之机，书信往来不断。④ 憨山德清到达庐山后，在写给钱谦益的《寄钱太史受之》诗中云："偶乘空中云，随风至吴会。东南美山水，醖藉多佳士。一见素心人，精神恍如醉。未语肝胆倾，清言入微细。相对形骸忘，了然脱拘忌。精白出世心，太虚信可誓。苦海方洪波，愿言驾津济。把别向河梁，遂我归山志。长揖返匡庐，藏踪杳深邃。五老与七贤，日夜常瞻对。诛茅卧空山，烟霞为衣被。视此芭蕉身，一掷如弃涕。缅想未归人，驰情劳梦寐。安得驾长虹，凌风倏然至。暂谢尘世缘，入我真三昧。"⑤ 诗中回忆起二人虞山会面时一语倾心、肝胆相照的场景，希望钱谦益能够抛弃俗缘，一心归佛。此时钱谦益正热衷于世间功名事业，自然未能出世离俗。在《答钱受之太史》其七中，憨山德清称钱谦益为"护法居士"，希望他能护持佛法，重兴佛教，"山野年来衰病日作，意非久处人世者，此生无复再晤之时矣，言之悲酸。山野所悲，不独时事，即法道寥寥，目中所赖护法之心，如居士者，指不再屈，岂特

---

① （明）德清：《憨山老人梦游集》卷25，《中华大藏经》第83册，第958页上。
② （清）钱谦益：《初学集》卷9，第277页。
③ （清）钱谦益：《列朝诗集小传》，第700页。
④ 《憨山大师梦游全集》收有《答钱受之太史》书信七封，为考察二人交往提供了一些线索，陈洪、王红蕾对此已有论述。参见陈洪、王红蕾《钱谦益与憨山德清的一段思想渊源》，《郑州大学学报》（哲学社会科学版）2007年第6期；王红蕾《憨山德清与晚明士林》，中国社会科学出版社2010年版。
⑤ （明）憨山德清：《憨山老人梦游集》卷47，《中华大藏经》第84册，第200页上。

金刚幢耶?"①此信在憨山德清去世两年后,经陈迪祥之手转交给钱谦益,算是他对钱谦益的最后付嘱。

憨山德清殁后,钱谦益时常回忆起自己的恩师。崇祯三年(1630),憨山德清全身入五乳峰塔院,钱谦益赋诗四首,表达深切怀念之情。憨山德清的塔铭、碑传,多出自钱谦益之手。面对诸如颛愚观衡《曹溪中兴憨大师传》、木陈道忞《见闻杂记》所记憨山德清转世等虚妄不实之说,钱谦益作《憨山大师托生辨》,一一勘辨,勿使"后之修僧史、撰佛录者,采猎异闻,而讹滥正信"②。憨山德清对《楞严经》的科判遭人质疑,钱谦益作《海印憨山大师科经总义或问》,力主师说。憨山德清在晚明丛林与士林影响极大,以师相称者,亦不为少。对憨山德清在家或出家弟子,钱谦益也颇为恭敬。如冯昌历为憨山德清俗家弟子,"山野(憨山自称)岭南之行,所得印心弟子一人"③,"师(憨山)以谓如牛毛之有麟角,不离儒服而独继禅灯者,文孺一人而已"④。天启五年(1625),冯昌历弟子陈迪祥入京,带着憨山德清生前的手书拜见钱谦益。钱谦益受陈迪祥邀请,为冯昌历《一树斋集》作序。凡此种种,均见钱谦益对憨山德清的深情。

憨山德清为晚明佛教一代高僧,他的作品对日益凋敝的佛教来说,无疑具有重要意义,"《梦游集》本,初传武林,天界觉浪和尚见而叹曰:'人天眼目,幸不坠矣'"⑤,"以大师为中兴龙象,一言一行,关系人天眼目,文取足征,事贵传信,不敢攀缘葛藤,添附蛇足,以滋法门增益之谤"⑥。当佛门式微之时,"大师之集行,如日轮当阳,魑魅敛影",可扶衰救弊,拯救末法。此外,当时流行的《梦游全集》远非全璧,"憨山大师《梦游全集》,嘉兴藏函,止刻《法语》五卷"⑦,"今欲亟请于座右者,近

---

① (明)德清著,孔宏点校:《憨山老人梦游集》,第330页。
② (清)钱谦益:《有学集》卷43,第1471页。
③ (明)德清著,孔宏点校:《憨山老人梦游集》,第330页。
④ (清)钱谦益:《初学集》卷33,第944页。
⑤ (清)钱谦益:《有学集》卷21,第869页。
⑥ (明)德清:《憨山老人梦游集》,孔宏点校,第586页。
⑦ (清)钱谦益:《有学集》卷21,第869页。此先刻之《法语》五卷,现存《嘉兴藏》第22册,卷一尾题"崇祯己巳(1629)岁夏日匡山木石庵识。"

代紫柏、云栖,皆有全集行世。大师《梦游集》,嘉兴藏函,但是《法语》一种。其他书记序传之文,发明大法者,有其目而无其书。……今特为启请,倒囊相付。当订其讹舛,削其繁芜,使斯世得窥全璧,不恨半珠。人天眼目,尘刹瞻仰,断断不可辽缓后时,或贻湮沉之悔也"①。因此,在钱谦益看来,《憨山老人梦游集》确实具有重新整理之必要。

(二) 整理过程

顺治十二年(1656)冬,龚鼎孳入粤。钱谦益以此为契机,作《致憨大师曹溪塔院住持诸上座书》,托龚氏带往岭南,寻访憨山大师遗集。龚鼎孳临行前,钱谦益赋诗送别,诗末注云:"憨山大师真身漆供曹溪,属孝升往顶礼,并约秋岳收其遗集。"②顺治十四年(1657)正月,龚鼎孳携带钱谦益的书信到达岭南后,经宗宝道独、曹溶、万泰诸人全力协助,终于访得鼎湖栖壑禅师藏本,"曹秋岳诸君集众缮写,载以归吴"③。除曹溶、宗宝道独外,"其在岭表,共事搜葺者,孝廉万泰、诸生何云、族孙朝鼎也。其欤助华首网罗散失者,曹溪法融、海幢池目及华首侍者今种、今照、今光也"。④

宗宝道独侍者今释在《跋寄憨山曹溪法眷书》《录梦游全集小纪》等文中,详细记录了访书过程。《跋》云:"右钱牧斋宗伯访求憨山大师遗稿书,以托龚孝升中丞者,顷携至海幢。华首和尚观之,弹指赞叹。盖叹钱公能不负师,龚公能不负友,而两公皆以不负佛所付嘱也。使授诸梓,命今释跋其后。"⑤《录梦游全集小纪》云:

丁酉(1657)人日,中丞龚公孝升过海幢,出宗伯钱公牧斋书。其于大师遗稿流通之心,真切无比。华首和尚观之,亦赞叹无比,既

---

① (清) 钱谦益:《有学集》卷40,第1383页。
② (清) 钱谦益:《有学集》卷7,第359页。
③ (清) 钱谦益:《有学集》卷21,第871—872页。
④ 同上书,第871页。
⑤ (明) 德清:《憨山老人梦游集》,《新编卍续藏经》第127册,第999页上—999页下。

以海幢所藏者简附龚公矣。复刊布诸刹，为博访全收之计。又以八行致端州栖壑禅师，索其全集。禅师虑失原稿，未发也。二月之望，前孝廉万公履安来，以钱公曾有专嘱，为谋之方伯曹公秋岳，作书重请。于是再奉华首书，遣喻如筏。知客往，稿乃发。而曹公与学宪钱公黍谷，各捐资为缮写费。适会城方有试事，诸士子之归依华首者，闻之皆至，舐笔落墨，数日而毕。其司较对，则一灵种侍者也。时一儒生陈方侯，于作字顷，有所感触，便求出家。即日剃度，法名古值，字曰瞿滴。……三月初六日，比丘今释书。①

可见，憨山大师稿本的收集，经历了一些波折。得知憨山德清原稿藏在鼎湖栖壑禅师处后，宗宝道独致信往取，栖壑禅师以"虑失原稿"为由，婉言谢绝。后曹溶等人建议重请，方才得到憨山德清的原稿。尤为称奇的是，陈方侯受憨山德清文字的影响，当即出家，足见其文字感召力之大。

为了顺利完成对憨山德清遗集的搜集，万泰颁布了台谕，其云："台谕：《憨大师全集》，泰处署中，搜罗咨访，非力所及。适金道隐在此中，知中丞传台札于海幢法侣。其堂头宗宝老人欢喜赞叹，焚香设拜，属道隐题跋付梓，布告诸方。俾凡有收藏大师《法语》者，单辞片纸，皆来聚集。现在数种，附中丞行笥。此外更有所得，泰当为续上也。门人万泰顿首。"② 此外，据谢正光《清初贰臣曹溶及其"遗民门客"》一文考证，在向鼎湖栖壑禅师搜访《憨山老人梦游集》过程中，伍瑞隆也起到了重要作用，"《小纪》中所说曹秋岳'作书重请'，自是栖壑禅师终于将藏书公诸于世之一重要原因。而促成栖壑如此决定者，伍瑞隆必曾居中说项玉成。"③

顺治十四年（1657）五月，在搜集到的相关材料寄给钱谦益之后，曾弘从友人黄秋闻处访得憨山大师中兴祖庭时所说法语一则，又重寄给钱谦益，希望他能补入《全集》。《憨山大师口筏引》云：

---

① （清）今释：《录梦游全集小纪》，《新编卍续藏经》第127册，第207页上—207页下。
② （明）德清：《憨山老人梦游集》，《新编卍续藏经》第127册，第999页下。
③ 谢正光：《清初诗文与士人交游考》，南京大学出版社2011年版，第259页。

客岁，龚中丞孝升入粤，虞山钱宗伯属收憨山大师遗文。维时华首老人与鼎湖栖壑和尚，裒集《法语》及诸论述，附星轺以往珠海，牟尼光已照映吴山浙水间矣。余从友人黄秋闻又得遗言一则，乃师中兴曹溪祖庭时，与邓生敷说，所谓《口筏》者也。师信口说法，泚笔千言，文不加点，皆从不思议中流出。其示邓生言下指点，纵横穿漏，从来单提直指，未有如是之简捷透快者。师与云栖、紫柏，同时称三大宗师，弘皆亲受记莂。云栖以低眉作佛事，师与紫柏以怒目作佛事，而其作略大都从五台水观中来。故其楮墨所宣，莫不有千峰积雪，万壑轰雷之雄概。此片纸亦具见一班矣。刻成仍寄宗伯，俾补入《全集》中，而敬书数语于后。丁酉蒲月，中州曾弘合掌言。①

　　钱谦益得到岭南《梦游全集》资料后，立即着手整理。整理过程中，他并非照录原稿不改，而是进行了加工润饰。《憨山大师梦游全集序》云："大师著述，援笔立就，文不加点，字句不免繁苅，段落间有失次。东游时，曾以《左氏心法序》下委刊定，见而色喜，遂削前稿。今兹雠勘，僭有行墨改窜，实禀大师坠言，非敢僭踰，犯是不韪也。"② 在钱谦益看来，憨山德清的作品在篇章安排、文句修饰等方面，尚有待完善。此前钱谦益刊定的《左氏心法序》，曾得到了憨山德清赞许，"《心法序》，诚孟浪之谈，辱大手改正，顿成佳语，真还丹点化之工，非敢言必传，但存一种法门耳"③。憨山德清的首肯，很大程度上鼓励了钱谦益。在整理过程中，钱谦益对其进行了加工润色。在论及整理本与鼎湖原本的差别时，钱谦益写道："余惟大师集本，鼎湖、虞山，颇有异同。鼎湖大师原稿，弟子福善、通炯及五羊刘司理起相所结集也。虞山则经余勘校，间以管窥之见，撮略字句，移置段落者也。二本盖少异矣，而未尝不同。以佛身像譬之，鼎湖本则十身相海，相好庄严之身也。虞山本则优阗香像，毗首羯摩摹刻之身

---

① （明）德清：《憨山老人梦游集》，《新编卍续藏经》第127册，第1000页下—1001页上。
② （清）钱谦益：《有学集》卷21，第869页。
③ （明）德清著，孔宏点校：《憨山老人梦游集》，第328页。

也。是二身者，现相利生，有何差别？故知二本不妨并舟而观月，分河而饮海，其闻法得益，则一而已矣。"①

（三）刊刻流通

钱谦益整理的《梦游集》，本来由毛晋负责刊刻流通。顺治十六年（1659），毛晋去世时，《梦游集》尚未刻成。②其后，钱谦益又与毛晋的儿子毛表等人，商略刻成。《憨山大师梦游全集序》云："毛子子晋，请独任镂版，以伸其私淑之愿。子晋殁，三子聿追先志，遂告蒇成。"③《岭南刻憨山大师梦游全集序》亦云："毛子晋请任镂版，子晋殁，三子继志，告成有日矣。"④《钱牧斋先生尺牍》中收有与毛奏叔信函四封，其中三封与《梦游集》相关，主要内容有二：一是改正《梦游集》中异体字，以便流通。如其二云："大师《梦游集》，缮书人多写难字，不便诵读，必须改正，此等尚是寒山之流毒也。"⑤或许此信去后，效果不大，钱谦益再书一封："《梦游集》诸刻，一一领到，因少迟，未及寄岭南司理，且待后邮。唯集中为缮书人多写拗体别字，读者殊为不便，必须发令改正，以便流通，功德不浅也。"⑥二是关于书版格式和文章次序。如其三云："潘老来，知《憨大师全集》梓工过半，贤昆仲乃心法门如此，为之喜而不寐。大师小像，应刻卷首，并《托生辨》一篇，乞付潘老入梓。"⑦从《憨山大师

---

① （清）钱谦益：《有学集》卷21，第872页。
② 钱谦益《又答觉浪和尚》云："憨大师《梦游集》，仗灵隐、栖壑二公，得窥全宝。……今欲流通大师全集，广募众缘，仰求老和尚拈起笔管，即以屠刀而为说法，使现在世间，屠儿书生，不改各人面孔，人人作贤劫一佛，不亦快乎！"（见《有学集》卷40，第1378页）从"广募众缘"诸字看，钱谦益曾请觉浪道盛为刊刻《梦游集》募缘，但具体结果如何，不得而知。由此可知，《梦游集》之刊刻，非全靠毛晋一家之力。又钱谦益曾为《楞严经疏解蒙钞》等佛学著作刊刻流通而请侯月鹭出面，向席氏兄弟募缘，如与侯氏信中云："村庄多暇，订正《金刚》《楞严》二疏，已付梓人矣。因毛子晋去岁捐馆，家计侘傺，刻资未能相继，不得不为劝募之计，而又不能强干不相知者。"（见《牧斋杂著》，第231页）钱谦益此次请觉浪道盛出面募缘刻《梦游集》，当与子晋去世相关。姑记于此，俟再详考。
③ （清）钱谦益：《有学集》卷21，第871页。
④ 同上书，第872页。
⑤ （清）钱谦益：《牧斋杂著》，第319页。
⑥ 同上。
⑦ 同上。

梦游全集序》尾署"上章困敦之岁仲冬长至日"来看，当在顺治十七年（1660）下半年刻成。至于钱谦益整理本《憨山老人梦游集》的去向及与目前福善本的具体差异，因材料有限，尚俟来日再考。

二 《紫柏尊者别集》

钱谦益整理《紫柏尊者别集》的原因，与《憨山老人梦游集》约略相似。首先，钱谦益与紫柏真可素未谋面，然因梦中付嘱一事，便以私淑弟子自称，是为私淑师谊。《紫柏尊者别集序》云："尊者之化去也，次年为万历乙巳（1605），余梦至高山，有大和尚危坐岩端，谓是达观尊者，恭敬礼足已，指左方地命余坐，密语付嘱，戒以勿忘。……日月逾迈，氛祲晦蒙，六十年来，一往是昔梦中涕泪悲泣世界，吮毫阁笔，多历年所，非敢食言于二老也。每自循省往昔，年少书生，不通佛法，不知以何等因缘，梦中得受记莂。"①

其二，从禅宗发展史来看，宋室南渡后，经惠洪、宗杲至高峰、断崖、中峰为一盛，自元至明初，元叟、寂照、笑隐至楚石、蒲庵、季潭为一盛。此后至晚明二百年左右的时间里，法运不昌。紫柏真可应世而出，蹴踏东南，"实有关于国运隆替、法运兴废"，"住王舍城而为说法，溥圣母之慈云，开明主之智日，庶几矿税可罢，党禁可除，戎索可清，杀运可免"②。紫柏真可晚年卷入朝廷权力斗争，因妖书案而罹难，然其"秉金刚心，具那延力，举手可以拍须弥，嘘气可以吸溟渤"，"关系国运法运"，在禅宗史乃至佛教史上都占有十分重要的地位。他的文字，如贺宽《紫柏尊者别集跋》所言："于《本集》之外，复有《别集》，迷者借之为宝筏，觉者赖之为金绳"③，有导迷开悟之功。一直以护法居士自居，对佛教尤其是禅宗有着较强责任心的钱谦益，收集整理紫柏真可的文字，实有振兴宗门之意。在《天池山烻昏散道场说》文后，钱谦益题云："此文已收《全

---

① （清）钱谦益：《有学集》卷21，第874—875页。
② 同上书，第874页。
③ （明）真可：《紫柏尊者别集》，《新编卍续藏经》第127册，第153页下。

集》中矣。天池道场，迄今尚为魔外之所据，经过此地者，道俗四众，无不伤心，故拈书天池山道场等字，以为人天眼目，观者幸为著眼。庚子（1660）长至日，蒙叟谦益谨识。"① 此文已见于《紫柏尊者全集》卷八，钱谦益在《别集》中重新录出之目的，实因天池道场尚为"魔外所据"，希望借此文为人天眼目，期盼有识之士，力为兴复护持。

其三，紫柏真可文集虽有多种版本流通于世，然尚有遗漏。《紫柏尊者别集序》云："金坛刻《紫柏尊者全集》，已行丛林。此外有钱启忠《集钞》四卷，陆符《心要》四卷。寿光上人据吴江周氏藏本，乃尊者中年之作，白衣弟子缪仲淳执侍左右，手自翻写者。余为会粹诸本，取全集所未载者，排为四卷，名曰《紫柏别集》。"② 此前金坛刻本《紫柏尊者全集》及钱启忠、陆符刻本，皆非全本。顾大韶在《跋紫柏尊者全集》中，已经指出金坛刻本并非全本，"此金坛于氏所刻，不知谁所删定，较予所定本，似有遗漏。聊记所忆一二条于后"③，并举出金坛刻本所无者四则。钱谦益的《紫柏尊者别集》，正是考虑到现存诸本不全，在按指契颖所抄吴江周氏藏本的基础上，取《紫柏尊者全集》所无者，收集整理而成。此外，与紫柏真可交往密切之人，也成为他搜访材料的重点。如钱谦益从冯梦祯之孙冯研祥处搜访紫柏真可手札，《跋紫柏大师手札》云："右紫柏大师手札一通，故祭酒冯公开之家藏，其孙研祥装裱为一册。……大师作书，都不属草，缘手散去。《全集》载与祭酒书才二纸，甬东陆符搜访为《别集》，而未尽也。研祥以念祖之故，念法念僧，郑重藏弄，俾余得翻阅缮写，岂不幸哉。"④ 紫柏真可寄与冯梦祯的书信，《紫柏尊者全集》仅收二首。陆符所见，则有28封，并从中选取16封。钱氏《紫柏尊者别集》在保存陆氏所选16封基础上，又增补六封，共成22封。在《紫柏尊者别集》个别文章后，钱谦益明确标示出材料来源。如卷二《示浔阳二邢偈》《读东坡

---

① （明）真可：《紫柏尊者别集》，《新编卍续藏经》第127册，第98页上。
② （清）钱谦益：《有学集》卷21，第873页。
③ （明）真可：《紫柏尊者别集》，《新编卍续藏经》第127册，第152页下。
④ （清）钱谦益：《有学集》卷46，第1536页。

梦斋铭偈》，出自王肯堂的《笔麈》；卷末附录《东厂缉访妖书底簿》，系"故司理陈矩家所藏"①。《紫柏尊者别集》的编成时间，当在顺治十七年前后，《嘉兴藏》本《序》末尾题云："岁在庚子（1660）十一月，长至后七日，来复之日，虞山白衣私淑弟子蒙叟钱谦益焚香肃拜谨序。"② 负责是书刻印者，是《嘉兴藏》后期主持者之一按指契颖。

三 《护法录》

《护法录》原为云栖袾宏所辑，经吴应宾"转授梓人"③，钱谦益在此基础上，加以搜集整理。《宋文宪公护法录序》云："《文宪集》无虑数十本，余搜次其关于佛事者，合诸云栖所辑，而僭为序，以谂于世之宪章者。"④ 钱氏此序，作于万历四十四年（1616）。第二年，憨山德清应钱谦益与洞闻法乘、汉月法藏等人之邀，前来虞山三峰寺开坛授法。二人会面时，钱谦益将《护法录》赠予憨山德清，请求教示。别后不久，钱氏致书问讯。憨山回信云："《护法编》时对披读。诸老塔铭，言言指归向上一路，得宗门正眼。我明法运大开，赖有此为衡鉴。若刻施流通，利法不浅。其稿，俟明春当专持上。"⑤ 据《憨山老人自叙年谱实录》载，自虞山别后，五月一日过白下，五日至芜湖，十六日至星渚。六月十五日，命福善经营五乳峰开工，十月始成一室，方得安居。钱谦益致书，当在十月之前。憨山此书，则作于入冬以后。憨山视《护法录》为明初佛运大开之衡鉴，希望钱氏能够付梓流通，并约明春（1618）将书稿奉还。第三封信中，憨山德清云："谛观宋濂溪之学，实出于此，故能羽翼圣祖，开万世太平之业。读《护法编》，未尝不抚卷而叹也。"⑥ 他再次希望《护法编》

---

① （明）真可：《紫柏尊者别集》，《续藏经》第127册，第150页下。
② （明）真可：《紫柏尊者别集》，《嘉兴藏》第23册，第55页中。
③ （明）袾宏：《云栖大师遗稿》卷1，《嘉兴藏》第33册，第123页上。关于《护法录》的专题研究，可参见董永斌《〈宋文宪公护法录〉研究》，硕士学位论文，浙江师范大学，2012年；贾素慧《〈宋文宪公护法录〉研究》，博士学位论文，上海大学，2016年。
④ （清）钱谦益：《初学集》卷28，第862页。
⑤ （明）德清：《憨山老人梦游集》，孔宏点校，第325—326页。
⑥ 同上书，第326页。

能够早日付梓,"《护法编》,文章不必重加批点,但就诸祖塔铭开正眼处,略发一二,则已为赘。幸亟刻之为望"①。第四封信中,憨山对《护法录》进行点评:"《护法录》,即禅宗之《传灯》也。其所重在具宗门法眼,观其人则根器师资,悟门操行建立。至若末后一着,尤所取大。今于毫端通身写出,不独文章之妙,其于护法深心,无字不从实际流出。其于教法来源,显密授受,详尽无遗。此古今绝唱一书,非他掇拾之比。……今以后寄底本覆上,若早刻一日,则法门早受一日之惠也。"②所云"后寄底本",当在钱氏前次所呈本的基础上,再次修订后所寄之本。

基于憨山德清的拳拳嘱咐之心,天启元年(1621)春,《护法录》在径山化城寺刊刻。付刻前,钱谦益请同乡顾大韶作疏募缘,其文曰:

> 国朝文人辈出,无踰宋文宪公右者。文宪博物穷理,铸词炼格,几于大而化之矣。我明之有文宪,犹唐之有昌黎、宋之有欧阳也。然韩、欧二子,皆主辟佛。昌黎至欲庐居焚书以为快,欧阳稍变其说,欲修其本以胜之。而文宪则贯穿内典,崇奉大法,孳孳如不及,其所见又何不侔也。岂道以久而愈微,教以引而愈蔓?唐宋之世,佛法尚在未定之天,而我明则当已定之天。乃余读《传灯录》,睹唐宋时名僧辈出,六祖澄源,五宗衍派,一何光显照耀!说者谓中峰辍席,未知道隐何方。在我明而僧宝之可传者,寥寥无闻焉,又何说也?岂佛法之在世,如水之在川,逆之则波澜涌沸,而顺之则清涟恬寂与?抑盛衰之倚伏,如晦明之代谢,其未定也。乃所以为兴,而其既定也,适所以为废与?予友钱受之氏,欲以姚少师之《道余录》、沈待诏之《续原教论》,并云栖大师所录文宪集中之阐扬佛法者,汇而刻之,名曰《护法录》。而紫柏大师之嫡子曰澹居铠禅师者,遂欣然身任其役,申既定之法,挽浸废之流,将在此举矣。不佞韶,虞山之鄙人也,德不足以倡,财不足以施,而仅以笔舌行檀。呜乎!其可愧也夫!其可

---

① (明)德清:《憨山老人梦游集》,孔宏点校,第327页。
② 同上。

第二章　钱谦益与释家文献的疏释和刊刻

愧也夫！①

顾大韶为顾大章之弟，东林党人，颇有气节。此疏写作时间不详。从疏文看，钱谦益所辑《护法录》，除云栖袾宏所辑宋濂集中阐扬佛法之文字外，尚有姚广孝的《道余录》及沈士荣的《续原教论》。《道余录》系姚广孝晚年护教作品，集程、朱排斥佛教的言论，并一一加以驳难。沈士荣之《续原教论》，亦为评骘儒释之作，云栖袾宏《竹窗随笔》云："国初翰林侍诏沈士荣居士作《续原教论》，其详品名儒学佛一篇，备举唐宋诸君子，如白香山、苏内翰、以至裴丞相、杨大年等诸公禅学浅深，最为精核。"②但从今本《护法录》来看，并未见《道余录》与《续原教序》之文字。从疏文看，负责《护法录》刊刻者，为《嘉兴藏》后期主持者之一的澹居法铠。

现存《嘉兴藏》第21册的《护法录》，为十卷本，其中卷末均有版刻题记，可借此了解此书的刊刻情况，故迻录如下。

卷一末题云：

> 海虞居士杨彝捐资刻《护法录》第一卷，计字三万一千五百零四个，该银一十五两七钱五分零三厘。维杨释元韬对，句容潘省耕书，上元许一科刻，天启辛酉元年（1621）春二月，径山化城寺识。③

卷二末题记云：

> 常熟居士顾大韶、沈春泽、陈玉阶施资共刻此《护法录》第二卷，计字二万五千五十五个，该银十二两七钱五分三厘。维杨释元韬对，句容潘省耕书，许一科刻。天启辛酉元年（1621）春三月，

---

① （明）顾大韶：《炳烛斋稿》，《四库禁毁书丛刊》第104册，第613页下—614页上。
② （明）袾宏：《云栖法汇》卷14，《嘉兴藏》第33册，第64页上。
③ （明）宋濂：《护法录》卷1，《嘉兴藏》第21册，第616页上。

径山化城寺识。①

卷三末云：

常熟居士钱谦益、顾大章施资共刻此《护法录》第三卷，计字一万五千四百三十一个，该银七两七钱一分五厘。江阴释在琳对，句容潘省耕书，上元许一科刻。天启辛酉元年（1621）春三月，径山化城寺识。②

卷四末题记云：

宣城居士徐日晋、男徐镛施资共刻《护法录》第四卷。计字一万三千八百零四个，该银六两九钱零二厘。江阴释在琳对，句容潘省耕书，上元戴伍刻。天启辛酉元年（1621）春三月，径山化城寺识。

卷五末云：

丹阳居士贺学仁、男贺烺、贺炌、贺焜施资共刻《护法录》第五卷，计字一万七千一百五十个，该银八两五钱七分五厘。桐城释在定对，句容潘省耕书，吴文辉刻。天启辛酉元年（1621）夏四月，径山化城寺识。③

卷六末云：

---

① 新文丰版《嘉兴藏》中，此则题记漫漶不清，据民族出版社2008年版补录，参见第261函第2册。
② （明）宋濂：《护法录》卷3，《嘉兴藏》第21册，第639页中。
③ （明）宋濂：《护法录》卷5，《嘉兴藏》第21册，第657页上。

丹阳居士贺学仁、男贺烺、贺炌、贺焜施资共刻《护法录》第六卷，计字一万零二百六十六个，该银五两一钱三分三厘。桐城释在定对，句容潘省耕书，进贤陈叔道刻。天启辛酉元年（1621）春四月，径山化城识。①

卷七末云：

丹阳居士贺学仁、男贺烺、贺炌、贺焜施资共刻《护法录》第七卷，计字九千零三百五十五个，该银四两六钱七分八厘。桐城释在定对，句容潘省耕书，进贤陈叔道刻。天启辛酉元年（1621）春四月径山化城识。②

卷八末云：

宣城居士徐日晋、男徐镛施资共刻《护法录》第八卷，计字八千五百九十一个，该银四两七钱零一分。江阴释在琳对，句容潘省耕书，江右陈叔道刻。天启辛酉元年（1621）春四月，径山化城寺识。③

卷九末云：

常熟县居士杨彝捐资刻此《护法录》第九卷，天启癸亥年（1623）秋月径山化城识。④

卷十末云：

---

① （明）宋濂：《护法录》卷6，《嘉兴藏》第21册，第663页上。
② （明）宋濂：《护法录》卷7，《嘉兴藏》第21册，第668页下。
③ （明）宋濂：《护法录》卷8，《嘉兴藏》第21册，第674页上。
④ （明）宋濂：《护法录》卷9，《嘉兴藏》第21册，第684页上。

常熟县居士宋奎光捐资施刻《护法录》第十卷,天启癸亥年(1623)秋月,径山化城寺识。①

综上,可知是书在径山化城寺刊刻。自顾大韶作《募刻护法录疏》后,施资刻书者,有常熟钱谦益、顾大章、宋奎光、杨彝、丹阳贺学仁及贺烺、贺炌、贺焜父子、宣城徐日晋、徐镛父子等,其中尤以贺氏父子出力最多。参与校对者,则有释元韬、释在琳、释在定等。全书由句容潘省耕一人书成,由许一科、吴文辉、陈叔道等刻。刊刻时间,则从卷一的天启元年(1621)二月开始,至天启三年(1623)秋结束,历时两年半,其中自天启元年(1621)四月第八卷刻成后,至天启三年秋(1623)第九卷刻成,中间停滞两年多。其原因,或与刻资有关。

第四节　钱谦益与《嘉兴藏》

《嘉兴藏》,又称《径山藏》,因经板大多在径山寂照庵、径山兴圣万寿禅寺、径山化城寺等地刻造,故称《径山藏》,又因经板最后集中在浙江嘉兴楞严寺印刷流通,故称《嘉兴藏》。它始刻于明朝万历年间,最终在清朝康熙年间完成,是由民间募刻而成的一部大藏经,分正藏、续藏、又续藏三部分,"收录佛教典籍约2195部,10332卷,是我国历代刻本大藏经之最"②。因永乐南藏、北藏印行困难,流通不便,加之讹误较多,袁了凡与幻余法本首倡,紫柏真可与憨山德清力排众难,在密藏道开及瞿汝稷、袁了凡等众居士的共同努力下,筹备已久的方册藏终于万历十七年(1589)在五台山紫霞谷妙德庵正式开刻。因气候、地理位置等原因,加上刻藏主持者、施资者及刻书工匠多来自于江浙,几经权衡之后,万历二十一年(1593),刻藏地址南迁。南迁之后,刻藏地点也是屡经变更。从刻经题记来看,万历二十一年(1593)至万历二十五年(1597),刻经地

---

① (明)宋濂:《护法录》卷10,《嘉兴藏》第21册,第688页上。
② 李富华、何梅:《汉文佛教大藏经研究》,宗教文化出版社2003年版,第465页。

在径山兴圣万寿禅寺,即径山主寺。万历二十六年(1598)至万历四十年(1612),刻藏地转移至寂照庵。万历四十一年(1613)至崇祯五年(1632),刻藏地在径山化城寺。自崇祯六年(1633)年至清康熙年间,历经明清鼎革变,国家动荡不安,《嘉兴藏》刊刻也屡经变动。从刻经题记来看,嘉兴楞严寺不仅仅是流通中心,而且成为新的刻经与经板集散中心。

钱谦益与《嘉兴藏》颇有因缘。顺治十七年(1660),79岁的他在《募刻大藏方册圆满疏》中写道:"当藏师壬午发愿之时,正值贱子庚寅吾降之候。岁更八十,运已千年。龙象销沉,凤麟遐举。经厂之琅函重闭,长干之蠹简犹新。惟此一丝,独悬九鼎。"①。密藏道开的《刻大藏愿文》载:"万历壬午(1582),从补怛天台诣武林,于绍兴道中,忽见古寺残碑,载胜国时会稽郡大藏板凡七副。因感泣思惟,板刻之在一郡者且尔,其卷轴流通在天下者,当何如哉?乃我明仅南北两板,法道陵夷,莫此为甚。遂愿毕此生身命,募刻方册板,广作流通。"② 在其后79年的时间里,刻藏地址与主持刻藏者屡经变迁,毕生以刻藏己任的密藏道开也悄然隐去,钱谦益由孩童成为年近八旬的老翁。当其头白齿落之时,撰疏募缘,前后因缘,不可谓不深。简而言之,钱谦益参与刻藏,约有四端:一为寺庙营建;二为刻藏人员交往;三为藏经募刻;四为协调经板运输。

(一) 寺庙营建

径山寺为江南名刹,始建于唐。唐天宝初年,国一禅师隐居于此,成为开山祖师。唐僖宗乾符六年(879)改为"乾符镇国院",宋大中祥符元年(1008)改赐"承天禅院",政和七年(1117)改称"径山能仁禅院",宋孝宗御书赐额"径山兴圣万寿禅寺",元末毁于战乱,明代洪武年间重建。其主寺为兴圣万寿禅寺,下院有双溪化城接待寺、大安禅寺、小径山万寿禅寺、西径山寺、安乐寺、安众寺、法华寺、万寿正续寺等二十余座。经历代高僧的不懈努力,径山寺规模渐大,声名日隆,成为声名显赫的江南名刹。

---

① (清)钱谦益:《有学集》卷41,第1400页。
② (明)道开:《刻大藏愿文》,《嘉兴藏》第23册,第3页上。

钱谦益是径山寺的护法居士，宋奎光的《径山寺》将其列为外护之一，并收录了钱谦益的《宋文宪公护法录序》（见《径山寺》卷五）、《题无生上人募铸铁瓦疏》（卷五）、《化城寺迎佛饭僧募缘疏》（卷五）、《题径山下院安乐寺重建禅堂疏》（卷五）、《种树记》（卷七）、《答宋元实》（卷八）等文。其中《答宋元实》等文，《钱谦益全集》失收，属钱谦益早期佚文，为考察他和径山寺的关系提供了新的史料。①

万历十七年（1589），《嘉兴藏》初刻于五台山之妙德庵，四年后南迁至径山主寺，万历二十六年（1598）迁至寂照庵，万历四十一年（1613）迁到化城寺。化城寺是径山寺的下院，始于宋代佛日禅师创建的接待寺。入明后，渐次夷凌，寺田被侵。万历三十九年（1611），吴用先、澹居法铠、王中泉、黄汝亨诸人，力图兴复，"虽未尽复旧址，从此诛茅建刹，亦庶几可观矣"②。与径山寺相比，"化城踞径山之东麓，去双溪数里，地坦平无云雾，即便藏板，而输工力事事皆宜"③，"刻藏之役，兹功已过半，缘成或有日矣。乃谋藏板善地，卜及化城"④。化城兴复后，成为嘉兴藏后期刊刻之重地。然兴复之业，诚非易事。澹居法铠在蓟辽总督吴用先的资助下，"按址画界，夺诸豪右之手，仍为佛地，又赎临安太平寺田百亩，供赡常住，于是藏事有归焉"⑤。化城寺兴复后，澹居法铠应"金坛于、贺并吴江沈茂所、周氏兄弟"之请⑥，接续念云兴勤，主持刻藏。天启元年（1621）⑦十二月，澹居法铠去世后，"澹居魔徒，甘为狮虫娆法，本山合抱古松，累年大竹，伐卖一空"⑧。主持者慈门德公⑨，因为"不奉法者恶

---

① 王彦明：《钱谦益佚文考释》，《文献》2014年第5期。
② （明）宋奎光：《径山志》卷4。
③ 同上。
④ 同上。
⑤ （明）德清：《憨山老人梦游集》卷29，《新编卍续藏经》第127册，第618页上。
⑥ （明）宋奎光：《径山志》卷8。
⑦ 注：天启元年十一月二十日后，已进入公历1622年。
⑧ 同上。
⑨ 慈门德公，俗姓钱，生平事迹不详。从他自化城寺出事后退居虞山，吴用先致书钱谦益，望其准允重返化城来看，为虞山钱氏人。《初学集》卷八十一《慈门上人书〈华严经〉偈》，即为慈门德公而作。

语冒触"①，别居虞山。吴用先耗费"浙中左右两辖俸资"苦心恢复的化城寺，几近毁废。无奈，吴用先将澹居魔徒驱除出去，致书恳请慈门德公再次出面住持化城寺。同时致信钱谦益，希望在化城危难之际，"幸宽假慈门，仍主法席"②。钱谦益应吴氏之请从中调解，并撰写了《化城寺重建大殿疏》，为化城寺重修大殿倡缘募捐。钱谦益族侄慈门德公，"造一大像于虞山之麓，思为室以居之，而度不能办也，遂举而归之铠公，而化城于是不患无佛矣"③。若为名刹，则佛、法、僧三宝缺一不可，钱谦益的《化城寺迎佛饭僧募缘疏》，正是为迎佛饭僧而作的募缘疏文。

万寿寺为径山寺主寺，万历三十六年（1608），在沈季文和无边海公的努力下得以复兴。无边海公迁化后，廓庵观公在王肯堂、陈良模、朱大启、周祗、于玉立、贺烺等人邀请下，继任住持。他先后请钱谦益、沈演、黄汝亨、文震孟、周祗等文人写作募缘疏文，易殿瓦为铁瓦，成为一时盛事。钱谦益的《题无生上人募铸铁瓦疏》云："无人上人住径山之万寿寺，以行解闻于诸方。顷持锡谒余于虞山，庄严衍裕，具大人相，使人见而意清。上人发愿，欲易殿瓦以精铁，为永久计。乞余一言，以为唱导。"④

安乐寺为径山寺下院，"在县东南三里安乐山之阳，旧名庆善院，晋天福二年，风穴沼禅师开山"⑤。北宋治平二年（1065）改名善法寺。元末毁于战乱，明初重建，后亦废。天启二年（1622），"余杭严调御辈请云栖僧大顺恢复，昆山王在公、常熟钱谦益、宋奎光、王宇春、李毅辈因为倡募，重建禅堂。复礼请僧大林为首座，期复风穴之旧焉"⑥。严调御即严印持，余杭人。钱谦益先后为他撰写了诸如《严印持废翁诗稿序》《琴述叙》等文，足见二人交谊颇深。崇祯七年（1634），应严印持之请，钱谦益作《武林重修报国院记》。严氏兴复安乐寺，所请撰写募缘疏文者多为常熟

---

① （明）宋奎光：《径山志》卷8。
② 同上。
③ （明）宋奎光：《径山志》卷5。
④ 同上。
⑤ （明）宋奎光：《径山寺》卷13。
⑥ 同上。

人。安乐寺的修复,得力于常熟檀越者尤多。据《径山志》卷十一载,为安乐寺捐资之常熟人,有时载昊(字旭如)、顾大韶(字仲恭)、李毅(字孟芳)、瞿式耜(字起田,钱谦益弟子)等人。

综上,钱谦益为径山寺主寺万寿寺及下院化城寺、安乐寺的兴复起到了一定作用,因此被宋奎光列为外护之一,如《径山寺》卷十一《外护》载:"钱谦益谕德,字受之,常熟人。撰《闻谷大师种树碑文》《重兴下院安乐寺缘起》。"①

(二) 刻藏人员交游

嘉兴藏的最初发起者是袁了凡与幻余法本,实际上主持刻藏者却为紫柏真可门下弟子。紫柏真可五世法嗣解印在顺治十六年(1659)所作《密藏禅师遗稿后跋》中,详载刻藏人员的法脉传承,其云:

> 我紫柏尊者有徒七人焉。一密藏祖,二幻予祖,三寒灰祖,四幻居祖,五澹居祖,六洞闻祖,七慈音祖。其担荷翻刻大藏经者,惟密祖与幻予祖也。恢复化城,中兴刻藏者,乃澹祖也。幻居、寒灰二祖者,赞襄刻藏者也。洞祖不预焉,慈祖无闻也。密祖有徒焉,乃念云翁也。念翁缵祖父之志,续刻未刻之经,司掌经坊。……念翁有徒焉,今我香庵叔也。……香叔有徒焉,乃明一兄也。明兄蚤厌世途,长卧而逝。明兄有徒焉,今吾按指颖侄是也。维其杰出缁伦,注心道法,慨祖宗之公案未完,收辑密祖遗言,广布担愿,了完全藏,不谓第六世而有斯人,愿来绳绳而无尽。我本樵采之人,愧无文字可赠,但直叙其枝分源派而已,以示将来法属,咸知刻藏相承之脉。②

钱谦益为紫柏真可私淑弟子,与紫柏门下教内弟子关系较为密切,其

---

① (明)宋奎光:《径山志》卷11。
② (清)解印:《密藏禅师遗稿后跋》,《密藏开禅师遗稿》卷下,《嘉兴藏》第23册,第33页下。

中不乏主持《嘉兴藏》刊刻者。

万历十年（1582），密藏道开发愿刻经，钱谦益亦于是年出生。万历十七年（1589），密藏道开驻锡虞山东塔寺，"余（按：指钱谦益）方童稚，从祖祖父存虚府君，携往礼足"①。带领钱谦益前往参礼的存虚翁钱顺化，被密藏道开称为"此土须达长者"②。顺治十五年（1658）前后，钱谦益协助按指契颖，整理完成了《密藏开禅师遗稿》。

作为后期刻藏主持者之一的白法性琮，是钱谦益"于诸方尊宿所心师者"③。白法性琮俗姓郑氏，信州上饶人，自幼父母双亡，二十依东阳晓公剃染，后诸方参学，因读《楞严经》而有悟。"万历乙卯（1615），年四十，始应楞严请"④，住持楞严寺。天启二年（1622）冬，"禾城众护法敦请白翁主禅堂事，俾山门廊庑，焕然一新，流通大藏，永成规画"⑤。此后，白法性琮主持管理《嘉兴藏》经板的藏弆、管理、流通近30年，他在83岁时的自述中言："万历间，紫柏尊者以藏册梵本繁重，难以流通，更于槜李楞严禅刹，创置侧理轻编，使佛祖慧命，得缁白交参，其功并于日月。（琮）谬膺众推，不揣绵力，担荷此重寄者，三十余载于兹矣。"⑥钱谦益的《嘉兴营泉寺白法长老塔表》亦云："住楞严三十余年，重修山门廊庑，定经坊规画，葳紫柏、藏公宿缘，续佛慧命，不惜脑髓。"⑦尤其值得一提的是，当乙酉、丙戌清军南下时，白法性琮誓死以殉寺，最终使经藏得以保全。顺治六年（1649），白法性琮住持虞山东塔寺，"鼎新廊庑，曾不辞劳"⑧。顺治十二年（1655），白法性琮八十寿诞，钱谦益为文祝寿，称他"为法为经，遗身者事，不惜头目脑髓，五十年如一日也"⑨。

---

① （清）钱谦益：《有学集》卷50，第1620页。
② （清）钱谦益：《牧斋杂著》，第164页。
③ （清）钱谦益：《有学集》卷16，第751页。
④ （清）钱谦益：《有学集》卷36，第1262页。
⑤ （明）智旭：《灵峰蕅益大师宗论》卷8，《嘉兴藏》第36册，第394页下。
⑥ （清）性琮：《〈金刚经如是解〉跋语》，《新编卍续藏经》第39册，第409页上。
⑦ （清）钱谦益：《有学集》卷36，第1262页。
⑧ （明）智旭：《灵峰蕅益大师宗论》卷8，《嘉兴藏》第36册，第394页下。
⑨ （清）钱谦益：《有学集》卷25，第966页。

顺治十六年（1659），白法性琮"目病眩晕，坐东塔妙喜堂，布被蒙头，七日而愈，作《洒病》十二偈"①。钱谦益读后，"如鎞刮目，如水浇首，洒然汗下，霍然良已"②，作二偈以和之。白法性琮八月上旬复病，等候钱谦益十八日，未至而卒，"师未化前十日，出所藏《三教图》寄余，命法孙昭南笔授为书曰：'示疾百日，不受恶缠，加持佛号，时至即行'"③。由此可见二人交谊之深厚。

钱谦益与嘉兴藏后期另一主刻者按指契颖的关系，则颇费考索。颇疑钱氏屡屡提及的寿光上人，即按指契颖。《紫柏尊者别集序》云："寿光上人携吴江周氏藏本，乃尊者中年之作，白衣弟子缪仲淳执侍左右，手自翻写者。"④ 此段文字在《嘉兴藏》中稍异，其云："按指禅师携吴江周氏藏本，乃尊者中年之作，白衣弟子缪仲淳、周季华、周子介执侍左右，手自翻写者。"⑤ 两相比勘后可见，两文异处有二。其一，《嘉兴藏》所增之周季华为周永年之父，紫柏真可弟子，《初学集》卷五十四之《周府君墓志铭》，记之甚详。⑥ 吴江周氏家族与紫柏真可渊源深厚，嘉兴藏后期刊刻中，多得力于周氏家族的支持。周子介当为吴江周氏之一。其二，《有学集》中的"寿光上人"，《嘉兴藏》《续藏经》均作"按指上人"，两处称名虽异，实为一人。《嘉兴藏》本《紫柏尊者别集》卷首题云："虞山白衣私淑弟子蒙叟钱谦益纂阅，径山寂照六世孙传临济宗契颖寿梓"⑦，"契颖"即按指契颖，亦称"按指上人"。又《密藏道开遗稿·刻大藏愿文》尾题云："密祖愿文，刻于戊戌（1658）冬，诸大士愿文并卷语，辛丑（1661）五月，寿光法侄从吴江周安石居士处得来，亦时节因缘，珠还合浦之意，

---

① （清）钱谦益：《有学集》卷36，第1263页。
② （清）钱谦益：《有学集》卷42，第1448页。
③ （清）钱谦益：《有学集》卷36，第1263页。
④ （清）钱谦益：《有学集》卷21，第873页。
⑤ （明）真可：《紫柏尊者别集》，《嘉兴藏》第23册，第55页上。又《新编卍续藏经》本文字与《嘉兴藏》同，详见第127册，第89页上。
⑥ 参见《初学集》卷54，第1366—1368页。
⑦ 《密藏开师遗稿》题为"紫柏第六世孙契颖寿梓"。第六世之称，以紫柏为第一世。

因全刻于帙。时辛丑重九，契颖谨述。"① 文中按指契颖自称"寿光法侄"，钱谦益则称他为"寿光上人"。在《密藏道开遗稿叙》中，钱谦益亦云："密藏开禅师遗稿，法孙按指上人所收辑也。"② 综此，则"寿光上人""按指上人"应同为按指契颖的别称。

自称紫柏真可私淑弟子的钱谦益，与后辈徒孙按指契颖的交往，始于密藏道开遗稿的搜集。据顺治十五年（1658）所撰《遗稿始末略言》载，按指契颖"年十六，幸嗣祖派"，知紫柏与道开刻藏事。崇祯十年（1637），按指契颖参谒巾石禅师，见到了道开刻大藏愿文手卷，多次请求后，最终归其所有。崇祯十一年（1638），按指契颖得知介翁亦有藏本，于是前往寻访。介翁许诺按指契颖剃度后，方可赠送给他。顺治九年（1652）冬，他从虞山澄如禅师处得到了介翁亲授澄如的手稿。第二年中秋，他得到了密藏道开的一方牙篆，又从彻微禅师处得到了《楞严寺规约》及《禅堂规制》，然后汇集刊刻，取名为《密藏开禅师遗稿》。现存《密藏开禅师遗稿》共收觉浪、钱谦益、于元凯、王祺等四篇序文，其中觉浪和王祺的序文均作于顺治十五年（1658），唯独钱谦益的序文作于顺治十七年（1660）十一月长至日，与《募刻大藏方册圆满疏》同时。据此则知，"庚子岁（1660），寿光上人以律行推择住持寂照"后，开始搜集《嘉兴藏》经板，然后请钱谦益作此两篇序文。《密藏开禅师遗稿》卷上《与真实居士》后，按指契颖注云："已下七编，辛丑年（1661）正月虞山钱牧翁发来刻入。"③ "七编"者，指密藏道开写给冯梦祯的七篇书信。且此前一书"与某"末，已题有"卷终"二字，故知此七篇系在《密藏开禅师遗稿》已经编辑整理结束后，又得钱谦益所寄"七编"，重新补刻。卷下《与真实居士》后亦题注云："已下八编，辛丑年（1661）正月，虞山钱牧翁发来刻入"④，情况也与卷上相同。

---

① （明）道开：《密藏开禅师遗稿》卷1，《嘉兴藏》第23册，第3页上。
② （清）钱谦益：《有学集》卷21，第878页。
③ （明）道开：《密藏道开禅师遗稿》卷上，《嘉兴藏》第23册，第18页下。
④ 同上书，第31页下。

（三）募缘刻经

《嘉兴藏》作为民间发起刊刻的藏经，没有官方财力支持，所需资金全由民间募集而来。早在万历十四年（1586），密藏道开与众善信达成"分之既易为施、易为劝，而合之则其资甚裕，以其功为有继"的募捐计划，"以10位有影响的'善信'为核心，由他们先发愿每年捐一定的资产作为刻经的资金，称'唱缘'；之后这10位善信再分头各劝3人出资为助缘"①。刻藏后期，随着密藏道开的归隐，加上幻余法本及最初助缘的居士相继离世，资金募缘受到影响，被迫打破集中在一寺刻经的模式，改为由各善信或各寺院领取未刻经典目录，依照《嘉兴藏》版式分开刊刻。

顺治十七年（1660），按指契颖住持寂照庵，钱谦益应其请作《募刻大藏方册圆满疏》，为刻经事业的最后完成助缘唱导。疏文在梳理《嘉兴藏》发起因缘及刊刻过程后，盛赞刻藏之四善，"一曰报佛恩，二曰拯末法，三曰挽末劫，四曰知时节"。在"经本五千余卷，仅阙二百有零。刻资三万余金，今估两千以上。功惟一篑，事在合尖"之时，呼吁众善信"共种善根""挽法运即以挽世运，报佛恩亦以报国恩"②，合力完成《嘉兴藏》之刊刻。

在与友人私人书信中，钱谦益也积极鼓励友人参与募捐，为《嘉兴藏》的最后完成奉献心力。《与周安石五首》其二云："兄当会同刻藏诸护法，奉司成公为导师，恳其横身奋臂，一力担任，有力者负之而趋。此大事寿光朴诚可任，一听司成公指挥，不忧孤子。"③ 其四又云："虞山经板，寿光师已料理入山。浮图合尖，希贤昆仲努力唱导。"④《复吴时应》其二云："经藏改梵，是紫柏大师及陆庄简诸公未了因缘。今已功在九仞，仁兄夙受灵山付嘱，浮图合尖，非大檀越谁能任之？寿光乃真实僧，非缁衣神贩者比，知法眼能鉴别也。"⑤《与黄观止》云："大法垂秋，非得深心

---

① 李富华、何梅：《汉文佛教大藏经研究》，第473页。
② （清）钱谦益：《有学集》卷41，第1400页。
③ （清）钱谦益：《牧斋杂著》，第237页。
④ 同上书，第238页。
⑤ 同上书，第250—251页。

雄健男子，不能承受如来付嘱。如吾观止，真其人也。今毛氏经板，已一一送归化城，合算已得什之八九。正浮图合尖之日，惟足下努力唱导，即五台了凡，再见于今日矣，望之祝之。"①《与继起和尚书》云："因寿光师扣请之便，先致数行，以当九顿首。惟慈鉴为祷！寿光乃一真实僧，顷载经板归化城，深以浮图合尖，望于座右。此事紫柏始之，今得退翁终之，二大和上，了此一段因缘，亦末法希有事也。"② 如此频繁地殷切嘱托，正体现出钱谦益身为八旬老人的一片深心。此外，他还为《嘉兴藏》刊刻积极推荐人才，《与阉安石》其二即向周安石推荐徐敬可、黄观止、朱子佩、冯茂远等参与刻藏："徐敬可皆法门领袖，甚难希有。经坊事魔强佛弱，全杖一二有心血人，为末法作砥柱。仁兄可致鄙意，力为赞成。即黄观止亦吾门之矫矫者，若肯作金汤，便是人天眼目，何必功归于一臂耶？尚须邀朱子佩、冯茂远诸公，合力护持，度紫柏老人一腔热血，不致化作寒灰也。脚疾作苦，絮叨不已，种种寿光师能悉之。"③

（四）经板运输

顺治元年（1644）明清鼎革后，社会格局急剧动荡，这给刻藏工作带来很大影响。资金人力，皆成问题，为此，只得采取分散刻经的方式。如颛愚观衡云："自紫柏老人去后，四方刻资归聚亦微，因就施者之方，任力刻之。于是四方有道力者，随讨未刻名目，同式就梓。自癸卯岁至壬午岁，将四十年，梓未虚日，其事犹未竟。已刻者不及归山，未刻者懈不速完。"④ 顺治二年（1645）五月，弘光朝立，利根上座"欣闻新主登元，大兴善事，上疏请旨，催四方已刻之板，同归径山"⑤。据颛愚观衡记载，此时急需完成之事有八："四方之板，未归径山，一也；板未完，未制方册藏首序，二也；

---

① （清）钱谦益：《牧斋杂著》，第257页。
② 同上书，第493页。
③ 同上书，第238页。
④ （明）观衡：《紫竹林颛愚和尚语录》卷7，《禅宗全书》第55册，北京图书馆出版社2004年版，第438页上—438页下。
⑤ 同上书，第439页上。

贮板之方，构造未广，三也；因板未完，板头钱未总则定数，四也；板头钱预修贮板之室，未得良策，多有冒用，五也；录依五时之次，其正译、重译、华梵传述，未尽其详，六也；搜括古今名集，遗漏未全，七也；因板未完，劝者、施者、鸠工者，未勒名于石，以昭千古，八也。"① 此八事中，经板运输集中为首。然利根上人参与刻藏，仅仅集中在明末清初的短短几年中。加之战事频繁，弘光朝廷覆灭后，此事随之停滞。

顺治十七年（1660），按指契颖住持寂照庵后，也以经板集中为当务之急，"于是四方经版，若寒山赵氏、平湖马氏、虞山毛氏、金沙于氏，咸辇输辐辏，归于化城"②。然经板运输过程，远非钱谦益所描写得这般轻巧。《钱牧斋先生尺牍》中收录的他与王中恬父子的信札，颇值得留意。《与王中恬》云：

> 兹有径山寿光上人载经板过关门，辄以一言通于长公。盖书本刻藏，乃紫柏大师及陆五台诸老未了公案，今已及什之八九，望为怂勇长公，发心唱导，为浮图合尖之举。八十年法门盛事，贤桥梓得收其成功，岂灵山付嘱一大事因缘耶？……元夕后廿一日，谦益再拜。③

《与王楚先》云：

> 径山寿光上人，律行高峻，此土真清净僧也。近以载经板过关门，辄以一言为先容。不但求免榷税，意欲求为金汤护法，了大藏浮图合尖之举，庶几现宰官身，不负灵山付嘱耳。万惟真切留意，勿以常缘法应付也。《心经小笺》附求印证。篝灯捉笔，不尽驰企。灯后廿一日谦益再拜。④

---

① （明）观衡：《紫竹林颛愚和尚语录》卷7，《禅宗全书》第55册，北京图书馆出版社2004年版，第439页上。
② （清）钱谦益：《有学集》卷41，第1398页。
③ （清）钱谦益：《牧斋杂著》，第316页。
④ 同上书，第317页。

王澧，字楚先，别字兰陔，常熟人，钱谦益同乡。据王士禛的《奉政大夫刑部云南清吏司郎中王公澧墓志铭》载，崇祯十六年（1643）年，父子同举礼部。"十七年（1660），改都水部司主事，榷关南新"。① 钱谦益与王氏父子的书札，作于顺治十八年（1661）年春，王澧尚在水部司主事任上。因有同乡之谊，他同时寄书王氏父子，希望能够帮助寿光上人的经板顺利通关，免除征税，并鼓励他们成为金汤护法，为刻经的最后完成助一臂之力。

　　入清后，钱氏之影响力虽稍有下降，但为刚刚续任主持刻藏之寿光上人，连书信九封，盛加荐介，足可观见他为"晚辈徒孙"、为《嘉兴藏》续刻贡献出的心力。

---

① 周骏富主编：《清代传记丛刊》第109册，第360—362页。

第三章 钱谦益的佛教思想

钱谦益学识渊博,儒、释、道思想融于一体,圆融无碍。首先是儒、释、道会通思想。主要内容有二:以忠孝为中心,会通儒、释、道,倡导忠孝佛性论;以现实教化为中心,会通政、教,重视佛教的政治功用。其次是佛教宗派思想。钱谦益在梳理佛教各宗派思想演变历史的基础上,对禅宗、净土宗、天台宗等晚明佛教各宗派思想进行了批判性总结,提出了以华严宗为主、圆融各宗的佛教理念。

第一节 三教会通思想

在儒、释、道融通的历史趋势下,钱谦益深受其师管志道等人的影响,力主儒、释、道会通。他既不主张以儒排佛,同样反对以佛统儒,诚如《一树斋集序》所云:"余观有宋诸儒辞辟佛氏之说,心窃疑之。至于张无尽、李纯甫之徒,张皇禅学,掊击儒宗,亦未敢以为允也。"[①] 这和云栖袾宏的理念相近。云栖袾宏认为"儒与佛不相病而相资""不当两相非,而当交相赞"。[②] 儒释之异,在于职司不同。儒家为治世之学,佛教为出世之学,"固不必歧而二之,亦不必强而和之"[③]。真正的儒者应"识精而理

---

① (清)钱谦益:《初学集》卷33,第944页。
② (明)袾宏:《竹窗二笔》,《嘉兴藏》第33册,第45页中。
③ 同上书,第65页中。

明，不惟不辟，而且深信；不惟深信，而且力行"①。钱谦益虽谈不上"识精而理明"，然就"不辟""深信""力行"三者论之，则符合实情。具体而言，主要有三：一是儒释会通论，提出了以性善为基础的儒释同源论和以六度五常为主的修行实践论；二是政教会通论，他会通政教，倡导佛教阴翊王纲，佛运、国运紧密相连；三是忠孝佛性论，身处明清鼎革之时，受时代精神激发，他极力宣扬忠孝为佛性之本。

一 儒释会通论

钱谦益自幼接受传统儒家教育，后为东林党党魁，儒家思想根植于心。他又自幼奉佛，深受佛教思想熏染。"内阃心宗，外修儒行"，庶可成为其思想、修持的传神写照。儒释两家思想，在他身上圆融无碍，并行不悖。具体而言，从性善论的角度，他认为儒释同源。从修行实践的角度，他认为佛教的六度修行与儒家的五常相辅相成。凡此二者，均体现出他为会通儒释思想，进行了理论思索和实践尝试，也成为其儒释会通论的主体。

儒家之人性论，择其大者，则有性善论、性恶论与善恶混同论。此三者，在晚明僧俗之中均得到不同程度的回应。如紫柏真可认为："孟轲言性善，荀况言性恶，扬雄言性善恶混。夫言善言恶者，是析一为二也；言善恶混者，是并二为一也。噫！性也者，非一非二，而一而二，孰能析之？孰能并之？吾以是知析之者、并之者，皆画蛇添足者也。"② 紫柏真可所言之"性"，是超越于儒家人性论之上、远离伦理层面善、恶之分的性。天台宗无尽传灯认为："夫性者，理也。性之为理，本非善恶。"③ 儒家所言性之善恶，"名言性之一偏，固为圣门之不取。然皆即才情以言性，非即性以言性也"④。儒家所言之善恶，尤其是以孟子为宗之性善论，在无尽传灯看来，并非"性"善，而是"情"善，是没有脱离伦理层面的情善论。

---

① （明）袾宏：《竹窗二笔》，《嘉兴藏》第33册，第65页中。
② （明）真可：《紫柏老人集》卷9，《卍续藏经》第126册，第787页上—787页下。
③ （明）传灯：《性无善恶论》卷1，《卍续藏经》第101册，第839页下。
④ 同上书，第840页上。

钱谦益论"性",则与此异。在《阳明近溪语要序》中,他提出了以性善为基础的儒释同源论,其云:"吾尝论柳子厚之书,其称浮图之说,推离还源,合于生而静者,以为不背于孔子。其称大鉴之道,始以性善,终以性善,不假耕锄者,以为不背于孟子。然后恍然有得于儒释门庭之外。"① 钱谦益借柳宗元之言,认为性善为儒、释两家之共有根基。在此之上,"然后恍然有得于儒释门庭之外。"② 儒门宗师,如宋代大儒周敦颐与朱熹,皆因扣击于禅人而有悟,且其所得并不落后于禅人,如朱熹诗云:"了此无为法,身心同宴如。"③ 明之大儒王阳明与罗汝芳,"剖性命之微言,发先儒之秘密,如泉之涌地,如风之袭物,开遮纵夺,无施不可"。因其沾染佛乘,被人讥为盗佛。若了儒、释两家本自同源,自无盗与非盗之论。诚如李翱因先参药山,其后著《复性书》而被人所疑一般,"是所谓疑东邻之井,盗西邻之水者乎?"本自同源,何来盗与非盗?在为憨山德清俗家弟子冯昌历的《一树斋集》所作序文中,他再次援引柳宗元之语,"柳子厚之称大鉴曰:教人始以性善,终以性善,不假耕耘,合所谓生而静者。吾读之而快然,以为儒与禅之学,皆以见性。性善之宗,本于孟氏,而大畅于大鉴。推离远源,如旅人之归其乡井也。自东自西,一而已矣。禅师(笔者按:指憨山德清)大弘大鉴之道,苞并禅律,其书满家,推离还源,要不出于子厚所云。"④ 在前论的基础上,钱谦益以其师憨山德清为例,为儒释会通更增一重依据。

表现在实践层面,大乘佛教修行实践以六度为主。六度为梵语 ṣaḍ-pāramitā 之意译,全称六波罗蜜多,指大乘佛教中菩萨为修成佛道而进行的诸如布施、持戒、忍辱、精进、禅定、智慧等六种修行实践。"五常",指仁、义、礼、智、信,为儒家伦理价值观中之核心要素,"几乎包容了

---

① (清)钱谦益:《初学集》卷28,第862—863页。
② 同上书,第862页。
③ 对程、朱之学暗合禅理之说,明人多有论及,如钱谦益之师傅新德云:"二程辟禅,语录中却多妙义,是从儒宗中透入禅宗,暗合而不自知。"(参见《初学集》卷63,第1485页)
④ (清)钱谦益:《初学集》卷33,第944页。

封建社会一切道德观念和行为规范"①。儒家伦理思想与佛教义理比附，最常见的是佛教的"五戒"与儒家的"五常"。以五戒比附五常，南北朝时期已颇为盛行。颜之推《归心篇》云："内外两教本为一体，渐极为异，深浅不同。内典初门设五种之禁，与外书五常符同。仁者，不杀之禁也；义者，不盗之禁也；礼者，不邪之禁也；智者，不酒之禁也；信者，不妄之禁也。"② 隋代智𫖮的《仁王护国般若经疏》转引北魏沙门昙靖所撰疑伪经《提谓波利经》，将五戒、五方、五行、五常一一相配，其云："以不杀配东方，东方是木，木主于仁，仁以养生为义；不盗配北方，北方是水，水主于智，智者不盗为义；不邪淫配西方，西方是金，金主于义，有义者不邪淫；不饮酒配南方，南方是火，火主于礼，礼防于失也；以不妄语配中央，中央是土，土主于信，妄语之人乖角两头，不契中正。"③ 北宋契嵩所撰《镡津文集》卷三《辅教编·戒孝章第七》云："夫不杀，仁也；不盗，义也；不邪淫，礼也；不饮酒，智也；不妄语，信也。"④ 在《寂子解》中，出现了将五常、五戒与六度结合的倾向，"儒所谓仁义礼智信者，与吾佛曰慈悲，曰布施，曰恭敬，曰无我慢，曰智慧，曰不妄言绮语，其为目虽不同，而其所以立诚修行善世教人，岂异乎哉？"⑤

钱谦益在已有思想基础上，将五常、五戒、十善、六度，加以融会。在《陆孟凫墓志铭》中，他借石林道源之口道出："君（按：指陆孟凫）儒者，于吾师之六度有合焉。施药利生，施也。寡欲少杀，戒也。柔和善下，忍也。由是以树进幢，濯定水，游智刃，望三度而趋，不遥也。"⑥ 陆孟凫施药利生、寡欲少杀及柔和善下等儒者之行，等同于六度中之布施、持戒、忍辱。以此为基，"树进幢"（精进）、"濯定水"（禅定）、"游智刃"（智慧），庶几等同于六度之修行。以此而修，可成人天眼目，可为佛

---

① 杨曾文：《宋元禅宗史》，中国社会科学出版社2006年版，第205页。
② （北齐）颜之推：《归心篇》，《大正藏》第52册，第107页中。
③ （隋）智𫖮：《仁王护国般若经疏》卷2，《大正藏》第33册，第259页下。
④ （北宋）契嵩：《镡津文集》卷3，《大正藏》第52册，第661页下。
⑤ （北宋）契嵩：《镡津文集》卷8，《大正藏》第52册，第686页上。
⑥ （清）钱谦益：《有学集》卷31，第1132页。

教得力外护。在《大梁周氏金陵寿燕序》中，钱谦益将儒家之五常，比于佛家之五戒十善及六度修行，认为周元亮之母所修者，"人世五常之教也，而于佛之五戒、十善，与夫六度，真俗兼资，函盖相合"①。正因暗合世、出世间修持法则，修五常之教，不仅能够渡过刀兵、饥馑、疾疫小三灾，就连大三灾，亦能安然渡过。

具体而言，钱谦益将五常中"博施于民而能济众"②之"仁"，与佛教中慈悲布施、普施济世的思想结合。《王季和墓志铭》云："昔者圣贤之在天下，知其身之非我有，而戚戚然迂其身以济一世也。席不暖，突不黔，身体偏枯，手足胼胝，至于老死而不悔。故曰：舜、禹、周、孔，彼四圣者，天民之忧苦遑遽者也。佛氏者出，以尘沙为国土，以历劫为岁年，捞笼拔济，至于舍王位，弃氏发，投崖割肉，而后究其所欲为。其愿弥奢，其道弥广。然而有本焉，吾夫子固谓博施济众，尧、舜病诸，而如来亦言灭度众生，实无众生得灭度者。颜子之箪瓢陋巷，净名之杜口毗耶，彼固非超然燕处，而置斯世于度外者也。古之君子，退而咏歌一室，非以自为也。出而驱驰一世，非以为人也，求其志而已矣。"③中国古代的圣贤，如舜、禹、周公、孔子，不以己身为私，博施济民。佛陀出世，"以尘沙为国土，以历劫为岁年，捞笼拔济，至于舍王位，弃氏发，投崖割肉"，悲众生之苦，舍身拔济。儒、释贤圣，在施身济众方面，是相通的。虽然以普施众生为己任，然又不以功高自居，只是遂其志而已，"古之君子，退而咏歌一室，非以自为也，出而驱驰一世，非以为人也，求其志而已矣"。佛言虽灭度众生，而实无众生可灭度者，颜回之箪瓢陋巷与维摩诘之杜口毗耶，并非迥然置身于世外。其《先太淑人述》论及母亲顾氏的德行时，认为"信而可征者有七：曰顺，曰庄，曰贞，曰勤，曰俭，曰仁，曰慈"④。论及"仁"时，则与佛教中之"慈悲""布施"两相比

---

① （清）钱谦益：《有学集》卷24，第953页。
② （清）阮元校刻：《十三经注疏》，中华书局1980年版，第2479页下。
③ （清）钱谦益：《初学集》卷55，第1376—1377页。
④ （清）钱谦益：《初学集》卷74，第1639页。

附,"太淑人仁心为质,合于佛之慈悲,老之重积。发一言惟恐伤人,行一事,必思利益人。食不濡鸡鳖,行不践虫蚁。……每置食,必先计餕而后食。糇饵粉餈,必剖分之,左右顾视,恐有不满于意,殆佛家所谓减分布施也。"①

还有一点值得提及的是,钱谦益将规范、约束女性的女仪与女则,与佛教中的教、律,两相比附。在《张母黄孺人墓志铭》中,他认为:"女子之有栟继笄总衿缨綦屦之制,箴管槃裛,具有仪则,即佛氏之律也。其有左右图史珩璜琚瑀之训,德容言功,昭于管彤,即佛氏之教也。"② 贤明贞顺,婉娩柔则,且遵守佛教戒律者,亦如云栖家法,修有仪则,可渐修而趋于净土;节妇孝女,断肌截鼻之士,如佛教徒为守护戒律而不惜头目脑髓,可顿修而之禅。故世出世法,两相无碍,"女律即佛律也,女教即佛教也。由是以趋禅而之净,一切教相,皆与实相不相违背"③。

二 政教会通论

儒家为治世之学,佛教为出世之学,分属两个不同的维度。释道安提出的"不依国主,法事难立",已开启了佛教与王权会通之路。朱元璋提出的佛教阴翊王纲,透露出佛教为政治服务。钱谦益着意宣扬明代君臣共弘佛教之盛举,高论佛运、国运间的密切关系,对自己"前身"慧远的佛学论著,发其幽隐,感慨良深。诸如此类,均为会通佛教与王权,拉近佛教与世俗政治的距离,使其佛教思想蒙上了一层政治色彩。

明朝诸帝中,开国的朱元璋所制定的政策,多被以后诸朝当作祖宗法制而加以沿袭。有出家经历的朱元璋,对佛教颇为礼遇,"帝自践阼后,颇好释氏,诏征东南戒德僧,数建法会于蒋山,应对称旨者,辄赐金襕袈裟衣,如入禁中,赐坐与讲论"④。然与佞佛不同,"他不是给佛家为奴,

---

① (清)钱谦益:《初学集》卷74,第1640页。
② (清)钱谦益:《初学集》卷59,第1443页。
③ 同上。
④ (清)张廷玉:《明史》卷139,中华书局1974年版,第3988页。

而是企望佛教能在政治上帮他掌权"。① 因此，他设僧官、定僧制，将佛教纳入自己的官僚系统之内。

在太祖、成祖热心扶助及楚石、宗泐诸人的带动下，明初佛教呈现出一片繁盛。与此时昌盛的国运相比，两者间似乎也有了某种"必然"的联系。当国运不昌，内外交困，若佛门衰微，佛运与国运便"得到"了某种"印证"。同为"夷"之一种，西教的输入及传播，给佛教造成了一定程度的冲击。本着对佛运、国运关系的论证，钱谦益将刀兵四起、国运日衰之因，归诸西教；将人民遭受战争之困苦，归诸信奉西教之"苦果"；对崇祯支持西教之举，隐晦地表达了自己的不满；将西教视为世间三妖之一，认为其他是导致明朝灭亡原因之一。从其有失偏颇的论述中，可以看出钱谦益对佛教政治性功能的认识。

在《大报恩寺修补南藏法宝募缘疏》中，钱谦益将明初之国运、佛运昌隆与明末乃至于明亡之国运、佛运衰微进行对比，揭示出明末佛运衰败之因及国运与佛运的密切关系：

粤自恒星西鉴，圆音雷布于中天；慧日东临，遗教云垂于震旦。传译一千四百余部，因果括囊；尊奉一千二百余年，人天光被。运开鸿朗，会显龙华。皇觉现身，御金轮而说法；蒋山广荐，舍宝筏以渡生。钦注《楞伽》，精研初祖之心法；阴翊皇度，特标柳子之微言。法界弘开，义天宣朗。日本命金襕之使，则草偃风从；雪山搜玉库之经，而多罗云集。紫金山即耆阇崛，云鹜飞骞；秦淮水即阿耨池，天龙窟宅。龙光象马，佛光绍隆；玉镜珠囊，法轮助转。线花贝叶，慈光翔涌于朔庭；须曼燕支，欲网销降于忍土。五花贡放，宛马齐来；千里市场，阳关不开。昭神武于不杀，遐畅皇风；摄异类以逆行，冥资佛力。

承平暇豫，众生之业果弘多；正法凌夷，邪外之祲氛交作。原其

---

① 周齐：《明代佛教与政治文化》，第3页。

来渐,厥有二端。一者青色邪师,黄头外道。建瞿利为天主,抹杀觉皇;诬弥戾为大西,混淆器界。一者五魔末品,四众下流。假棒喝为排场,聚聋导瞽,扫经律为戏论,狂走迷头。怪鬼纵横,魔民鼓煽。植邪因于像末,譬诸蠹蚀而蚁缘;启杀运于劫初,遂致木穿而屋覆。用是三精雾塞,九塞飙回。百丈琼台,漂零骤雨;千寻华观,扫荡沉灰。悲哉佛日之中沦,泂矣法云之有待。①

在佛运与国运的强烈对比中,不难看出钱谦益将两者有意比附牵合之意图。首先,自佛法初传至明初的一千二百余年间,经藏广译,佛运鸿朗。明初朱氏开国,屡设广荐法会,普济众生;命如玘等注《楞伽》等三经,颁行天下,提出阴翊王纲的佛教政策。佛运绍隆,国运鸿朗,人民安泰,四夷来归,北方、东北、西北边境平安无事,皇风远畅,佛力冥资。其次,佛教在教外道教与天主教及教内自身积弊的双重因素影响下,正法不振,佛运不昌。佛运衰微,则"启杀运于劫初,遂致木穿而屋覆",烽烟四起,都城沦落,大明王朝因之而覆亡。在两相对比之中,钱谦益借佛运以倡国运的目的显露无遗。"悲哉佛日之中沦,泂矣法云之有待","有待"或为明亡后钱氏奉佛日深之一因。

既然佛教、国运关系如此密切,造成佛运衰微的天主教,则被他视为三妖之一。《列朝诗集小传》丁集中《谭解元元春》云:"天丧斯文,余分闰位,竟陵之诗与西国之教、三峰之禅,旁午发作,并为孽于斯世,后有传洪范五行者,固将大书特书著其事应,岂过论哉!"② 在与黄宗羲的信中,他直接点出:"自国家多事以来,每谓三峰之禅,西人之教,楚人之诗,是世间大妖孽。三妖不除,斯世必有陆沉鱼烂之祸。今不幸言中矣!"③ 如此深恶痛绝之下,对曾颇好天主教而有毁佛之举的崇祯帝,便不能不有所微词了。因为尊者讳,钱谦益颇费苦心,用词只能是"隐"且"微"。

---

① (清)钱谦益:《有学集》卷41,第1395—1396页。
② (清)钱谦益:《列朝诗集小传》,第572页。
③ (清)黄宗羲:《黄宗羲全集》,吴光校点,第389页。

《五台山募造尊奉钦赐藏经宝塔疏》云：

> 崇祯六年（1633）九月，流寇入焉。七年（1634）七月，逆奴入焉。奴则旋去而复来，寇则久踞而后遁。赤麋辫发，更番选佛之场；蚁贼羯胡，蹂践清凉之国。搜金剔玉，腥秽佛身；碎锦剥绫，毁伤法宝。飞灰荡烬，惨凄经雷火之轮；雨血风毛，恍惚洒人天之泣。……岛夷冒帝释之名号，魔民倒龙象之刹竿。凡兹蘖蠹之萌芽，皆是氛祲之征兆。①

在看似平常的行文中，隐含着对崇祯移像毁佛之举的不满。"岛夷"者，入华传教之耶稣会士。"帝释之名号"者，指天主教信奉之天主。然在佛教看来，此天主只不过是佛教三十三天之帝释天。云栖袾宏《竹窗三笔·天说一》云："彼虽崇事天主，而天之说实所未谙。按经以证，彼所称天主者，忉利天王也，一四天下三十三天之主也。此一四天下，从一数之而至于千，名小千世界，则有千天主矣。又从一小千数之而复至于千，名中千世界，则有百万天主矣。又从一中千数之而复至于千，名大千世界，则有万亿天主矣。统此三千大千世界者，大梵天王是也。彼所称最尊无上之天主，梵天视之，略似周天子视千八百诸侯也。彼所知者，万亿天主中之一耳，余欲界诸天皆所未知也。又上而色界诸天，又上而无色界诸天，皆所未知也。……彼虽聪慧，未读佛经，何怪乎立言之舛也。"②

关于崇祯帝的毁佛撤像，史料中多有记载。关于毁佛，刘若愚的《酌中志》卷十七云："崇祯五年九月，内将诸像移送朝天等宫安藏"③，"崇祯五年（1632）秋，隆德殿、英华殿诸像，俱送至朝天等宫、大隆善等寺安藏"。④《崇祯遗录》载崇祯六年（1633），"乾清宫隆德殿所供神佛铜

---

① （清）钱谦益：《初学集》卷81，第1718页。
② （明）袾宏：《云栖法汇》卷10，《嘉兴藏》第33册，第71页下—72页上。
③ （明）刘若愚：《酌中志》卷17，北京古籍出版社1994年版，第146页。
④ 同上书，第147页。

像，尽移于朝天宫大隆善寺"。① 两说虽有一年之差，然皆可通。② 撤像之说，清初王誉昌的《崇祯宫词》凡有二首及之，其一云："灵感全凭一念生，先于明诏去乾清。宝云高拥莲花座，依约行踪有乐声。"吴理注云："乾清宫梁栱之间遍雕佛像，以累百计。一夜，殿中忽闻乐声锵鸣，自内而出，望西而去。三日后，奉旨撤像，置于外之寺院。"③ 其二云："赫濯声灵果骇闻，引愆心许六宫分。清香一炷殷勤祝，半是君王忏悔文。"吴理注云："内玉皇殿，永乐时建。有旨撤像，内侍启钥而入，大声陡发，震倒像前供桌，飞尘满室。内侍相顾骇愕，莫敢执奏。像重甚，不可摇动，遂用巨絚拽之，下座时，内殿诸像并毁斥。盖起于礼部尚书徐光启之疏。光启奉泰西氏之教，以辟佛老，而上听之也。既而后知撤像时灵异，言于上，上深悔，而宫眷之持斋礼诵，较盛于前矣。"④ 毁像之说，文秉的《烈皇小识》卷六云："上初年崇奉天主教。上海，教中人也，既入政府，力进天主之说，净宫内供养诸铜佛像尽行毁碎。"⑤ "上海"，指徐光启。徐光启入内阁时间为崇祯五年（1632）五月，次年十月卒。⑥ 故毁像之说，发生于崇祯六年（1633）前。又云："京师天主教，有二西人主之，南怀仁、汤若望也。……天主殿前有青石幢一，大石池一，其党取佛像至，即于幢上撞碎佛头及手足，掷弃池中，候聚集众多，然后设斋邀诸徒党，架炉鼓火，将诸佛像尽行熔化，率以为常。某年六月初一日，复建此会，方日正中，碧空无纤云，适当举火，众共耸视，忽大雷一声，将池中佛像及诸炉炭尽行摄去，池内若扫，不留微尘。众皆汗流浃背，咸合掌西跪，念阿弥陀佛。自是遂绝此会。"⑦ 不难看出，此说带有浓厚的天、佛论争的痕迹。然关于异象部分的描写，与钱谦益"飞灰荡烬，惨悽经雷火之轮；雨血风毛，恍惚洒人天之泣"，却有几分相似之处。此外，还有铸钱充饷说。文秉记云："上又将内库历

---

① （明）王世德：《崇祯遗录》，《明史资料丛刊》第4辑，第11页。
② 参见牟润孙《注史斋丛稿》，中华书局1987年版，第120—121页。
③ （清）王誉昌：《崇祯宫词》卷上，吴理注，（清）杨复吉辑《昭代丛书·戊集续编》。
④ 同上。
⑤ （明）文秉：《烈皇小识》卷6，《台湾文献史料丛刊》第5辑，第147页。
⑥ 参见（清）张廷玉《明史》卷23，第314—316页。
⑦ （明）文秉：《烈皇小识》卷6，《台湾文献史料丛刊》第5辑，第148页。

朝诸铜器，尽发宝源局铸钱。内有三代及宣德年间物，制造精巧绝伦，商人不忍旧器毁弃，每称千斤愿纳铜二千斤。监督主事某不可。……于是古器毁弃殆尽。"① 三代之青铜宝器，商人加倍易之而不可。本对天主教存有好感，一度被汤若望看好有入教希望的崇祯，用佛像铸钱，亦在情理之中。②后来因受皇五子慈焕去世的打击，崇祯营斋茹素，转而归心佛乘，则另当别论。

因为尊者讳，《疏》中对崇祯毁佛之举，仅以"搜金剔玉，腥秽佛身；碎锦剥绫，毁伤法宝"数语代之而过。然而，有意思的是，他却极力论证佛教的护国功能，谓五台宝塔之建立，"显惟列圣，御宝刹以周天；佑我圣皇，乘金轮而柱地""修罗永遁于藕丝""震旦尽登于莲界"③。钱谦益在明亡后所作的《天童密云禅师悟公塔铭》中，谈及崇祯与佛教关系时，曾饱含深情地写道："呜呼！明先皇帝现身轮转，回心付嘱。惩黄头之左道，礼白足于耆年。智眼遥瞩，龙光昭回，法音信衣，如授佛记，诚末法稀有盛事也。"④"回心"者，回转心意，"改变对世俗欲望之追求与邪恶之心，转向善道，并从此皈依佛教，成虔诚之佛教徒，又将邪恶之心改为向佛之心"⑤。"礼白足于耆年"恰与"回心"相应，委婉地表达出由"黄头左道"转向佛教的过程。在与密云弟子木陈道忞的信中，钱谦益则说得更直接一些，"恭承嘉命，令补造《密云老人塔铭》，以偿十五年旧逋。每一下笔，辄为战掉。重念先帝偶惑左道，旋皈正法。于老人末后因缘，可谓佛日重开，法灯再耀。虽复百千万劫，灰沉石尽，此一段光明，灼然如第一义天，不可掩蔽。"⑥"战掉"者，极言下笔之谨慎，"偶惑"者，实点出此前诸文用笔之隐晦。其文之不易解，亦于此可见。在与张有誉的信中，钱谦益亦云："老人塔铭，是十五年未了宿逋。山翁复申前请，不敢

---

① （明）文秉：《烈皇小识》卷6，《台湾文献史料丛刊》第5辑，第157页。
② 详参见牟润孙《注史斋丛稿》，第117—126页；黄一农《两头蛇》，上海古籍出版社2006年版，第79—82页。
③ （清）钱谦益：《初学集》卷81，第1719页。
④ （清）钱谦益：《有学集》卷36，第1257页。
⑤ 慈怡等：《佛光大辞典》，第3782页下。
⑥ （清）钱谦益：《牧斋杂著》，第348页。

固辞。其大意全为先皇帝悔悟左道，存问耆年，表章末后一段光明，以著存千秋万劫法门盛事，亦借此为百年臣子倾洒一点血泪耳。"①

钱谦益稍后所作之《募修开元寺万佛阁疏文》，承继《五台山募造尊奉钦赐藏经宝塔疏》之论，对天主教之流行表示强烈不满，"神庙之末，泰西狡夷，窜入中夏，蚁聚蝾传，久而益滋。士庶惑其教者，敢于背违祖训，毁弃佛像，甘为左食侮言之徒。未几而羯奴叛，莲妖兴，生民涂炭。王师在野，刀兵之祸，迄今未艾。辛有兴嗟于被发，邵氏致感于闻鹍。西教之来，识微之君子，不能不为之三叹也。今年奴越畿辅，蹦山东，血肉狼籍，骸骨撑柱。盖燕、赵、齐、鲁之间，旁趋倒植，背佛乘而崇西教者多矣，宜其及也"②。清廷"越畿辅，蹦山东"，是在崇祯十二年（1639）春，"德王由枢被执，布政使张秉文等死之"③。同年三月，清兵出青山口，"凡深入二千里，阅五月，下畿内、山东七十余城"④。钱谦益将清军南下带给北方人民的巨大灾难，归之于他们"背佛乘而崇西教"，显然带有强烈的主观色彩，有失公允。查诸教史，山东之奉教者，远非江南及北京可比，当时可提及者，唯孙元化守登莱一事。崇祯三年（1630），皮岛副将刘兴治叛乱，徐光启保荐门人孙元化出任登莱巡抚，驻登州，张焘协助守登州，葡将公沙的西劳率炮手25人效力。崇祯四年（1631），王征因孙元化、徐光启保荐，出任山东按察司佥事，监辽海军务，协助孙元化守登莱。崇祯四年（1631）闰十一月，游击孔有德率军叛乱。崇祯五年（1632）正月，孔有德部进围登州，因辽人内应，登州城陷。耶稣会士陆若汉弃城逃走，葡将公沙的西劳夜间向叛军发炮，中叛军箭，次日身亡。孙元化、王征、张焘被执。孙氏自杀未成，张焘不降，自缢死。六月，官军复登州，孙元化以失职论死。⑤此事件主要人物孙元化、王征、

---

① （清）钱谦益：《有学集》卷40，第1385页。
② （清）钱谦益：《初学集》卷81，第1728页。
③ （清）张廷玉：《明史》卷24，第326页。
④ 同上。
⑤ 参见顾卫民《中国天主教编年史》，上海书店出版社2003年版，第137—139页；萧若瑟《天主教传行中国考》，上海书店出版社1989年版，第186—188页。

张焘等,皆为信奉天主教之士,钱谦益所指,或与此有关。故他对天主教实持排斥、戒备心理,"然西教之浸淫阑入,亦有年矣。莘生而孽互,不可以不备"。①

钱谦益的政教会通论,在评价慧远及其著述中表现得尤为突出。他晚年对《弘明集》《广弘明集》中收录的慧远论著,进行了认真的解读和研究。时隔1250多年,他对慧远、桓玄诸人之间的论辩,深有体悟。同遭权臣当道、国家鼎革,钱谦益在《赠双白居士序》《报恩图序赞》《远法师书论序赞》《书远公明报应论后》诸篇文字中对慧远的体悟,远超出佛法知解之外,其中寄寓更多的是个人心迹。

首先,慧远虽为方外之人,却不畏强权,勇于抗辩,饱含隐情。桓玄篡位前,当其功威震主之时,慧远抗颜相对,以致在沙汰沙门时,庐山不在搜查之列。当桓玄篡位后,慧远不忘故国,将故国之情暗寓于字里行间。钱谦益对此赞叹不已:"呜呼!晋室凌迟,凶渠煽虐,拥重兵而胁孤主,藐然视天下无人。顾独严惮远公,屹如元戎重镇。沙汰僧徒,则曰:庐山道德所居,不在搜简之例。沙门尽敬,诘难八座。始而遗书咨决,未敢辄行。既而首出伪诏,尽寝前议。其为礼于远公也至矣!"② 对慧远在《沙门不敬王者论》中的篇首序语和文末署语③,钱谦益极力挖掘其中的隐微之义:

元兴三年(404),桓玄之永始二年(404)也。逾年之间,奄有晋祚。寻阳降处,比迹陈留。乃大书特书曰:"天子蒙尘,人百其忧。"唱义军之先声,望乘舆之反正,何其义之壮、词之直也。书太尉桓公,表晋官、削伪号也。书晋元兴三年,黜永始、并黜太亨也。

---

① (清)钱谦益:《初学集》卷81,第1728页。
② (清)钱谦益:《有学集》卷42,第1427页。
③ 《沙门不敬王者论》篇首序云:"晋成、康之世,车骑将军庾冰,疑诸沙门抗礼万乘。所明理,何骠骑有答。至元兴中,太尉桓公亦同此义。"(《中国佛教思想资料选编》,第81页)篇末题云:"晋元兴三年,岁次阏逢,于时天子蒙尘,人百其忧,凡我同志,金怀缀旒之叹,故因述斯论焉。"(《中国佛教思想资料选编》,第87页)

此一字书法也。孟子曰:"孔子成《春秋》,而乱臣贼子惧。"千秋而下,习楼烦之《春秋》,有不骨寒而魄褫者鲜矣!吾惜夫后之作僧史者,徒知执诤抗礼为撑柱法门盛事,而其深心弘愿,整皇纲、扶人极者,未有闻焉。斯可谓痛哭者也!①

慧远在此段文字中使用的年号,依然是晋安帝司马德宗的年号"元兴",并不是桓玄的"永始";称桓玄为"太尉",依然是其在晋朝的官位,而非潜逆之伪号。钱氏认为,慧远将《春秋》笔法寓于文章之中,一字暗含褒贬,表现不忘晋室、忠于故国的同时,以此"唱义军之先声,望乘舆之反正",并达到"整皇纲、扶人极"的政治作用。钱谦益在入清后所作诸文字中,不署清廷年号,或采用干支纪年,或采用太岁纪年;在诗文创作中,钱氏将自己的故国情思或隐或显或明或暗地隐含其中。此二人,千载相感,心灵相通,皆用心良苦。

其次,钱谦益对慧远、桓玄论辩的主要内容(报应论与神不灭论)关注较少,更为强调论辩背后的历史意义与现实意义。如《远法师书论序赞》云:

> 古今之乱臣贼子,肆无忌惮者,必先有无君父之心,而后动于恶。其敢于无君父者,何也?以其无报应也。其所以无报应者,何也?以形灭而神灭也。神灭则无报应矣。是故神灭之论,古今乱臣贼子护身之符印,而无父无君蜂鼓之毒药也。玄子问遣□拨应,其篡弑之根芽乎?远公之答,区明罪福,其伐炙之株穴乎?凶德不改,罪德贯盈,于是乎奋笔作论,以形灭神不灭者终篇,用以著凶逆之萌,条影响之报,以正告于万世。呜呼!公之心亦良苦矣哉!②

也就是说,报应论及神不灭论的警戒与威慑作用,已远远超出论争内

---

① (清)钱谦益:《有学集》卷42,第1428页。
② 同上。

容自身的价值。如桓玄等乱臣贼子无君无父，敢于谋逆，在于他们认为神灭形灭，没有因果报应，所作之事自然不受报应论的支配。远公正是看穿了桓玄谋逆篡位之野心，假论辩以"诛僭逆以大义，彰报应于微词。"① 在《书远公明报应论后》中，钱谦益对桓玄口诛笔伐：

> 灵宝（按：指桓玄）之凶慝，固已悬镜久矣。感应之论，条分祸福，所以剪其奸萌，折其弑械，岂但是求理中之谈哉？玄倚恃邪见，不信罪福，窃位扇恶，无复顾忌。不知义旗电发，推步厌胜，闻人怨神怒之言，拊心自悔，尚能执冥科幽司，都无影响否？凶渠即戮，悬首大桁。此时地水火风，结为神宅，亦无受伤之地否？循览远公之论，而披寻其扣击之所以，以释往复之迷。无父无君之流毒，庶可以少杀矣乎？……后世儒者，诛逆臣于晋季，失席痛恨，莫桓玄若也。及其标榜竖义，排斥三报，抹杀三界，胥归命神灭。其不少以玄为太宗者几希。呜呼！其亦弗思之甚也哉！②

桓玄及后世之乱臣贼子肆无忌惮地谋逆犯上，正是因为神灭不受报。桓玄之论神灭及无报应，实为自己谋逆之举张目，是他极论杀生不受报的原因所在。短暂的篡位闹剧，在刘裕等人的军事打击之下，草草收场，兵败人亡，桓玄整个家族也被消灭殆尽。

钱谦益写作此组文字的目的，也远远超出于论旨之外。顺治十八年（1661）正月初二，顺治帝出痘。至初六日病重，召原任学士麻勒吉、王熙起草遗诏，第二天夜里病逝于养心殿。顺治帝虽非如桓玄般对佛理提出质疑，相反，自顺治十四年（1657）年起，多次征召高僧如玉琳通琇、木陈道忞等入宫讲习佛法，参禅谈艺。然就当时所处环境而言，其篡逆大明王朝的"谋逆"之举，与桓玄类似。顺治之死，对素有反清之心的钱谦益来说，无疑是欢欣鼓舞。二月初一，哀诏到达苏州。初四，钱谦益宴于弟

---

① （清）钱谦益：《有学集》卷42，第1428—1429页。
② （清）钱谦益：《有学集》卷50，第1617页。

子钱曾的述古堂，酒罢赋诗，作《后秋兴之十》，其二云："辽海月明传汉槎，榆关秋老断胡笳。而今建女无颜色，夺尽燕支插柰花。"① 其三云："却笑帝牺成倒载，髑髅生草不能肥。"② 其七更加高调："旄头摧灭岂人功，太白新占应月中。扫荡沉灰元夕火，吹残朔气早春风。揭空铙鼓催花白，搅海鱼龙避酒红。从此撑犁辞别号，也应飞盏贺天翁。"③ 在这组诗中，其兴奋之情溢于言表。他仿佛从顺治帝的死亡中，又看到了反清复明的希望。而钱谦益评论慧远、桓玄之文，或许正是期望达到"唱义军之先声，望乘舆之反正"④ 的政治目的。

三 忠孝佛性论

作为传统儒家价值观的核心之一，忠孝实可分为两个层面。一者为"忠"，以忠君爱国为核心；二者为"孝"，以尊亲侍养、追远慎终为要义。"佛性"者，为梵语 buddha-dhātu 或 buddha-gotra 的意译，又作如来性、觉性，为佛教核心概念之一，"即佛陀之本性，或指成佛之可能性、因性、种子、佛之菩萨之本来性质"。⑤ "忠孝"与"佛性"的结合，视体现儒家伦理价值观的忠孝为成佛因性之一，是钱谦益在吸收已有儒释道会通思想的基础上，在明末清初这一特定历史背景下提出并着力宣传的概念之一，体现出他身为"不忠不孝"之人复杂的思想状态。

（一）儒释忠孝论

孝亲思想是儒家在以血缘为纽带、以家庭为本位的宗法制基础上建立起来的，上至君王，下至庶民，均须遵守孝道而行之，故《孝经》云："夫孝，天之经也，地之义也，民之行也"⑥，"天地之性，人为贵。人之

---

① （清）钱谦益：《牧斋杂著》，第 54 页。
② 同上。
③ 同上书，第 57 页。
④ （清）钱谦益：《有学集》卷 42，第 1428 页。
⑤ 慈怡主编：《佛光大辞典》，第 2633 页中。
⑥ （清）阮元校刻：《十三经注疏》，第 2549 页下。

行，莫大于孝"①。孝子之孝，"生则亲安之，祭则鬼享之"②，"居则致其敬，养则致其乐，病则致其忧，丧则致其哀，祭则致其严。五者备矣，然后能事亲"③。由孝亲进而延伸至忠君，"君子之事亲孝，故忠可移于君"④。事亲以孝，事君以忠，成为世人最基本的道德伦理准则。孔子有言："吾志在《春秋》，行在《孝经》。"⑤汉代以孝治天下，汉文帝时，首置《孝经》博士，宣帝地节三年（公元前67），在郡县设学校，乡聚设庠序，置《孝经》师一人，以训童蒙。自此之后，《孝经》备受历代统治者重视，以此进身仕禄者代不乏人。

自两汉之际佛教入华之后，僧侣因削发毁形，离亲弃家，不敬王者，不遵俗礼，被讥为"不忠不孝"，成为统治者毁佛灭佛口实之一。北周武帝曾云："父母恩重，沙门不敬，悖逆之甚，国法不容。"⑥唐武宗亦云："（佛教）遗君亲于师资之际，违配偶于戒律之间，坏法害人，无逾此道。"⑦为了摆脱困境，与东土固有传统文化相融，促进佛教传播，佛门释子也作了些许变通。首先，佛教中宣扬孝道思想之经典被渐次译出，诸如晋竺法护所译《佛升忉利天为母说法经》、圣坚译《佛说睒子经》及译者不明的《佛说孝子经》等。同时又出现了一批以宣扬孝道为主的疑伪经，如托名后秦鸠摩罗什所译的《佛说父母恩重经》等。僧人著述中也出现了宣扬孝道之作。唐代道世所辑佛教类书《法苑珠林》中，分别于卷四十九设《忠孝篇》《不孝篇》，卷五十设《报恩篇》《背恩篇》。在经疏中，诸如净土二祖善导的《观无量寿佛经疏》、华严五祖宗密的《盂兰盆经疏》，多有宣扬孝道之处。北宋契嵩所著《孝论》十二章，更是集中宣扬孝道的名作。此外，随着弘教的开展，各类宣传孝道思想的变文、俗讲，尤其是以目连救母为主的《目连救母劝善戏文》等目连戏，盛行不息。以荐亲报

---

① （清）阮元校刻：《十三经注疏》，第2553页上。
② 同上书，第2552页中。
③ 同上书，第2555页下。
④ 同上书，第2558页上。
⑤ 同上书，第2540页上。
⑥ （唐）道宣：《广弘明集》，《大正藏》第52册，第153页中。
⑦ （后晋）刘昫：《旧唐书》卷18，中华书局1975年版，第605页。

恩为主的盂兰盆节,成为我国传统节日之一。

佛教徒在孝亲思想的构建上,也是颇费苦心。首先,针对儒家孝道,佛教徒提出了出世之孝方为大孝的观点。他们认为,儒家之孝止于一世,不外乎孝养、孝敬与显亲三个层面,孝养与孝敬充其量只是小孝,显亲也不过是中孝。佛家之孝,让父母闻听佛法,信奉修持,成就无上智慧,脱离六道轮回,而且可以泽及先世远祖,"一人成道,九祖超生",此谓大孝。其次,孝亲与报恩思想相连,并与佛教戒律结合。《五分律》卷二十云:"若人百年之中,右肩担父,左肩担母,于上大小便利,极其珍奇衣食供养,犹不能报须臾之恩。从今听诸比丘,尽心尽寿,供养父母,若不供养,得重罪。"[1]《佛说梵网经》针对不同的违逆孝道之举,予以相应的罪责。如"不向父母礼拜,六亲不敬","犯轻垢罪";"于父母兄弟六亲中,应生孝顺心,慈悲心",若"反更加于逆害,堕不如意者,犯轻垢罪"[2]。契嵩《孝论》认为:"大戒即曰:孝名为戒。盖以孝而为戒之端也。子与戒而欲亡孝,非戒也。夫孝也者,大戒之所先也。"[3] 宋元以后,佛教孝道观又呈现出一些新变,主要表现在知解与实践的结合。具体而言,从佛教修持层面,强调持戒与孝行、孝顺与念佛的统一。宋代永明延寿认为:"或尽忠立孝,济国治家,行谦让之风,履温恭之道,敬养父母,成第一之福田;承事尊贤,开生天之净路。"[4] 明末高僧云栖袾宏也认为:"家有父母,孝顺念佛可也,不必外驰听讲。"[5] 李贽《焚书》亦云:"念佛者必修行,孝则百行之先。若念佛名而孝行先缺,岂阿弥陀亦少孝行之佛乎?决无是理也。"[6]

(二)"告备于天"与"告备于佛"

钱谦益在孝亲观上,呈现出儒释道并重之势。他大力表彰孝子顺孙,

---

[1] (刘宋)佛陀什、竺道生译:《弥沙塞部和醯五分律》卷20,《大正藏》第22册,第140页下。
[2] (后秦)鸠摩罗什译:《梵网经》卷2,《大正藏》第24册,第1006页上。
[3] (宋)契嵩:《镡津文集》卷3,《大正藏》第52册,第660页中。
[4] (宋)延寿:《万善同归集》卷2,《大正藏》第48册,第982页中。
[5] (明)袾宏:《云栖法汇》卷13,《嘉兴藏》第33册,第45页上。
[6] (明)李贽:《焚书》卷4,中华书局1975年版,第141页。

援引儒、释两家典故，以帝释天为中介，为儒、释孝道思想的融通提供了新的探索空间。《锡山高氏白华孝感颂并序》云："余闻之，吾尼父称述先王至德要道，曰'行在《孝经》。'此儒言也。佛说《大报恩经》，有人右肩持父，左肩持母，经历千年，便利背上，犹不能报父母之恩。此佛言也。人言释氏盛谈报应，只为夸诞。不闻尼父《孝经》既成，斋戒告北斗，赤虹自天，降为黄玉，刻文显告备之征乎？不闻古之孝子，花木连理，旌门表阙，史不一书者乎？以高子之纯孝，天表之应，应以白花。斯则佛法世界，函盖相应。而尼父释尊，异门同赞者也。"①

佛家所言孝亲，带有浓厚的报恩色彩。钱谦益所引《大报恩经》，实为《佛说父母恩难报经》，其云："父母于子，有大增益，乳哺长养，随时将育，四大得成。右肩负父、左肩负母，经历千年，正使便利背上，然无有怨心于父母，此子犹不足报父母恩。"②《增一阿含经》卷十一亦云："有人以父著左肩上，以母著右肩上，至千万岁，衣被、饭食、床蓐卧具、病瘦医药，即于肩上放于屎溺，犹不能得报恩。"③

孔子《春秋》《孝经》成而告备北辰的记载，最早出自于纬书。明代朱鸿《孝经总类》收录虞淳熙的《孝经集灵》，是书集"古今宗《孝经》而历有灵验者"④，其中辑录孔子著《孝经》三则，其二引《纬》云："孔子七十二岁语曾子，著《孝经》。因著作既成，乃斋戒，向北斗告备。忽有赤虹自天而下，化为黄玉刻文，先圣跪而受之。一云：《春秋》《孝经》成，孔子以此二经告备于天。"⑤其三引《援神契》云："孔子著作《孝经》，使七十二子，向北辰罄折；曾子抱《河图》《洛书》，北向；孔子簪

---

① （清）钱谦益：《有学集》卷42，第1452页。
② （后汉）安世高译：《佛说父母恩难报经》，《大正藏》第16册，第778页下—779页上。钱谦益文中云"佛说《大报恩经》，有人右肩持父，左肩持母，经历千年，便利背上，犹不能报父母之恩。"（见《有学集》卷42，第1452页），然检《大方便佛报恩经》却无此文，或即指《佛说父母恩难报经》耶？
③ （东晋）僧加提婆译：《增一阿含经》卷11，《大正藏》第2册，第601页上。
④ （明）朱鸿：《孝经总类》，《续修四库全书》第151册，第33页下。
⑤ 同上书，第276页下。

缥笔，衣绛单衣，向北辰而拜。"① 此两条记载最早出之何处已难考察。干宝的《搜神记》卷八《赤虹化玉》载："孔子修《春秋》，制《孝经》，既成，斋戒，向北辰而拜，告备于天。天乃洪郁起白雾摩地，赤虹自上而下，化为黄玉，长三尺，上有刻文。孔子跪受而读之，曰：'宝文出，刘季握。卯金刀，在轸北。字禾子，天下服。'"② 据文末汪绍楹小注可知，《初学记》二、《太平御览》十四、《类说》七、《绀珠集》七均引。梁代沈约《宋书》卷二十七《符瑞志》亦收有此文，足见其流传之广。当然，由纬经到小说家言再到正史的流播过程，导致了学者对其真实性的怀疑。宋代王应麟《困学记闻》卷八云："《宋·符瑞志》云：'孔子斋戒向北辰而拜，告备于天曰：《孝经》四卷，《春秋》《河》《洛》凡八十一卷，谨已备矣。'（原注：见《援神契》）是以圣人为巫史也。纬书谬妄，而沈约取之，无识甚矣。"③

当我们将目光投向明末清初时发现，《孝经》呈两种趣向并存的研究趋势。一为重视"孝"的政教功能，缄口不谈神感之事；二为重视"孝灵与孝德感通神明"，带有浓厚的宗教性意味。④ 虞淳熙编辑的《孝经集灵》便为后者的最好表征，相信并宣传《孝经》灵感事迹者也大有人在。苏浚的《孝经序》云："余观《孝经中契》，谓阳衢乘紫麟，下告地主要道之君，后年麟至，口吐图文，窃疑其为怪诞不足征之词。然孔子尝曰：'吾志在《春秋》。行在《孝经》。'《春秋》成而麟出，《孝经》成而图文见，何足怪也？"⑤ 陈继儒《孝经序》也侈谈《孝经》灵通："余尝观六朝高人名士，崇信《孝经》，或以殉葬，或以荐灵。病者诵之辄愈，斗者诵之辄解，火者诵之辄止，盖《孝经》之不可思议如是。……孝感所至，能令醴泉出，异草生，犬豕同乳，乌鹊同巢。盗贼驰兵而过，不敢犯

---

① （明）朱鸿：《孝经总类》，《续修四库全书》第151册，第277页上。
② （晋）干宝：《搜神记》卷8，中华书局1979年版，第112页。
③ （宋）王应麟：《困学纪闻》卷8，上海古籍出版社2008年版，第1093页。
④ 吕妙芬：《晚明〈孝经〉论述的宗教性意涵：虞淳熙的孝论及其文化脉络》，《近代史研究所集刊》2005年第48期。
⑤ （明）朱鸿：《孝经总类》，《续修四库全书》第151册，第22页下。

孝子乡。则《孝经》一卷,未必非吾儒神通之书,何至令佛老弟子旁行祸福之说于天下!"① 将《孝经》视为儒家神通之书,并以此与佛、道二教祸福之说相抗衡,其宗教色彩之浓厚,可见一斑。

基于此种氛围,钱谦益极力强调孔子"告备北辰"的真实性。《古史谈苑摘录后记》云:"昔者吾夫子授端门之命,而作《春秋》《孝经》成,曾子抱《河》《洛书》,夫子簪缥笔绛衣,告备北辰,俗儒以纬家为疑。今旌行所录滕昙恭、刘霁诸人,载在国史,传诸丹青,又岂可以为虫书鸟言,漫而置之乎?"② 既然在他看来孔子著《孝经》灵感之事真实不虚,那么佛家一度被讥为荒诞的报恩之说自无可疑。此为其一。

其二,孔子告备北辰,即是告备于天。而此"天",正为会通儒释的关键所在。《报恩图赞序》云:"吾夫子著《孝经》成,曾子抱《河》《洛书》,夫子簪缥笔,衣绛单衣,磬折向北辰,告备于天,天帝受佛付嘱,佑助忠孝,唯吾夫子知之,故告备焉。告备于天,即告备于佛也。世之儒者徒谓《孝经》为开宗明义之书,吾夫子告备之深意懵焉不察。"③ 他所言的"天帝",实指帝释天。帝释天,梵名 Sakra Devānāmindra,音译为释迦恒因陀罗,略称释提恒因,又称天帝释、天主等,为佛教忉利天主。随着佛教的弘传,本为忉利天主的帝释,"从印度走进了中国,成为中国民众信奉的神祇,在中国民众的生活中扮演了超自然力量的角色"④。自唐代起,出现了与帝释密切相关的"三长月"等,对中国的政治生活产生了广泛影响。此外,帝释还进入了道教,成为"大罗天宫帝释"。明代的王世贞便屡屡将玉帝与帝释并称,如《弇州续稿》卷二十四《偶成》云:"长春占断维摩诘,灵噩平增德士巾。归睹玉皇称帝释,始知元是一家人。"⑤ 卷六十六《金母记》云:"玉帝者,释家所称天帝释也。"⑥

---

① (明) 陈继儒:《白石樵真稿》卷1,《四库禁毁书丛刊》集部第66册,第22页上。
② (清) 钱谦益:《有学集》卷45,第1494页。
③ (清) 钱谦益:《有学集》卷42,第1425—1426页。
④ 项楚:《从印度走进中国——敦煌变文中的帝释》,《四川大学学报》(哲学社会科学版) 2008年第1期。
⑤ (明) 王世贞:《弇州续稿》卷24,《四库全书》集部第1282册,第315页上。
⑥ 同上书,第864页上。

天帝受佛付嘱，对此佛典中记载颇多。如《杂阿含经》卷二十五云："我若以教法付嘱人者，恐我教法不得久住；若付嘱天者，恐我教法亦不得久住，世间人民则无有受法者。我今当以正法付嘱人、天，诸天、世人共摄受法者，我之教法则千岁不动。时天帝释，及四大天王，知佛心念，来诣佛所，稽首礼足，退坐一面。"① 此外，佛上忉利天宫为母说法，以报生育之恩，亦为佛门宣扬孝道的典实之一，西晋竺法护译《佛升忉利天为母说法经》、萧齐昙景译《摩诃摩耶经》等载之甚详。智旭《阅藏知津》卷二十五《摩诃摩耶经》下释云："佛于忉利天，放光现化，并敕文殊请母相见，令证初果，为说神咒。后从天下，渐次化度，受魔王请，乃入涅槃。摩耶来赴棺所，佛复开棺，现千化佛。母子相见，以彰孝道。"②

综上，钱谦益在肯定孔子《孝经》成后"告备北辰"的真实性基础上，认为"告备北辰"即是"告备于天"；然后联系佛教中"天释受佛付嘱"的记载，得出孔子"告备于天"即是"告备于佛"的结论。儒、释两位圣人通过《孝经》而进行的对话，无疑在本有宗教性意涵解经氛围中，为儒、释孝道观的会通提供了新的思路。

（三）忠孝与佛性

对宋代佛教呈现出来的新特点，杜继文写道："从泛泛地提供救度众生，转向实际地忠君爱国；从泛泛地主张三教调和，转到依附儒家的基本观念。处在民族危亡多事之秋的佛教，其主流，与前代那种以避世为主的消极思潮相比，突出地表现了积极参与军政大事，谋求争取改变现世状况的意向，尽管多数方式依然是纯宗教的。"③ 其实，明末清初佛教内部的某些变化，亦约略似之。如果说"宋代佛教引进'天下国家'和'忠君忧时'，开辟了古代佛教爱国主义和民族主义一途，在中国佛教发展史上，

---

① （刘宋）求那跋陀罗译：《杂阿含经》卷25，《大正藏》第2册，第177页中。
② （明）智旭：《阅藏知津》卷25，《嘉兴藏》第32册，第99页中。
③ 杜继文：《佛教史》，江苏人民出版社2008年版，第419页。

是有里程碑意义的事件"①的话，明末清初如紫柏真可、憨山德清、继起弘储、天然函昰及门下僧俗弟子的思想与行径，便是对宋代佛教忠君爱国精神的回应与接续，是在时代之风激射下僧人爱国精神的体现。

作为宋代僧人忠君爱国的典型，大慧宗杲旗帜鲜明地提出了"忠义心"即"菩提心"。《大慧普觉禅师法语》卷二十四《示成机宜（季恭）》云：

> 忠义奸邪与生俱生。忠义者处奸邪中，如清净摩尼宝珠置在淤泥之内，虽百千岁不能染污。奸邪者处忠义中，如杂毒置于净器，虽百千岁亦不能变改。何以故？本性浊秽故。……菩提心则忠义心也，名异而体同。但此心与义相遇，则世出世间一网打尽，无少无剩矣。予虽学佛者，然爱君忧国之心，与忠义士大夫等。但力所不能，而年运往矣。喜正邪之志，与生俱生。永嘉所谓"假使铁轮顶上旋，定慧圆明终不失"，予虽不敏，敢直下自信不疑。②

在此论中，忠义与奸邪相对，均是与生俱来、不可改变的。"菩提心"为梵语 bodhi-citta 之译，全称阿耨多罗三藐三菩提心，指求无上菩提之心。菩提心为一切诸佛的种子，发菩提心，精进修行，方可成就菩提。因此，菩提心为一切正愿之初始，菩提之根本，趣向佛道之初阶。③ 将儒家之忠义心等同于菩提心，认为二者"名异而体同"，实属当时宋、金对峙形势下僧人爱国之心的集中体现。大慧自称："予虽学佛者，然爱君忧国之心，与忠义士大夫等。"据《大慧普觉禅师年谱》载，绍兴十一年（1141）四月，张九成父亲去世，请宗杲举行追荐法会。宗杲"以无垢（按：指张九成，号无垢居士）禅如神臂弓"，并呈偈云："神臂弓一发，透过千重甲，仔细拈来看，当甚臭皮囊。"次日又云："神臂弓一发，千重关锁一时开；

---

① 杜继文：《佛教史》，江苏人民出版社 2008 年版，第 422 页。
② （宋）蕴闻：《大慧普觉禅师语录》卷 24，《大正藏》第 47 册，第 912 页下—913 页上。
③ 详参见《佛光大辞典》，第 5200 页上—5201 页下。

吹毛剑一挥，万劫疑情愁破之。"①秦桧闻之，甚为忌恨，便以"坐议朝廷除三大帅事"，"径山主僧应而和之"之罪名，于绍兴十一年（1141）五月二十五日追缴宗杲的度牒，将其强制编管于衡州。

大慧宗杲的爱国精神，在清初僧、俗两界得到了回应。与两宋之际不同的是，清廷入主中原后，强制实行剃发令，引起时人的强烈反对。加之明亡的客观现实，基于兵败等种种原因，士人开始大量遁入空门，以求全节。仅孙静庵《明遗民录》所载，就有近百人。黄宗羲更是发出"不为异姓之臣，甘为异姓之子"的慨叹。僧人群体的急剧变化，必然给佛教界带来一些新的变化，传统儒家伦理价值观开始大量渗入。②如先逃禅后归儒的屈大均曾慨叹道："嗟夫！圣人不作，大道失而求诸禅；忠臣孝子无多，大义失而求诸僧；《春秋》已亡，褒贬失而求诸《诗》。以禅为道，道之不幸也；以僧为忠臣孝子，士大夫之不幸也；以《诗》为《春秋》，史之不幸也。"③

在此时代之风的激发下，钱谦益在大慧宗杲"菩提心"即"忠义心"的基础上，提出忠孝佛性说。《赠双白居士序》云："忠孝，佛性也。忠臣孝子，佛种也。未有忠臣孝子不具佛性者，未有臣不忠、子不孝而不断佛种者。"④基于此，他借李邦华之语云："三世诸佛，只是血性男子。果能参透上乘，空诸万有，死生不二，与周、孔何异。儒者一念不谨持，即堕苦海，何云天堂地狱哉。"⑤

作为忠君爱国典型僧人的大慧宗杲，是钱谦益宣扬的重心，并且与当时富有故国情思的遗民僧人木陈道忞、继起弘储、宗宝道独及其门下僧俗弟子密切相关。

若言及木陈道忞之忠孝，或因顺治十六年（1659）北上奏对之举，有

---

① （宋）祖詠编：《大慧普觉禅师年谱》卷1，《嘉兴藏》第1册，第801页下。
② 参见廖肇亨《忠义菩提：晚明清初空门遗民及其节义论述探析》，台湾"中央研究院"中国文哲研究所2013年版。
③ （清）屈大均：《广东新语》卷12，中华书局1985年版，第352页。
④ （清）钱谦益：《有学集》卷22，第911页。
⑤ （清）钱谦益：《有学集》卷34，第1216页。

持不同意见者。但北上之前的种种行为,将其视为具有故国之思的遗民僧人,应不为过。陈垣称其为"深于故国之思,与忠义士大夫等"①,其诗文亦"不胜原庙之悲,极写煤山之痛"②。尤其是顺治十年(1653),木陈道忞在崇祯皇帝十年忌辰时,会集同门僧众大作佛事,寄托哀思。他将诸人诗文汇为一集,取杜甫《哀江头》"江头宫殿锁千门,细柳新蒲为谁绿"之意,名之曰《新蒲绿》。木陈道忞亲自撰写序文,其云:

> 过殷墟而兴麦秀之歌,行周道而发黍离之叹,故国旧京,人非物异。一触目警心之间,所谓欲哭则不可,欲泣近妇人。因歌写怨,聊摅愤懑抑,岂知有百世下从而讽咏之哉!我毅宗烈皇帝以英明之主,数直凶危,家亡国破,宗庙丘墟,此天地人神所痛心疾首于甲申三月十九之变也!维今癸巳,去前莫(暮)春,十阅星霜。当僧忞投老匡庐之日,虽倭迟远道,浪迹昆阴,而雨露之恩,中怀怅恧。因鸠诸同人,共修荐严佛事,亦已澄心涤虑,洁蠲为饎矣。其如隐痛填膺,驱除不去,乘间辄来。遂人各言所欲言,总诗文若干首,篇而什之曰《新蒲绿》。于乎,新蒲细柳年年绿,野老吞声哭将何日而休哉!③

钱谦益对木陈道忞忠君爱国之心极为赞扬。在《山翁禅师文集序》中,他借大慧宗杲"予虽学佛者"之语,结合大慧宗杲与张德远、张子韶之关系,高扬大慧宗杲的忠君爱国之情,"唯其忠诚恻怛之至,根柢种性,槎牙肺腑,虽至于砍臂斩头,亦将怡然顺受"④。其后笔锋一转,颇为称赞木陈道忞的爱国之举,"《荐严》之疏,《新蒲》之绿,玉衣石马之遐思也。《春葵》《玉树》之什,空坑、崖海之余恨也。征之妙喜,以言乎其道则相符,以言乎其志则相协,以言乎其时,则宋世所谓忠义士大夫,迢然

---

① 陈垣:《清初僧诤记》,中华书局1962年版,第17页。
② 同上书,第73页。
③ (清)道忞:《布水台集》,《嘉兴藏》第26册,第339页上—339页中。
④ (清)钱谦益:《有学集》卷21,第876页。

不可再见,犹有一禅者孤撑单出,流连涕泗于陆沉沧海之余,斯尤难矣"①。他认为,不忠不义而无血性之人,断灭佛性,"三世诸佛,是三世中有血性男子。不忠不义之人,埋没此一点血性,谓之焚烧善根,断灭佛性。……有人于一言半句,汗下毛竖,留得此一点血性在人世间,即是不断佛种"②。在与木陈道忞的书信中,他也借大慧宗杲之语,盛谈其爱国忠君,"径山有言:予虽学佛者,然爱君忧国之心,与忠义士大夫等。正于数行文字,描写出径山老人铁轮顶上圆明。自此鄙人八识田中,屈盘偪塞,种得此一段根苗。每至酒阑月落,香消灯炮,此中影子落卸,未尝不与老和尚相晤对于大圆镜中也"③。

钱谦益因《天童塔铭》之争结识并深入了解的汉月法藏弟子继起弘储。继起弘储,号退翁、担雪老人,江苏南通人,明末清初东南佛教界的重要人物,在遗民中影响深远。一方面,他与当时许多遗民诸如李清、姜垛、徐元叹、黄宗羲、顾苓、余怀、徐枋等往来密切;另一方面,门下弟子中吸纳了一批明亡后出家之士,著名者如熊开元、董说、张有誉、王廷璧等。同时,继起弘储也是一位以忠孝作佛事的遗民僧人。徐枋的《退翁老人南岳和尚哀辞》称:"惟吾师一以忠孝作佛事,使天下后世洞然明白,不特知佛教之无碍于忠孝,且以知忠孝实自佛性中出。……或曰:'吾师以忠孝作佛事,可得闻乎?'沧桑以来二十八年,心之精微,口不能言,每临是讳,必素服焚香,北面挥涕,二十八年直如一日。……吾师尝言锡类之仁,教为忠本,故自为《孝经笺》,说以刻之。而复敦请大德居士,讲说《孝经》于丛席,俾一千五百衲子,无不熏染于其中。而又推其忠孝之心,以翼庇生,全天下之忠臣孝子,不容悉数。"④钱谦益在《报慈图序赞》中盛赞其忠孝之举,"灵岩退翁和尚,既为其父母立传,香晨灯夕,有怀不忘","退翁既而截断众流,长揖三界,而拳拳报慈,奉忠孝为正令。岂非以忠孝佛性即佛种

---

① (清)钱谦益:《有学集》卷21,第876页。
② 同上书,第877页。
③ (清)钱谦益:《牧斋杂著》,第349页。
④ (清)徐枋:《居易堂集》卷19,《续修四库全书》第1404册,第317页下—318页上。

性，悲憋斯世多不忠不孝，作最后断佛种人，不惜号呼告报与？"①

岭南为遗民僧人的又一重镇，尤其是"曹洞宗第三十四代传人天然和尚，成了岭南遗民的精神领袖"②。其门下分属"今""古"两辈遗民共百余人，其中今种（屈大均）及今释（金堡）最为知名。钱谦益称宗宝道独，"师之深心密行，世所未悉者二。昔者大慧言：'吾虽方外，忠君忧国之心，与忠义士大夫等。'洪觉范、鹿门灯公则曰：'孝于事师，忠于事佛，此洞上宗风也。'师悲智坚密，炉鞴弘广，植菩提之深根，茂忠孝之芽叶。节烈文章之士，赖以成就正骨，祓濯命根。白蜺碧血，长留佛种；条衣应器，同饭法王。此则其内閟外现，阴翊王度者也。"③ 在与今释的信中，他又详加解释："所云'白蜺碧血，长留佛种'者，指秋涛、正希二相公及吾徒黎美周辈也。所云'条衣应钵，同版法王'者，指吾道隐先生也。措语隐谜，亦定、哀微词之例，聊为座右指明。"④ 在给屈大均文集写的序中，钱谦益也高扬其忠君爱国之情，称"以是诗句，举扬妙喜忠君忧国一点热血，使百千万劫忠臣义士种性不断，即是佛种不断，则种师之笔管，与屠儿之屠刀，说法炽然，有何差别？余向者喁噍之绪言，如鼗音剑映，付之一笑而可矣"。⑤

综上，钱谦益虽然自称是"不忠不孝"之人，然以"天"为纽带，融通儒释孝道观，并在大慧宗杲"菩萨心即忠义心"的基础上，旗帜鲜明地提出了忠孝佛性论，并以此来鼓励、称扬遗民僧人，暗藏于中复杂的追悔之情，亦昭然可见。

第二节 佛教宗派思想

钱谦益与明末清初佛教各宗派僧人往来密切，并在系统总结各宗派发

---

① （清）钱谦益：《有学集》卷42，第1425页。
② 蔡鸿生：《清初岭南佛门事略》，广东高等教育出版社1997年版，第20页。
③ （清）钱谦益：《有学集》卷36，第1273页。
④ （清）钱谦益：《有学集》卷40，第1273页。
⑤ （清）钱谦益：《有学集》卷21，第886页。

展历史的基础上，对各宗派思想的利弊得失，进行了批判性总结。具体而言，本着"护法以破邪为宗，破邪以显正为本"的原则，对佛教尤其是禅宗流弊进行了揭露与批判，提出了以教救禅的革新路径。对于天台宗和净土宗，则经历了数次拣择与扬弃。鉴于诸宗僧诤之频起，钱谦益最终以华严宗思想为主，圆融其他宗派，希望消弭佛教诸宗间的思想论争。

一 禅宗思想

"护法以破邪为宗，破邪以显正为本"，① 为了破除禅宗之"邪"，钱谦益对晚明佛教尤其是禅宗中出现的种种弊症进行了无情的揭露和批判。针对既有问题，钱谦益提出了以教救禅的革新措施。可以说，破邪与显正构成了钱谦益禅宗思想的主体。

（一）禅宗流弊之批判

明代佛教与佛教文学的发展大致相当，呈现出"马鞍形"的发展轨迹。② 具体而言，以楚石梵琦、季潭宗泐等高僧为代表，明初禅宗一度呈现出兴盛之势。明初诸高僧相继离世之后，明代佛教一度陷入沉寂。随着憨山德清等万历三高僧的出现，晚明佛教各宗派呈现出全面复兴之势。对此，黄宗羲的《苏州三峰汉月藏禅师塔铭》云："万历以前，宗风衰息。云门、沩仰、法眼皆绝；曹洞之存，密室传帕；临济亦若存若没，什百为偶，甲乙相授，类多堕窾之徒。紫柏、憨山别树法幢，过而唾之。"③ 觉浪道盛的《憨山大师全集序》云："当宗门凋落之际，憨山与云栖、达观称三大师，相为鼎立，以悟宗门之人，不据宗门之位，是预知宗门将振，故为大防，独虚此位，而尊此宗。"④

钱谦益生逢其时，与三大师渊源颇深。尤其是和憨山德清之间，关系

---

① （清）钱谦益：《有学集》卷41，第1396页。
② 参见李舜臣《明代佛教文学史研究刍议》，《学术交流》2013年第2期。
③ （清）黄宗羲：《黄宗羲全集》第10册，第513页。
④ （明）道盛：《天界觉浪盛禅师全录》卷21，《嘉兴藏》第34册，第714页下。

尤为密切。憨山德清屡屡以护法居士相称，希望他能承担起卫教护法之责。继三大师之后，钱谦益也自觉承担起复兴佛教的重任。面对佛教中出现的种种弊症，他进行了极为尖锐的揭露和批判。在给黄宗羲的信中，他颇为自诩地写道："迩来则开堂和尚，到处充塞；竹篦拄杖，假借缙绅之宠灵，以招摇簧鼓。士大夫挂名参禅者，无不入其牢笼。此时热喝痛骂，斥为魔民邪师，不少假借者，吴、越间只老夫一人耳。"① 钱谦益几近谩骂的文风，也招致了"好骂"的恶名。在《答王于一秀才论文书》中，钱谦益称徐波在写给陈尤衡的信中，说他"颛好骂人"，并"传语相劝戒"②。在《与吴梅村书》中，钱谦益再次指出："豫章徐巨源规切不肖为文，晚年好骂，此叙一出，恐世之词人，树坛立坫者，又将钳我于市矣。"③ 对此，钱谦益费尽口舌，专门进行了解释，"退而深惟生平，悻直妨身，叫呶尚口，惟以文字骂人，自分无有。乙未（1655）冬，为周元亮叙《赖古堂文选》，数俗学流派，擿摇病根，多所破斥。巨源所指，或在于是。俗学谬种，不过一赝。文则赝秦、汉，诗则赝汉、魏、盛唐，史则赝左、马，典故则赝郑、马，论断则赝温陵，编纂则赝毗陵，以至禅宗则赝五叶，西学则赝四韦陀，长笺则赝三仓。邪伪相蒙，拍肩接踵。一旦张目奋臂，区别稂莠，据一间之地，而为四战之国，布方寸之鹄，而招千人之射。实应且憎，号咷寡助。物莫之与而伤之者至矣，岂不岌岌乎殆哉！"④ 不难看出，钱谦益的"好骂"，并非人身攻击，而是对当下学风包括禅宗流弊在内的揭露与批判。

万历三大师复兴佛教在前，钱谦益的好骂紧随其后，是否意味着他对三大师中兴功绩的全面否定？对此，钱谦益反复强调，他批判的是万历三大师去世之后，佛教内部产生的一系列问题。如《寿闻谷禅师七十序》云："自万历间，紫柏老人以弘法罹难，而云栖、雪浪、憨山三大和尚，

---

① （清）黄宗羲：《黄宗羲全集》第 11 册，第 389—390 页。
② （清）钱谦益：《有学集》卷 38，第 1327 页。
③ （清）钱谦益：《有学集》卷 39，第 1363 页。
④ （清）钱谦益：《有学集》卷 38，第 1327 页。

各树法幢，方内学者，参访扣击，各有依归，如龙之宗有鳞，而凤之集有翼也。及三老相继迁化，而魔民外道，相挺而起。宗不成宗，教不成教，律不成律，导盲鼓聋，欺天诬世。"①《闻谷禅师塔铭》云："呜呼！万历中，方内有三大和尚，紫柏可公、云栖宏公、憨山清公，各树法幢，为人天眼目。三公入灭，魔外横行，喝棒错互。"② 在《武林重修报国院记》中，他更为明确地指出："呜呼！云栖逝而净业微，绍觉亡而讲席燋，魔外交作，而盲禅盛行，未有盛于此时者也。"③ "此时"者，指崇祯七年（1634）文章写作之时。距天启三年（1623）十月，也就是万历三大师中最后一位憨山德清去世仅仅相隔十多年的时间里面，禅宗内部究竟出现了哪些问题，致使钱谦益以几近谩骂的形式屡屡诃责？④ 从《钱牧斋全集》来看，主要表现在以下几个层面。

其一，禅师开堂付法，形如戏剧。换而言之，禅宗的修学、证悟、传承等方面均出现了问题。在他看来，"禅"主要包含两层内涵：六度之禅和禅宗之禅。《武林重修报国院记》云："禅者，六度之一耳，何能总诸法哉？本非法，不可以法说；本非教，不可以教传；岂可以轨迹而寻哉？以禅门言之，应微笑而微笑，应面壁而面壁，应棒喝而棒喝，皆所谓非法非教，不可轨迹寻者也。"⑤ 六度之"禅"，指六度中的"禅波罗蜜"（梵语为 dhyāna-pāramitā，又称"禅定波罗蜜""静虑波罗蜜"），是到达涅槃解脱境界的修行方式，"将心专注于某一对象，极寂静以详密思惟之定慧均等之状态"⑥，是大乘佛教共有的修行方式之一。禅宗之"禅"，旨在"直指人心，见性成佛，以为教外别传，于动容发语之顷，而上根利器之人已

---

① （清）钱谦益：《初学集》卷37，第1043页。
② （清）钱谦益：《初学集》卷68，第1567页。
③ （清）钱谦益：《初学集》卷42，第1110页。
④ 钱氏所言禅宗之问题，并非自万历三老去世后所新出现的，更多则是已有问题的遗留和反弹。又紫柏、憨山虽为一时佛门龙象，然因法嗣未详，且受时人所讥。黄宗羲云："紫柏、憨山，亦遂受未详法嗣之抹杀，此不附之害也。其后胡喝乱棒，声焰隆盛，鼓动海岳。"（参见《黄宗羲全集》第10册，第513页）
⑤ （清）钱谦益：《初学集》卷42，第1110页。
⑥ 慈怡等：《佛光大辞典》，第6451页上。

目击而得之矣"。① 禅宗以"教外别传"自我标榜,在佛法修持传承上主张明心见性,顿悟成佛,以心传心,棒喝微笑无所不可,亦无迹可寻。东土初祖达摩以四卷《楞伽经》传佛心印,重在"诸佛语心"②。在修持方式上,除了以佛教义理研究为主的"说通"之外,倡导"缘自得胜进相,远离言说文字妄想"③的宗通,为悟道成佛提供了一条捷径。因为忽视语言文字在禅宗传承过程中的作用,为帮助学人开悟,便有种种非语言文字的教学方式出现。马祖道一的"平常心是道"及庞居士的"神通并妙用,运水及搬柴",将禅宗修持移于日用实践之中;临济义玄之"临济喝"与德山宣鉴之"德山棒",通过棒喝等方式,"打断参学者的正常思维逻辑,使之进入非理性、非逻辑的直觉状态"④,在超出凡常的直觉体验中彻悟佛道。除棒喝之外,各种手势、动作等非语言的教学方式应机而出,层出不穷。不可否认,动作、手势等肢体语言,在特定教学情境中为引导学人悟道起到了重要作用,但也成为无学禅人自我标榜的依据,为禅宗形式化倾向埋下了隐患。

对禅宗别具一格的教学方式,钱谦益并不反对。然参禅者流于模仿,机锋问答预先撰制,上堂说法几类戏剧,无疑成为有识者的共同之忧。张潮跋木陈道忞《奏对机缘》云:"大和尚上堂,师徒问答,皆预为撰制,如优伶读角本,临时演唱。"⑤ 牧云通门的《式古论》言:"今保社中正同演戏,平时串习,临时你知我知,你拍我应,谓之明大法,智者定不入此局。"⑥

对流于形式化的禅宗教学方式,钱谦益极为愤慨。《武林重修报国院记》云:"今之禅,非禅也,公案而已矣,棒喝而已矣。……今也随方比拟,逢人演说。上堂示众,譬优人之登场,礼拜印可,类俳童之剧戏。贫

---

① (北宋)蒋之奇:《楞伽阿跋多罗宝经序》,《大正藏》第16册,第479页上。
② 达摩所传之求那跋陀罗译《楞伽经》,唯有"一切佛语心"品。然对此"心"字,却有二解:一作"中心"解,指此经为一切佛语之"中心";二作"心"解,指一切佛语,以论心为主,后者为禅林所宗,成为传佛心印之依据。
③ (宋)正受集注:《楞伽经集注》卷3,上海古籍出版社2011年版,第63页下。
④ 周裕锴:《文字禅与宋代诗学》,高等教育出版社1998年版,第7页。
⑤ 转引自陈垣《明季滇黔佛教考》,河北教育出版社2000年版,第283页。
⑥ 同上。

子数他家之宝,愚人求刻舟之剑。是不可为一笑乎?东山法门,本无棒喝。五花开后,互显机权。老僧无法,借黄叶以止啼;童子何知,效俱胝而断指。况乎聋瞽交唱,狂易相尊。扬眉瞬目,眨眼宗师;竖拂拈椎,满前大慧。岂独戏论未止,抑亦妄语既成。是可不为之悲愍乎?"① "借黄叶以止啼",典出《大般涅槃经》卷二十:"如彼婴儿啼哭之时,父母即以杨树黄叶而语之言:'莫啼莫啼,我与汝金。'婴儿见已,生真金想,便止不啼。然此杨叶实非金也。"② 此则譬喻旨在说明"常乐我净"等思想是佛陀劝诱众生修行之权说,如同父母把杨树黄叶当作黄金送给婴儿,使其停止哭泣。"俱胝断指"典出《五灯会元》卷四《婺州金华山俱胝和尚》,略云:俱胝和尚因杭州天龙和尚竖一指开示而大悟,于是凡有参学者,惟举一指以示之。"有一供过童子,每见人问事,亦竖指祗对。人谓师曰:'和尚,童子亦会佛法。凡有问,皆如和尚竖指。'师一日潜袖刀子,问童曰:'闻你会佛法,是否?'童曰:'是。'师曰:'如何是佛?'童竖起指头,师以刀断其指,童叫唤走出。师召童子,童回首。师曰:'如何是佛?'童举手不见指头,豁然大悟。"③ 此则语录中,学人对于天龙、俱胝所竖一指的禅意内涵,有着不同的解释。但可以肯定的是,童子所竖一指,只不过是他对俱胝禅师动作的重复模仿罢了,此与优人登场、倡童唱戏并无二致。为此,俱胝禅师只好以刀断其手指,令其开悟。模仿之风一开,佛门弟子以佛法发家,其弊无穷。对此,钱谦益屡屡痛斥其弊。《天台山天封寺修造募缘疏》云:"上堂下座,戏比俳优。瞎棒盲拳,病同狂易。聋瞽相寻,愈趋愈下。师巫邪说,施符咒枣,亦皆借口参禅,诳惑愚昧。邪师恶道,下地狱如箭射。良可悲也!良可惧也!"④ 《题佛海上人卷》云:"拈椎竖拂,胡喝盲棒,此丑净之排场也。上堂下座,评唱演说,此市井之弹词也。"⑤《赠双白居士序》云:"哀哉!今之师弟子,亦谈宗,亦说

---

① (清)钱谦益:《初学集》卷42,第1110—1111页。
② (北凉)昙无谶译:《大般涅槃经》卷20,《大正藏》第12册,第485页下。
③ (宋)普济著,苏渊雷点校:《五灯会元》卷4,中华书局1984年版,第250—251页。
④ (清)钱谦益:《初学集》卷81,第1724页。
⑤ (清)钱谦益:《初学集》卷86,第1808页。

戒，戏鼓排场，寻芎慕膻，白衣幅巾，授记付拂之徒。眠娗諵謾，嚘尿妭狯，皆偷儿市驵所不屑为……庄生言儒以《诗》《礼》发冢，今宗家师弟子以佛法发冢。"①

其二，师徒以利相求，付拂传法随意。佛门内部师徒之间，势利相牵，唯利是图，识者颇为之忧。蕅益智旭云："惟其道无足传，法无足授，不知戒律之当尊，不知绍继之正务，为师者但贪眷属，为徒者专附势利，遂以虚名互相羁系，师资实义扫地矣。岂不痛哉。"② 行泽云："然近代据师位者，不思等心乘化，令法久住，往往急于求嗣，效闾巷庸俗之所为，以势利相倾，名位相诱，物欲相胜，情妄相欺。……瞎眼宗师，见学者稍具天资，如笼生鸟一般，生怕走了别人家去，急忙付拂付卷，称赏赞扬，互相欺瞒。"③ 远在西南的滇黔，也深受此风影响。④ 势利相关的师徒纽带，门派之间势利争斗，成为晚明法统之争的诱因之一。

钱谦益对家怀伪契、贩卖佛法、随便印可之徒，极力批判。《华首空隐和尚塔铭》云："如今人执痴符，家怀伪契，贩如来法，诃祖师传，药病相沿，狂易莫反。"⑤《藏逸经书标目后记》云："法运陵迟，魔外恣横。法门中师子虫，不在绢帕，不在部册，而炽然于登堂付法，僭王窃号之徒。"⑥《戏题付衣小师》云："宗门强盛教门微，讲席荒凉听众稀。冷淡衙门图热闹，他家付拂我传衣。"⑦ 在顺治十五年（1658）所作《次韵酬觉浪大和尚》其一中云："谁云花果自然成，五百年来堕鬼坑。师子野干同说法，土枭水母共齐盟。灯于半夜传时密，月向千江落处明。自古昆冈能辨玉，莫将燕石误题评。"⑧ 对临济内部法统之争，钱谦益讥之曰："缪立宗祧，妄分枝派，一人曰我临济之嫡孙，一人曰彼临济之假嗣，此所谓

---

① （清）钱谦益：《有学集》卷22，第911页。
② （明）智旭：《灵峰蕅益大师宗论》卷5，《嘉兴藏》第36册，第346页中。
③ （清）行泽：《神鼎云外泽师语录》卷14，《嘉兴藏》第33册，第324下—325上。
④ 参见陈垣《明季滇黔佛教考》，第276—290页；《清初僧诤记》，第484—555页。
⑤ （清）钱谦益：《有学集》卷36，第1273页。
⑥ （清）钱谦益：《绛云楼题跋》，第87页。
⑦ （清）钱谦益：《有学集》卷9，第443页。
⑧ 同上书，第434页。

郑人之争年，以先息为胜者也。古德之立言，如精金美玉，而今人如瓦砾。古德之行事，如寒冰凛霜，而今人如粪土。"① 不幸的是，他终因《天童密云禅师悟公塔铭》而卷入法门之争，成为晚明禅林的一桩公案。

达摩东来，在梁武帝处遇机不契，只好一苇渡江，在嵩山少林寺面壁九年。慧可雪中断臂，方得传法付衣。这些亦真亦幻的禅宗史迹，旨在昭示佛法不肯轻易授人，借以维持传法付法的神圣性。后世禅师在付法过程中，对弟子屡加勘验，以求谨慎。以临济宗为例，棒、喝为其峻烈禅风的直接表现，然唯有在特定禅境中方能引发学人开悟。若逢人便打，遇人便喝，不但不能引人开悟，而且还会失掉原有的神圣性。钱谦益在《古慧明寺重修禅堂记》中云：

> 彼固曰，一棒一喝，单提正令，此宗门家法也。古人不云：喝有时如金刚宝剑，有时如踞地狮子，有时如探竿影草，有时一喝不作一喝用，已后得老僧喝乎？雪峰三到投子，九上洞山，才得于德山棒下打破漆桶。今人逢乞儿亦喝；逢村妪亦棒，以上堂为排场，以付拂为博易，何为者乎？芙蓉楷曰："隐山至死不肯见人，赵州至死不肯告人，山僧今日向诸人说家门，已是不着便，岂可更去升堂入室，拈锥竖拂，张眉努目，东棒西喝，如痫病发相似。"岂非古德之良规，邪师之明鉴乎？②

"喝有时如金刚宝剑"诸语，早在唐代慧然的《镇州临济慧照禅师语录》卷一中已经出现③，旨在说明禅宗之喝为勘辨学人的一种方式，因人而异，随机妙用。雪峰义存12岁拜莆田玉涧寺庆元为师，17岁出家，后到芙蓉山参谒宏照灵训，又在洞山良价禅师处当饭头，最后前往德山参宣鉴禅师，在宣鉴当头一棒下发悟，成为一代禅林大师。悟道后，他坚决反

---

① （清）钱谦益：《初学集》卷86，第1808页。
② （清）钱谦益：《有学集》卷27，第1020页。
③ 参见（唐）慧然《镇州临济慧照禅师语录》卷1，《大正藏》第47册，第504页上。

对禅林中聚徒贩卖的行径,称他们是"嚼涕唾汉"①。芙蓉道楷之语,钱谦益化用于《五灯会元》卷十四《投子青禅师法嗣芙蓉道楷禅师》②,意在表明为禅师者当恪守祖师家法,不可贪求俗利,不可随便传法付人,当如"达摩西来少室山下,面壁九年。二祖至于立雪断臂,可谓受尽艰辛"。若随意付法,"不唯屈沉上座,况亦辜负先圣"。③ 钱谦益视此为"古德之良规,邪师之明鉴",旨在说明禅法授受乃禅门大事,不可率意为之,否则便有瞽盲相导之嫌。

女师开堂付法,在当时而言则为稀有之事。然仅仅学会几个话头便卖弄禅机,不仅不伦不类,更谈不上出离生死。如《张母黄孺人墓志铭》云:"今之女子,亦间知求出世法,其执相而求之,膜拜礼诵,专勤布施。莲花其口,柴棘其心。一切女人相宛然在也,何况生死?其破相而求之,脱落仪范,剽窃文句,掠婆子之机锋,拾团栾之语话,此入地狱如箭射者也,何况于出生死?"④ 对于此类修学女性,钱谦益称之为"妖尼魔眷",有如《楞严经》中将阿难摄入淫席、险些引诱阿难破戒的摩登伽女,"顷者末法陵夷,禅门澜倒,妖尼魔眷,上堂示众,流布语录,皆一辈邪师瞽禅,公然印可。油头粉面,争拈锥拂,旃陀摩登,互作宗师"⑤,"像末陵迟,邪外炽盛,盲禅魔民,掠机锋、逞棒喝者,侵寻及于笄帨。摩邓之女,说法而登坛。宝莲之尼,拈锥而树拂。忧世者恻,护法者憝,未有甚于此时也"。⑥ 有此等禅师开堂传法,"冬瓜瓠子"横行天下,禅宗之人竞相标榜,"不曰授某师话头,则曰经某老印可",禅门焉能不败!

其三,禅宗语录盛行,轻视经教。禅宗虽以传佛心印相高,轻视经教言论。然自晚唐五代以来,禅宗由农禅时期的不立文字到宋代的不离文字,语言观发生了很大转变。随着文字禅的提倡及拈古颂古之风的盛行,

---

① 参见杨曾文《唐五代禅宗史》,第392—398页。
② (宋)普济著,苏渊雷点校:《五灯会元》卷14,第884—885页。
③ 同上书,第885页。
④ (清)钱谦益:《初学集》卷59,第1443页。
⑤ (清)钱谦益:《有学集》卷15,第726—727页。
⑥ (清)钱谦益:《有学集》卷27,第1181页。

以文字论禅理、表禅意一时成为禅林风尚。大慧宗杲为避免传之非人或流入口头禅之失，将圆悟克勤的《碧岩录》毁书焚板。时至晚明，文字禅再次呈现出复兴之势，惠洪的《石门文字禅》《林间录》《禅林僧宝传》《智证传》诸作，引起禅林的广泛关注。① 受此影响，禅宗中出现了重视语录而轻视经教的倾向。重语录则禅师语录遍行于世，因袭成风；轻经教则佛教经典弃之高阁，鲜有问津。修行者难契佛教本怀，多为空疏浮泛之论。

有感于此，钱谦益对禅宗语录深恶痛绝。在《石梦禅师语录小引》中，钱谦益自称"不会参禅，不会说法，不会做诗，不会拈语录"②，无疑是对当下禅风的反拨。对遍地皆是的禅宗语录，他极力主张以火烧之，"庚辰（1640）之冬，余方咏《唐风》《蟋蟀》之章，修文宴之乐，丝肉交奋，履舄错杂，嘉禾门人以某禅师开堂语录缄寄，且为乞叙。余不复省视，趣命僮子于蜡炬烧却，扬其灰于溷厕，勿令污吾诗酒场也"③。烧却后扬灰于溷厕，其愤恨之情自不待言。究其因，无非是明末语录著述之"盛"，"余惟今世狂禅盛行，宗教交丧，一庵院便有一尊祖师，一祖师便刻一部语录。吟诗作偈，拈斤播两，盲聋暗哑，互相赞叹"。④

钱谦益此语实有为而发。据圣严法师《明末佛教研究》统计，"自公元1595年至1653年的58年年头之间，新出现的禅宗典籍，包括了禅史、语录、禅书的辑集、编撰、注解等，共有50余种计386卷，动员了36位僧侣及10位居士，平均不到14个月即有一种新的禅籍面世"⑤，"明末仅仅60年间，竟比任何一个时期所出的灯录更多"⑥，其中语录则有12种177卷。圣严法师所作的统计，仅据现存的禅籍而言，当时实际存在的语录，远远超过此数。如此众多的禅宗语录，自然是良莠不齐。即使是同一

---

① 详参见廖肇亨《惠洪觉范在明代——宋代禅学在晚明的书写、衍异与反响》，《"中央研究院"历史语言研究所集刊》2004年，第797—835页；陈永革《晚明佛教思想研究》，宗教文化出版社2007年版，第50—60页。
② （清）钱谦益：《有学集》卷21，第891页。
③ （清）钱谦益：《初学集》卷81，第1732页。
④ 同上。
⑤ 释圣严：《明末佛教研究》，宗教文化出版社2006年版，第5页。
⑥ 同上。

语录，因刻本不同，内容亦不同，"故同一语录也，甲编者与乙编者异；同一编也，元刻与翻刻又异；同一刻也，初印与后印又异，盖编者、刻者、印者随时有所改易也"①。禅林与诗坛，剽掠之弊交相"辉映"，"今世多诗人，禅贩数十联排偶，设坛立埠，作大词宗；又多禅人，剽掠数十则公案，铺眉苦眼，号善知识"②。风习相因，就连钱谦益儿时的玩伴竺璠也不能幸免。在塔铭中，钱谦益盛赞竺璠兴复瑞光寺之功，对其追随时风、制作语录之举，颇有微讽，"世之盲师瞽说，互相鼓唱，不曰授某师话头，则曰经某老印可。始而问影镂空，既而中风狂走。师方悲愍之不暇，而顾欲希风逐臭，尤而效之，不亦愚乎？不亦诬乎"？③因此，在《竺璠禅师塔铭》中，钱谦益重在记行履、述功迹，对竺璠弟子搜集整理的参学发悟之语，皆隐而不书。

与语录盛行相关的是对佛教经典的轻视，所谓"上上人不须看教，上中人下下人更不可看教"④。此种论调，恰恰与其反经明教的理念相违背，钱谦益称其"未开宗眼，先拂教乘，用此弄引狂愚，岂非拨无因果，昧两足相资之义，发过头虚诞之言"⑤。因不达佛法本源，不识诸佛归趣，轻视经教，便成无根之学，发似是而非之论，成瞽盲相导之失。如黎丘之鬼，如演若达多临镜失头，如狮子虫食狮子肉，诚可忧也。如《书金陵旧刻法宝三书后》云："近世魔禅横行，聋参哑证，瞎棒胡喝，世尊四十九年所说，彼将束之高阁，屏为故纸，而何有于此三书乎？……经所谶佛法将灭，魔子出家，师子身中虫，还食师子肉，正为此辈授记也。"⑥

其四，僧人牵涉俗利，贪求名闻利养。僧人出家修行，自然以了生脱死为职志。世间荣名利养，远非其寻求之物。佛陀舍王位而出家修道，已经树立了榜样。南朝僧人慧琳，虽有黑衣宰相之称，却被视为僧中败类；

---

① 陈垣：《清初僧诤记》，中华书局1962年版，第28页。
② （清）钱谦益：《有学集》卷21，第884—885页。
③ （清）钱谦益：《初学集》卷69，第1579页。
④ （清）钱谦益：《有学集》卷27，第1019页。
⑤ 同上。
⑥ （清）钱谦益：《初学集》卷86，第1798页。

明朝僧人道衍，辅佐明成祖夺取帝位，"位极三公，衣仅一衲，不改僧相以终其身"①。然遭人诟病，晚年境遇颇为尴尬，"其至长洲，候同产姊，姊不纳。访其友王宾，宾亦不见，但遥语曰：'和尚误矣，和尚误矣。'复往见姊，姊詈之。广孝惘然"②。故佛家视荣名利养如霜雹，认为其破坏佛教徒的修行功德。如龙树云："利养法如贼，坏功德本。利养名闻，如天恶雹，伤害五谷，坏功德苗，令不增长。"③

明初朱元璋制定的佛教政策中，鼓励僧人厉行苦修，反对他们结交官府，奔走世间，追求金钱权势。明初僧官制度中，僧人虽有官职，并无官俸。至明末，俗世的虚名成为某些末流僧侣竞相追求夸耀的资本。对"架大屋""养闲汉"，以僧徒之众、利养之厚竞相夸耀者，钱谦益予以揭露和批判。其《武林重修报国院记》指出："彼所竞相夸诩者，曰徒党之众也，声闻之广也，利养之厚也。夫日中一餐，桑下一宿，比丘之训也；架大屋，养闲汉，古德之所诃也。以荷泽之显发宗风，弘济国难，知道者犹以固己损法为讥，而况于他乎？"④神会以僧人身份募集钱财资助军饷，《唐洛京荷泽寺神会传》云："初洛都先陷，会越在草莽，时卢弈为贼所戮，群议乃请会主其坛度。于时寺宇宫观，鞠为灰烬，乃权创一院，悉资苫盖，而中筑方坛，所获财帛顿支军费。代宗、郭子仪收复两京，会之济用颇有力焉。"⑤神会集金助饷以充军用，帮助唐军收复两京，尚且被人讥嫌，则僧人之淡泊名闻利养可知。明末僧人如乞儿市驵般"希声名，结侍党，图利养，营窟穴；以乞儿市驵之为，而袭诃佛骂祖之迹；入地狱如箭射，鬼神皆知谴诃"⑥，自在其针砭、谴责之列。

（二）禅宗革新之思索

万历三大师倡导佛教复兴之声未艾，宗门流弊如此，禅宗似盛实衰，

---

① （明）袾宏：《竹窗二笔》，《嘉兴藏》第33册，第55页上。
② （清）张廷玉：《明史》卷145，第4081页。
③ （清）钱谦益：《有学集》卷41，第1412页。
④ （清）钱谦益：《初学集》卷42，第1111页。
⑤ （宋）赞宁撰：《宋高僧传》，范祥雍点校，中华书局1987年版，第180页。
⑥ （清）钱谦益：《初学集》卷86，第1808页。

又将何去何从？钱谦益以护法居士的身份，提出了自己的思索。

首先，倡导史籍灯录编撰，确立禅门传承法系。禅门中的史传灯录，仅明末现存的就有 15 种 169 卷。表面虽看似繁盛，实则良莠不齐，多持门派之见，宗门僧诤也因由之引发。"法运衰微，统要讹滥，以僭乱为谱系，以欺诬为正令，受大和鸦臭之斥，翻谓举扬；应布裩吐血之报，转相夸诩"①，"裨贩剽贼之徒，往往篡统系、附师承"②。史传、灯录编撰不严谨，谱系混乱，诸如《五灯严统》之争、《五灯全书》之争，多由法统引发。因此，史传灯录的编撰便显示出其独特的价值与地位。《题佛海上人卷》云："续禅灯者，所以续佛命也。传灯之指一淆，则佛命亦几乎断矣。"③他将续禅灯提到续佛命的高度，认为"传灯之源流既明，一切野狐恶，又不攻而自破矣。"④ 若"较正五家宗派，判定一书。作录以继传灯，作传以续僧宝，使纲宗决定，眼目分明"，可使"一切僭窃裨贩，无所忌惮之徒，如坚冰之入沸汤，不日消殒"。⑤ 然在宗门争斗纷纭的情况下，写出使各家都认可的灯录，实非易事。钱谦益对此深有感触："此中关系，直是一藕丝系须弥山，须透出金刚眼睛，猛利用事，是非邪正，阴阳黑白，如定爱书，如照业镜。较景德、景祐间，其难百倍，其功亦百倍。"⑥ 为此，以史家自命的钱谦益提出了灯录的编撰原则：其一，广泛搜集已有灯录，取长避短。如在写给觉浪道盛的信中云："近代紫柏、海印之外，有密藏开公，具金刚眼睛，能烁破四天下。闻其残编断墨，详论禅、讲二家，诸方尚有遗留者，应一访求，以资择法之眼。又本朝宣德间，径山有《增补续灯》一书，详列大慧以后诸家宗派，此亦宗门要典，诸方未有谈及者，亦应访求。"⑦ 其二，关于灯录中收录人物标准，是"收其不禅而禅者，正以

---

① （清）钱谦益：《有学集》卷 36，第 1255 页。
② （清）钱谦益：《有学集》卷 21，第 870 页。
③ （清）钱谦益：《初学集》卷 86，第 1809 页。
④ 同上。
⑤ （清）钱谦益：《有学集》卷 40，第 1376 页。
⑥ 同上书，第 1377 页。
⑦ 同上书，第 1378 页。

拒其禅而不禅者"①。所谓"不禅而禅者",当指万历三大师而言。《题十八祖道始颂》云:"旭公于诸祖,数止十八。每宗各师一人,非有轩轾。本朝则奉云栖、紫柏、憨山三老,继诸祖后。嗟夫!师子辍响,野干雷鸣。临济一宗,储胥林立,而位置三老于门屏之外"②,"谤紫柏则曰本无师承,毁大师(憨山德清)则曰但称义学"③。因此,新撰灯录理应收录,借以打破世人的讥嫌与毁谤。对于虽有禅者之名而无其实的佛教徒,自然摒除在灯录之外。

其次,以教扶宗。具体包含两个层面:一是借用天台宗、华严宗等宗派的修持方式来改变禅宗的修持方式,详参后述。二是针对禅门空疏之弊,主张回归经典本位,反经明教,参前述。

二 净土思想

"净土"与"秽土"相对而言,主要有西方净土、阿閦佛净土、弥勒净土、文殊菩萨净土、药师净土等。《维摩诘所说经》提出了"随其心净则佛土净"的唯心净土,慧能的宗宝本《坛经》力主唯心净土,反对西方净土。晚明的净土思想,"总体上是以唯心净土和弥陀净土为其主流"④,经过憨山德清的参究念佛到云栖袾宏的摄禅归净,由无尽传灯的摄教归净到蕅益智旭的清禅归净,"表明当时佛教从注重自力与自律的心性解脱智慧,趋归于强调他力与他律而往生西方的信仰救度"⑤。

从净土三经的注疏情况来看,"以信愿持名为修行之宗要"⑥ 的《阿弥陀经》,显然更受教内外欢迎。在明末八种净土经典疏释中,《阿弥陀经》以 7 种 14 卷高居榜首,仅云栖袾宏就有《阿弥陀经疏钞》《阿弥陀经疏钞要义》《阿弥陀经疏钞问辩》等 3 种 6 卷。而以观像为主的《观无量寿佛

---

① (清)钱谦益:《初学集》卷 86,第 1809 页。
② (清)钱谦益:《有学集》卷 50,第 1616 页。
③ (清)钱谦益:《有学集》卷 40,第 1382 页。
④ 陈永革:《晚明佛教思想研究》,第 155 页。
⑤ 赖永海主编:《中国佛教通史》第 12 卷,第 440 页。
⑥ (明)智旭:《佛说阿弥陀经要解》,《大正藏》第 37 册,第 364 页中。

经》，仅无尽传灯《图颂》一种一卷。① 与著述相应，云栖祩宏积极主张持名念佛，"持名念佛之功，最为往生净土之要"。② 在持名、观像、观想和实相四种念佛法门中，云栖祩宏认为"教分四种念佛，从浅至深，此（持名念佛）居最始。虽后后深于前前，实前前彻于后后。以理一心，即实相故"。③ 同样著有《阿弥陀经要解》的蕅益智旭，也积极倡导持名念佛，"然于一切方便中求其至直捷至圆顿者，莫若念佛求生净土。又于一切念佛法门之中求其至简易至稳当者，莫若信愿专持名号。是故净土三经并行于世，而古人独以《阿弥陀经》别为日课，岂非有见于持名一法，普被三根，摄事理以无遗，统宗教而无外，尤不可思议也哉"④，"唯持名一法，收机最广，下手最易。……可谓方便中之第一方便，了义中无上了义，圆顿中最极圆顿"。⑤ 作为佛教修行方式中最为直接简易者——只要一心不乱地称颂佛号，便可往生净土，受到了僧俗士庶的普遍喜爱，诸如撒豆念佛、画圈念佛等方便法门随之出现。致力于弘传净土的云栖祩宏也曾招致世人误解，"但见僧众济济，佛声浩浩，退谓人曰：'云栖惟求往生净土'"⑥。

在持名念佛盛行、注重他力解脱的形势下，钱谦益的净土思想经历了一个变化的过程。最早反映钱谦益净土观念的是《庄乐居士命工采画阿弥陀佛丈六身，形相殊妙，普劝道俗造杰阁以安之，欲使见闻随喜，礼拜赞叹，各乘愿力，往生安乐。聚沙居士谦益欢喜踊跃，谨再拜稽首而作偈曰》，其云：

我悲世间人，念佛求西方。口口阿弥陀，心心不相应。念佛求慈悲，心毒如虎狼。将钱放鱼虾，见人却吞噉。念佛求净土，心秽如粪土。争名又夺利，蛣蜣转丸中。念佛求极乐，心中大苦恼。猛火然膏

---

① 详参见圣严《明末佛教研究》，第85—87页。
② （明）祩宏：《云栖大师遗稿》，《嘉兴藏》第33册，第147页中。
③ （明）祩宏：《阿弥陀经疏钞》卷3，《新编卍续藏经》第33册，第446页上。
④ （明）智旭：《佛说阿弥陀经要解》，《大正藏》第37册，第363页下。
⑤ 同上书，第365页上。
⑥ （明）圆澄：《湛然圆澄禅师语录》卷8，《新编卍续藏经》第126册，第328页下。

油，烟焰彻脑髓。念佛勤礼拜，舍身为弟子。欺君傲父母，齮龁如仇雠。念佛忏罪过，忏已旋复作。忏作相循环，如撒捕鱼网。愚人颠倒见，仗佛作罪愆。却如西方国，乃是逋逃薮。又有狂易人，妄认罪福空。拨无净与秽，横作诸恶业。直待大期到，腊月三十日。凭仗一声佛，撒手西方去。岂知眼光落，有口开不得。譬如作恶人，造下弥天罪。家藏大诰书，罪发求减等。罪大法令严，毕竟饶不得。作恶求生方，亦复何异此？

我思维摩诘，金粟古如来。心净佛土净，亦是佛口说。直心是道场，慈悲方寸母，诸恶切莫作，众善须奉行。在家及出家，士农工商贾。个个脚根边，自有西方路。作善勤念佛，自然得往生。如人好眷属，大家团栾住。作善不念佛，佛亦来接引。如路遇好人，面生亦欢喜。世皆劝念佛，我亦念佛者。南无阿弥陀，我今念佛竟。①

在此诗偈中，钱谦益对持名念佛而往生净土者持批判态度。认为他们表面上持名念佛，称颂佛号，实际上心口不一，内心充满狠毒与恶意。针对持名念佛出现的如此弊病，钱谦益倡导"欲得净土，当净其心，随其心净则佛土净"②的唯心净土，将净土思想纳入念佛者内心之中，"诸恶切莫作，众善须奉行"③，进而导向劝善戒恶的伦理层面。强调只要一心向善，即使不念佛，佛亦会来接引。

钱谦益的《莲蕊楼记》详细记载了他对净土思想的疑惑与转变，其云：

余少读《净名经》，随其心净，则佛土净。欲求净土，当净其心。窃疑其少异西方往生之说。已而观李长者论净土权实，谓阿弥陀净土为取相凡夫少分心净者说，则又疑。已而观曹溪大鉴极论目前西方，以东西比量罪福，则又疑。此二大士者，证明净名唯心，何以若是谛

---

① （清）钱谦益：《初学集》卷82，第1743页。
② （后秦）僧肇等注：《注维摩诘所说经》卷1，上海古籍出版社2011年版，第23页下。
③ （清）钱谦益：《初学集》卷82，第1743页。

决，而于往生法门，几欲尽舍舟筏也哉！晚读《十六观经》，考论九品往生，喟然叹曰：嗟乎！吾侪生此世间，正天台所谓悠悠凡夫耳。今夫愚夫村媪颛蒙浑沌，撒豆念佛，即豆是佛。画圈念佛，即圈是佛。无少闻见，无少知解，彼且不知有心，何不净之有？下品众生，备造四重，垂死苦逼，心力猛利，如矢离弦，如象解绊，此之为心净不可言，而况于不净乎？唯是悠悠凡夫，道胎薄、暖识厚、名包利裹、身盖世缠、黑白净染、种种和合，择便利则以持名为捷径，避罪业则以西方为逋薮。鼎鼎百年，悠悠愿力，专不若凡愚，猛不迫恶逆。以少福德因缘，求生彼国，则亦无怪乎其背驰矣！①

由此可见，钱谦益对净土之态度，凡经四变。

其一，钱谦益少读《净名经》（即《维摩诘经》），觉察到经中唯心净土说，与自己了解的往生西方净土说不同。

其二，阅李通玄《华严经合论·明净土权实》"第一阿弥陀净土者，此为一分取相凡夫，未信法空实理。以专忆念，念想不移，以专诚故，其心分净，得生净土，是权未实"②等语而生疑问。李通玄在《明净土权实》中，将净土分为十种，"第一，阿弥陀净土；第二，《无量寿观经》净土；第三，《维摩经》净土；第四，《梵网经》净土；第五，摩醯首罗天净土；第六，《涅槃经》中所指净土；第七，《法华经》三变净土；第八，灵山会所指净土；第九，唯心净土；第十，毗卢遮那所居净土"。③ 十种净土中，除第十种毗卢遮那所居净土为实报而非权说，第三《维摩经》净土是实未广，第八灵山会所指净土"是实非权，信而未见"，第九唯心净土未作权实说明外，其他第一、二、四、五、六、七均为权说。也就是说，阿弥陀净土等六种净土，是佛陀为教化信众而提出的方便之说，非究竟之谈。同为佛说，有权有实，钱谦益因之生疑。

---

① （清）钱谦益：《有学集》卷26，第1000—1001页。
② （唐）李通玄：《华严经合论》卷6，《新编卍续藏经》第5册，第747页上。
③ 同上书，第746页下—747页上。

其三，观慧能所论目前西方说而生疑。钱谦益所引慧能净土学说，见宗宝本《坛经》，其云：

> 人有两种，法无两般。迷悟有殊，见有迟疾。迷人念佛求生于彼，悟人自净其心。所以佛言："随其心净即佛土净。"使君东方人，但心净即无罪。虽西方人，心不净亦有愆。东方人造罪，念佛求生西方。西方人造罪，念佛求生何国？……使君心地但无不善，西方去此不遥。若怀不善之心，念佛往生难到。……使君但行十善，何须更愿往生？不断十恶之心，何佛即来迎请？若悟无生顿法，见西方只在刹那。不悟念佛求生，路遥如何得达？①

慧能的净土思想承接《维摩诘经》的唯心净土，提出净与不净在于内心而不在于土，更不在于东西方之别。"东方人造罪，念佛求生西方。西方人造罪，念佛求生何国"，在某种程度上是对西方净土的指斥。明末力主西方净土学说的云栖袾宏，对此曲为调护。《竹窗三笔·六祖坛经》云："六祖示不识字，一生靡事笔研。《坛经》皆他人记录，故多讹误。……六祖不教人生西方见佛，而但使生天，可乎？其不足信明矣。故知执《坛经》而非净土者，谬之甚者也。"②《云栖法汇》卷十五《西方十万八千》云："《坛经》是大众记录，非出祖笔。如六经四子亦多汉儒附会，胡可尽信？"③ 云栖袾宏将"西方人造罪"之语，归因于慧能弟子的误记，显然是维护西方净土。西方净土本为众生求得涅槃往生之津梁，李通玄与慧能一概非之，钱氏因之而疑。

其四，钱谦益晚年读《十六观经》（即《佛说观无量寿佛经》），对九品往生说深有感悟。在第十四、十五、十六观中，分上之上等九品，详细解释了众生往生时的品位、所需条件及相应瑞相。钱谦益认为，愚夫愚妇

---

① （元）宗宝编：《六祖大师法宝坛经》，《大正藏》第48册，第351页下—352页中。
② （明）袾宏：《云栖法汇》卷14，《嘉兴藏》第33册，第60页中。
③ （明）袾宏：《云栖法汇》卷15，《嘉兴藏》第33册，第76页中。

以撒豆、画圈念佛者，虽缺少闻见、知解，不知有心，故其心纯净无比。下品往生者，自知恶业深重，希望解脱之心更加猛利。此猛利之心，净不可言，不存在不净之说。"唯是悠悠凡夫，道胎薄、暖识厚、名包利养、身盖世缠"，"择便利以持名为捷径，避罪业则以西方为逋薮"①，世间凡夫心力不专，愿力不猛，而妄想追求往生，只能是背道而驰。

在经过四种疑虑后，钱谦益认为："维摩居士，灼知末世多此人根，破除取相，开示惟心净土。方山、曹溪不惜横竖钩贯，证明其说。曹溪曰：'东方人有罪，念佛求生西方。西方人有罪，念佛求生何国？'直指人心，与佛语函盖相应。而或者曰破净土也。心平何劳持戒，行直何用修禅，是亦为破六度也，而可乎？知惟心净土，彻上彻下之宗旨，则知阿弥陀极乐净土，是实非权；无量寿十六观净土，是实非权；净名中佛足指按地所现净土，是实非权；方山明十种净土，是实非权；曹溪欲与目前诸人移西方于刹那，亦是实非权。"② 其实，从少年时读僧肇《注维摩诘所说经》开始，在经过疑虑反思之后，钱谦益最终归向于唯心净土。

钱谦益的唯心净土学说，深受其师憨山德清的影响。憨山德清的《净土指归序》云：

> 良以十方世界一切众生依正二报，虽有胜劣净秽之殊，皆从一心之所感变，故云"心净则地净"，所谓惟心净土。是则土非心外，净由一心。苟非悟心之士，安可以净其土耶？斯则禅家上上根未有不归净土者此也。中下之士修持净戒，专心注念观念相续，临终必得往生。虽有去来之相，而弥陀相好宝树华台，实由自心之所感现，譬若梦事非从外来。至若愚夫愚妇，但修十善精持五戒，专心念佛，临终必得往生者。此以佛力加持，行人念想增胜。此以胜想，彼以大愿，愿与念接，自心与佛默尔相应。虽净土之境未现，而往生之功已成，实由自心冥感之力，亦非外也。若十恶之辈临终业胜，在狱苦事已现

---

① （清）钱谦益：《有学集》卷26，第1000页。
② 同上书，第1001页。

在前。但为苦逼极脱苦心切，极苦之心而成念力，极尽悔心。悔心已极，即此极处全体转变，一念与佛相应。故佛力加持应念现前，化刀山为宝树，变火镬为莲池。故此恶辈亦得往生。然此净土之境，良因自心全体转变之功，实非外得。由是观之，三界万法未有一法不从心生，净秽之境未有一境不从心现。所以净土一门，无论悟与不悟，上智下愚之士，但修而必得者，皆由自心。斯则唯心净土之旨，皎然若视白黑矣。①

两相比较后可见，憨山德清重在阐发唯心净土学说，所云愚夫愚妇、十恶不赦之徒修行净土而得往生，与钱谦益的《莲蕊楼记》颇为相似。钱谦益之论，应当受到了憨山德清的影响。

三　天台宗思想

钱谦益对天台宗的态度，也经历了一个转变过程。钱谦益全力护持的破山寺，为宋代天台宗高僧晤恩驻锡之地，并存有晤恩塔。程嘉燧的《破山兴福寺志》卷二"宋高僧晤恩塔"云："《邑志》：太宗雍熙中，通天台教，起宗教院于破山，塔与梁彦俦塔相近，有石存焉。……盖慈光化后，归舍利于此山。"② 晤恩字修己，姑苏常熟人。《宋高僧传》卷十七载："先是天台宗教会昌毁废，文义残缺。谈妙之辞，没名不显。恩寻绎十妙之始终，研核五重之旨趣，讲《大玄义》《文句》《止观》二十余周，解行兼明，目足双运。使《法华》大旨全美流于代者，恩之力也。又慊昔人科与荆溪记不相符顺，因著《玄义》《文句》《止观》《金光明》《金錍论科》，总三十五帖，见行于世"③，被尊为天台山外之祖。《破山兴福寺志》卷二云："恩公当会昌毁废，讲演山家教典，《法华》大意，昭著于世。徒以《光明》广略、《发挥》同异，衡岳家世斥为山外。山家谓学《华严》

---

① （明）德清：《憨山老人梦游集》卷19，《中华大藏经》第83册，第900页上—900页中。
② （明）程嘉燧：《破山兴福寺志》卷2，《中国佛寺史志汇刊》第1辑第35册，第75页。
③ （宋）赞宁：《宋高僧传》卷7，第161—162页。

《唯识》者为他宗,而灵光敏之徒为长水璿师,贤首宗推嗣七祖,则山外之斥,或非通论也。"① 显然有为晤恩辩护之意,肯定他弘扬天台之功绩。在《破山寺志》序中,钱谦益有感于破山寺系晤恩畅演台宗之地,比丘素公在此供《金光明经》,修金光明忏,萌生请即中大师兴复天台宗以对治狂禅之念,其云:"寺之西,有宗教院,高僧晤恩演台教之地也。更西为光明庵,跨龙涧之上,大比丘素公供《金光明经》修忏法之地也。今世盲禅盛行,教义衰落。余欲斥寺西菜圃隙地,架杰阁,构广院,复宗教、光明之旧,招延高人即中诸公,唱演其中,使教幢再树,魔焰顿熄。即中合掌赞叹,以为希有。此又一愿也。"② 然仅为愿望而已,从现有资料来看,未见钱谦益请即中大师在破山寺弘扬天台宗教法之记载。在《天台泐法师灵异记》中,钱谦益明确提出了借天台宗教法拯救禅宗流弊的理念,其云:"如来拳拳付嘱,惟此正法。正法衰熄,魔外盛行,未有甚于此时者也。当此时,阐扬台事,大明如来一期教之肩镳,譬则破昏夜以月灯,开盲人以眼目,诸佛菩萨所共护念证明,谁得而非之?今之禅病深矣,魔民登师子之座,厮养踞大悲之席,盲拳瞎棒,欺天罔人,信法门之师子虫也。慈月以人天眼,具正知见,汲汲然以教药疗禅病,人知其阐教者所以显教,而不知其疗禅者正所以护禅也。"③《仙坛倡和诗十首》其三云:"三生残梦唤瞳眬,记别深惭是远公。已悔六时违净业,谁传四始立《诗》宗?盲人说法迷真象,狂子谈禅好假龙。后五百年虚嘱累,刹竿倒却仗神工。"④ 诗中对金圣叹扶乩时说钱谦益是远公后身之语颇感愧疚,立志继承慧远遗志,不负后身之说。同时,他对禅宗之弊端心怀不满,"仗神工"者,希望以天台宗教法复兴佛教。其九中云:"仙坛楼观郁瞳眬,大笔真难继鲁公。双树至今留法宝,五花那得蔽台宗?阖庐城下闻经雉,乌目山头听法龙。师许五月十三日降于余家。应与诸天共盟证,待余结集付良工。"⑤

---

① (明)程嘉燧:《破山兴福寺志》卷2,第82页。
② (清)钱谦益:《初学集》卷29,第888页。
③ (清)钱谦益:《初学集》卷43,第1123—1124页。
④ 卿朝晖:《牧斋初学集诗注汇校》,第524页。
⑤ 同上书,第529页。

"双树"指佛陀涅槃之地,"五花"为禅宗的代称。盖谓只要佛教经典尚在,则禅宗无法遮蔽天台宗。钱谦益自愿承担起搜集整理佛教经典之责,希望通过经典整理发扬天台宗教义,复兴佛教。

然而,在他疏释《楞严经》的过程中,对天台宗尤其是对山家、山外之争极为不满。除《法华经》外,《楞严经》是天台宗僧人非常重视的一部经典,与禅宗、华严宗共同构成《楞严经》疏解历史上的三大思想体系。如前言,钱谦益的《楞严经疏解蒙钞》以华严宗思想为纲,对天台宗系统内的经疏多有非议。如《古今疏解品目》云:"自智者大师遥礼《楞严》,入灭遗记。于是孤山圆师首先奋笔,思应肉身比丘之谶,用三止三观贴释此经。吴兴岳师力扶孤山,张皇其说。自时厥后,讲席师承,咸以台观部属《楞严》,无余说矣。"① 在他看来,孤山"分配三止,则观网未圆;错解三摩,则义门未确;春前夏满克定说经,则时教未审。盖亦山外一家之言,非此经通义也"②,仁岳"未免自尊已德,下视先贤,未能善自他宗,抑亦招建立过"③。明代天台宗诸师,如慧林万松(1482—1557)、月亭明得(1531—1588)、百松真觉(1537—1589),均对《楞严经》有所研习。④ 无尽传灯尤精于《楞严经》,著有《首楞严经玄义》四卷,"以五重分类,以生起简别,显扬《楞严》深义,宗归《法华》"⑤;《楞严经圆通疏》十卷,是对天如惟则《楞严会解》的疏释;另有《楞严经圆通疏前茅》《楞严海印三昧仪》等,时称"《楞严》四书"。交光真鉴著有《楞严正脉》十卷。对此,钱谦益认为交光之书"割剥全经,以配三法,三摩错解,仍沿旧闻"⑥,多师心自用之处。无尽传灯专依《会解》,力扶台宗,"教博则文多泛滥,观详而理未周圆。识见每涉于支离,义解罕据其精要。"⑦ 智旭所撰《楞严玄义》二卷、《文句》十卷,"标释三摩,正明三

---

① (清)钱谦益:《楞严经疏解蒙钞》卷首之一,《新编卍续藏经》第21册,第83页上。
② 同上。
③ 同上。
④ 参见赖永海《中国佛教通史》第12卷,第377—382页。
⑤ 同上书,第385页。
⑥ (清)钱谦益:《楞严经疏解蒙钞》卷首之一,《新编卍续藏经》第21册,第86页下。
⑦ 同上。

昧；辨梵音之楚夏，订法相之总别"，却"自立坛垾，凌躐古今，破立自由，是非不少。"①

围绕着《楞严经》，天台宗山家、山外之争分歧很大。钱谦益在疏经过程中，体悟越深则否定意见越多。在晚明僧诤不断的情况下，他最终选择了华严宗，试图借华严宗思想之圆融，消弭宗教纷争。

四　华严宗思想

钱谦益与华严宗人交往颇为频繁，对华严宗的评价最高。钱谦益晚年对《华严经》用功颇勤，并有注经之举。就思想层面而言，钱谦益认为在末法凋敝、佛魔并行、教内论争不断的情况下，华严宗思想的弘化，有扫魔除弊之功。在《与惟新和尚书》中，钱谦益写道："三宗之中，急宜提唱者，尤莫先于贤首。盖自清凉、方山两家之疏论，已不免砧锥相向。而圭峰已后，弘演斯宗，作人天之眼目者，寥寥乏人。台家各刎门庭，人以妄判叛窃之谈，互相矛盾。以故魔民盲子，缘间乘隙，矫乱披猖。如使法严法界，豁然中天，高山之旭日大明，帝网之宝珠遍照。善见得而众疾俱消，末尼出而群生咸给。又何患狂焰之不除、慧灯之不续哉？当仁不让，舍我其谁。说法为人，忍忘遗嘱。蒙虽不敏，志切皈依。所以愿随大众而顶戴，敢效诸天之启请者也。"②他借用华严宗思想圆融之特色，认为华严法界包罗万象，诸宗无不含摄于此，《普德寺募修禅堂疏》云："南之天台，北之慈恩，少林之心法，南山之律部，无不从此法界流，无不还归此法界。"③《心经略疏小钞缘起论》云："清凉言龙树作《中论》，全取《华严》宗旨。天台智者依《贤首品》立圆顿。《止观》所谓'闻圆法，起圆信，立圆行，往圆位'者，皆出于《华严》。……两家观门，同出《华严》，同归法界。"④《楞严经疏解蒙钞》中论及三观破立时云："清凉谓龙

---

① （清）钱谦益：《楞严经疏解蒙钞》卷首之一，《新编卍续藏经》第21册，第86页下。
② （清）钱谦益：《有学集》卷40，第1370页。
③ （清）钱谦益：《有学集》卷41，第1405页。
④ （清）钱谦益：《牧斋杂著》，第612页。

树《中论》，全取《华严》宗旨。天台亦依《贤首品》，立圆顿止观，其疏《华严》，以三观会《智论》，以三止摄台宗，三一圆融，以华严法界收之，罄无不尽。此经广辨真空，交融理事。真三摩地门，即是华严圆融法界，万法具足，何观不立？一法不容，何观不扫？故曰无不从此法界流，无不还归此法界。一切斗诤坚固，点空指月，皆可回向虚空。此伸彼破，夫何有焉？"[1] 在《般若心经略疏小钞》《楞严经疏解蒙钞》等佛教经疏著作中，钱谦益以华严宗思想为纲，组织建构疏释体系。[2] 故而，华严宗可谓其佛教思想的最终归趋。

---

[1] （清）钱谦益：《楞严经疏解蒙钞》卷首之二，《新编卍续藏经》第21册，第90页下—91页上。

[2] 详参见前论，此不赘述。

第四章　佛教与钱谦益的诗歌创作

钱谦益既是文坛盟主又为东林党魁,在明清诗文转变过程中起着关键性的作用,诚如朱则杰所言:"牧斋才大学博,主持东南坛坫,为明清两代诗派一大关键。"① 在明朝时,受时代风气影响,钱谦益诗文中集酒色诗禅于一体,庶可称得上名闻一时的风流才子。入清后,他提出了"以出世间妙义,抒写世间感慨"的创作理念。就个人体验而言,钱谦益身逢明清鼎革,更兼降清之举,历经数次入狱,备经生死考验,经历了由贪生怕死到超越生死,再到珍视生命的若干次转变。在外部世界的体认上,他深深体会到人生如梦,如前尘影事,不可把玩,借以书写故国之思和随缘任运的生活理念。就诗歌意象而言,他借用佛教中的"劫"来书写国破家亡之痛,呈现出隐迷化的写作倾向。此外,钱谦益自幼熟读佛经,入清后先后疏释了《楞严经》《心经》等佛教经典,在典故运用、意境营造等方面,亦深受佛教经典的影响。

第一节　缁衣偏喜醉红裙

受晚明社会习气的影响,钱谦益入清前的诗歌多含对酒色诗禅的文学描绘,可谓是晚明名士的生活写照。入清后,受个人遭际和时代境遇的影响,钱谦益转而提出了以出世间妙义写世间感慨的创作理念。钱谦益创作

---

① 朱则杰:《清诗史》,江苏古籍出版社 2000 年版,第 56 页。

理念的转变，是个体因素和时代风习互相熏染的结果，此中佛教起到了重要作用。

一　酒色诗禅与晚明风流

提起晚明的文人生活，可谓光怪陆离，丰富多彩。大概而论，约不出酒色诗禅四端。袁中道的《感怀诗五十八首》其十云："山村松树里，欲建三层楼。上层以静息，焚香学熏修。中层贮书籍，松风鸣嗖嗖。右手持《净名》，左手持《庄周》。下层贮妓乐，置酒召冶游。四角散名香，中央发清讴。闻歌心已醉，欲去辖先投。房中有小妓，其名唤莫愁。《七盘》能妙舞，百啭弄珠喉。平时不见客，骄贵坐上头。今日乐莫乐，请出弹箜篌。"① 袁中道想要建造的三层楼，实际上抒写出了个人生活愿望。显而易见，上层为禅修之所，中层为藏书、读书之所，从诵读经典来看，则有《维摩诘所说经》（即《净名》）、《庄子》等佛道二家经典。下层为休闲娱乐场所，狎妓赏乐，诗酒宴游。作为晚明风流的代表性人物，袁中道的生活理想在当时显然带有普遍性的色彩。钱谦益的《陆子玄置酒墓田丙舍妓彩生持扇索诗醉后戏题八首》其三云："钉花欲笑酒颜醺，白足禅僧也畏君。上座嵬峨许给事，缁衣偏喜醉红裙。"② "缁衣"者，僧尼所穿之衣，为人物身份和思想信仰的外在体现；"醉"者，为饮酒之举和酒后之态；"红裙"者，女色歌妓也；"偏喜"者，道出对于禅、酒、色的钟爱。三者集于一诗之中，无疑成了以酒色诗禅为中心的生活写照。此诗虽为记述陆子玄、徐霞城等人的生活样态，亦可视为入清后晚明士人生活的遗留。反观入清之前的钱谦益，又何尝不是如此。

关于诗和禅，钱谦益本为名重一时的诗人，且他和佛教之间的关系，前文论述已详，兹不赘述，故重点阐发酒、色二端。

钱谦益在其诗文中，毫不讳言对于酒的钟爱。现存的《钱牧斋全集》中，有关于饮酒的诗歌，约存六十余题一百多首，时间跨度自万历三十五

---

① （明）袁中道：《珂雪斋集》卷5，上海古籍出版社1989年版，第192页。
② （清）钱谦益：《有学集》卷7，第331页。

年（1607）至康熙元年（1662），前后相距55年，"然则谓牧斋终生与酒结缘，实未为过"。① 钱谦益身为南方人，却独钟爱于北方之酒。他自言："我酒不五合，颇知酒中味。苦爱北酒佳，芳香入梦寐。"② 北酒中，钱谦益最喜欢河间的刁酒，其《佟宰饷刁酒戏题示家纯中秀才》云："刁酒沾唇味许长，河间才得一杯尝。侬家酒谱卿知不？记取清甘滑辣香。"③ 他连用清、甘、滑、辣、香五字描述刁酒口感之佳，喜爱之余，亦见其善于品酒。刁酒本为北宋御酒，钱曾注云："柴世宗破河中李守正，得匠人，至汴造酒，宋内库循用其法。京师御酒，掌之内局，法不传于外。燕市酒人，独称南刁为佳，盖因贾人之姓而得名也。"④ 然而，或许由于刁酒名称之盛，酒贾多有假冒其名者，钱谦益称："长安多美酒，酒人食其名。酒旗蔽驰道，车毂相摩争。刁酒非沼水，味薄甜如饧。"⑤ 除了刁酒之外，钱谦益所喜爱者，尚有沧酒。《后饮酒七首》其一云："停桡买沧酒，但说孙家好。酒媪为我言，君来苦不早。今年酒倍售，酒库已如扫。但余六长瓶，味甘色复缥。储以嫁娇女，买羊会邻保。不惜持赠君，君无苦相嬲。涂潦泥活活，僮仆手持抱。郑重贮船舱，暴富似得宝。明灯吐新花，夜雨响秋草。君如不快饮，负此酒家媪。"⑥ 遇到自己喜爱之沧酒，他不惜苦苦相求，得到之后，其欢喜之态，溢于言表。获此美酒，钱谦益轻舟快载，长驱南下，意与好友程嘉燧辈在弟子瞿式耜的东皋园中畅饮。《沧酒歌怀稼轩给事兼呈孟阳》云："君初别我新折柳，归帆约载长芦酒。今我南还又早秋，也沽沧酒下沧州。轻舟一叶三千里，长瓶短甕压两头。与君去国如去燕，一水差池不相见。沧州芦花如雪披，沧水东流无尽期。沧州好酒泻盏白，照见行人鬓上丝。东皋秋清月舒彩，西湖采莲歌欸乃。期君开怀酌沧酒，醉拉程生戏墨海。"⑦ 此外，钱谦益喜爱的北酒还有易酒、魏酒、

---

① 谢正光：《钱牧斋之酒缘与仙佛缘》，《中国文哲研究通讯》2004年第2期。
② （清）钱谦益：《初学集》卷4，第138页。
③ （清）钱谦益：《初学集》卷1，第25页。
④ 同上。
⑤ （清）钱谦益：《初学集》卷7，第205页。
⑥ （清）钱谦益：《初学集》卷8，第253页。
⑦ 同上书，第242页。

桑落、羊羔乃至于西北的葡萄酒等。①

南酒中，钱谦益偏爱于润甫所酿五加皮酒，如《金坛于润甫酿五加皮酒为南酒之冠润甫与缪仲醇友善仲醇善别酒酿法盖得之仲醇今年润甫酿成损饷而仲醇亡矣赋四十二韵奉谢并悼仲醇》诗题所云。在诗中，他详细记叙了饮五加皮酒时的感受："朝来送酒人，远自金坛至。未暇洁尊罍，先呼击泥埴。黄柑洞庭春，云露石湖贵。犹嫌金醴薄，不羡松花细。肃如见君子，寒清沁心肺。蔼如近美人，光风汜肠胃。云阴解翳驳，莺花见明媚。喧如踏春阳，冷如坐月地。头风愈眩运，末疾起重膇。螟蛉息嘲啁，雷霆断惊悸。丁宁戒室人，此物吾所嗜。升合谨斟酌，朝夕手封闭。频烦看瓮面，促数涤饮器。不畏大户噆，但恐后车匱。"② 以君子、美人喻五加皮酒的品性，反复叮嘱家人小心护持，惟恐有所损坏，频频查看酒的数量，惟恐后继不足。钱谦益嗜酒爱酒之情，可见一斑。此外，尚可注意的是，钱谦益将酒品与人品两相比附，认为"恶酒如恶客，其性悍而鸷。撑肠芒角起，薄喉炉炭炽。甜酒如小人，其性柔且迟。口吻滋嗫嚅，关鬲长脂腻。"③ 钱谦益不喜恶酒、甜酒，正是出于屡经仕途沉浮之后，对恶客、小人的憎恶之情，进而将批判的矛头指向了其仕途的阻碍者如温体仁、周延儒一辈南方政客。④

除酒以外，色为钱谦益诗歌中的另一内容。首先，在赠妓类诗歌中，钱谦益在继承了以花喻人的书写传统，借花比喻女子情态，如"风风雨雨妒花天，人病花残剧可怜"（《雨中海棠花下代徐于赠妓》）、"落花细雨正佳晨，万树红芳一病身"（《寒食日看徐于别妓二首》其一），借雨后凋零之花喻女子病态，较为清新自然。然而，此中也不乏带有浓郁宫体诗气息的诗作，如《春夜听歌赠秀姬十首》其一云："烟蛾掩敛睡痕轻，撼起矇眬意态生。无那泥人肠断处，似醒如梦最关情。"⑤ 描绘的是春夜初起时女

---

① 参见谢正光《钱牧斋之酒缘与仙佛缘》，第 21 页。
② （清）钱谦益：《初学集》卷 4，第 138—139 页。
③ 同上书，第 138 页。
④ 参见谢正光《钱牧斋之酒缘与仙佛缘》，第 30 页。
⑤ （清）钱谦益：《初学集》卷 16，第 575 页。

子的情态。此种风格,在《仿元微之何处生春早二十首》中发挥到了极致。此二十首组诗分别以"春生美目中"(其一)、"春生巧笑中"(其二)、"春生眉黛中"(其三)、"春生鬓发中"(其四)、"春生靥辅中"(其五)、"春生好口中"(其六)、"春生皓腕中"(其七)、"春生素足中"(其八)、"春生睡起中"(其九)、"春生新浴中"(其十)、"春生翠袖中"(其十一)、"春生罗带中"(其十二)、"春生穷袴中"(其十三)、"春生锦被中"(其十四)、"春生宝镜中"(其十五)、"春生角枕中"(其十六)、"春生刺绣中"(其十七)、"春生簾幕中"(其十八)、"春生小院中"(其十九)、"春生画舫中"(其二十)为主题,分别借女子肢体、服饰、生活情境来形容春天之到来,风格上颇显浓艳庸俗,带有明显的宫体诗特征。如其八云:"何处生春早?春生素足中。舃交曾灭烛,屧趿不禁风。草惹裙腰绿,莲移屐齿红。刀头嗟未见,新月似鞋弓。"①

其次,酒色二端,在钱谦益诗歌中多兼而并举。尤其是在宴集诗中,觥筹交错,丝竹齐鸣,呈现出一片歌舞升平、富足安乐的繁华盛景。如《九日宴集含晖阁醉歌一首用乐天九日二十四韵》云:"况复开筵有佳客,岂可命酒无红妆?清歌迭奏奋丝竹,谈谐间作兼笙簧。"②《十五夜》说:"自倚白头还纵酒,偶携红袖为歌听。"③ 在《仲夏观剧欢宴浃月戏题长句呈同席许宫允诸公》中描写出钱谦益在崇祯五年(1632)夏天宴集观剧、饮酒参禅的情况,实为晚明名士生活的真实写照。如其一云:"可怜舞艳歌娇日,正是莺啼燕语时。中酒再沾年少病,讨花重发早春痴。"④ 其四云:"青袍便拟休官在,红粉还能入道无?筵散酒醒成一笑,鬓丝禅榻正疏芜。"⑤ 在《王二溟布政谢事家居八十如少壮听歌度曲累夕不倦奉赠二首》中,王二溟虽80多岁,亦听歌度曲,饮酒参禅。如其一云:"小建蘩

---

① 卿朝晖:《牧斋初学集诗注汇校》,第747页。
② (清)钱谦益:《初学集》卷17,第611页。
③ (清)钱谦益:《初学集》卷15,第548页。
④ 卿朝晖:《牧斋初学集诗注汇校》,第486页。
⑤ 同上书,第488页。

旗临曲部，平分旄节领骚坛"①，此言其好酒。其二云："名场战地谢驱驰，禅榻茶烟扬鬓丝。功在并州成昔梦，罚依金谷赋新诗。常餐兔药抄云子，自唶莺歌教雪儿。万树梅花方破腊，祝君先插向地枝"②，则言其写诗、参禅、度曲诸事。可知酒、色、诗、禅四事，为晚明文人以名士自许的风流生活的普遍写照。乃至于公安三袁中的袁中道，著《饮酒说》，痛言酒色令人短命。在其去世前不久，信誓旦旦地给钱谦益写信，倡言戒酒远色。③公安三袁年寿不永，当与几近狂放的生活状态脱不了干系。

二　出世间妙义与世间感慨

　　入清后，钱谦益经历了明清鼎革，身份地位发生了翻天覆地的变化。酒色诗禅的晚明风流已成历史尘迹。与此相应的是，钱谦益的创作旨趣也随之发生了重要转变。他在顺治十三年（1656）八月所作《题族孙遵王破山断句诗后二首》序中云：

> 每观吴越间名流诗，句字纂绩，殊苦眼中金屑。秋灯夜雨，泊舟吴门，从扇头得遵王破山断句十二首，不觉老眼如月。因语郭指曰："诗家之铺陈攒俪，装金抹粉，可勉而能也。灵心慧眼，玲珑漏穿，本之胎性，出乎豪端，非有使然也。如'莫取琉璃笼眼界，举头争忍见山河。'取出世间妙义，写世间感慨，正如忉利天宫殿楼观，影现琉璃地上。殆亦所谓非子莫证，非我莫识也。"正欲摘取时人清词妙句，随笔抄略，取次讽咏，以自娱乐，遂抄此诗压卷，名为《吾炙集》。复戏题二绝句于左。
>
> 笼眼琉璃映望奇，诗中心眼几人知？思公七尺屏风上，合写吾家断句诗。
>
> 高楼额粉笑如云，还钵休随庆喜群。大叫曾孙莫惊怖，老夫仍是

---

① 卿朝晖：《牧斋初学集诗注汇校》，第553页。
② 同上书，第554页。
③ 参见谢正光《钱牧斋之酒缘与仙佛缘》，第41—42页。

武夷君。①

"取出世间妙义,写世间感慨",以佛教化的眼光观察审视整个现实世界,不仅是钱谦益对钱曾《秋夜宿破山寺绝句十二首》的评价,也是钱谦益本人诗歌创作理念的转向。值得注意的是,所附两首七言绝句中,首句皆用佛教典故。其中"笼眼琉璃"典出《楞严经》卷一,其云:"阿难言:'此了知心,既不知内而能见外,如我思忖潜伏根里。犹如有人取琉璃碗合其两眼,虽有物合而不留碍,彼根随见随即分别。然我觉了能知之心,不见内者为在根故,分明瞩外无障碍者潜根内故。'佛告阿难:'如汝所言,潜根内者犹如琉璃,彼人当以琉璃笼眼,当见山河见琉璃不?''如是,世尊!是人当以琉璃笼眼,实见琉璃。'佛告阿难:'汝心若同琉璃合者,当见山河何不见眼?若见眼者,眼即同境不得成随;若不能见,云何说言此了知心,潜在根内如琉璃合?是故应知汝言:觉了能知之心潜伏根里如琉璃合。无有是处。'"② 阿难"琉璃笼眼"之喻,旨在说明心潜藏于眼根之内,遭到了佛陀的指责。观钱曾诗意,以琉璃笼眼者,盖不忍心直视入清后山河破碎之惨状。钱谦益"笼眼琉璃映望奇,诗中心眼几人知",盖谓诗歌意象是作者内心情感的物化。"高楼额粉笑如云,还钵休随庆喜群",典出《杂宝藏经》卷八《佛弟难陀为佛所逼出家得道缘》,其云:"佛在迦比罗卫国入城乞食,到难陀舍,会值难陀与妇作妆香涂眉间,闻佛门中,欲出外看。妇共要言:'出看如来,使我额上妆未干顷便还入来。'难陀即出,见佛作礼,取钵向舍,盛食奉佛。佛不为取,过与阿难,阿难亦不为取,阿难语言:'汝从谁得钵,还与本处。'于是持钵逐佛,至尼拘屡精舍。"③ 阿难陀被佛陀强行剃发出家,然对妻子孙陀利念念不忘,多次想私自逃回,均被佛陀阻止。在经历了天堂、地狱诸番游历后,终于一心向佛,修成阿罗汉果。钱谦益借用阿难陀与孙陀利之典,喻指他和柳

---

① (清)钱谦益:《牧斋杂著》,第111页。
② (唐)般刺密帝译:《楞严经》卷1,《大正藏》第19册,第107页下。
③ (元魏)吉迦夜、昙曜译:《杂宝藏经》卷8,《大正藏》第4册,第485页下。

如是之间的爱情，与《高会堂酒阑杂咏》序中所言"点难陀之额粉，尚指高楼；被庆喜之肩衣，犹看汲井"①，用意仿佛。换而言之，在钱柳爱情的书写上，带有深厚的佛教色彩。

本着"取出世间妙义，写世间感慨"的写作理念，钱谦益在作品中大量借用佛教典故，寓佛门文字于文学创作中。在《张子石征君七十寿序》中，钱谦益以白居易为例，说明古往今来达人君子功成名就之后，多归心佛乘，以今生俗世之笔，作为来世赞叹佛乘转法轮之缘，"古之达人君子，虽至于功成名遂，五福浑圆，未尝不以空门为归，净业为住。香山居士曰：'乐天尝有愿，愿以今生世俗文笔之因，翻为来世赞佛乘转法轮之缘。年登七十，与来世相去甚迩，故如六渐偈，跪唱于佛法僧前，欲以起因发缘，为来世张本。'达哉斯言，岂非吾辈老人之导师乎"？②就钱谦益本人而言，又何尝不是如此？钱谦益好用佛语，也就成为李叔则等人对其文字的普遍认识。对此，钱谦益还进行了一番解释，其云："李叔则谓吾文近来好用佛语，叔则不知余学殖日落，间资内典为谈助，而以为好用佛语，此所谓'何不食肉糜'耳。"③ "何不食肉糜"出自《晋书·惠帝记》，略谓晋惠帝时发生灾荒，百姓饿死，惠帝竟以"食肉糜"为应对策略，喻指其受蒙蔽已深。钱谦益借此说明李叔则并不知晓其"好用佛语"的深义所在。不管他承认与否，钱谦益晚年大量借用佛教典故，写作宗门文字，是不争的事实，以致因此遭受后人讥嫌。如《金匮山房订定牧斋先生有学集偶述十则》云："逃禅是先生末故，作宗门文字，几当是集之十三。然运水担柴之偈，固堪悟禅；吃饭要尿之云，殊为伤雅。"④

表现在晚明风流的书写上，以酒为例，钱谦益入清后作品中便出现了声闻酒、米汁、修罗酒等种种说法。言及"声闻酒"者，如"会逃弥勒

---

① （清）钱谦益：《有学集》卷7，第315页。
② （清）钱谦益：《牧斋杂著》，第458—459页。
③ （清）钱谦益：《有学集》卷39，第1361页。
④ （清）钱谦益：《牧斋杂著》，第968页。

禅，肯醉声闻酒"（《朱五藏名酒肆自号陶然余为更之曰逃禅戏作四小诗》其二）①，"沉冥似殢声闻酒，频申应记禅定功"（《酒逢知己歌赠冯生研祥》）②，"布衲时闻戒定香，绳床肯醉声闻酒"（《寿淳化禅师》）③。言及"米汁"者，如"布袋为世界，米汁是好友"（《朱五藏名酒肆自号陶然余为更之曰逃禅戏作四小诗》其二）④，"拂袖高卧松江滨，醉后逃禅呼米汁"（《昆仑山人扇子歌》）⑤，"门生扶老舁篮舆，山僧好事送米汁"（《乳山道士劝酒歌》）⑥。言及"修罗酒"者，如"君不见修罗酿海作酒浆，规取日月作耳珰"（《乳山道士劝酒歌》）⑦，"别去腾腾只醉眠，三杯天酒半龛禅。江风吹落仙音谱，似拂修罗琴上弦"（《读豫章仙音谱漫题八绝句》）⑧，"投壶笑玉女，采花嗔恶友。且逃天宫禅，莫酿修罗酒"（《朱五藏名酒肆自号陶然余为更之曰逃禅戏作四小诗》其三）⑨。

就酒而言，钱谦益晚年最得意的事情莫过于柳如是采百花酿酒，其《小山堂诗引》云：

> 余观唐人《嵩岳嫁女记》，有瑞露之酒，酿于百花之中，其花四出而深红，圆如小瓶，径三寸余，绿叶，形类杯。折花倾于竹叶中，凡飞数巡，其味甘香，不可比状。读之每欣然流涎，又忖度以为寓言无是事。比游钟山，遇异人授百花仙酒方，采百花之精英以酿酒，不用曲蘗，自然盎溢，乃知唐人之言为不诬。
>
> 因是流观《酒谱》，如李肇所记郢之富水，乌程之若下，以迨九醖三勒之属，皆人间凡酒，无足道者。内典言阿修罗好酒，见天饮甘

---

① （清）钱谦益：《有学集》卷4，第171页。
② （清）钱谦益：《有学集》卷10，第477页。
③ （清）钱谦益：《牧斋杂著》，第95页。
④ （清）钱谦益：《有学集》卷4，第171页。
⑤ （清）钱谦益：《有学集》卷6，第291页。
⑥ （清）钱谦益：《有学集》卷10，第479页。
⑦ 同上。
⑧ （清）钱谦益：《有学集》卷11，第522页。
⑨ （清）钱谦益：《有学集》卷4，第172页。

露，四天下采花，置四海中酿。海业力所持，进失甘露，退不成酒，而诸天所饮甘露，皆于饮树中流出，以酿酒一事征之，为之开颜一笑，知杂林香市，去人间良不远也。①

钱谦益酿百花仙酒，源于唐人传奇《嵩岳嫁女记》中的记载，然毕竟为小说家言，钱谦益对此也半信半疑。后来游钟山时得百花仙酒方，采集百花酿酒。从"方吾家酒熟时，吴门袁重其持施有一新诗来请序"来看，百花酒已成功酿成。又《蔚村温如陈翁八十寿序》云："余近得酿酒法，采花溲药，介修罗酿酒与仙家烛夜之间，胜余杭姥油囊酒异甚。"② 陈温如年长钱谦益一岁，则此文作于顺治十七年（1660），时百花酒已酿成。他认为百花酒介于修罗酒与仙家酒之间，远较凡世俗酒为胜。在《跋酒经》中，钱谦益也说："《酒经》一册，乃绛云楼未焚之书。五车四部，尽为六丁下取，独留此经，天殆纵余终老醉乡，故以此转授遵王，令勿远求罗浮铁桥下耶？余已得修罗采花法，酿仙家烛夜酒，将以法传之遵王。此经又似余杭老媪家油囊俗谱矣。"③ 在《采花酿酒歌示河东君》中，钱谦益对采花酿酒之始末进行了详细的描述，其云：

戊戌中秋日，天酒告成，戏作《采花酿酒歌》一首。以诗代谱，其文烦，其辞错，将以贻世之有仙才具天福者。非是人也，则莫与知而好，好而解焉。

昔从武烈卜如响，许我美酒扶残年。搜访征求越星纪，出门西笑终茫然。长干盛生贻片纸，上清仙客枕膝传。老夫捧持逾拱璧，快如渴羌得酒泉，归来夜发枕中秘，山妻按谱重注笺。却从古方出新意，溲和齐量频节宣。东风泛溢十指下，得甘露灭非人间。琬琰之膏玄碧酒，独飨良恐欺人天。请从酒国征谱牒，为尔罗缕辨圣贤。劫初地肥

---

① （清）钱谦益：《有学集》卷20，第854—855页。
② （清）钱谦益：《有学集》卷23，第933页。
③ （清）钱谦益：《有学集》卷46，第1525页。

失已久,天上饮树谁人取?糟醨熏酣沉世界,不解采花能酿酒。采花酿酒谁作法?终古修罗是元首。选择名花代曲糵,搅翻海水归尊卣。仪狄杜康非祖先,糟丘酒池等便溲。此方本出修罗宫,百花百药为酒母。云安麴米缩柘浆,庀治酒才须四友。酿投次第应火候,揉和停匀倚心手。回潮解驳只逡巡,色香风味无不有。才倾郁烈先饱鼻,未泻甘旨已滑口。岂同醇酎待月旦,不用新丰算升斗。……①

钱谦益此诗想象奇谲诡丽,仙佛并举,实为饮酒诗巨制。从中可知,百花仙酒是钱谦益从盛胤昌处得到酿酒之方,柳如是在此基础上重新整理酿制而成,酿成时间为顺治十五年(1658)中秋。钱谦益钩查稽考儒释道三家典籍,将其远溯至佛教中的修罗酿酒,认为此方出于修罗宫,故又称修罗酒。此酒酿成后,钱谦益称"色香风味无不有",远非世间俗酒可比。在《酒逢知己歌赠冯生研祥》中,钱谦益亦云:"老夫老夫嗟龙钟,绿章促数笺天公。天公怜我扶我老,《酒经》一卷搜取修罗宫。山妻按谱自溲和,瓶盎泛溢回东风。"② 由此,乃知柳如是不仅善饮,而且善酿,实为钱谦益知己,故陈寅恪云:"若牧斋者,虽不具此善饮之'天福',但能与具此善饮之'天福'者,相对终老,殊亦可谓具艳福之人矣。"③

钱谦益晚年饮酒已与早年呈现出明显差异。早年极为钟爱的酒劲刚烈、"清甘滑辣香"的刁酒等北酒已难觅踪影,取而代之的是百花仙酒、荔枝酒、葡萄酒等以百花、水果为原料酿制的酒。"荔枝酒"者,如"明年再酿荔枝酒,更与松胶斗小春"(《后送达可》)④;"我有羊城荔枝酒,故人岭表来称寿。瓶眉聊可谢世人,缸面只应饮好友。经年封固为君开,莫惜临歧尽一杯"(《方生行送方尔止还金陵》)⑤;"岭外荔枝酒,邮传胜鹤觞。共看重碧色,未许满杯尝。至齿俄销绿,冲肠始泛香"(《岭南黄生

---

① (清)钱谦益:《有学集》卷9,第449页。
② (清)钱谦益:《有学集》卷10,第477页。
③ 陈寅恪:《柳如是别传》,第104页。
④ (清)钱谦益:《有学集》卷9,第446页。
⑤ (清)钱谦益:《有学集》卷12,第603页。

遗余酒谱酿荔枝酒伊人遵王各饮一觞伊人有诗率尔和之》）①等。此外，他不仅自酿葡萄酒，还将其送给继起弘储，《与继起和尚其二》云："葡萄浆一罂，此西域最上法供，谨用奉献。狮座摇松握麈之余，倾酒一滴，便可普润大千，不但供牧女乳糜也。"②至于继起弘储是否如钱谦益在信中所云，在说法之余，饮此西域妙供，普润天下，则不得而知。除葡萄酒外，他还自酿葚酒。《赠觉浪和尚序》云："残灯明没，霍然如电光得路，愈读愈快，亟呼自酿葚酒浇之，乃就寝。"③从其名称来看，此酒当以桑葚等为原料酿造而成。钱谦益晚年抛弃北酒而转以花酒、水果酒为主，除了饮酒观念的转变外，当与其晚年身体衰微多疾，且极为注重养生相关。

诸如声闻酒、修罗酒、米汁等种种代称的反复陈说，无疑为清初文人逃禅找到了合理的借口。受清廷文化思想政策的影响，清初士人逃禅成为一时盛景。被迫堕入禅门的士人们，在生活风习上多少保留了原有的习惯喜好。为了酒色而不惜破戒，已成为当时的普遍现象。如《陆子玄置酒墓田丙舍妓彩生持扇索诗醉后戏题八首》其五云："口脂眉黛并氤氲，酒戒今宵破《四分》。莫笑老夫风景裂，看他未醉已醺醺。"④《壬寅三月十六日》其一云："有约经过还载酒，不辞破夏解僧衣。"⑤值得注意的是，在酒色和戒律间，钱谦益从佛教经典义理出发，寻求二者互相融通的理论依据。其中最为显著者，则为"淫坊酒肆，皆是道场"等思想的宣扬。在《后观棋六绝句》其三"只应姑妇中宵话，也是邻墙环钏声"⑥后，钱曾引叶石林《乙卯避暑录》注云："佛氏论持律，以隔墙闻钗钏声为破戒。人疑之久矣。苏子由为之说曰：闻而心不动，非破戒；心动为破戒。子由深于佛者，而言之陋，何也？夫淫坊酒肆，皆是道场。内外墙壁，初谁限

---

① （清）钱谦益：《有学集》卷12，第583页。
② （清）钱谦益：《牧斋杂著》，第335页。
③ （清）钱谦益：《有学集》卷22，第908页。
④ （清）钱谦益：《有学集》卷7，第332页。
⑤ （清）钱谦益：《有学集》卷12，第578页。
⑥ 同上书，第608页。

隔?此耳本何所在?今见有墙为隔,是一重公案,是声为钗训,是一重公案,尚问心动不动乎?"① 钱曾此注,可谓一语点中其师心中所想。在《楞严经疏解蒙钞》中,钱谦益将历来被视为贱女、淫女的摩登伽,全新阐释为"般若导师",是修行道路上得力的助手,也是此种理念的具体展现。

第二节　笼眼琉璃映望奇

在"取出世间妙义,写世间感慨"创作理念的影响下,钱谦益以佛教的琉璃碗观照世间,更兼明清鼎革,屡经生死考验,目睹家国巨变,倍感人事无常,在观己体物时,带有浓厚的佛教化色彩。就生命感悟而言,钱谦益经历了由乐生厌死到超越生死再到珍视生命的转变过程。就外界感知而言,钱谦益深感诸法无常,世事均如梦幻泡影。

一　生死观的嬗变

永嘉玄觉参六祖慧能,首言"生死事大,无常迅速"②,机锋对答,一宿而觉。说其事大,因为要度脱现世生死,远离尘世轮回,超然于生死之外,"生灭灭已,寂灭为乐"。③ 在佛教看来,芸芸众生因有太多的妄想与执着,沉迷于生死轮回而不知返。他们或表现出对生的眷恋、执着与渴望,又表现出对死亡的恐惧与怯懦。在人生某些关键时刻,当真正面对生死时,取舍不同,结局亦异。在世俗生活中,乐生忧死为个体生命之本能。为破除对现世生命的执着,佛家每以无常释之。无常指世间万事万物,无不处于永恒的生灭变化中,没有一成不变之载体,没有执持自性不变之功用。生命也是如此,处于永远的生灭变化之中。若悟无常之理,则人之肉体归于四大,哪个为我?谁为作者?谁为受者?既是无生,自是无灭。若悟及此,自然能以超脱的态度面对生死。

---

① (清)钱谦益:《有学集》卷12,第608页。
② (元)宗宝:《六祖大师法宝坛经》,《大正藏》第48册,第357页下。
③ (东晋)法显译:《大般涅槃经》,《大正藏》第1册,第204页下。

（一）恋生惧死

明末清初，世人面临家国巨变，世间百态，纷纷映现。士人或杀身取义，舍身成仁；或遁入山林，隐忍避世；或屈膝降清，苟且偷生。成仁取义者，亦有生之眷恋。顺治元年（1644）六月，刘宗周得知崇祯帝自尽时说："当此国破君亡之际，普天臣子皆当死。"① 然他此时并未殉国。顺治二年（1645）六月十五日，得知清军占领杭州时云："予之自处，惟有一死。先帝之变宜死，南京失守宜死，今监国纳降又宜死，不死尚俟何日？"② 他开始绝食，饮茶汤解渴。直至二十六日，清廷征诏到家，才下决心赴死。二十九日，口占绝命辞；闰六月初一，问其门人今日之死是否合乎义；初八日，在经历二十四天的绝食后，与世长辞。刘氏虽然将气节高置于生死之上，最后舍生取义，但从顺治元年（1644）六月到顺治二年（1645）闰六月，在长达一年多的时间里，尤其是在最后绝食时期，亦有对生的眷恋。钱谦益没有刘氏取义成仁的气概，然他的生死观念也经历了一个嬗变的过程。

钱谦益降清之因，陈寅恪认为："夫此文官班首王（铎）钱（谦益）二人，俱是当时艺术文学大家。太平之世固为润色鸿业之高才，但危亡之时，则舍迎降敌师外，恐别无见长之处"③，道出钱谦益性格中懦弱的一面。孙之梅认为，钱谦益在南京城实权人物赵之龙已经降清的情况下，"在生死抉择关头，他贪生怕死，为了性命，失去了封建社会做大臣的节义"④，所言甚确。早在天启五年（1625），魏党制造六君子案，大肆迫害、捕杀东林党人。阮大铖《东林点将录》将其比为浪子燕青，又遭陈

---

① （明）刘宗周：《刘子全书》卷18，道光十五年刻本。
② 同上。
③ 陈寅恪：《柳如是别传》，上海古籍出版社1980年版，第845页。又，陈寅恪《柳如是别传》对钱谦益"怯懦"之性格特点多有论述。如云："牧斋之降清，乃其一生污点。但亦由其素性怯懦，迫于事势所使然。"（见《别传》第1024页）论及钱谦益说服马进宝无功而返，回家途中作《东归漫兴》其六时云："牧斋性本怯懦，此行乃梨洲及河东君所促成。惴惴而往，施施而归，故庆幸之情，溢于言表也。"（见《别传》第1028页）
④ 卢川、孙之梅：《钱谦益入清后"诗其人"辨》，《齐鲁学刊》2010年第3期。

以瑞弹劾，削籍南归。当此之时，"逆阉用事，尽剪除海内士大夫不附己者。余首隶党籍，除名以归。……奄钩党益亟，逻者错迹里门。余锢门扃户，块处一室，若颂系然。……余既罢归，犹惴惴惧不免。……丙寅之三月，缇骑四出，警报日数至，家人环守号泣。儿忽告余曰：'爹勿恐，爹勿恐，明年即朝皇帝矣。'"① 钱谦益削籍南归后，在自己家中面临逆阉的疯狂气焰，门窗紧关，有如颂系，终日惴惴不安。比之六君子，则有天壤之别。虽意在反衬阉党的嚣张气焰，同时将自己胆小怕事的怯懦个性，显露无遗。

钱氏性格的形成，与其成长经历密切相关。钱谦益一支人丁不旺，祖父钱顺时、叔祖父钱顺治、钱顺理均早逝。钱世扬与钱谦益又是两代单传，自出生之日起，备受呵护，惟恐遭遇不测。钱谦益12岁患痘疹，病情危急时，举家痛哭。叔祖父钱顺化炳烛立于榻前，祷神召医，呼噪达旦，风雨中一夕数次往来，一月未尝就枕。成长于过度溺爱环境中，自会对其性格造成影响。优越的物质生活，强烈的享乐意识，或为其贪生怕死之另一诱因。在以酒色诗禅为主的晚明风流影响下，钱谦益嗜酒食肉，玩画品茶，游山玩水，歌舞伎乐，诸如此类之内容，在《初学集》中屡见不鲜。② 绛云楼中的古籍珍玩，更是其穷尽毕生精力搜罗而成。钱谦益怀有报国济世之心却仕途波折，心中对权势的欲望从未消歇，如此种种身外之累，自然增添了他对生命的留恋。"生死事大"，在某种程度上，钱谦益因"生"而丧节受辱，因"生"而给后半生带来了无穷的悔恨与痛苦。《虞山钱牧斋先生遗事》载："乙酉五月，柳夫人劝牧翁曰：'是宜取义全大节，以赴盛名。'牧翁有难色。柳奋身欲沉池中，持之不得入。是时，长洲沈明伦馆于尚书之家，亲见其事。后牧翁偕柳出游拂水山庄，见石涧流泉，澄洁

---

① （清）钱谦益：《初学集》卷74，第1643—1644页。
② 详参见李庆《钱谦益：明末士大夫心态的典型》，《复旦学报》（社会科学版）1989年第1期。在对钱氏物质生活进行分析之后，李庆认为："他们享受着当时物质文时所带来的各种欢快，表现出强烈的享乐意识。"（第42页）在选择忠于传统纲常、青史留名还是选择自我享乐、暂时安宁，亦即在死与生之间，"对忠君观念实际上并不执著，反之，对自己的享乐却十分追求，有很强生命意识的钱谦益来说，选择后者也就是十分自然的了。"（第42页）

可爱。牧斋濯足其中而不胜前却。柳笑曰：'此沟渠水，岂秦淮河耶？'牧翁有恶容。"① 此类野史记载，不失为钱谦益性格的显现。南京被围，南明覆亡，柳如是劝他取义赴死而不能，柳氏欲奋身沉池殉国而不许，显露出他对生的眷恋。看见拂水山庄石涧流泉澄洁可爱，虽欲濯足其中而不敢近前。柳氏喻之以秦淮河，则明知其胆怯而戏之，揭其乙酉之短，难怪钱谦益面有怒容了。

降清后的钱谦益，"以招降江南为己任，致书督抚及乡绅辈劝降。……属门下客周荃、张家鼐充安抚来苏，时官府皆遁，士大夫争入山。家鼐等入城，民皆执香以迎，城中大姓亦有设香案于门者"。② 后张家鼐被杨文骢所杀，周荃望风而逃，招抚工作没有取得实质性效果。招抚不成，清兵入吴，吴中各地相继组织力量反抗。常熟则以严讷之孙严栻为主，加之胡来贡、时子求等。昆山破后，胡来贡逃跑，时子求降，严栻眼看独木难支，亦逃，"城外烧毁一空，男女杀死者无算，颇不亚于昆"③。钱谦益虽然降清，其家亦未免于难，"钱牧斋家在半野堂，诸庠生以其为邑中降官，可借以免，竞往匿于绛云楼下。后闻被杀于家者，绛云楼独多，皆儒巾儒服者"④。事至于此，远非钱谦益始料所及。

顺治二年（1645）七月，钱谦益奉命随多铎入京。他九月出发，十月到达京城。顺治三年（1646）正月，清廷授礼部右侍郎，管秘书院事，充明史副总裁。在京期间，家乡人民讽刺之语，接踵而来。钱谦益听闻后，作《与邑中乡绅书》，阐述其降清的苦心。除了将自己遭诟受耻归于宿业所致外，重在说明清兵入吴后，见"大势已去，杀运方兴，弃身舍命，为保全万姓之计，触冒不测，开此大口"⑤，唯恐招抚少后，不得保全。且吴中变后，自己亲自说服豫王，使其动容，"有'志救生灵'之语"。由此视

---

① 范景中、周书田编纂：《柳如是事辑》，中国美术学院出版社2002年版，第273—274页。
② （明）文秉：《甲乙纪事》，孟昭庚等点校，《南明史料（八种）》，江苏古籍出版社1999年版，第560页。
③ 佚名：《研堂见闻杂录》，北京古籍出版社2002年版，第283页。
④ 转引自丁功谊《钱谦益文学思想研究》，第153页。
⑤ （清）钱谦益：《牧斋杂著》，第823页。

之,他的出发点是以救生为主,降清是为了保全吴地生灵。

钱谦益的剃发之举,也是其个人心态的另一反映。清廷剃发令下发后,激起了江南人民的强烈反对。《清鉴纲目》"下剃发令"附记云:"至满清入关,乃以剃发编辫为征服汉人之条件。故顺治二年(1645),江南略定之后,即厉行剃发令。凡不剃发者,杀毋赦。以于南方,犹绝对强行。其揭示江南者,竟有'留头不留发,留发不留头'之制札。因是而演江阴虐杀、嘉定屠城诸惨剧。汉人之无力反抗者,或愤而死,或遁深山,甚有埋头发而建为发塚者。当时西人阿尔力安氏著一论,谓同一汉人,曩为断其头而顺从如羊者,今而断其发而奋起如虎,使斯时明诸王能一路进行,不怀内讧,则满人之能否统一支那,尚为一疑问也。"① 顾师轼《吴梅村年谱》引朱昭芑《小山杂著》云:"吴人轻名节而重毫发,始则望风纳款,继乃爱惜颠毛,遂各称兵旅拒。昆山咫尺,音问不通,乡城唇齿,辨发相戮,枯守城中,正如坐井。七月初四日屠嘉定,初六日屠昆山,十二日屠常熟。"② 在众人强烈反抗时,钱谦益的剃发则颇有戏剧性。赵士锦的《甲申纪事》"钱牧斋"条载:"清朝入北都,孙之獬上疏云:'臣妻放脚独先',事已可揶揄。豫王下江南,下令剃头,众皆汹汹。钱牧斋忽曰头皮痒甚,遽起,人犹谓其篦头也。须臾则髡辫而入矣。"③ 不经意间悄然剃发,与降清一样,同为乡人诟病。《与邑中乡绅书》虽言"诸公以剃头责我,以臣服诮我",但对剃发一事未作辩解。在《题邵得鲁迷涂集》中,钱谦益则借佛典中优波离、孙陀罗难陀之事进行说明,其云:

> 优波离为佛剃发作五百童子剃头师,从佛出家,得阿罗汉果。孙陀罗难陀不肯剃发,握拳语剃者:"汝何敢持刀,临阎浮王顶?"阿难抱持,强为剃发,亦得阿罗汉果。得鲁即不剃发,未便如难陀取次作转轮圣王。何以护惜数茎发,如此郑重?彼猖猖剃发,刀锯相加,安

---

① 印鸾章:《清鉴》,世界书局1937年版,第57页。
② (清)吴伟业:《吴梅村全集》,李学颖标校,第1451页。
③ (明)赵士锦:《甲申纪事》,中华书局1959年版,第71—72页。

知非多生善知识，顺则为优波离之于五百释子，逆则如阿难之于难陀。而咨叹慨叹，迄于今，似未能释然者耶？我辈多生流浪，如演若达多晨朝引镜，失头狂走。头之不知，发于何有？毕竟此数茎发，剃与未剃，此二相俱不可得。当知演若昔日失头，头未曾失。得鲁今日剃发，发未曾剃。①

邵以贯，字得鲁，李瑶《绎史摭遗·逸民独行列传》云："邵以贯，字得鲁，余姚人。……已国难大作，几欲死；以母在，不得。遂髡发为头陀状，狂走入雪窦山中妙高台。……时尚有一妾，不忍判，亦自为尼，偕隐山中之杨庵。每日晨昏，各上堂礼佛。外此，虽茗粥不相通。久之，并卒。"② 邵以贯剃发，实为形势所迫。为母尽孝，要求他必须生存下去，为躲避清廷剃发令迫害，他不得不选择剃发为头陀。虽然家世皈依云栖，精通内典，若非形势所迫，他剃发为僧的可能性不大。钱谦益所言孙陀罗难陀出家因缘，则与之迥异。对于难陀出家，宝唱的《经律异相》、道世的《法苑珠林》均有记载，钱谦益的《大佛顶首楞严经疏解蒙钞》引《杂宝藏经》云："佛入城乞食，到弟孙难陀舍。难陀与妇作妆，香涂眉间，欲出看佛。妇言：'汝看如来，使我额上妆未干，便还入家。'难陀取钵，盛食奉佛，佛不为取。过与阿难，阿难言：'汝从谁得钵，还与本处。'于是持钵诣佛，勅令剃发。难陀握拳语剃者：'忽持刀临阎浮王顶。'他日佛出，次当守房，即逃走去。于路值佛将还精舍，与说法，一七日即成罗汉。"③ 难陀为佛陀之弟，沉浸于与孙陀利的儿女情爱而不知自返。佛陀为度化难陀，来难陀舍乞食，并巧施小计，将其诱至尼拘屡精舍，强为剃发。其后难陀几次想回家探妇，都被佛陀巧为阻止。经过天堂地狱的游历，他诚心归佛，证阿罗汉果。

---

① （清）钱谦益：《有学集》卷49，第1587页。
② （清）李瑶：《绎史摭遗》，《明代传记丛刊》第105册，第212页。
③ 参见《楞严经疏解蒙钞》卷五下，亦见唐道世撰《法苑珠林》卷22，《大正藏》第53册，第451页上—452页上。

虽同为强制剃发,孙陀罗难陀与邵以贯在某些层面上似无可比性。对于孙陀罗难陀之剃发,佛陀、阿难均出于善意;清廷下剃发令之目的,则逼迫江南人民从思想上降伏,此为其一。其二,难陀剃发后,终归于佛道而证果;邵氏虽剃发,却归于佛门而非清廷,剃发后隐居山林,对清廷持不合作甚至敌对态度。若联系钱谦益的剃发,则与邵以贯与难陀均为不同。文末借演若达多早晨临镜疑为失头而狂走,又议论一番,所谓"头之不知,发于何有?毕竟此数茎发,剃与未剃,此二相俱不可得。当知演若昔日失头,头未曾失。得鲁今日剃发,发未曾剃。"与其说安慰邵氏,不如说是钱谦益的自我开脱,借佛教理论而自我慰藉。

在京八个月后,顺治三年(1646)六月,钱谦益乞假辞归。顺治四年(1647)三月,钱谦益因牵涉、黄毓祺反清案再次入狱。因自"甲申(1644)三月以后,誓断笔砚,士友过从,绝口不及文事"。① 顺治二年、三年间,"诗歌仅存五题,一题写给河东君柳如是,四题写于辞官南还之际"②,此间思想状况,除《与邑中乡绅书》提到礼佛忏悔外,则隐晦不明。从后来诗作中可以看出,两次入狱,众遗民的认可与鼓励,促成他由降清之悔到积极参与反清,其生死观随即发生了转变。

(二) 超越生死

借佛教思想消解死亡的悲怆与恐惧,在《初学集》中已经显现。如《渡淮闻何三季穆之讣赋九百二十字哭之归而酹酒焚诸殡宫以代哀诔》借佛教空观和净土思想,消解内心之痛,借以告慰死者。其诗末云:"知幻剖胶革,观空饷瓶瓿。报尽期种莲,瞑忘岂入藕?荆凡无丧存,彭殇何夭寿?是梦本非真,一觉了不受。"③ "剖胶革"借《列子·汤问》偃师之典,道出肉体之假合;"饷瓶瓿"借《楞严经》中识阴不灭的观点,道出死而非死;"彭殇"借《庄子·齐物论》道出生死齐一之理;"种莲"借

---

① (清) 钱谦益:《牧斋杂著》,第 676 页。
② 丁功谊:《钱谦益文学思想研究》,第 157 页。
③ 卿朝晖:《牧斋初学集诗注汇校》,第 138 页。

净土经典"莲花化生"说，表现出对何季穆往生净土之期愿；"是梦"句则借佛教人生如梦，道出梦醒后永不沉迷，逃离现世六道轮回之苦，也是对何季穆往生的期愿。在佛道典故思想交错、并陈中，消除了对死亡的恐惧，传达出对死者良好的祝愿，可以说是佛教临终关怀的具体呈现。

入清后，面临家乡舆论的压力，两次入狱和遗民群体的接纳，使钱谦益找到了自我救赎之路。悲戚的狱中生活，反清友人惨烈的结局，使他接受了佛教的生死理念，以坦然的态度超然于生死之外，完成了生死观的第一次转变。

顺治四年（1647）三月，钱谦益因黄毓祺案被捕入狱，囚系南京。在狱四十余日后出狱，虽然活动仍受限，却可往来于苏州、南京间。顺治六年（1649）春，钱谦益被释出狱，回到常熟。在前后两年多的时间里，钱谦益的生死观发生了重要转变。有关此次入狱，《和东坡西台诗韵六首并序》云：

> 丁亥（1647）三月晦日，晨兴礼佛，忽被急征。银铛拖曳，命在漏刻。河东夫人沉疴卧蓐，蹶然而起，冒死从行，誓上书代死，否则从死。慷慨首涂，无刺刺可怜之语。余亦赖以自壮焉。狱急时，次东坡御史台寄妻诗，以当诀别。狱中遏纸笔，临风暗诵，饮泣而已。生还之后，寻绎遗忘，尚存六章。值君三十设帨之辰，长筵初启，引满放歌，以博如皋之一笑，并以传示同声，求属和焉。①

顾苓的《河东君传》亦载：

> 丁亥（1647）三月捕宗伯亟，君（柳如是）挈一囊，从刀头剑铓中，牧圉馌橐惟谨。事解，宗伯和苏子瞻御史台寄妻韵，赋诗美之，至云："从行赴难有贤妻。"时封夫人陈氏尚无恙也。②

---

① （清）钱谦益：《有学集》卷1，第9页。
② 范景中、周书田编纂：《柳如是事辑》，中国美术学院出版社2002年版，第6页。

被捕四十日余日，钱谦益出狱后仍处于清廷监管中。此诗即作于本年五月，柳如是生于明万历四十六年（1618），至此正好30岁。此前虽因谢氏案入狱，但没有此次严重。因有柳如是随行，性格本自怯懦的钱谦益"赖以自壮"，"赖"字正道出其胆小之本性。为表示对柳氏的感激，钱谦益作此六首，并传示同好，希望能"博如皋之一笑"。与以前的悲凄怯懦不同，钱谦益因反清入狱，加上柳如是陪同，精神面貌有很大改观。在生死问题上，显现出淡然超脱之态。此种转折，与其潜在的佛学思想影响密切相关。

《和东坡西台诗韵六首》是钱谦益狱中心态的集中反映。对于凄惨的狱中生活，他每以"黑狱""阴宫""纣绝阴天"等佛、道二教中的地狱喻之。在阴森恐怖的氛围中，原本怯懦的钱谦益表现出一副坦然的态势，与面临阉党围捕时的惴惴不安形成鲜明对比。其三云：

纣绝阴天鬼亦凄，波吒声沸柝铃低。不闻西市曾牵犬，浪说东城再斗鸡。并命何当同石友，呼囚谁与报章妻？可怜长夜归俄顷，坐待悠悠白日西。①

"纣绝阴天"为道教罗酆山六宫中的第一宫。罗酆山"在北方癸地，此癸地未必以六合为言，当是于中国指向也，则当正对幽州辽东之北，北海之中，不知去岸几万里耳"。②纣绝阴天宫，据《真诰·阐幽微》载："人初死，皆先诣纣绝阴天宫中受事。……要受事之日，罪考吉凶之日，当来诣此第一天宫耳。此宫是北帝所治，故后悉应关由，犹如今州县之狱，初虽各有执隶，终应送台，定其刑书。"③ 以罗酆山纣绝阴天宫自比所处清廷之狱，可谓甚得其当。"鬼亦凄"者，道出狱中环境之惨烈。"波吒声"为佛教八寒地狱中痛苦呼号之声，《楞严经》卷八云："二习相凌，故

---

① （清）钱谦益：《有学集》卷1，第10页。
② （梁）陶弘景撰，赵益点校：《真诰》卷15，中华书局2011年版，第265页。
③ 同上书，第267页。

有吒吒波波罗罗，青赤白莲，寒冰等事。"钱谦益《楞严经疏解蒙钞》引长水疏云："吒波罗等，忍寒声也，即八寒地狱。"又引《起世经》略云：寒地狱有三种：了叫唤、不了叫唤及不叫唤。了叫唤地狱其三名阿波跛地狱，"极寒风吹剥其身，皮肉尽落，皆急战唤声。又严切苦逼，叫唤而言'阿呼，阿呼'，甚大苦也。"① 不了叫唤地狱第一为阿吒鸺吒鸺，亦名阿叱叱地狱，"是极寒风所吹，皮肉剥落，唤'阿吒鸺，阿吒鸺。'又众生以极苦恼逼切其身，但得唱言阿叱叱，然其舌声不能出口故。"② 钱谦益借此说明自己处狱之惨状。"不闻西市曾牵犬"者，诚如陈寅恪所言，反用《史记·李斯传》之典。"可怜长夜归俄顷，坐待悠悠白日西"，陈氏认为典出江淹《恨赋》"及夫中散下狱，神气激扬。浊醪夕引，素琴晨张。秋日萧索，浮云无光。郁青霞之奇意，入修夜之不旸"③，钱谦益"盖以嵇康自比"④，或未确。以笔者愚见，"长夜"为佛教常见比喻，旨在说明人生漫长而痛苦的历程。《大乘本生身地观经》云："唯愿十方三世佛，以大慈悲哀愍我。我处轮回无所依，生死长夜常不觉。我在凡夫具诸缚，狂心颠倒遍攀缘。我处三界火宅中，妄染六尘无救护。我生邪见父母家，造罪依于恶眷属。"⑤ 凡夫处于俗世漫漫长夜中，受种种邪见缠缚而不知觉醒。钱谦益将漫漫长夜归于俄顷之间，借以表现出较为洒脱的人生观。"坐待悠悠白日西"，道出其坦然洒脱的思想根源。"白日西"为净土十六观中的初观。畺良耶舍译《佛说观无量寿佛经》云："佛告韦提希：'汝及众生应当专心系念一处，想于西方。云何作想？凡作想者，一切众生自非生盲，有目之徒，皆见日没。当起想念，正坐西向，谛观于日，令心坚住，专想不移。见日欲没，状如悬鼓。既见日已，闭目开目皆令明了，是为日想，名曰初观。"⑥ 其五云："堕落劫尘悲宿业，皈依法喜愧山妻。西方西市原同

---

① （清）钱谦益：《楞严经疏解蒙钞》卷8，《新编卍续藏经》第21册，第572页上—572页下。
② 同上书，第572页上—572页下。
③ （明）胡之骥注，李长路、赵威点校：《江文通集汇注》卷1，中华书局1984年版，第9页。
④ 陈寅恪：《柳如是别传》，上海古籍出版社1980年版，第915页。
⑤ （唐）般若译：《大乘本生心地观经》卷3，《大正藏》第3册，第303页下。
⑥ （宋）畺良耶舍译：《佛说观无量寿佛经》卷1，《大正藏》第12册，第341页下—342页上。

观,悬鼓分明落日西",同为净土初观的表现。钱谦益静观落日西沉,脑海中浮现出庄严的净土世界,现实狱中的阴寒惨凄,变得无足轻重了。"皈依法喜愧山妻"典出《维摩诘所说经》,其云:"智度以为母,方便以为父。法喜以为妻,慈悲心为女。"僧肇注云:"法喜谓见法生内喜也。世人以妻色为悦,菩萨以法喜为悦也。"① 钱谦益与柳如是同为奉佛之人,"皈依法喜愧山妻"可谓相得益彰。"西方"则为西方极乐世界弥陀净土。"西市"者,处决罪囚之所。徐松的《唐两京城坊考》卷四"独柳"条云:"独柳。刑人之所,按西市刑人,唐初即然。贞观二十年,斩张亮、程公颖于西市。"② 谷应泰的《明史纪事本末·严嵩用事》云:"上从之,命斩世蕃、龙文于市。二人闻,相抱哭。家人请写遗书谢其父,不能成一字。都人闻之大快,各相约持酒至西市看行刑。"③ 陈康祺的《郎潜纪闻初笔》卷一载:"穆宗登极,肃益跋扈难制。两宫震怒,胪列逆迹付廷议,罪在不赦。盖甫及三年,权势熏灼之堂上官,亦复囚衣赴西市。"④ 钱谦益将刑人之所的西市与修净土者期盼往生的西方极乐世界并举,在狱中借净土观想以自壮,实为其生死观转变的一大体现。

经四十余日后,钱谦益滞留南京,与盛集陶、林古度、顾与治等人诗文唱和,为清初遗民群体所接纳。这对钱谦益而言至为重要。林古度、盛集陶等遗民的同情、理解及道义上的声援,在某种程度上使他找到了自我救赎的方向,为后来参与反清复明奠定了基础。

与钱谦益相交的遗民中,林古度是其中最为重要的一员。林古度(1580—1666),字茂之,号那子,福清人,"明亡,居金陵真珠桥南,陋巷窦门,贫甚,暑无蚊帐,冬夜眠败絮中"⑤,实为金陵遗民圈中之精神领袖。王士禛《林茂之诗选序》云:"(明亡后),海内士大夫慕其名而幸其

---

① (后秦)僧肇等注:《注维摩诘所说经》卷7,第141页下。
② (清)徐松撰,李健超增订:《增订唐两京城坊考》卷4,三秦出版社1996年版,第210页。
③ (清)谷应泰:《明史纪事本末》,中华书局1977年版,第835页。
④ (清)陈康祺:《郎潜纪闻初笔》,中华书局1984年版,第9页。
⑤ 陈庆元:《福建文学发展史》,福建教育出版社1996年版,第388页。

不死，过金陵者必停车访焉。"① 陈庆元的《福建文学发展史》云："林古度时为东南名士魁硕，影响颇大。"② 与林氏结交，成为改变钱谦益身份处境的关键。《题秋槐小稿后》云："余自甲申以后，发誓不作诗文。间有应酬，都不削稿。戊子（1648）之秋，囚系白门，身为俘虏。闽人林叟茂之，偻行相劳苦，执手慰存，继以涕泣。感叹之余，互有赠答。林叟为收拾残弄，楷书成册，题之曰《秋槐小稿》。盖取王右丞叶落空宫之句也。"③ 林古度"行相劳苦，执手慰存，继以涕泣"，是对钱谦益精神上的鼓舞。《秋槐小稿》的命名，寄寓着林古度对钱谦益遗民身份的认同。《旧唐书·王维传》云："禄山陷两都，玄宗出幸，维扈从不及，为贼所得。维服药取痢，伪称瘖病。禄山素怜之，遣人迎置洛阳，拘于菩施寺，迫以伪署。禄山宴其徒于凝碧宫，其乐工皆梨园弟子、教坊工人。维闻之悲恻，潜为诗曰：'万户伤心生野烟，百官何日再朝天？秋槐花落空宫里，凝碧池头奏管弦。'贼平，陷贼官三等定罪。维以《凝碧诗》闻于行在，肃宗嘉之，会缙请削己刑部侍郎以赎兄罪，特宥之，责授太子中允。"④ 钱谦益虽然不能与王维相比，但在"授职"上，亦约略相似。

　　观此间钱谦益所作唱和诗，呈现出两个特点。一是反复表白其故国情思。《林茂之戊子中秋白门待月寓舍之作》云："风前遍照千家泪，笛里横吹万国愁"；《再次茂之他字韵》其三云："李贺漫歌辞汉泪，不知铅水已成河"；其五云："梦噩酒悲频恸哭，不因除馆泣西河。"二是对佛教典故的大量借用。《再次茂之他字韵》其一云："覆杯池畔忍重过，欲哭其如泪尽何。故鬼视今真恨晚，余生较死不争多。陶轮世界宁关我，针孔光阴莫羡他。迟暮将离无别语，好将白发喻观河。"⑤ "覆杯池"，宋张敦颐的《六朝事迹编类》卷五云："晋元帝中兴，颇以酒废政。丞相王导奏谏。帝因覆杯于池中，以为诫。杨修之有诗云：'金杯覆处旧池枯，此后还曾一

---

① 陈庆元：《福建文学发展史》，福建教育出版社1996年版，第390页。
② 同上。
③ （清）钱谦益：《牧斋杂著》，第503页。
④ （后晋）刘昫：《旧唐书》卷190下，中华书局1975年版，第5052页。
⑤ （清）钱谦益：《有学集》卷1，第21页。

醉无？东晋中兴股肱力，元皇亦学管夷吾。'今城北三里，西池是也。"①钱谦益化用于诗，暗寓中兴之意。"故鬼视今真恨晚，余生较死不争多"，显然带有后死之愧。"陶轮"下四句，化用《维摩诘经》《楞严经》之典，抒发时间、空间的无常。《维摩诘所说经》云："又，舍利弗！住不可思议解脱菩萨，断取三千大千世界，如陶家轮，著右掌中，掷过恒河沙世界之外，其中众生，不觉不知己之所往。又复还置本处，都不使人有往来想，而此世界本相如故。"②鸠摩罗什注云："今制以道力，明不神也；内之纤芥，明不大也；巨细相容，物无定体，明不常也。此皆反其所封，拔其幽滞，以去其常习，令归有途焉。"③经中借维摩诘不可思议的神通变化，说明空间之无常与圆融。"针孔"者，出于宋玉的《小言赋》，借光阴过针孔，极言时间流逝之快。"宁关我""莫羡他"，则超然于空间、时间之外。"好将白发喻观河"，出《楞严经》中之"观河喻"。波斯匿王因迦旃延毗罗胝生告诉他"死后断灭，名为涅槃"而问佛陀。佛陀为破其断见，取恒河为喻。《楞严经》云："'大王，汝年几时见恒河水？'王言：'我生三岁，慈母携我谒耆婆天经过此流，经时即知是恒河水。'佛言：'汝今自伤白发面皱，其面必定皱于童年。则汝今时观此恒河，与昔童时观河之见，有童耄不？'王言：'不也，世尊。'佛言：'大王，汝面虽皱，而此见精性未曾皱。皱者为变，不皱非变。变者受灭，彼不变者元无生灭。'"④以"相"观之，人从少至老，面皱发白，念念生灭，刻刻迁变，无时无刻不处于迁流变化中。从"性"来看，能见之性并无变化，借以说明"无常"中自有"常"在。迟暮临别，钱谦益将佛教中"断""常"之辨寄予林古度，暗示他不要因发白而感到"无常"，要从"无常"中看到"常"，应珍视生命。其三中有云："风轮火劫暮年过，未死将如朽骨何"，亦流露出一种超然的态度。风轮为佛教中四轮之一，处于虚空之上；"火劫"为坏

---

① （宋）张敦颐：《六朝事迹编类》，南京出版社1989年版，第45页。
② （后秦）僧肇等注：《注维摩诘所说经》，第119页上。
③ 同上书，第118页下。
④ （清）钱谦益：《楞严经疏解蒙钞》，《新编卍续藏经》第21册，第193页上—193页下。

劫中三大劫之一，四禅天以下，无不焚毁。钱谦益借以说明自己在经历狱中诸如风轮火劫般诸种苦痛之后，还有什么好怕的呢。

在林古度引荐下，钱谦益结交了诸多遗民。《新安方氏伯仲诗序》云："戊子（1648）岁，余羁囚金陵，乳山道士林茂之，偻行相慰问。桐、皖间遗民盛集陶、何寤明亦时过从，相与循故宫，踏落叶，悲歌相和，既而相泣，忘其身为楚囚也。再过金陵，乳山游迹益广。都人士介乳山谒余者，名纸填门，诗卷堆案。翰墨淋漓，长干传为盛事。"① 关于盛集陶，清陈作霖的《明代金陵人物志·盛集陶》云："斯唐字集陶，进士世翼孙，桐城籍。居金陵十庙西门，毁垣败屋，蓬蒿满径。与林古度唱和，晚以目眚，屏居不干一人。"② 清陈田的《明诗纪事·盛斯唐》云："斯唐字集陶，桐城人，侨寓金陵。《金陵诗征》：集陶居金陵十庙西门，毁垣败屋，蓬蒿满径。与林古度唱和。晚以目眚，屏居不干一人。"③ 和诗以"他"字为韵，知与林古度和诗作于同时，表现出坦然面对生死，兼有复明之意。《见盛集陶次他字韵诗重和五首》其一云：

枪口刀尘取次过，银铛其耐白头何！壮心不分残年少，悲气从来秋士多。

帝欲屠龙愁及我，人思画虎笑由他。端居每作中流想，坐看冲风起九河。④

明亡后，钱谦益诗中呈现出的少有豪气，实自此始。枪口刀尘依次走过，目前颂系之事对他来说也不算什么，虽年迈（钱谦益时年67岁），但雄心壮志堪与年少之人相比。"端居每作中流想"，系用祖逖典。《晋书·祖逖传》云："逖以社稷倾覆，常怀振复之志。……帝乃以逖为奋威将军、

---

① （清）钱谦益：《有学集》卷20，第843页。
② （清）陈作霖：《明代金陵人物志》，《明代传记丛刊》第150册，第375页。
③ 陈田：《明诗纪事》卷31，上海古籍出版社1993年版，第3563页。
④ （清）钱谦益：《有学集》卷1，第26页。

豫州刺史,给千人廪,布三千匹,不给铠仗,使自招募。仍将本流徙部曲百余家渡江,中流击楫而誓曰:'祖逖不能清中原而复济者,有如大江!'辞色壮烈,众皆慨叹。"① 钱谦益与祖逖同处外族入侵中原之时,"端居每作中流想"道出了盛集陶、钱谦益及其他遗民共同的心愿,希望能够肃清中原,一统河山。其三"却笑玉衡无定准,天街仍自限星河",借星象的指代义,表明作为胡汉分界的天街,仍能限胡人于北。其四"白翎雀断海青过,蜀魄啼如来路何",借元朝国坊大曲《白翎雀》声断而契丹灭亡之海青,喻清廷终当灭亡之意。

最能代表钱谦益超脱生死观的,莫过于《禅关策进诗有示》,其云:

漫天画地鬼门同,禅板蒲团在此中。遍体锒铛能说法,当头白刃解谈空。

朝衣东市三生定,悬鼓西方一路通。大小肇师君会否?莫将醒眼梦春风。②

"禅关"为禅法的修行次第。禅僧在禅修过程中会经历不同阶段,以"关"喻之,故称禅关。如禅宗中有"破三关"之说,"三关"指初关、重关与牢关。禅关是勘验禅人悟境高低的重要手段,破除我执,超越生死,是僧人必须突破的关口。因此,诸如"父母未生"之类的话头在禅林中广泛流布;禅林大德能预知圆寂期限,坦然面对生死。在此,他用"禅关"比拟狱中生活。"遍体锒铛能说法,当头白刃解谈空",意在虽身处狱中,随时或有白刃当头的危险,仍能坚持解说佛法,教化众生。"朝衣东市三生定"者,借用晁错之典。《史记·袁盎晁错列传》云:"(晁错父)死十余日,吴楚七国果反,以诛错为名。及窦婴、袁盎进说,上令晁错衣朝衣斩东市。"③ "悬鼓西方一路通"者,则为净土十六观之初观,详见前释。末后一句"大小肇

---

① (唐)房玄龄等撰:《晋书》卷62,中华书局1974年版,第1694—1695页。
② (清)钱谦益:《有学集》卷1,第43页。
③ (西汉)司马迁:《史记》,中华书局1963年版,第2747页。

师君会否，莫将醒眼梦春风"，系化用自僧肇的《临刑偈》。北宋释道原的《景德传灯录》云："僧肇法师遭秦主难，临就刑说偈曰：四大元无主，五阴本来空。将头临白刃，犹似斩春风。（玄沙云：大小肇法师，临死犹寱语。）"①如李小荣的《虚构与真实——论僧肇〈临刑偈〉及相关故事的来源与影响》所论，后世禅师援引《临刑偈》的目的有三，其中之一是"倡导'生死如一'的人生观"。②钱谦益末句显然借用此意。

关于此诗的写作对象，陈寅恪先生认为若非为博罗剩人函可而作，"则疑为黄介子而赋也"③，"前引《孤忠后录》载介子以顺治六年己丑三月，由广狱移金陵狱。若其所记时间有先后，则介子之移金陵狱，可能在顺治五年戊子岁暮。牧斋于其抵金陵时，即作此诗以想慰勉耶？俟考"。④在周法高的《足本钱曾牧斋诗注》中，钱曾于本诗下注云："乙酉岁（1645），江阴守城不下，黄介子毓祺起兵竹塘遥应之，事败亡，走淮南。以官印印所往来书，为人告变，捕系江宁狱，以其所著《小游仙诗》及《园中草》授门人邓大临，坐脱而化，当事戮其尸。大临守丧锋刃中，赎其首，联而含敛之，经纪其柩归里。"⑤陈寅恪先生因未见《足本钱曾牧斋诗注》，标以"俟考"以示其慎。钱谦益与黄毓祺案的关系，《柳如是别传》中考证甚详，由注可知，此诗为黄毓祺而作。实际上，钱谦益此诗并非仅仅安慰黄毓祺而已。以"悬鼓西方一路通"诸句视之，明显承袭《和东坡西台诗韵六首》，表现出对于死亡的超脱。在安慰黄毓祺的同时，体现出钱谦益在屡历狱难之后，已超然于生死之外。

（三）珍视生命

顺治六年（1649）春，钱谦益结束了自己在金陵两年多的颂系生涯，

---

① （北宋）释道原：《景德传灯录》卷27，《大正新修大藏经》第51册，第435页上—435页中。
② 李小荣：《虚构与真实——论僧肇〈临刑偈〉及相关故事的来源与影响》，《文学与文化》2010年第3期。
③ 陈寅恪：《柳如是别传》，第939页。
④ 同上。
⑤ 周法高：《足本钱曾牧斋诗注》，第1658页。

回到常熟。夏,钱谦益寄书远在桂林的瞿式耜,并经他给永历帝上疏,广陈时事,以图中兴①。此间,他的生死观又发生了转变,由超越生死转为对生命的珍视,主要表现为对佛教"劫后人种说"的借用。

据《法苑珠林·劫量篇》载,劫有两种:一为小三灾,如疾疫、刀兵、饥馑;二为大三灾,如水灾、火灾、风灾。小三灾中,在每一灾末还剩七日时,会将世界中宿有善根的一万众生集合在一处,留作将来人种。如在《刀兵部》中,道世引《立世阿毗昙论》云:

> 第二十小劫起成住中,第二小灾起,由大刀兵。人寿十岁时,三毒邪见,日夜生长。父母儿子兄弟眷属,互相斗诤,何况他人。是时诸人,起斗诤已,仍相手舞,或以瓦石刀仗,互相怖畏。四方诸国,互相伐讨。一日一夜,害死无量。……是时劫末,余七日在。于七日中,手执草木,即成刀仗。由此器仗,互相残害,怖畏困死。是时诸人,怖惧刀仗,逃窜林薮;或度江水,隐蔽孤洲;或入坑窟,以避灾难;或时相见,仍各惊走,恐怖失心;或时仆地,譬如獐鹿,遭逢猎师。如是七日,刀兵横死,其数无量。设有在者,各散别处。时有一人合集阎浮提男女,唯余一万,留为当来人种。于是时中,皆行非法,唯此万人,能行善法。诸善鬼神欲令人种不断绝故,拥护是人,以好滋味令入毛孔。以业力故,于劫中间留人种子,自然不断。过七日后,是大刀兵一时息灭,一切恶鬼皆悉舍去。②

佛教中所言刀兵灾,与明清鼎革后兵尘四起的社会现实,自有吻合之处。尤其顺治二年(1645),清军下江南、强制施行剃发令后,各地反抗

---

① 瞿式耜《报中兴机会疏》云:"忽臣子壬午举人玄锡,因臣孙于去腊离家,未知其到粤消息,遣家僮胡科探视。于七月十五日自家起程,今月(九月)十六日抵臣桂林公署,赍带臣同邑旧礼臣钱谦益寄臣手书一通,累数百言,绝不道及寒温家常字句,惟有忠驱义感,溢于楮墨之间。盖钱谦益身在虏中,未尝须臾不念本朝,而规画形胜,了如指掌,绰有成算。"故钱谦益写信时间,当在夏天。瞿昌文已于顺治五年(1648)冬离家,自浙江至福建,五月至梧州,六月十九日,至桂林,历尽千辛万苦,终于与瞿式耜会面。

② (唐)道世,周叔迦、苏晋仁校注:《法苑珠林校注》卷1,第5—6页。

不断。清军每下一城，便出现大规模的杀戮，扬州、嘉定、杭州、广州诸地，惨遭屠城。清军占领区的明朝遗民，或剃发逃入佛教，或隐居深山以避世，更有甚者自杀殉国，以成节义之名。明朝的遗老遗少，能在惨烈的战争动乱中侥幸生存下来，与刀兵灾中的劫后万人，约略相似。正是这些遗老遗少，成为反清斗争中的主导力量。从此角度出发，钱谦益借劫后人种说劝诫世人珍爱生命。《书修建聚奎塔院殿宇缘起后》云：

> 此世界一切众生，沉沦五浊，轮回六道，三灾八难，相挻而起，受诸无量苦恼，皆一念贪瞋炽然，为之种子。佛言三灾起时，阎浮提中一切国王，遭大疾疫饥馑，起大甲兵。一切鬼神，起瞋恶心，损害世人，寿命短促。所可资食，稊稗为上。人发衣服，以为第一。父母儿子兄弟眷属，互相斗诤。瓦石刀杖，互相怖畏。劫末七日，手执草木，即成刀兵。三灾劫尽时，有一人合阎浮提男女，惟余一万，留为当来人种。惟此万人，能持善行，诸善鬼神，拥护是人，欲令人种不断绝也。由此观之，众生一念贪杀，即是三灾劫因。一念善行，即是当来人种。①

作为劫余之万人，要承担起将来人种的延续，也要承担起新世界的建立。因此，劫余之人，有其独特的价值与意义。在没有完成既定目标前，自应倍加珍惜自己的生命。

发之于诗，钱谦益以劫后人种说勉励他人的同时，亦以此自勉。在顺治七年（1650）所作的《庚寅人日小集即事》中，钱谦益已提出劫后人种说，其云："劫末乾坤余七日，行间兵火已三生。"他在"七日"后自注："刀兵劫末，度七日，方留人种。"② 顺治八年（1651），石涛上人持萧伯玉书，到常熟拜访钱谦益。临别时，钱谦益借"种民说"劝这位国变后为僧的明代皇室遗民，珍重自爱，"多生无著与天亲，七日同为劫

---

① （清）钱谦益：《牧斋杂著》，第602—603页。
② （清）钱谦益：《有学集》卷2，第73页。

外身。饱吃残年须努力，种民天种不多人。"① 此外，诸如《读云林园事略追叙昔游凡一千字》云："巍然七日后，宁非神所与？残生感物化，抚卷独延伫"②；《读建阳黄帅先小桃源记戏题短歌》云："黄生卜筑才十年，七日小劫弥烽烟。山神罨毵请回驾，洞口仍封小有天"③；《乙亥夏五十有九日》其二云："三灾风火留青钵，七日人天护白头"④；《恤庐诗》云："草兵木刀，界灰劫尘。七日之后，余此两人。蔬笋盈盘，炉香霏微。如光音人，下食地肥。"⑤ 诸如此类，无不着意于劫后人种的宣说。对于劫后万人之一，钱谦益此说不仅凸显其内心深处的遗民意识，也体现出对自我使命的担当。

当然，在其生命意识中，亦带有深沉的后死之愧，是降清之耻在其心中的反映。顾公燮的《消夏闲记》载："宗伯暮年不得意，恨曰'要死，要死'。君（柳氏）叱曰：'公不死于乙酉，而死于今日，不已晚乎？'"⑥ 死于国变，身殉故国，合乎儒家价值观与道德观，合乎道义要求。⑦ 钱谦益不仅未死，转而降清，降清后又反清，几番转折，造成他晚年心灵上的自我煎熬。后死之悔，成为他晚年咏叹的另一主题。钱谦益在《少师孙文正公承宗》中写道："谦益之举南宫也，公为考官，门墙之附丽，衣钵之付嘱，出于寻常举主门生，以啻百倍，今老且废矣，愧无以见公地下，录遗诗而存之，何足以逭后死之责哉？"⑧ 与孙承宗阖门殉国相比，钱氏之愧，可以理解。《列朝诗集序》亦云："翟泉鹅出，天津鹃啼，海录谷音，

---

① （清）钱谦益：《有学集》卷4，第131页。
② （清）钱谦益：《有学集》卷8，第363页。
③ 同上书，第423页。
④ （清）钱谦益：《有学集》卷10，第486页。
⑤ （清）钱谦益：《有学集》卷11，第555页。
⑥ 范景中、周书田编纂：《柳如是事辑》，第24—25页。
⑦ 明清国变，士人之死节殉国者众，身未死者，亦言（心）已死，借以明志。如方以智在顺治八年春，不从马蛟麟劝降，剃发为僧。冬，作《辛卯梧州自祭文》云："死生一昼夜，昼夜一古今，此汝之所知也。汝以今日乃死耶？甲申死矣！"（见《浮山文集后编》卷1，《续修四库全书》第1398册，第359页下）所谓甲申死者，乃心死而非身死，在表达出自己超脱的生死观之时，又道出忠于故国之情。
⑧ （清）钱谦益：《列朝诗集小传》，第554页。

咎征先告,恨余不前死,从孟阳于九京,而猥以残魂余气,应野史亭之遗忏也。"① 又云:"偷生视息,殊以不死为愧。"②《尹孔昭墓志铭》云:"余睆晚无徒,老而不死,今复抆泪而志孔昭之墓。"③《十月望日西山扫墓过孟芳故居慨然有作》云:"羡尔先知逃劫外,悔予后死羁尘中。"④ 凡如此种,皆为后死之愧的流露。

二 诸法无常之感叹

明末战乱,先是以李自成、张献忠为代表的农民起义军活动于陕西、湖广一带,继而甲申之变后清军入主中原,挥师南下,进军江南,每破一城,必有一番杀戮。扬州十日,嘉定三屠,在清军的惨烈屠杀下,整个江南景象已远非昔日。钱谦益身处其中,虽有降清之辱,并遭乡人诟病,但在明亡后的作品中,故国情思依然。表现在诗歌中,与明亡前雄奇富丽的景物描绘相比,入清后呈现出梦幻泡影的虚幻之感,江山残破的背后,是对故国图景的追忆与体认。

(一) 梦幻泡影

梦幻泡影是佛教中的常用比喻,说明人世间事物的虚幻不实。《金刚经》云:"一切有为法,如梦幻泡影,如露亦如电,应作如是观。"⑤ 王日休释云:"谓有为法则有相而动,故如此六者。真性则无相而不动,故异于六者也。所谓法者,谓凡有所为者,皆是也。上自天地造化,下至人之所为,皆有为法也。……其言如梦者,谓当时认以为有,觉则悟其为无也。如幻者,谓有为法非真实,如幻人以草木化作车马仓库之类也。"⑥ 入清后,钱谦益对于明亡前后两个世界的感知,宛如梦幻般虚妄不实的成分增加了

---

① (清)钱谦益:《列朝诗集小传》,第819页。
② (清)钱谦益:《牧斋杂著》,第263页。
③ (清)钱谦益:《有学集》卷31,第1125页。
④ 周法高编:《钱牧斋柳如是佚诗及柳如是有关资料》,台湾三民书局1978年版,第12页。
⑤ (明)朱棣集注:《金刚般若波罗蜜经集注》,上海古籍出版社1984年版,第287页。
⑥ 同上。

许多。或如庄周之梦蝶，或如樵人之梦蕉，梦中有梦，无有醒时。如《咸子诗序》云："年运而往，睕晚衰老，江山迁改，意气销落。投灰灭影，日翻《首楞》数行，梵志昔人，蒙庄今我，却思前梦，依然往劫矣。"①

在结束自己两年多的封笔之后，顺治六年（1649），钱谦益又开始了他的写作生涯。本年春颂系白门，钱谦益与盛集陶的唱和诗云："晕碧裁红记往年，春盘春日事茫然。涧瀍洛下今何地？鄂杜城南旧有天。梦里士师多讼狱，醉中国土少崩骞。金陵见说饶新咏，佳丽常怀小谢篇。"首四句追忆旧事旧地，表现故国情思。"梦里士师多讼狱，醉中国土少崩骞"，借《列子》中覆樵寻鹿之典，表达自己对现实有如梦幻般的认识。《列子·周穆王篇》略云：薪者得真鹿，因忘其藏所，以为是梦，故歌于途。旁人循其言而得鹿，告其室人。薪者不甘心，夜中又梦藏鹿之地与得鹿之人，并讼之士师。士师要求平分其鹿。郑君闻之后，以为士师梦见分人鹿。在这一连串的梦中，除黄帝、孔丘外，无人能辨其是非对错。② 钱谦益借用此典着重表达的是明亡前也好，现在也罢，无非都如梦幻一般，假而非真。"醉中国土少崩骞"者，王绩《醉乡记》云："醉之乡，去中国不知其几千里也。其土旷然无涯，无丘陵阪险；其气和平一揆，无晦明寒暑；其俗大同，无邑居聚落；其人任清，无受憎喜怒，呼风饮露，不食五谷。"③ 醉中的理想国度，不就是甲申前明王朝的象征吗？云"醉中"，用意与梦中同，均含虚幻之意。梦中醉中，其景其物，虚幻不实。明朝前事，已如过眼烟云，似在眼前而实非旧观。往日之繁华，也成为旧事与昔梦，如《林那子七十初度》云："孟陬吾以降，七十古来稀。南国遗民在，东京昔梦非。"④ 从梦幻般的感知出发，他笔下的人、事、景、物都似带上了一层面纱，朦朦胧胧而变化无常。豪客（黄甫及）远来，歌舞欢娱，却是风光如梦，艺人表演的百戏之作，鱼龙变化，却增加了如幻之感，星汉改易，

---

① （清）钱谦益：《有学集》卷19，第805页。
② 杨伯峻：《列子集释》，中华书局1979年版，第107—108页。
③ （唐）王绩：《王无功文集》，上海古籍出版社1987年版，第181页。
④ （清）钱谦益：《有学集》卷2，第49页。

第四章　佛教与钱谦益的诗歌创作

沧海桑田，无不处于迁变之中。

钱谦益诗中梦幻般感知的产生，与故国情思密切相关。昔日旧梦中的繁华与眼前的荒败对比，触发了他对旧梦的怀念与追寻。顺治七年（1650）五月，钱谦益受黄宗羲、柳如是诸人影响，前往金华说服马进宝，往返匝月，返回途中，经过西湖，想往日之繁华，多故国黍离之悲，序云：

  浪迹山东，系舟湖上。漏天半雨，夏月如秋。登登版筑，地断吴根；攘攘烟尘，天分越角。岳于双表，绿字犹存。南北两峰，青霞如削。想湖山之繁华，数都会之佳丽。旧梦依然，新吾安往？况复彼都人士，感绝黍禾；今此下民，甘忘桑葚。侮食相矜，左言若性，何以谓之？嘻其甚矣！昔者南渡行都，憨遗南士；西湖隐迹，追抗西山。嗟地是而人非，忍凭今而吊古。丛残长句，凄绝短章。酒阑灯灺，隔江唱越女之歌；风急雨淋，度峡下巴人之泪。敬告同人，勿遗下体。敢附采风，聊资剪烛云尔。庚寅夏五憩湖舫，凡六日得诗二十首。是月晦日，记于塘栖道中。①

由昔日之繁华至今日之残破，倍增黍离之感。"旧梦依然，新吾安在"，"旧梦"与"新吾"的对比，奠定了组诗的基调。"新吾"者，钱曾引《庄子》释云："虽忘乎故吾，吾有不忘者存。"郭象注云："虽忘故吾，而新吾已至，吾何患焉？"② 又僧肇《物不迁论》云："何者？人则谓少壮同体，百龄一质，徒知年往，不觉形随。是以梵志出家，白首而归，邻人见之，曰：'昔人尚存乎？'梵志曰：'吾犹昔人，非昔人也。'邻人皆愕然非其言也。"德清释云："此引梵志之事，以释虽迁而不迁，以明昧者不觉之义也。且梵志自少出家，白首而归，邻人见之，谓昔人犹在，是以昔之朱颜为今之老耄。梵志答曰：'吾似昔人，非昔人也。'意为少壮自住在昔

---

① （清）钱谦益：《有学集》卷3，第89页。
② 同上书，第90页。

而昔不来,岂可以今之老耄排去而至昔耶?"① 庄子之意,突出事物之变迁无常,僧肇《物不迁论》之旨,意为"旧吾"自住于"旧","新吾"自住于"新","新吾"不可能回到"旧"中,"旧吾"也不可能来到"新"中,各住其地,以明不迁之意。笔者以为,钱谦益实兼二者之意而用之。一方面是"旧梦依然",过去之人、事,依然存于脑中,历历面前。另一方面是"故吾"与"新吾"的对比。"故吾"只存于旧而非至于今,"新吾"存于今而不可能回到过去。"故吾"处于繁盛之时,为"党魁""盟主";"新吾"处于现今之时,沦为贰臣,为人诟病。旧时"彼都人士,痛绝黍禾",充盈故国之悲;"今此下民,甘忘桑葚",且"侮食相矜,左言若性",甘为异族之奴仆。"下民"之指,"新吾"亦在其中,但作为一"痛绝黍禾"之"下民",在自我责骂的同时,"新吾"的追悔、愧疚之情自然而出。怀有"旧梦"之"新吾",故国之思与梦幻之感,也成为此组诗的主旋律。其二云:

激滟西湖水一方,吴根越角两茫茫。孤山鹤去花如雪,葛镇鹃啼月似霜。油壁轻车来北里,梨园小部奏西厢。而今纵会空王法,知是前尘也断肠。②

空王之法,本为教人认识到整个世界当体即空,一切虚而不实,没有永恒不变之实体存在。外界感知的一切,不过是六根执取六尘后的影像罢了。昔日之"油壁轻车""梨园小部",恍惚在耳目之间。对于"会空王法"的"新吾"来说,虽知一切皆空皆幻,皆为前尘影事,却依然有断肠之感。其七云:

佛灯官烛古珠官,二十年前两寓公。画笔空蒙山过雨,诗情淡荡水微风。断桥春早波吹绿,灵隐秋深叶染红。白鹤即看城郭是,归来

---

① (明)德清:《肇论略注》卷1,《新编卍续藏经》第96册,第587页上。
② (清)钱谦益:《有学集》卷3,第91页。

华表莫忽忽。①

"佛灯官烛""断桥""灵隐",回想 20 年前,他与好友程嘉燧、李流芳游处于此,摹画山川。如今二人皆已作古,历历往事,却是"城郭如旧人民非"。托名陶潜的《搜神后记》卷一载:"丁令威,本辽东人,学道于灵虚山。后化鹤归辽,集城门华表柱。时有少年,举弓欲射之。鹤乃飞,徘徊空中而言曰:'有鸟有鸟丁令威,去家千年今始归。城郭如故人民非,何不学仙冢累累。'遂高上冲天。"②眼前境况,亦与丁令威一般,虽"地是而人非"。此种感慨,在其他诗文中亦多有表现。如《东归漫兴六首》其四云:"白鹤遄归无表柱,金鸡旋放少纶竿。"③

顺治十二年(1655),74 岁的钱谦益与许更生、侯月鹭登上太湖岸边的莫釐峰顶,观望眼前鼎革后的"腥腐界",回想起与薛更生 50 年前相交景况,昔梦之感,再次涌现笔端,"五十流年昔梦中,登高错莫御秋风。整冠那得双蓬鬓,吹帽休嗟两秃翁。"④ 在《朱内翰开宴二首》中,他又拈出了"因梦"与"残梦",其一云:"听残金钥谈因梦,焚却银鱼入戏场。"此中所谈之"因梦",借杜甫《春宿左掖》"不寝听金钥,因风想玉珂"之典,表现出他对于朝政勤勉谨慎,尽忠尽职。但这一切,今日谈论起来,却如往昔之梦。在"焚却银鱼"⑤ 后,不得不走入如鱼龙般变化无常之戏场。其二云:"惜别且携残梦去,瞠瞢归路若为长?"⑥ 此处的残梦,亦是指代在明之事,宛如一个凄凉而并不圆满的梦。又《投宿崇明寺僧院有感二首》其一云:"秋卷风尘在眼前,莽苍回首重潜然。居停席帽曾孙在,驿客毡车左担便。日薄冰山围大地,霜清林介矗指天。禅林投宿如前

---

① (清)钱谦益:《有学集》卷3,第96页。
② (晋)陶潜:《搜神后记》,中华书局1981年版,第1页。
③ (清)钱谦益:《有学集》卷3,第108页。
④ (清)钱谦益:《有学集》卷5,第237页。
⑤ 杜甫《柏学士茅屋诗》云:"碧山学士焚银鱼,白马却走身岩居。"仇兆鳌注云:"银鱼见焚,白马却走,遭禄山之乱也。"钱谦益借用此典,表明清鼎革之事。
⑥ (清)钱谦益:《有学集》卷5,第240页。

梦,半壁寒灯耿夜眠。"①

已逝之旧明,现居之清朝,远处西南之永历朝,一为心目中已逝去之理想,一为令他伤心、悔恨的现实世界,一为与海上郑成功之军队一起,成为他摆脱耻辱、重现自我价值的理想所在。如梦般的感知,在消除心理重负的同时,也成为他奋勇向前的动力所在。

(二) 前尘影事

唐般剌密帝译《大佛顶首楞严经》卷一载,佛陀言及一切众生沉溺于生死轮回而不能证得无上菩提,是因为不明二种根本:无始以来生死根本与菩提涅槃元清净体。前者用攀缘心虚妄分别,执六尘为自性,执外境为实有,堕于轮回而不知返。为此,佛言:"但汝于心微细揣摩:若离前尘有分别性,即真汝心;若分别性离尘无体,斯则前尘分别影事。"② 钱谦益引长水疏云:"若离六尘无此分别,足显分别宛是妄想,自性本无,属于前尘。故可名为分别影事。"永明延寿的《宗镜录》云:"妄心以六尘缘影为心,无性为体,攀缘思虑为相。此缘虑觉了能知之妄心,从能所生,因分别起。发浮根之暂用,成对境之妄知。本无自体,但是前尘","六尘无实,犹如影事,从识所变,举体即空,故此缘心亦无体也"。③ "前尘"指六尘(色、声、香、味、触、法),为六根(眼、耳、鼻、舌、身、意)攀缘的对象,如尘土般能障蔽本自澄明清净的如来藏心。六尘因缘所生,从识所变,故无自性,是虚妄不实的。而眼看耳听鼻嗅舌尝等所得,只不过是攀缘妄心缘取六尘而形成的映象罢了。六尘本为虚妄,则因其而生起之物象皆为虚妄,目前感知到的一切是虚妄不实的。芸芸众生之所以沉溺于生死轮回而不知返,正是执取种种虚妄之相以为实有。

入清后的钱谦益,充分接受这种认识论。在他眼中,世界是无常的,

---

① (清) 钱谦益:《有学集》卷8,第414页。
② (清) 钱谦益:《楞严经疏解蒙钞》卷1,《新编卍续藏经》第21册,第173页上—173页下。
③ 同上书,第173页下—174页上。

第四章 佛教与钱谦益的诗歌创作

是虚妄不实的。钱谦益"前尘影事"般的认知，在某种程度上，也受好友程嘉燧的影响。顺治八年（1651），程嘉燧之孙程念修自松圆过访，回想起昔日与孟阳相见之时，念修尚幼，扶床学步，到如今已长大成人，孟阳也宰木已拱，知沧海桑田，世事无常，钱谦益感叹道："已悟前尘知影事，临风收却泪千行"①。作于顺治十五年（1658）的《题孟阳仿大痴仙山图》序云："万历丁巳夏五月，余与孟阳栖拂水山庄。中峰雪崖师藏大痴《仙山图》，相邀往观。是日毒苦，汗濯濯滴便舆上，日落仍还。次日，孟阳忆之作图，笔砚燥渴，点染作焦墨状，至今犹可辨也。去画时四十一年，孟阳仙去亦十五年矣。子羽偶从集上购得以示余。人世俯仰，不堪把玩。孟阳每拈《首楞》中前尘影事一语，念之悯然，因作歌题其上。"②诗云："纸上流年去无迹，笔端白汗犹堪滴。故人风致剩残缣，老我颠毛比焦墨。《楞严》影事不吾欺，落却前尘午梦迟。两翁执手仙山里，莫漫轩渠笑我痴。"③钱谦益作此诗时，距万历丁巳（1617）两人访画时已41年，距孟阳去世亦15年。面对故人仿作残缣，想起程氏常拈《楞严经》中"前尘影事"之语，"不吾欺"表现出他对"前尘影事"之说的信任，是因岁月流逝变化而产生的对往事虚幻般的认识。作于同年秋的《戊戌新秋日吴巽之持孟阳画扇索题为赋十绝句》其一亦云："长日翻经谶昔因，西堂香寂对萧辰。前尘影事难忘却，只有秋风与故人。"④

由前尘影事引申出来的，则是对故国今昔似是而非的认识。顺治十二年（1655）秋，钱谦益北上淮甸访蔡魁吾，冬，滞留于金陵，并在此度岁。除夕之夜，与介丘诸道人，宿于寺院之中。回想起自己劳碌奔波的一年，他感慨道："鱼龙故国犹今夕，鸡犬新丰又一年。"⑤"鱼龙故国"，化用杜甫《秋兴八首》其四"鱼龙寂寞秋江冷，故国平居有所思"之语，表达出故国情思的同时，"犹"之一字，流露出故国今昔似是而非的感觉。

---

① （清）钱谦益：《有学集》卷4，第158页。
② （清）钱谦益：《有学集》卷9，第425页。
③ 同上书，第426页。
④ 同上书，第435页。
⑤ （清）钱谦益：《有学集》卷6，第262页。

"鸡犬新丰",则用葛洪《西京杂记》之典,其云:"太上皇徙长安,居深宫,悽怆不乐。(高祖知其因后)……高帝既作新丰,并移旧社,衢巷栋宇,物色惟旧。士女老幼,相携路首,各知其室。……移者皆悦其似而德之,故竞加赏赠,月余,致累百金。"① 汉高祖刘邦为让老父亲在长安过得舒适、快乐一些,移旧社于新丰,但终非旧社,只不过是"似"而已。也就是说,他诗中所着意表达的是他对现在所处世界的体认,始终处于一种"犹""似"的感觉中,似旧而终非旧,亦如《楞严经》中所言"前尘影事"般的认识。

顺治十三年(1656)十月,钱谦益赴宴高会堂。云间是他和柳如是16年前结缡之所,历经鼎革,已成陈迹,"水天闲话,久落人间;花月新闻,已成故事。"如今"菰芦故国,兵火残生。衰晚重游,人民非昔。"②《云间诸君子肆筵合乐饷余于武静之高会堂饮罢苍茫欣感交集辄赋长句二首》其二云:"重来华表似前生,梦里华胥又玉京。鹤唳秋风新谷水,雉媒春草昔茸城。"③ 作于同时的《徐武静生日置酒高会堂赋赠八百字》追忆完徐氏家族之盛,转而叙明亡后凄凉之况,"时危人草草,运往泪浪浪。丧乱嗟桑梓,分携泣枋棠。午桥虚绿野,甲第裂仓琅。毳帐围廛里,穹庐堉堵墙。上楣残网户,遥集俨堂皇。藻井欹中霤,交疏断两厢。骆驼冲燕寝,雕鹫扑回廊。绿水供牛饮,青槐系马椿。金扉雕绮绣,玉轴剔装潢。笮篥吹重阁,胡笳乱洞房。"④ "虚""裂""残""断",突出国乱后苍凉之情;"毳帐""穹庐""骆驼""雕鹫""笮篥""胡笳",借异族之名物,点出清军南侵之事实。昔日之高门望族,已不复存在,华胥锦堂,成为过眼云烟。"重来履道里,旋忆善和坊",也只能感觉"灭没如前梦,低徊对夕阳"。⑤ 残梦之感,再次呈现。

简言之,明亡前后,钱谦益的人生观、世界观均深受佛教影响。由恋

---

① (晋)葛洪,程毅中点校:《西京杂记》,中华书局1985年版,第12页。
② (清)钱谦益:《有学集》卷7,第315页。
③ 同上书,第319页。
④ 同上书,第335页。
⑤ 同上。

生惧死、超越生死至珍视生命，佛教帮助他消弭降清之悔，以超然的态度投入反清复明。眼前的世界如昔梦、如前尘影事，似是而非，似真而幻，无不流露出对故国的怀念与眷恋。

第三节　山阳诗隐倩谁传

历经鼎革后，钱谦益诗歌中以"劫"为基础，借用劫、世界生起、劫后人种等佛教元素，构建起诗歌中的佛教世界。"取出世间妙义，写世间感慨"的写作理念，"隐谜"的背后，虚幻的佛教世界实际上带有深厚的现实寓意，隐藏着他难以诉说的心曲。

一　佛教世界的建构

"世界"二字，唐般刺密帝译《楞严经》卷四云："世为迁流，界为方位。汝今当知东、南、西、北、东南、西南、东北、西北、上、下为界；过去、未来、现在为世。""世"表时间，指过去、未来、现在三世；"界"表空间，即东、西、南、北、上、下等十方。时间与空间是建构佛教世界的主要维度。以时间而言，佛教以"劫"为中心，分成、住、坏、空四个阶段，终而复始的无限延伸；从空间来看，欲界、色界、无色界等三界诸天，营造出立体式结构模式。时间与空间的无限延展，给世人以无限遐想的空间。

"劫"为梵语"kalpa"的音译，亦作"劫波""劫跛"等，意译为长时、大时，原为印度婆罗门教极大时限的时间单位，佛教借指难以计算的长久岁月。佛教在婆罗门教一劫四时等观念基础上，以劫为基础阐明世界生成毁灭的过程。然诸经所论，略有不同。一般认为，一期世界的起灭，共经成、住、坏、空四劫八十小劫（或中劫）。[①] 成劫为器世间（诸如山河、大地等）与众生世间（一切有情众生）的成立过程，即由众生业增上

[①] 中劫与小劫虽名称不同，然所指时量相同。从梵语语源来说，同为 antara-kalpa 之译，而大劫则为梵语 mahā-kalpa 之意译。（详参见《佛光大辞典》第 2812 页上—2812 页中）

力，于空间生起微细之风，次第生成风轮、水轮、金轮，渐成山河大地。住劫（又称续成劫），为器世间与众生世间安稳、持续的时期，此中含二十中劫。第一中劫称为减劫，人的寿命由无量岁减至十岁；此后十八劫称增减劫，即人的寿命由十岁增至八万四千岁，再由八万四千岁减至十岁；最后一劫称为增劫，人的寿命由十岁增至八岁四千岁。在住劫中，当人寿命减至十岁时，会经历刀兵、饥馑、疾疫，称三小灾。在每一小灾的劫末七日，众生尽遭刀兵、饥馑、疾疫而亡。七日过后，有人集合阎浮提中一万男女生存下来，留作将来人种。成劫之后为坏劫。坏劫时，器世间依次经历水、火、风三灾，称为三大灾。火灾起时七日并出，色界初禅天以下悉被焚烧；水灾由雨霖而起，第二禅天以下悉被浸没；风灾起时，第三禅天以下悉被飘散。器世间坏时，初经七次火灾，再经水灾；水灾之后，复经七火，如此水灾循环七次，再起七火，其后起风灾，第三禅下器世间悉皆飘散。此一过程，总计经五十六次火灾，七次水灾，一次风灾，总成六十四转轮大劫。色界中除四禅不为三灾所坏外，初禅天经六十四次破坏，二禅天八次，三禅天一次。坏劫之后，世界已经坏灭，欲、色二界中，唯色界第四禅天尚存，其他则全部处于长期之空虚中，是为空劫。此外，坏劫之中，尚有劫火之说，如《仁王护国般若波罗蜜多经》卷下云："劫火洞然，大千俱坏。须弥巨海，磨灭无余。"①昆明池底劫灰说与禅林中常参"劫火洞然"的话头，实承之而来。

崇祯十七年（1644）三月，明朝的灭亡和清朝的建立，对明末清初遗老遗少来说，无疑是一大浩劫。钱谦益虽有降清之辱，然经历数次入狱后，加上林古度等人的荐介，已经得到遗民群体的接纳。虽然他未敢以遗民自称，然诗中的故国情思已表露无遗。佛教中以"劫"为中心，关于世界成、住、异、灭图景的描绘，成为他借鉴的成功范式。故而，在其诗歌

---

① （唐）不空译：《仁王护国般若波罗蜜多经》卷下，《大正藏》第 8 册，第 840 页中。另，上论"劫"之语，详参见（唐）道世《法苑珠林》卷 1《劫量篇第一》，中华书局 2003 年版，第 1—30 页；慈怡《佛光大辞典》"四劫"条，第 1694 页中—1695 页中；同前书"劫"条，第 2811 页中—2814 页中；方立夫《中国佛教哲学要义》第二十三章"中国佛教的宇宙结构论"，中国人民大学出版社 2002 年版，第 617—644 页。

中屡次借用"劫""劫灰"等典故,构建出一个佛教世界,诸如关于对世界生成、劫后人种等佛教图景的描绘与佛教思想的借用,表现出隐藏于其内心深处的遗民情结,兼具反清复明之意。

首先是以劫喻指明清易代。如《次韵赠别友沂》云:"小劫混器界,大园易端绪。"① "器界",即器世界,又称器世间,指众生居住、生活的国土世间,是依报。在"劫"中,会随着劫运的不同,器世间依次坏掉。著一"混"字,意在说明器世间正在遭受着劫灾的扰乱。"大园易端绪",点出明清国变的现实。昆明池底之灰,则为劫后之物。慧皎《高僧传》载:"又昔汉武穿昆明池底得黑灰,以问东方朔,朔云:'不委(知),可问西域人。'后法兰既至,众人追以问之,兰云:'世界终尽,劫火洞烧,此灰是也。'"② 清初遗民备经战乱洗礼,饱受家国巨变之痛,作为幸运者而愁遗于世,与世界终尽劫火洞燃后的余灰,同为旧世界的象征,成为钱谦益屡屡运用的典故。如"灵辰不共劫灰沉,人日人情泥故林"(《人日示内二首》其一)③;"劫灰荡扫文章贵,星纬消沉处士尊。江左风流余汝在,襄阳耆旧几人存"(《次韵答何窭明见赠》)④;"五老栖贤应有喜,昆明劫外一僧归"(《石源上人自庐山致萧伯玉书》)⑤;"灰劫相存赢得在,白头只合醉红裙"(《寿冯云将八十》)⑥;"文章金马霜前泪,故旧铜驼劫后人"(《送黄生达可归岭南》)⑦;"酒煖杯香笑语频,军城笳鼓促霜晨。红颜白发偏相滞,都是昆明劫后人"(《霞老累夕置酒》)⑧,等等。此外,昆明劫也成为明清鼎革的代称,如"昆明劫后钟声在,依恋湖山报夕曛"(《西湖杂感》其一)⑨。

---

① (清)钱谦益:《有学集》卷5,第190页。
② (梁)慧皎撰,汤用彤点校:《高僧传》,中华书局1992年版,第3页。
③ (清)钱谦益:《有学集》卷2,第75页。
④ 同上书,第51页。
⑤ (清)钱谦益:《有学集》卷4,第130页。
⑥ (清)钱谦益:《有学集》卷5,第198页。
⑦ (清)钱谦益:《有学集》卷9,第445页。
⑧ (清)钱谦益:《有学集》卷7,第343页。
⑨ (清)钱谦益:《有学集》卷3,第90页。

在摧毁旧器界的大三灾中,风灾的破坏力最强,因而成为明朝覆亡的象征。《云间董得仲投赠三十二韵依次奉答》云:"蓝风吹地轴,墨穴闭星躔。庭矢踰沙绝,池灰积劫传。"① "蓝风",指毗岚风(梵语 vairambhaka),劫初成劫时或劫末坏劫时刮起的迅速猛烈之风。唐代慧琳的《一切经音义》卷二十一云:"毗蓝风,正云吠滥婆。言吠者,散也;滥婆者,所至也。言此风所至之处,悉皆散坏也。人云:毘,不也;蓝婆,迟也,谓此风行最极迅急,旧翻为迅猛风是也。其水轮下风轮,亦与此风同名。"② "蓝风吹地轴"者,指劫末时,此风起,吹地轴,一切悉皆毁坏,此处借指明清鼎革的现实。《己亥正月十三日过子晋湖南草堂》亦云:"蓝风劫雨过苍茫,安稳南湖旧草堂。"③ 南湖草堂为19年前毛晋为钱谦益祝寿之所,虽经劫难却安然无恙,故"蓝风劫雨"实为鼎革写照。作于顺治十三年(1656)的《读云林园事略追叙昔游凡一千字》,言及明清鼎革时云:"呜呼离乱余,周道泣禾黍。六博天神负,一掷乾坤赌。駸駸须弥风,摆磨初禅炬。"④ "初禅炬"者,法救尊者造《杂阿毗昙心论》卷十一云:"若彼地内有扰乱者,则外有灾患。彼初禅内有觉观,火扰乱故,外为火灾所烧。第二禅内有喜,水扰乱故,外为水灾所漂。第三禅内有出入息,风扰乱故,外为风灾所坏。"⑤ 从初禅到三禅,遭到火、水、风扰乱和毁坏。在破坏力最强的风灾面前,能被火灾所破的初禅,自不在话下。初禅炬灭,显指明朝覆灭。《题京口避风馆诗为淮南李小有作》云:"恰是四禅清净地,毗岚风起不相关"⑥,则与前论大三灾只至三禅天,四禅天以上不受灾之说相符。

另外,钱谦益深谙道典,故诗中之"劫",也有取于道教者,龙汉劫

---

① (清)钱谦益:《有学集》卷7,第323页。
② (唐)慧琳:《一切经音义》卷21,《大正藏》第54册,第439页上。
③ (清)钱谦益:《有学集》卷10,第476页。
④ (清)钱谦益:《有学集》卷8,第363页。
⑤ (刘宋)僧伽跋摩等译:《杂阿毗昙心论》卷11,《大正新修大藏经》第28册,第959页下。
⑥ (清)钱谦益:《有学集》卷5,第246页。

即为其一,如"龙汉劫中期后会,灞陵回首重依然"(《燕市政别惠房二老》)①,"龙汉分明劫外年,清淮流水赤阑前"②(《寿丁继之七十》),"谁凭龙汉问编年,转眼分明浩劫前"(《甲午春日观吴园次怀人诗卷》其一)③,等等。关于龙汉劫,《云笈七签》卷三《灵宝略记》云:"过去有劫,名曰龙汉,爰生圣人,号曰梵气天尊。出世以《灵宝》教化,度人无量。其法光显大千之界。龙汉一运,经九万九千九百九十九劫。气运终极,天沦地崩,四海冥合,乾坤破坏,无复光明。经一亿劫,天地乃开,劫名赤明。有大圣出世,号曰元始天尊。"④龙汉劫之后是赤明劫,因著一"明"字,暗寓复明之意,这也成为钱谦益屡屡借用此典的原因所在。

其次是对佛教世界生成说的借用。最典型者,莫过于《放歌行赠栎园道人游武夷》,其云:

且勿赋河梁,且勿歌《骊驹》。听我放歌行,请言造化初。厥初空界二十劫,毗岚橐风吹复嘘。金藏兴云雨如轴,金刚界结胎堪舆。清水升天淀浊地,七金四洲高下殊。光音天人福报薄,地饼食竭林藤枯。身光凋落器界暗,四轮墨穴游昏途。宝音诸地起慈悲,化现日月天子星官俱。开张两仪布二曜,二十八宿磊落排空居。梵王口腌脐轮各种族,欲界障持善现相刲屠。修罗荡脚波海水,生憎头上蹴踏双兔蜍。手障日轮口噉月,日月怖匿天嗟吁。……乌啼鸦散君且发,玉壶酒暖还须臾。东言顾瞻已精色,晨鸡喔喔鸣前除。⑤

此诗是顺治十三年(1656)周亮工被贬福州时钱谦益的赠诗,诗中借世界生成、毁灭理念,暗喻明朝的灭亡与重兴,意在对他有所嘱托。钱谦益写作此诗时,正在笺解《楞严经》,故借《楞严经》及钱谦益疏释材料,

---

① (清)钱谦益:《有学集》卷1,第6页。
② (清)钱谦益:《有学集》卷5,第183页。
③ 同上书,第185页。
④ (宋)张君房编,李永晟点校:《云笈七签》卷3,中华书局2003年版,第38页。
⑤ (清)钱谦益:《有学集》卷6,第266—268页。

略作考察。

《楞严经》卷四中佛陀解答富楼那"世间一切根尘阴处界等,皆如来藏清净本然,云何忽生山河大地"的疑问时,解释了世界的形成过程。经中认为觉性本明,无"明""无明"之分,无"能明""所明"之别,更无同、异、非同非异之辨。皆因世人强立能所,执于同异,由此引生尘劳烦恼。烦恼起时则为世界,烦恼灭时复为虚空。"虚空为同,世界为异,彼无同异,真有为法。觉明空昧,相待成摇,故有风轮执持世界。因空生摇,坚明立碍,彼金宝者明觉立坚,故有金轮保持国土。坚觉宝成,摇明风出,风金相摩,故有火光为变化性。宝明生润,火光上蒸,故有水轮含十方界。"① 对形成世界的四轮,钱谦益均有详细的笺解。诗中"厥初空界二十劫,毗岚橐风吹复嘘",指风轮初起。《疏解蒙钞》引诸经论释云:"《俱舍颂》云:空界大风起,傍广敷无量。厚十六洛叉,金刚不能坏。……《阿毗昙论》云:世界空二十劫后,乃有毗岚风,鼓之以为风轮,最居其下。……《论》云:谓诸有情,业增上力,先依最下,依止虚空,有风轮生。如是风轮,其体坚密,不可沮坏。设有洛叉力人,以金轮杵,奋威悬击,金刚有坏,风轮无损。"② "金藏"句,则指水轮与金轮。《疏解蒙钞》云:"《俱舍颂》云:光明金藏云,布及三千界。雨如车轮下,风遏不听流,深十一洛叉,始作金刚界。……北山云:大云升空,降雨如轴,积风轮上,结为水轮。水轮最上,坚凝为金,如乳停膜,是为金轮。"③ 风、水、金三轮成后,器世界依次成立,如诗云"清水升天淀浊地,七金四洲高下殊。"《疏解蒙钞》释云:"《颂》云:次第金藏云,布雨满其内,先成梵王界,乃至夜摩天。风鼓金水成,须弥七金等。……北山云:三轮既成,注金轮上,滴如车轴。风吹此水,清者上升,自上至下,先成色界,梵天王及欲界,空居四天也。须弥七金等,在清浊之间。"④ 由《楞严经》到《疏解

---

① (唐)般剌密帝译:《楞严经》卷4,《大正新修大藏经》第19册,第120页上。
② (清)钱谦益:《楞严经疏解蒙钞》卷4之1,《续藏经》第21册,第322页上。
③ 同上书,第322页下。
④ 同上书,第323页上—323页下。

蒙钞》再到诗歌创作，《放歌行赠栎园道人游武夷》中化用佛教器世界生成之论，是很明显的。此外，《古诗赠新城王贻上》云："风轮持大地，击飔为风谣。吹万肇邃古，赓歌畅唐尧"①，显系化用此说。

其三，劫初下生的光音天人及佛教诸天的欢娱图景，亦为其诗歌中佛教世界组成部分。器世界生成后，从光音天下生之人，成为最美好的回忆；劫后人种说，成为遗老遗少珍视生命的精神保障。关于人类世界之生成，《法苑珠林·成劫部》引《长阿含经》云：

> 天地更始，了无所有，亦无日月。地涌甘泉，味如酥蜜。时光音诸天，或有福尽来生。……劫初成时，诸天来下为人，皆悉化生，身光自在，神足飞行，无有男女尊卑。众共生世，故名众生。有自然地味，味犹如醍醐，亦如生酥，味甜如蜜。其后众生以手试尝，遂生味著，渐成团食，光明转减，无复神通。……又生地皮，状如薄饼。地皮又减，又生地肤。②

佛教认为，人类最初从光音天下生世间，随着欲念的增长，身光、神足诸种异能逐渐消失，所食物渐渐变劣，人类贪念日增，相对应的社会组织、职权分配被迫出现，社会等级日渐严明，人类境遇每况愈下。在带有宗教劝诫色彩的描述中，光音天最初化生来此世间之人无疑是人类最初也是最后的乐园，钱谦益在诗中每每以此寄寓个人理想。如前揭《放歌行》云："光音天人福报薄，地饼食竭林藤枯。身光凋落器界暗，四轮墨穴游昏涂。宝音诸地起慈懋，化现日月天子星宫俱。开张两仪布二曜，二十八宿磊落排空居。梵王口脼脐轮各种族，欲界障持善现相刦屠。"③ 为庆祝龚孝升四十岁生日诗云："天老论劫数，灵椿记小千。上尊捅马浑，御席列

---

① （清）钱谦益：《有学集》卷11，第543页。
② （唐）释道世：《法苑珠林校注》卷1，中华书局2003年版，第27页。
③ （清）钱谦益：《有学集》卷6，第266—267页。

驼筵。地饼光常照，天厨器自然。"①《采花酿酒歌示河东君》云"劫初地肥失已久，天上饮树谁人取?"②《恤庐诗》云："草兵木刀，界灰劫尘。七日之后，余此两人。蔬笋盈盘，炉香霏微。如光音人，下食地肥。"③ 上述作品或庆贺，或志喜，不仅传达出当下生活的喜悦，亦有对故明生活的美好回忆。

佛教诸天亦有其组织体系。一般而言，分为三重二十八天④。如此众多之天，一方面在与天主教抗衡过程中，为佛教提供了理论武器；另一方面，为文学创作提供了丰富多彩的素材。其中最为我们所熟知的，当属帝释所居的忉利天。⑤《法苑珠林》卷三《住处部》引《顺正理论》云："三十三天迷卢山顶，其顶四面各二十千。……于山顶中有宫名善见，面二千半，周万踰缮那。……是天帝释所都大城。……于其城中有殊胜殿，种种妙宝，具足庄严，映蔽天宫，故名殊胜。……城外四面四苑庄严，是彼诸天共游戏处。一众车苑，谓此苑中随天福力，种种车现。二粗恶苑，天欲战时，随其所须甲仗等现。三杂林苑，诸天入中所玩皆同，俱生胜喜。四喜林苑，极妙欲尘杂类俱臻，历观无厌。如是四苑，形皆异言。……天福城外西南角有大善法堂，三十三天时集辨论，制伏阿素洛等如法不如法事。"⑥《庄严部》云："（善见城）其中天上有其七市：第一谷米市，第二衣服市，第三众香市，第四饮食市，第五华鬘市，第六工巧市，第七婬女市，处处并有市官。是诸市中，天子天女往来贸易，商量贵贱，求索增减，称量断数，具市廛法。虽作是事，以为戏乐，无取无与无我所心。……是善见大城帝

---

① （清）钱谦益：《有学集》卷5，第206页。
② （清）钱谦益：《有学集》卷9，第449页。
③ （清）钱谦益：《有学集》卷11，第555页。
④ 佛教中的二十八天，一般而言，欲界六天，即四天王天、忉利天、夜摩天、兜率天、化乐天与他化自在天；色界十八天，包括初禅三天（梵众天、梵辅天、大梵天），二禅三天（少光天、无量光天、光音天），三禅三天（少净天、无量净天、遍净天），四禅九天（福爱天、福生天、广果天、无想天、无烦天、无热天、善见天、善现天、色究竟天），其中自无烦天以下五天称五净居天；无色界四天，即空无边处天，识无边处天，无所有处天，非想非非想天。
⑤ 详参见项楚《从印度走进中国——敦煌变文中的帝释》，第5—9页。
⑥ （唐）释道世：《法苑珠林校注》卷3，第75—76页。

释住处，复有天州天郡天县天村，周匝遍布。"① 如此而言，此善见城，极具人间色彩。钱谦益诗歌中借用忉利天处颇多。首先是杂林苑，如《龚孝升四十初度附诗燕喜凡二十二韵》云："鸟命频伽共，花心杂苑骈。"② "杂苑"者，即杂林苑。又《采花酿酒歌示河东君》云："嗔妒不忧天帝责，业力更笑鱼龙忙。它时杂林共游戏，还邀舍脂醉一觞。"③ "舍脂"，三十三天之女主角，天帝释提恒因的夫人。《和烧香曲》云："杂林香市经游处，衫袖浓熏尽逆风。"④ 其次，为忉利天香市。《灯屏词》其六云"香风却载红云下，忉利新看香市回"⑤，《茸城惜别》诗云："香分忉利市，花合夜摩天。"⑥ 再次，忉利天宫质多树，又称圆生树，在善见城之东北角，"其根入地，深五由旬，高百由旬，枝叶四布五十由旬。其华开敷，香气周遍五十由旬"⑦。化用质多树者，如《和烧香曲》云："下界伊兰臭不收，天公酒醒玉女愁。吴刚盗斫质多树，鸾胶凤髓倾十洲。"⑧《秦淮花烛词十二首》其二云："花合花开昼夜知，圆生香树长新枝。道人不解人间事，只道诸天花烛时。"⑨

花开花合之夜摩天，在钱谦益诗中也经常出现。《疏解蒙钞》卷八之四引《妙严疏》云："四须夜摩天。须者，善也，妙也；夜摩，时也，具云善时分开。《论》云：随时受乐，故名时分天，谓时时唱快乐故。或云受五欲乐境，知时分故。又《大集经》：此天用莲花开合，以明昼夜。又云：赤莲花开为昼，白莲花开为夜，故云时分也。"⑩ 化用夜摩天者，如

---

① （唐）释道世：《法苑珠林校注》卷3，周叔迦、苏晋仁校注，第81页。又：《楞严经疏解蒙钞》卷8之4中，引《大智度论》，对忉利天有过详细解释，内容略同《法苑珠林》所引，故略之（详参见《楞严经疏解蒙钞》卷8，第596页上—596页下）。
② （清）钱谦益：《有学集》卷5，第207页。
③ （清）钱谦益：《有学集》卷9，第450页。
④ （清）钱谦益：《有学集》卷13，第628页。
⑤ （清）钱谦益：《有学集》卷5，第229页。
⑥ （清）钱谦益：《有学集》卷7，第347页。
⑦ （宋）法云：《翻译名义集》卷3，《大正藏》第54册，第1104页中。
⑧ （清）钱谦益：《有学集》卷13，第628页。
⑨ （清）钱谦益：《有学集》卷9，第430页。
⑩ （清）钱谦益：《楞严经疏解蒙钞》卷8之4，《续藏经》第21册，第597页上。

《灯屏词十二首》其五云:"络角星河不夜天,花开花合不知眠。小红一片才飞却,惊怪人间又隔年。"① "花开花合"者,即指此天而言。又《遵王敕先共赋胎仙阁看红豆花诗》其五云:"香海花依小劫赊,也将花劫算尘沙。夜摩天上人应笑,谁放人间顷刻花?"②

三 隐谜背后的心曲

因有降清之举,加之当时复杂的社会形势,钱谦益不得不将自己的真实意图层层包裹于种种典实、意象之中,"隐"之特色因此而成。他诗歌中的佛教意象,也蕴含着丰富的现实寓意。

(一)"隐"之特色

"隐"为钱谦益后期诗作的重要特点。③ 顺治六年(1649)夏,徐永存、陈开仲自福建过访钱谦益于常熟,相互存问,作诗赠答。钱谦益答诗其三云:"南国歌阑皆下泣,山阳诗隐情谁传?"④ 其四亦云:"却看人世同巢幕,其笑残生出筺舆。莫讶和诗多隐谜,老来诞漫比虞初。"⑤ 关于"山阳诗隐情谁传",钱曾引陶渊明《述酒》"山阳归下国,成名犹不勤"释之,并引汤汉之语曰:"按晋元熙二年六月,刘裕废恭帝为零陵王。明年,以毒酒一甖授张伟使酖王,伟自饮而卒。继又令兵人踰垣进药,王不肯饮,遂掩杀之。此诗所为作,故以《述酒》名篇。诗辞尽隐语,观者弗省。独韩子苍以'山阳下国'一语,疑是义熙后有感而赋。予反覆详考,而后知为零陵哀诗也。"⑥ 诚如汤氏所言,陶渊明《述酒》颇难解索,从古

---

① (清)钱谦益:《有学集》卷5,第228页。
② (清)钱谦益:《有学集》卷11,第538页。
③ 钱谦益诗歌"隐"之特色,在《初学集》中已有流露。卷一《九月初二日奉神宗皇帝遗招于京口成服哭临恭赋挽词四首》其三在称颂万历皇帝治世功绩时,"杨柳深宫月,梧桐别院春"一句对王皇后之遭遇深表同情,暗寓对万历帝讽刺之意。对此,钱曾注云:"夫公身为臣子,何忍明斥椒风?故婉约其词,使读之者回环吟咀,深思自得,黯然魂消,几有鸟乌枯菀之虑。"(见《牧斋初学集诗注汇校》,第4页)
④ (清)钱谦益:《有学集》卷2,第78页。
⑤ 周法高:《足本钱曾牧斋诗注》第3册,第1704页。
⑥ (清)钱谦益:《有学集》卷2,第79页。

至今异解纷呈。袁行霈亦感慨道："此诗颇不可解，以上综合诸家之说，断以己意，勉强使之圆融，恐难论定。"① 钱谦益"倩谁传"的感叹，可谓由来有自。然借此隐诗为典，岂不是隐之又隐？顺治八年（1651），歌者王郎北游前向钱谦益道别，钱谦益赠之十四绝句，诗题为《辛卯春尽，歌者王郎北游告别，戏题十四绝句，以当折柳。赠别之外，杂有寄托，谐谈无端，隐谜间出》②。顺治十三年（1656），在阔别十六年后，钱谦益重到云间。《高会堂酒阑杂咏》序云："酒阑灯炧，月落乌啼。杂梦呓以兴谣，蘸杯盘而染翰。口如唧啫，常见吐吞；胸似碓舂，难名上下。语同隐谜，词比俳优。语云惟食忘忧，又曰溺人必笑。我之怀矣，谁则知之？"③ 钱谦益为何又有如此之感慨？康熙二年（1663）七月，钱曾笺注《初学集》《有学集》诗歌完成后，请钱谦益阅正。钱谦益阅后写道："袁小修尝论坡诗云：'他诗来龙甚远，一章一句，不是他来脉处。'余心师其语，故于声句之外，颇寓比物托兴之旨。廋辞隐语，往往有之。今一一为足下拈出，便不值半文钱矣。……居恒妄想，愿得一明眼人为我代下注脚，发皇心曲，以俟百世。今不意近得之于足下。"④ 同年岁末，钱谦益在《复王烟客书》中指出用事奥僻的原因为苦畏与苦贫。对于苦畏，钱谦益从《公羊传》中孔子作《春秋》意旨出发，认为："或数典于子虚，或图形于罔象。灯谜交加，市词杂出。有其言不必有其事，有其事不必有其理。始犹托意微词，旋复钩牵隐语。辍简回思，亦有茫无消释者矣。此所谓苦畏也"，"苦畏之病，仆所独也。"⑤ 可见，钱谦益自认为其诗与众人不同之处在于"苦畏"，即"托意微词"，"钩牵隐语"。作诗之旨欲言又止，而又惟恐别人不能得知，故谆谆教导，悉心指点。钱氏弟子严熊评论钱谦益诗歌，亦有"诗文一道，故事中须再加故事，意思中须再加意思"之感叹。⑥

---

① 袁行霈：《陶渊明集笺注》，中华书局2003年版，第303页。
② （清）钱谦益：《有学集》卷4，第124页。
③ （清）钱谦益：《有学集》卷7，第315页。
④ （清）钱谦益：《有学集》卷39，第1360页。
⑤ 同上书，第1365—1366页。
⑥ （清）王应奎：《柳南续笔》，中华书局1983年版，第139页。

由此看来，钱谦益对诗中意象的创设、诗境的营造，的确煞费苦心。康熙元年（1662），钱谦益在《吟罢自题长句拨闷》其一中云："孤臣泽畔自行歌，烂漫篇章费折磨。似隐似俳还似谶，非狂非醉又非魔。呕心自笑才华尽，扪腹其如倔强何？"其二又云："拚以余生供漫兴，欲将秃笔扫群魔。"① 满腹之语不能明言，本身即为痛苦之事；传统诗歌朦胧含蓄的特点，为其提供了写作范式；广博的知识储备，为其提供了基础与保障；而最终目的，无非是要"扫群魔"，借以寄托反清复明之志。举凡佛、道、天文、星象、夷语、异俗，皆可入诗，皆可达意，遂成其"隐"之具体体现。"取出世间妙义，写世间感慨"的创作方式，使钱谦益诗歌中的佛教类意象，呈现出多解而又费解的现象，正如《题族孙遵王破山断句诗后二首》序云：

> 每观吴越间名流诗，句字襞绩，殊苦眼中金屑。秋灯夜雨，泊舟吴门，从扇头得遵王破山断句十二首，不觉老眼如月。因语郭指曰："诗家之铺陈攒俪，装金抹粉，可勉而能也。灵心慧眼，玲珑漏穿，本之胎性，出乎毫端，非有使然也。如'莫取琉璃笼眼界，举头争忍见山河。'取出世间妙义，写世间感慨，正如忉利天宫殿楼观，影现琉璃地上。殆亦所谓非子莫证，非我莫识也。"②

钱曾的《秋夜宿破山寺绝句十二首》被钱谦益收录在晚年编选的《吾炙集》卷首。钱曾此组诗歌，在宣说佛理的同时，通过略带荒凉诗境的塑造，衬托出浓郁的故国情思，这也成为《吾炙集》的主体旋律之一。如其二云："曲径荒凉石壁开，山风暗拂旧经台。泠泠涧水清如磬，何处龙归钵里来。"③ "取出世间妙义，写世间感慨"不仅是钱谦益对钱曾此组诗歌的精确概括，也是其入清后诗歌创作的特点之一。钱谦益通过对某些独具特色的佛教类

---

① （清）钱谦益：《牧斋杂著》，第70—71页。
② 同上书，第111页。
③ （清）钱谦益：《吾炙集》，《丛书集成续编》第116册，新文丰出版股份有限公司1988年版，第3页下。

境界的营造及事典的运用，将自己的故国之思与复明之意暗寓其中。

（二）"隐"之寓意

"取世间妙义，写世间感慨"的写作方式，使他诗歌中的佛教类意象带有隐晦、多义的特点，颇难解索。现以相关佛教类典故为中心略作考察，权备一说而已。

一是"日""月"及"佛日""佛光"等象征光明类意象。"日""月"为常见意象，本不足为奇。佛教以"日""月"形容佛法普照，或以破除黑暗形容佛法破除无明之功，更有罗睺罗手障日月、阿修罗取日月作耳珰等典故，在明暗境界的消长中映衬出明暗势力的抗衡。"日""月"两字相合为"明"，在明末清初特定历史时期，更增一层特殊寓意。

顺治八年（1651）春，钱谦益在广陵登福缘佛阁，作诗四首。诗歌境界阔达，多有警策之语。其二云："黯黯经时雨，荒荒有漏天。岂能霾日月，还与涤山川。一炬幽兰火，千门析木烟。催归松漠鸟，啼到相轮边。"①首句中烟雨蒙蒙的灰暗氛围，与当时反清复明的政治环境颇为相类。顺治八年（1651）正月十二日，福临结束了多尔衮的摄政时期，正式亲政②。南明方面，本年二月，孙可望占云南，梧州、柳州又为清军所取。郑成功师次平海卫，清军破厦门，守将郑芝莞遁③，反清形势不太乐观。"岂能霾日月"句，则道出虽然昏暗，但终不能遮蔽日月之光明。"催归松漠鸟"，催促松漠之鸟北归，兼与"相轮"意境并用，其政治寓意变得十分明显。同诗其四云："轮中回日月，规外抚星辰。北户风霜急，南柯国土真。""轮中"句，钱曾引《法苑珠林·三界篇》释云："大铁围山，四周围轮，并一日月，昼夜回转，照四天下。""规外"句，则指交、广之间，"北户"指日南郡，表现出他对南明局势的关切。

---

① （清）钱谦益：《有学集》卷4，第122页。
② 参见章开沅主编《清通鉴》"顺治八年"条，其云："庚申（十二日），帝亲政，至太和殿受朝贺，发布诏书。"见章开沅主编《清通鉴》，岳麓书社2000年版，第214页。
③ 参见（清）徐鼒《小腆纪年附考》卷17，中华书局1957年版，第657—659页。

顺治十四年（1657）十一月十六日，原本该是月光普照的时刻，大地却因月蚀沉寂于黑暗之中。钱谦益在大报恩寺与孙鲁山、薛更生、黄舜力、盛伯含等居士，以及介邱髡残、雪藏韶师、昴伊问师等师友，加上不知名的科头老衲、秃袖中官等遗民禅侣齐聚一堂，共祈宝塔放光，实为密谋反清。其《丁酉长至宿长干禅榻》记云："灰飞玉琯吹禅火，月傍金轮助塔光。夜静花宫喧鼓角，梦回肠断殿东廊。"① 长至日本为舜帝吹玉琯定律吕之时，却玉琯灰飞，禅火熄灭，暗含鼎革之实。禅火虽熄，幸有月在，可助增塔上之光。尾句鼓角声喧起于静夜之寺中，虽为梦中事，却不啻为钱谦益暗中从事反清复明的自我心理暗示。十六日恰逢月蚀，诗中"画尽炉火人不寐，一星宿火养微温"，陈寅恪认为或与郑成功本打算夏季大举入长江、因风受挫有关，可备一说。又赠予柳如是家书有言："金陵无物堪将寄，分与长干宝塔光"，陈氏评为："在牧斋之意，宝塔放光即明室中兴之祥瑞，将来河东君亦当分此光宠，以其实有暗中擘划之功故也。"② 十七日，钱谦益与遗民僧侣一起，如愿祈得宝塔放光，《丁酉仲冬十有七日长至礼佛大报恩寺偕石溪诸道人然灯绕塔乙夜放光应愿欢喜敬赋二十韵纪其事》对此载之甚详，摘其要者如下：

> 空门至日拜空王，肃穆炉烟玉几旁。是夜然灯多宝塔，此心祈见白毫光。……
>
> 钟鸣围绕高低级，梵呗低徊左右厢。良久下方仍黑暗，少焉东壁破昏黄。科头老衲惊呼急，秃袖中官指顾详。昱曜乍看银色涌，晶莹谛视玉毫长。一重栏楯明初地，半壁琉璃映十方。……水晶宫阙遥分影，天汉星文暗助芒。斫树不愁伤玉斧，雨花还喜见金床。红绡夜静香为界，白氎僧归月在廊。舍利冥心观掌果，灯轮弹指敛毫芒。长依慧火消灰劫，但倚光严入道场。欢极身云都涌现，归来毛孔亦清凉。帝心鸿朗开三宝，佛日弘明长一阳。大地何曾亡玉镜，普天还欲理珠

---

① （清）钱谦益：《有学集》卷8，第389页。
② 陈寅恪：《柳如是别传》，上海古籍出版社1980年版，第1151页。

囊。（按：着重号为笔者所加）慈恩盛事人能记，乙夜斋宫每降香。①

诗题中的石溪上人，经陈寅恪考证，为具有反清意识的遗民僧人介邱髡残。秃袖中官与科头老衲，亦为具有反清意识的前朝遗民。诗中详细记叙了宝塔放光的过程。由黑暗中出现细微昏黄，至银色渐涌，光相渐长，直到整个寺院映现在光明之中，如水晶宫阙般澄明透彻。"帝心"下四句，可谓良有寄托。鸿朗，"大明也"②。三宝，即佛、法、僧，三国时吴国康僧会的《安般守意经序》云："信佛三宝，众冥皆明。"③ 虽前有月蚀，然大地并未因此失去"玉镜"，亦如明朝虽覆，但以永历帝等代表的明代小朝廷依然存在。"珠囊"，《尚书·考灵曜》云："天失日月，遗其珠囊。"郑玄注云："珠，五星也。遗囊者，盈缩失度也。"④ 在遗民僧人相聚于报恩寺集会祈愿之时，钱谦益道出"大地未曾亡玉镜，普天还欲理珠囊"，联系到本年四月，"明朱成功部将施举与我大清兵战于定海关，败绩死之"。⑤两年后（1659），郑成功大举北伐，则其"重理"，概有所指也。

其次，借佛图澄闻替戾语、阿修罗与帝释战等关涉战争类典故，暗寓复明尚有希望，反清大业必定成功。关于佛图澄闻替戾语，盖指以神异著称的佛图澄，善解塔上铃音，石勒依其言出兵，果生擒刘曜。《高僧传·佛图澄传》载：

> 至光初十一年（328），曜自率兵攻洛阳，勒欲自往拒曜，内外僚佐，无不必谏。勒以访澄，澄曰："相轮铃音云：'秀支替戾冈，仆谷劬秃当。'此羯语也。秀支，军也；替戾冈，出也；仆谷，刘曜胡位也；劬秃当，捉也。此言军出捉得曜也。"时徐光闻澄此言，苦劝勒行。勒乃留长子石弘，共澄以镇襄国，自率中军步骑，直指洛城。两

---

① （清）钱谦益：《有学集》卷8，第391—392页。
② 金鹤冲：《钱牧斋先生年谱》，《牧斋杂著·附录》，第949页。
③ （梁）僧祐撰，苏晋仁点校：《出三藏记集》卷6，中华书局1995年版，第243页。
④ 转引自刘韶军《古代占星术注评》，北京师范大学出版社1992年版，第145页。
⑤ （清）姚㿥撰：《小腆纪年附考》卷19，王崇武点校，第722页。

阵才交，曜军大溃。曜马没水中，石堪生擒之送勒。①

佛图澄在钱谦益的诗歌中最早见于《初学集》卷一，《范阳驿》云："朔漠风来语铎铃，浮图如雪夹邮亭。使臣中夜频欹枕，替戾冈音或可听。"② 借用佛图澄之典故，表现出对时局之忧虑，兼有讽谏之意。钱谦益真正大量使用此典，实为入清之后。顺治八年（1651），钱谦益的《广陵登福缘佛阁四首》其一云："铃铎人天语，如闻替戾风。"③ 其中寓意，在于期望清军覆灭，明室再兴。④ 顺治十四年（1657）十一月，钱谦益同诸友人聚大报恩寺，祈得宝塔放光。《金陵杂题二十五绝句》其二十四对此回忆道："长干绕塔万枝灯，白毫相光涌玉绳。铃铎分明传好语，道人谁是佛图澄？"⑤ 如《柳如是别传》所论，此次聚会可视为禅民遗老反清复明的一次密谋。诗末化用佛图澄之典，点明铃铎所传为好语，盖谓若能出兵，必可击败清廷。十二月二十三日，钱谦益登崇明寺毗卢阁，赋诗云："古寺佳名金榜纹，毗卢杰阁瞰层云。石城尚拥黄图势，茅头仍回已字文。震旦山河终自在，须弥日月不曾分。凭栏欲听人天语，树网风铃已报闻。"⑥ "古寺佳名"者，寺名崇明，自有向明之意。"震旦山河终自在，须弥日月不曾分"者，言虽经明清鼎革，而山河依然如旧；"日月不曾分"，则为一"明"字，言"明"未分，指南明朝依然存在，复明依然有望。末句"凭栏欲听人天语，树网风铃已报闻"，则指铃音之语已报闻上天，言外之意若依之而行则可出兵捉胡，大败清军。

反清复明之意表现最明显的，莫过于对佛教中阿修罗与帝释典故的化用。在佛典中，阿修罗王与帝释天为冤家对头，两者争斗之事，相关记载颇多。阿修罗王开始虽然不可一世，却最终被帝释天（或借助佛陀

---

① （梁）慧皎撰，汤用彤点校：《高僧传》卷9，第348页。
② 卿朝晖：《牧斋初学集诗注汇校》，第38页。
③ （清）钱谦益：《有学集》卷4，第121页。
④ 参见朱则杰《钱谦益〈金陵杂题绝句二十五首〉》，《古典文学知识》1996年第5期。
⑤ （清）钱谦益：《有学集》卷8，第422页。
⑥ 同上书，第413页。

之力）打败。钱谦益的《楞严经疏解蒙钞》卷九征引相关典籍释"阿修罗王"云：

> 阿修罗有大威力，生大嗔恚：此忉利天王，及日月诸天，行我头上，誓取日月以为耳珰。……
>
> 质多阿修罗妻香山乐神女，怀孕八千岁生一女，名舍支。乔尸迦求女为妻，号曰悦意。帝释至欢喜园，共诸采女入池游戏。女生嫉妒，遣五夜叉往白父王。（其父）即兴四兵，往攻帝释。立大海水，踞须弥山顶，九百九十九手同时俱作，撼善见城，摇须弥山。四大海水，一时波动。帝释惊怖，坐善法堂，烧众名香，发大誓愿，诵般若波罗蜜大明咒。于虚空中，有刀轮自然而下，当修罗上。修罗耳鼻手足一时俱落，令大海水赤如蜯珠。修罗遁走无处，入藕丝孔中。

唐道世的《法苑珠林》卷五"战斗部七"云：

> 受形大者莫过阿须伦王，形广长八万四千由延（一作"旬"），其口纵广千由旬。或欲触犯日时，倍复化身十六万由旬，往日月前。日月王见已，各怀恐怖，不宁本处，以形可畏故。日月王惧，不复有光明。然阿须伦不敢前捉日月，何以故？日月威德有大神力，寿命极长，颜色端正，受乐无穷，住寿一劫。复是此间众生福祐，令日月不为阿须伦所见触恼。时阿须伦便怀忧愁，即于彼没。①

此则故事中，有几点值得我们注意：一为阿修罗王手障日月（或口噉日月），使日月无光；其二，阿修罗王虽一开始不可一世，但却终或被系于善法堂，或被逼无奈躲于藕孔之中。就前者而言，"日""月"实为清之前明王朝的代称。阿修罗手障日月或口噉日月，便为清灭明以代之的缩

---

① （唐）道世：《法苑珠林》卷5，《大正新修大藏经》第53册，第309页下。

影,而罪魁祸首的阿修罗无疑成为清朝的指代。阿修罗最终归于失败的结局,给予从事反清斗争的明朝遗老以精神鼓舞。此典的运用,亦暗示着清朝如阿修罗般,虽眼前不可一世,最终归于覆灭。

顺治十二年(1655),钱谦益为李素臣赋诗云:"海青高飞翎雀翔,觚棱尘碎金雀伤。罗睺噉月阳乌忙,炎风朔雪成灰场。"① "海青"句指清军南下,"觚棱"句借指京城覆亡。罗睺可障日月,但终复于光明。诗中写太阳时著一"忙"字,仅"忙"而已。此诗作于其前往淮甸访蔡魁吾时。虽李素臣具体情况不详,但就钱谦益此行目的及诗意查之,当与反清事相关。《乳山道士劝酒歌》云:"君不见修罗酿海作酒浆,规取日月作耳珰。手撼须弥尾掉海,擎云把日孰敢当?刀轮飞空海水赤,五丝系缚善法堂。藕丝孔中遁刺促,八臂千手嗤强梁。"② 阿修罗虽酿海作酒,取日月作耳珰,一时威风八面,似乎无能敌者。但其最终结果却由于佛法之力,刀轮飞空,四肢被斩,或被系缚于善法堂,或躲入藕丝之中。联系诗中其后所用愚公移山、夸父逐日、柳毅传书、麻姑沧海桑田、朱明寺之典,尤其是"泾水瞥见征旗闪,朝那复报战血腥"中朝那之典,颇有深意。据《太平广记》卷四百九十二《灵应传》载:泾州东有善女湫,乡人称九娘子神。州西朝那镇北有湫神,称朝那神。九娘子本为普济王第九女,因丈夫残暴,天绝其嗣。她公然违背父母再嫁之命,隐居善女湫。朝那神之弟未婚,潜行礼聘,父亲纵兵逼婚。她率家僮迎战,终不敌,托梦于镇守周宝,希望能出兵相助。周宝选亡者姓名共二千人,以押衙孟远为行营都虞候,前往相助。但孟远才轻位下,反为朝那所败。周宝遣制胜关使郑承符代之。郑氏率兵,终于打败朝那。钱谦益以力全贞节的九娘子指林古度,助九娘子以全贞节之名的郑承符,或暗指郑成功。此典故与"阿修罗"连用,流露出反清复明中的必胜信心。《放歌行赠栎园道人游武夷》云:"修罗荡脚波海水,生憎头上蹴踏双兔蜍。手障日轮口噉月,日月怖匿天嗟

---

① (清)钱谦益:《有学集》卷6,第256页。
② (清)钱谦益:《有学集》卷10,第479页。

吁。"① 写出了阿修罗王与帝释战时不可一世的张狂之态，最终仍免不了战败的结局，"天地为笼逝安适，身藏藕孔难卷舒"②。《放歌行为绛跌堂主人姚文初作》亦云："君不见修罗战败藕丝藏，帝释表贺得胜堂。千梁万枓容一绽，七宝严饰咸相当"③，无不通过修罗惨败的结局，反衬出"天帝"必胜的信心。

当然，无可否认，佛教意象的现实意涵，仅是他构成诗歌"隐迷"色彩的手法之一，其他诸如星象、道典、夷语等，因远离本章论题，故存而不论。

第四节　典故化用与理趣圆融

钱谦益属于较为典型的学者型文人，加上自幼熟读佛教经典，晚年致力于对佛教经典的整理、刊刻、疏释。表现在诗歌创作中，他大量化用佛教典故，抒写个人情思，阐释佛教义理，与重在抒写宗教体悟的诗僧之作存在明显差异。佛教类典故的大量化用，使诗歌意境的营造，一则呈现出圆融无碍之境，二则充满禅趣。

一　典故借用

钱谦益自幼读《维摩诘经》，认为僧肇注可离经而单行，并精通《楞严经》，曾获得"楞严秀才"的美誉。入清后，日益沉浸于经典疏注，对《楞严经》《华严经》《心经》《金刚经》《宗镜录》等，均有深究。他虽说不读语录不参禅，然对禅宗典故的运用，极为纯熟。笔者以《钱牧斋全集》钱曾注为基础，参考《足本钱曾牧斋诗注》，对钱曾失注者略加补充，初步统计共用佛教类典故650余处，涉及经典91种。化用经典最多的是《楞严经》，共计86次，其次分别为《翻译名义集》63处，《华严经》59处，《法苑珠

---

① （清）钱谦益：《有学集》卷6，第266页。
② 同上。
③ （清）钱谦益：《有学集》卷13，第615页。

林》48 处，禅宗语录类 76 处，《五灯会元》46 处，《景德传灯录》30 处，《维摩诘经》36 处，《法华经》17 处。① 很明显，除佛教辞书《翻译名义集》与佛教类书《法苑珠林》外，其所引述者，皆为钱谦益喜爱的经典。

首先看《楞严经》。《楞严经》虽有"百伪"之嫌，然因文辞优美，并不妨碍它在士大夫间的流行。苏轼的《书大鉴禅师碑后》云："释迦以文教，其译于中国，必托于儒之能言者，然后传远。故大乘诸经，至《楞严》则委曲详尽，胜妙独出者，以房融笔受故也。"② 对此，周裕锴论云："从某种意义上说，《楞严经》不仅是参禅学佛的经典，而且是作文吟诗的教科书，士大夫从中可获得创作灵感，妙思奇想，甚至句法修辞。"③ 周群也认为《楞严经》真伪交织与思想圆融留下了广阔的阐释空间，文辞优美与佛理圆融又促进了晚明文士的阅读与疏释。④ 钱谦益对《楞严经》的文学性，亦深有同感，"今按房公润文之妙，就世间文字约略言之，有**章法铺舒之妙**。始自七征八还，后及七趣五魔，一经首尾褶迭钩锁，如一章一段是也。有**文法映照之妙**。如琉璃举喻，一经四见。……又如旅亭主客，初喻客尘，次明法性；月轮标指，初标一月二月，次标非体非影；责认迷中，则云浮沤大海，自知开悟，则云巨海浮沤是也。有**句法攒簇之妙**。如云迷中倍人，如云日劫相倍，累言未该，束归四字。……有**字法点缀之妙**。如标海潮音，则结以全潮瀁渤。标无上法王，则蹑以文殊师利法王子。……十轴之文，横竖开阖，正如弥勒楼阁，弹指开现。四科七大，因缘自然，**重重立量，节节推简**。用以楷定四性，破除四见，能使欲言词丧，欲虑智穷。东坡称其胜妙，可谓心眼如月；宁公嗤其糅文，尚是扣烛为日耳。未能更仆，聊举一隅。诸有智人，临文自了。"⑤ 在此，钱谦益从文章学的角度，认为《楞严经》在章法、文法、字法等方面具有极强

---

① 笔者所作原始表格分题名、诗句、词目、典源、备注五部分，四万三千余字，故略而不列，此处只述其大概。钱曾注典时，采用《翻译名义集》《法苑珠林》处极多，姑仍其旧。
② （清）钱谦益：《楞严经疏解蒙钞》卷末之 3，《续藏经》第 21 册，第 745 页上。
③ 周裕锴：《禅宗语言》，浙江人民出版社 1999 年版，第 166 页。
④ 周群：《晚明文士与〈楞严经〉》，《江海学刊》2013 年第 6 期。
⑤ （清）钱谦益：《楞严经疏解蒙钞》，《新编卍续藏经》第 21 册，第 745 页下—746 页上。着重号为笔者所加

的文学性。他在诗歌中，也是广泛借用此经典故，阐述此经义理，传达个人体悟。

《楞严经》中的众多典故，如匿王观河、交芦中空、香严水观、前尘影世、演若达多临镜失头等，都为人们所熟知，亦为钱谦益诗中反复借用之典。其中最为明显的，要数《方庵诗为心函长老作》中的方圆空有之辨了，其云：

> 方庵云何方？将无与圆耦？方庵如方器，方空体非有。
> 见方复见空，方空相杂糅。譬如眼中花，发青瞪视久。
> 方庵空堂宇，方器空尊卤。方以大小别，空有舒缩否？
> 又如隙中人，窥日在户牖。筑墙限虚空，虚空了不受。
> 方器规作圆，圆方不相守。空体无方隅，逐彼方圆走。
> 方空定何方？圆空向谁取？方空与圆空，天眼岂能剖？
> 大地浮空水，浮沉判高厚。人生玄黄中，方圆互击掊。
> 颠倒生分别，鼠穴衔窭薮。佛言频伽瓶，塞空擎以手。
> 持空饷远国，携取还相扣。贮空岂非愚？颠倒徒抖擞。
> 瓶空一切空，君其问瓶口。我作《方庵诗》，用告方庵叟。
> 无将大虚空，迷方贮瓶缶。①

因此诗收于《绛云余烬集》中，知作于顺治九年（1652）正月，恰为钱谦益疏解《楞严经》之时。全诗从方庵心函长老②之"方"字入手，展

---

① （清）钱谦益：《有学集》卷4，第115页。
② 心函上人，生平事迹不详。据笔者所见，张丹有《昭庆寺访心函上人》（见《中国佛寺史志汇刊》第一辑第16册《武林大昭庆律寺志》，第338—339页），吴伟业有《题心函上人方庵》，其云："顶相安禅稳，圆尘覆钵销。谁知眠丈室，不肯效团焦。石鼎支茶灶，匡床挂瘿瓢。一枝方竹杖，夜雨话参寥。"（见《吴梅村全集》，第109页）谢良琦《醉白堂诗文集》中收有《立冬日，同周玉铉、傅子雯、心函上人夜集昭庆精舍，上人首唱，分得欢字》及《五日，马涑庵、傅子雯、蒋楚生、心函上人小集》两诗（分别见清谢良琦著，熊柱点校《醉白堂诗文集》，广西人民出版社2001年版，第330、370页）。龚鼎孳《定山堂诗卷》卷一有《方庵诗赠心涵上人》[见（清）龚鼎孳著，孙克强、裴喆编辑校点《龚鼎孳全集》，人民文学出版社2014年版，第15页]综此，知心函长老为一善于诗文之佛教徒，且与文人保持着较为密切的往来。

开"方""圆"之辨。佛教认为，世间万物系因缘和合而成，并无恒永不变之自体，故"空"为诸法实相。"方""圆""大""小"，均为事物表相，"空"才为事物本性。此"空"性，没有大小之分，没有无方圆之别，也没有盈缩等变化。"空"是永恒存在、遍满世间的，它远非墙垣室宇所限，故以瓶盛空，用饷远国，开瓶将空释出，此方之空并不减少，彼方之空亦不增加。诗中如此费尽口舌进行的方圆、空有之辨，全部化用自《楞严经》卷二中的一段经文，其云：

> 佛告阿难：一切世间大小、内外，诸所事业各属前尘，不应说言见有舒缩。譬如方器中见方空。吾复问汝，此方器中所见方空，为复定方为不定方？若定方者，别安圆器，空应不圆。若不定者，在方器中，应无方空。……阿难，若复欲令入无方圆，但除器方，空体无方。不应说言，更除虚空方相所在。若如汝问入室之时，缩见令小。仰观日时，汝岂挽见齐于日面？若筑墙宇，能夹见断，穿为小窦，宁无窦迹？是义不然。……阿难，譬如有人取频伽瓶塞其两孔，满中擎空，千里远行，用饷他国。识阴当知，亦复如是。阿难，如是虚空，非彼方来，非此方入。如是，阿难，若彼方来，则本瓶中，既贮空去，于本瓶地应少虚空；若此方入，开孔倒瓶，应见空出。①

文末以瓶贮空之典，也屡被钱谦益化用。《渡淮闻何三季穆之讣赋九百二十字哭之》云："知幻剖胶革，观空饷瓶瓯。"②《石涛上人自庐山来》其六云："禅榻茶烟一病身，春风时为扫凝尘。频伽瓶里无余物，只合擎空饷远人。"③

作为华严宗的根本经典，"《华严经》以思想的圆融、想象的丰富、境

---

① （唐）般剌密帝译：《大佛首万行首楞严经》卷2，《大正新修大藏经》第19册，第21页下—24页下。
② （清）钱谦益：《初学集》卷3，第103页。
③ （清）钱谦益：《有学集》卷4，第131页。

第四章 佛教与钱谦益的诗歌创作

界的宏阔和文章的华美而著称"①，受到历代文人雅士的欣赏赞叹。《入法界品》中善财童子南询求法，遍参53位善知识而最终悟道之故事，成为僧俗两界喜闻乐道之典实。在钱谦益诗歌中，除了与《华严宗》圆融无碍的意境营造之外，经中华藏世界、帝网宝栏、普光明殿、鬻香长者等，均为其经常化用之典。对善财童子南询之事，化用犹多。善财童子南行求法，始于福城东际大塔庙处文殊师利之讲法，他备经艰辛、历尽百城烟水而无悔。钱谦益《芥阁诗》云："一粒须弥应着眼，百城烟水好维舟"②；《七月朔日含光法师驻锡红豆村》其四云："日光定处天宫上，烟水行时古庙南"③；《和遵王述怀感德诗四十韵兼示夕公敕先》云："西向三年笑，南询一指禅"④，均化用此典而来。后来善财童子参访弥勒，"时弥勒菩萨前诣楼阁，弹指出声，其门即开，命善财入。善财心喜，入已还闭"⑤。入楼阁见到的奇异景象暂且不言，仅弹指楼开之举，就备受文人钟爱。诸如"拂衣石尽凭谁数？弹指门开不用谋"⑥，"弹指即看楼阁启，宵来弥勒许同龛"⑦，"福城解唱善财歌，矿息熏微念补陀。记取华严楼阁好，三生弹指一尘过"⑧，"老翁弹指叹善哉，善财楼阁一门开"⑨，均从此典化用而来。

对于《维摩诘所说经》，钱谦益化用的典故亦为数不少，试举一二如下。化用"天女散花"者，如"满室天花都不著，长留法喜伴维摩"(《莆阳陈氏寿宴四首》其二)，"玉女共依方丈室，金床仍见雨花天"(《上元夜泊舟虎丘西溪小饮沈璧甫斋中》)，"宿世散花天女是，可知天又遣司花"(《仲春十日自和合欢诗四首》其三)，"今日一灯方丈室，散花长侍净名翁"(《西湖杂感》其八)⑩，"维摩天女并潇洒，木公金母相扶

---

① 侯传文：《佛经的文学性解读》，中华书局2004年版，第50页。
② （清）钱谦益：《有学集》卷5，第233页。
③ （清）钱谦益：《有学集》卷6，第305页。
④ （清）钱谦益：《有学集》卷13，第631页。
⑤ （唐）实叉难陀译：《大广方佛华严经》卷79，《大正藏》第10册，第435页上。
⑥ （清）钱谦益：《有学集》卷5，第233页。
⑦ （清）钱谦益：《有学集》卷6，第305页。
⑧ （清）钱谦益：《有学集》卷9，第471页。
⑨ （清）钱谦益：《有学集》卷12，第601页。
⑩ （清）钱谦益：《有学集》卷3，第96页。

将"(《丁老行送丁继之还金陵兼简林古度》)。化用"陶轮世界"者,"陶轮世界宁关我,针孔光阴莫羡他"(《再次茂之他字韵》其一)①,"吴头楚尾一军持,断取陶轮右手移"(《长干送松影上人楚游兼柬楚中郭尹诸公二首》其一)②,"净名老病栖绳床,诸天布座罗成行。陶轮世界手断取,众生安住如处囊"(《放歌行为绛跗堂主人姚文初作》)③,等等。化用"维摩一默"者,如"净名无言我亦默,饥来且啖蔓青饼"(《次日自拂水步至吾谷登南岩憩维摩寺金粟堂》)④,"扠衣辞众跏趺去,才显毗耶不二门"(《觉浪和尚挽词八首》其六)⑤,"净名无言,犹存一默"(《恤庐诗》)⑥。此外,诸如法喜为妻、毗耶丈室、须弥介子等,均有不同程度的化用。

二 意境营造

钱谦益在大量化用佛教典故的同时,在诗歌意境营造与主旨表达上,流露出浓郁的佛理禅趣,现以华严宗之时空圆融与禅理禅趣为例,略析如下。

(一) 时空圆融

佛教中关于时空关系的思索十分繁富,对丰富和发展传统时空观有着重要意义。早在姚秦鸠摩罗什所译《维摩诘经》中,即有须弥纳芥子之说,其云:"若菩萨住是解脱者,以须弥之高广,内芥子中,无所增减,须弥山王,本相如故。而四大天王、忉利诸天不觉不知己之所入,唯应度者乃见须弥入芥子中,是名不可思议解脱法门。"⑦

在中国化诸宗派中,华严宗对时、空圆融探讨颇多。华严宗源于地论师,创始人为法顺,经智俨发展,法藏得其大成,其思想体系"是以三性

---

① (清)钱谦益:《有学集》卷1,第21页。
② (清)钱谦益:《有学集》卷6,第261页。
③ (清)钱谦益:《有学集》卷13,第615页。
④ (清)钱谦益:《初学集》卷9,第290页。
⑤ (清)钱谦益:《有学集》卷10,第510页。
⑥ (清)钱谦益:《有学集》卷11,第556页。
⑦ (后秦)僧肇等注:《注维摩诘所说经》,第118页下—119页上。

为经而十玄六相为纬。"①"十玄"即十玄门，系智俨在杜顺思想基础上发展而成，"成为贤首宗的最基本理论之一"。②其中第四"微细相容安立门"和第五"十世隔法异成门"重点探讨了时间、空间相即相入、融通无碍的关系。"微细相容安立门"从事物相状着眼进行阐释，"如一微尘，此即是其小相，无量佛国、须金刚围等，即其大相。直以缘起实德，无碍自在，致使相容"③。从缘起说来看，微尘与无量佛国、须弥金刚等，虽相状上有大小之分，然都因缘起而生，缘起性空，依空性而言是相通的。又云："第五十世隔法异成门者，此约三世说。如《离世间品》说：十世者过去说过去，过去说未来，过去说现在，现在说现在，现在说未来，现在说过去，未来说未来，未来说过去，未来说现在。三世为一念，合前九世为十世也。……十世相入复相即，而不失先后短长之相，故云隔世异成。"④过去、未来、现在各含三世，是为九世，合现前一念，共为十世。一念与九世，相入相即，长短无碍，故能隔世异成而无碍。时、空间相即相入，圆融无碍，给人以无限的想象空间，给文学创作也带来了无限的延展。

在佛教诸宗派中，钱谦益独倾心于华严宗，《楞严经疏解蒙钞》《般若心经略疏小钞》等疏经之作，皆以华严宗思想体系为纲，对于华严思想体系十分熟悉，在诗歌方面，亦呈现出时空圆融之意蕴。作于顺治八年（1651）的《广陵登福缘阁四首》其一云：

　　危楼切太空，尘埃俯冥蒙。度世香灯里，降龙应器中。
　　上方三界在，八表一云同。铃铎人天语，如闻替戾风。⑤

---

① 周叔迦：《周叔伽佛学论著集》，中华书局1991年版，第358页。
② 同上书，第362页。
③ （隋）杜顺说，智俨撰：《华严一乘十玄门》，《大正新修大藏经》第45册，第516页下—517上。
④ 同上书，第517页上。
⑤ （清）钱谦益：《有学集》卷4，第121页。

"危楼"句明楼之高,"切"之一字,更突出其气势;"尘埃"句,写楼上观感,以地上物之小以反衬楼之高,而"冥蒙",在灰色色调中,突出远方之无穷,亦说明空间之大,映衬楼之高;渺小之尘埃与阔大之冥蒙,形成一组空间上的对比。"三界"者,欲界、色界、无色界也,兼凡圣而有之,明上下空间之无穷。"八表"者,八方之外,极其辽远之地。上方三界同在,四面八方一云皆同,如佛经中所云四维上下之中,皆可通而无碍。如此宏大而又融通之空间,与华严宗中关于空间的无碍观念,自有几分相似之处。

顺治十三年(1656),汰如明河弟子含光炤渠访钱谦益于红豆山庄,《七月朔日含光法师驻锡红豆村谈玄累日石师潘老赋听法诗拈华严玄谈四字为韵如次奉和》,较为集中地体现了华严法界的思想特点。其一云:

> 伊蒲盛馔只茶瓜,执尘摇松影未斜。片滴味全诸海水,十玄门具一莲华。经函日照分龙鬣,团扇风清起象牙。身在普光明殿里,无容赞叹手频叉。①

"片滴味全诸海水"者,依十玄门之"同时俱足相应门"而说。钱曾于此注云:"清凉国师《华严经疏序》:'炳然齐现,犹彼芥瓶;具足同时,方之海滴。'《演义》曰:'具足同时,方之海滴者,如大海一滴,即具百川之味,十种之德故。随一法,摄无尽法故。同时则明无先后,具足则所摄无遗矣。'"② 又澄观的《大方广佛华严经随疏演义钞》云:"如大海一滴,即具百川之味,十种之德故。随一法摄无尽法,及下九门,以此一门为其总故。同时明无先后,具足所摄无遗。"③ 海水虽只片滴,但就其本性而言,却具海水共具之咸味。"十玄门"者,钱曾引《华严玄谈》释云:

---

① (清)钱谦益:《有学集》卷6,第302页。
② 同上。
③ (唐)澄观:《大方广佛华严经随疏演义钞》卷2,《大正新修大藏经》第36册,第10页上—10页中。

"周遍圆融，即事事无碍。具依古德，显十玄门。一、同时具足相应门。二、广陿自在无碍门。三、一多相容不同门。四、诸法相即自在门。五、秘密隐显俱成门。六、微细相容安立门。七、因陀罗网境界门。八、讬事显法生解门。九、十世隔法异成门。十、主伴圆明具德门。此之十门，同一缘起，无碍圆融。随其一门，即具一切。"① 正是因为同一缘起，随其一门即具一切，则一莲花中，亦可包含十玄之深旨。

其二云：

清斋燕处得香严，落落圆音解缚黏。两镜金容光互摄，千珠帝网影交拈。披襟净月常悬座，凭几凉风自卷帘。重向雪山餐药树，始知食蜜未为甜。②

"两镜"句，钱曾引《宗镜录》为释，其意亦可。笔者以为，此句连同"千珠"句化用澄观《大方广佛随疏演义钞》之语，其云："第七因陀罗网境界门。如天帝殿，珠网覆上，一明珠内万像，俱现诸珠尽。然又互相现影，影复现影，重重无尽故。千光万色虽重重交映，而历历区分，亦如两镜互照，重重涉入，传曜相写，递出无穷。"③ 又赞宁的《宋高僧传·法藏传》记载了法藏以镜巧设方便，教育后学，"又为学不了者设巧便，取鉴十面，八方安排，上下各一，相去一丈余，面面相对，中安一佛像，燃一炬以照之，互影交光。学者因晓刹海涉入无尽之义。"④ 此典意在突出华严思想中圆融无碍，相即相入之旨。因陀罗网为帝释天宫殿中所覆之网，系宝珠用线穿成。一珠之内，映现其他宝珠之影；其他珠内，又将

---

① （清）钱谦益：《有学集》卷6，第303页。十玄门有新古之别，古十玄是智俨的《华严一乘十玄门》及法藏的《华严一乘教义分齐章》《华严经文义纲目》中所立。法藏后期的《华严经探玄记》之十玄，称为新十玄。钱曾注文所释之十玄系新十玄。与古十玄相比，新十玄将诸藏纯杂具德门、唯心回转善成门改为广狭自在无碍门、主伴圆明具德门。

② （清）钱谦益：《有学集》卷6，第303页。

③ （唐）澄观：《大方广佛华严经随疏演义钞》卷2，《大正新修大藏经》第36册，第10页中—10页下。

④ （宋）赞宁撰：《宋高僧传》，范祥雍点校，第89—90页。

此珠映入其中。珠与珠之间，互相映现，层层无尽。凡诸此类，皆得华严圆融之旨。

（二）禅趣

钱谦益对禅宗持批判态度，如《石梦禅师语录小引》云："只如今牧斋老人不会参禅，不会说法，不会做诗，不会拈语录，镇日住三家村里，破饭箩边，脚波波地，口喃喃地，恰似个曾戴幞头的和尚。"① 然从其诗中运用的大量禅籍典故来看，他所说的"不会参禅，不会说法，不会做诗，不会拈语录"，乃是对于时下禅门流弊的超越。禅宗以传佛心印、契悟本心为宗，对世界的体悟亦超出于理性知解之外，每有硁硁难入之感。故仅就其显者，论次如下。

洪州法达禅师七岁出家，诵《法华经》，进具后，礼拜六祖，头不至地。慧能知其以能诵《法华经》，妄自贡高，有意折之，"祖又曰：'汝名甚么？'对曰：'法达。'祖曰：'汝名法达，何曾达法？'"② 名字为"法达"，其实并未达法，实六祖借其名字以发挥禅趣，活泼机辩而富于情趣，并为禅林习用。蒙山光宝禅师初谒荷泽，神会谓之曰："汝名光宝，名以定体，宝即已有，光非外来。纵汝意用而无少乏，长夜蒙照而无间歇。"③ "名以定体"，借"光宝"之名来释自性，神会实借名字以述禅理。温州净居寺尼玄机，习定于大日山石窟中，因意识到法性湛然不动，无有去来，一味趋寂，反而难达法体，参雪峰义存。"峰问：'甚处来？'曰：'大日山来。'峰曰：'日出也未？'师曰：'若出则镕却雪峰。'峰曰：'汝名甚么？'师曰：'玄机。'峰曰：'日织多少？'师曰：'寸丝不挂。'遂礼拜退。才行三五步，峰召曰：'袈裟角拖地也。'师回首。峰曰：'大好寸丝不挂。'"④ 玄机先在大日山修行，义存则以"日"为机锋对决之始。玄机

---

① （清）钱谦益：《有学集》卷21，第891页。
② （宋）普济：《五灯会元》卷2，苏渊雷点校，中华书局1994年版，第86页。
③ 同上书，第104页。
④ 同上书，第94页。

"若出则镕雪峰"之答,紧扣义存修行之地雪峰山为答,殊为机敏。义存进而以"玄机"之名,转而发难,"寸丝不挂"的答语亦甚契玄旨。至此,玄机不失为一修养有得之士。然面对义存有意所设的"袈沙角拖地"之陷阱,"师回首",无意中落于世情计执之中。然以名字为机锋,无疑与慧能、神会,出于同一范式。钱谦益《赠顶目禅人》云:"晓日穹隆法鼓鸣,山茶树上鹧鸪声。浑身是眼原非眼,有眼何须顶上生。"① 禅师名顶目,而诗歌之末句,紧扣禅人之名,化用《五灯会元》卷五道吾与昙晟讨论"大悲千手眼,那个是正眼"之禅语,以"顶目"之名戏之。前举《方庵诗为心函长老作》,也化用"方庵"之"方"字入诗,展开其方、圆、空、有之辨。

  禅家标举传佛心印,以心传心,故禅之真意,非文字可表,非思虑可及。为打破世俗思维模式对学人的束缚,禅者往往采取反常之行为举措,来表达对于禅意的理解,如傅大士偈云:"空手把锄头,步行骑水牛。人从桥上过,桥流水不流。"②"空手"何能"把锄头"?"步行"又为何"骑水牛"?人从桥上过时,为何是"桥流水不流"?我们看来的"不可能",是依据我们认识现象界的经验和理性;禅人眼里的"可能",正为从我们最为熟悉的事物和经验出发,对人类经验和理性进行颠覆。③ 这也是禅门所言的反常合道。钱谦益的诗中常常流露出反常合道的思维模式。《丙申春就医秦淮》其二十九云:"旭日城南法鼓鸣,难陀倾听笑曹腾。有人割取乖龙耳,上座先医薛更生。"④ 其中首句"难陀倾听笑曹腾"语出《楞严经》卷四,其云:"跋难陀无耳而听。"钱谦益晚年耳聋,故此次引用《楞严经》之事,借跋难陀龙无耳而听,盖废耳而用心,或有六根互用之意。跋难陀龙本就无耳,又如何去割其耳?更不要说割取它的耳朵来医薛更生了。

---

① (清)钱谦益:《有学集》卷1,第17页。
② (宋)道原:《景德传灯录》卷27,《大正藏》第51册,第430页中。
③ 详参见周裕锴《百僧一案》,上海古籍出版社2007年版,第14—15页。
④ (清)钱谦益:《有学集》卷6,第290页。

此外，钱谦益通过对景物明灭变幻的描绘，表现其禅理体悟。《灵岩呈夫山和尚二首》其二云："一入香林与世分，杖藜侵晓过层云。日光下塔穿岚气，池影摇窗画浪纹。大地忽生应置答，诸天退位可相闻？闲云只在琴台畔，迎笑亭前举似君。"① 诗中描绘了钱谦益清晨去灵岩拜访继起弘储的情形。首句中一"分"字，突出了自己身处"香林"与外面世俗世界之异，给人以奇异之感。继而点出在黎明时分，作者挂着藜杖在层云中穿梭而过。太阳光线从佛塔中穿过层层云雾照耀而下，微风初起，池水中窗户之倒影随波浪而起伏摇动。佛塔、僧窗处于烟岚笼罩之下，加上水中之倒影，一切都处于虚幻而又明灭不定的变化之中。此种种景象不禁令人生疑：如来藏心清静本然，为何忽然生起山河大地？《赠寒山凝远知妄二僧》其一云："征君寂寞北山空，小苑新堂蔓草中。今日钟鱼相应答，夜深绀殿一灯红。"② 寂寞的北山凸显一"空"之韵味，而蔓草中新筑的小苑新堂，在"空"的北山中显出"有"的存在。钟鱼之声互应，似乎存在而又随机消逝；忽明忽灭的一烛灯光，在红色佛殿的辉映之下，亦存乎隐显之中。其二云："支遁千年鹤不来，赵家马鬣傍香台。"③ 此与其一，亦有同工之妙。支遁鹤去千年，茫无影迹；眼前冢墓香台，亦为往年陈迹之遗留。在"空""有"思辨的同时，显现出一种历史的沧桑。

---

① （清）钱谦益：《有学集》卷10，第512页。
② （清）钱谦益：《有学集》卷11，第547页。
③ 同上。

第五章　钱谦益的佛教散文

钱谦益写作了大量佛教类题材古文①，就文体而言，以应用性文体为主，包括塔铭、记体文、序跋、募缘疏等，在遵循原有应用性文体写作程式的同时，也呈现出独特性。在钱谦益的古文创作过程中，佛教起到了重要的促进作用，其铺张扬厉的文风，佛教比喻的大量借用，雅俗共存的语言，均不同程度地受到了佛教影响。

第一节　佛教散文创作概况

在钱谦益的古文创作中，出现了大量的诸如塔铭、像赞、募缘疏文等佛教类文体，而记体文、序跋等其他文体中，也包含了大量的佛教类题材。姜正万曾云："故其精研释教典籍，著有《楞严蒙钞》10卷，《金刚心经蒙钞》4卷（按：此处有误），还写了一批和尚塔铭赞偈，《初学集》《有学集》的佛门文字比比皆是，佛学功力，堪于佛门受法弟子相比配。"②因各种文体的特点不同，加上钱谦益的写作目的各异，其文章的侧重点也略有差异。鉴于学界论者不多，故略析之。

---

① 所谓钱谦益的"古文"，笔者认同裴世俊《钱谦益古文首探》中的界定，"（古文）属于'杂文学'的范围"（齐鲁书社1996年版，第9页）；"根据古文分类和散文特点，我们自然将钱氏除诗歌以外的散体文章，作为本书《钱谦益古文首探》的范围和对象。"（同前书，第12页）。
② ［韩］姜正万：《论钱谦益和"东林"的关系》，《宁夏大学学报》（社会科学版）1994年第3期。

一 塔铭

塔为梵语 stūpa 的略译，又有窣堵婆、薮斗婆、佛图、浮图等称，本为安置佛陀舍利的建筑，后来意义泛化，不管有无舍利，皆可称之为塔。东汉三国之际，佛塔随佛教传入中国后，形制发生了变化。按照功用的不同，可分为三类：一是藏舍利的舍利塔；二是为祈福修善建造的功德塔；三是埋藏僧尼居士的葬骨塔。对于嵌刻于佛塔之上或埋藏于佛塔之中的铭刻，清人叶昌炽《语石》称："一曰塔铭，释氏之葬，起塔而系以铭，尤世法之有墓志也。然不尽埋于土中，或建碑，或树幢。"[1] 塔铭按照塔功用的不同，亦可分为舍利塔铭、功德塔铭和葬塔铭三类。一篇成熟的塔铭，大致具备四个方面的特征：从作用上讲，为释氏（包括居士）志幽之铭，与一般墓志有别；从形制上讲，为塔上或塔内铭文，与碑铭、碣铭等不同；从文体上看，包括序文和铭文，与一般简略的塔记不同；从称谓上看，应为"塔铭"而非其他。[2]

钱谦益所写塔铭，现存共 3 卷 17 篇，分别收录在《初学集》的卷 68、卷 69 和《有学集》的卷 36。这些塔铭所写对象以华严宗雪浪洪恩及门下弟子为主，兼及临济、曹洞两宗僧人和憨山德清等晚明高僧。钱谦益的塔铭深受明初大儒宋濂的影响，并且吸取了归有光碑志文重细节、重情感的写作方法，使原本容易流于程式化、枯燥乏味的塔铭呈现出极强的文学性，既有明确的写作目的，又包含着他对佛教、对教内师友的深情，其中不乏篇章宏大，文章结构颇具匠心者，呈现出独特的个性。

（一）明确的写作目的

钱谦益的塔铭有序有铭，符合完整的塔铭文体特征。在序文中，着重凸显塔主的出家因缘、修学过程、开悟经历、师资传承等内容，且以史实为据，尽量避免宗教类文体中经常出现的神异性描写。在此背后，实际上

---

[1] （清）叶昌炽：《语石》卷 4，辽宁教育出版社 1998 年版，第 105 页。
[2] 参见冯国栋《钱谦益塔铭体论略》，《文学遗产》2009 年第 5 期。

贯穿着其明确的写作目的。

一是正末法。所谓"正末法"，钱谦益希望通过塔铭等佛教文学的创作，达到"示末法之仪的，起众生之正信"① 的目的。如《憨山大师庐山五乳峰塔铭》云："谦益下劣弟子，惭负记莂，不以弘阐吾师微言大道，谨采剟粗迹，推广唐人《佛衣铭》之绪言，以诏告末法。"② 钱谦益与憨山德清有师生之缘，此文也是他精心撰写的一篇长文。文中采用倒叙手法，以憨山德清五台山祈嗣这一关乎个人命运和国家命运的事件入手，引出憨山德清生平，重点记叙了憨山德清成长为一代高僧的履历，尤其是关于憨山德清证悟境界的描绘，可谓罕见。钱谦益如此费尽苦心，不仅在于发扬其师的微言大义，而且希望借此竖立佛教徒的修行榜样，对佛内不良之风提出警示与批判。在《道开法师塔铭》中简要记叙了道开法师求法修学经历，尤其是临终前"志气清明，字画端好，枢衣敛容，掷笔而逝"，自然也就消除了时人对道开"好游族姓，征逐竽牍"的指责，"虽其求名未了，世缘系牵，一旦报熟命终，正因迸现，如豆爆灰，如金出矿，心花开敷，业种烁尽，佛力法力，与不可思议熏变之力，积劫现行，一往发露，临终正定，又何疑焉?"③ 在塔铭之末，钱谦益满怀批判意识地点出："道开每出游，余辄痛为锥劄。今铭其塔，犹斤斤不少假者，良以邪师魔民，窃禅扫教，旁生倒植，正法垂尽。举扬末后一着，药狂剃秽，如用一线引须弥，是以心言具直，不可得而回互也。"④ 在《嘉兴营泉寺白法长老塔表》中，钱谦益首先明辨法师、禅师、大师、长老之别，这无疑表明其对当下随意妄称"大师"的佛教中人极为不满，带有明显的批判性，其云："长老不称大师者何? 古之人，译经如童寿、慈恩，但称法师，传宗如大鉴、大通，但称禅师。陈、隋之人主奉天台智者，特称大师。今僧徒尊其师，举曰大师，僭也。"⑤ 作为《嘉兴藏》后期刊刻流传过程中的重要人物，钱

---

① （清）钱谦益：《初学集》卷68，第1564—1565页。
② （清）钱谦益：《有学集》卷36，第1255页。
③ 同上书，第1269页。
④ 同上书，第1268—1269页。
⑤ 同上书，第1261页。

谦益在《塔铭》中重点记叙了白法性琮在明末清初保全嘉兴楞严寺、刊刻流通《嘉兴藏》的贡献："嗟夫！法弱魔强，妖邪持世，以佛法为裨贩，以师资为博易，地狱不烧智人，镬汤不煮般若，吾见其人矣，吾闻其语矣。……而邪师恶友，扇狂鼓伪者，相牵而未已。用是刊华除蔓，揭师之深慈密行，大书特书，伐石而刻之塔前。缁白四众，扫塔而读此文，尚亦有含酸抆涕，钚心而砭俗者乎？后五百年，以长老斯塔为依止，为师保，庶其可哉！"① 为了达到"正末法"的写作目的，钱谦益在塔铭中所用文字言辞激烈，诸如上文所谓"妖邪持世""邪师恶友"等，几近詈骂。在《复天然昱和尚书》中，钱谦益出于护法护教之需，不惜在塔铭等佛教文体中指陈时病，批判弊端，即使遭人不解、责骂也在所不惜，"此文一出，逆知诸方唾骂，更甚往时。古人金汤护法，不惮放舍身命。知我罪我，何足挂齿"。② 以至于在《天童密云禅师悟公塔铭》中，因为对于汉月法藏过度激烈的批判言辞，招致继起弘储等人不满，引发了清初天童塔铭之争。③

二是续僧史。钱谦益以史官自居，着意于明代历史的搜集和整理。而塔铭的文体特性，实际上也就要求它如墓志铭般，通过撰述塔主生平而取信于后世。然而，塔铭作为一种宗教性文体，又有其特殊性。为了着意突出塔主的弘法功绩和修持境界，塔铭中夹杂着大量的开堂传法语录，时常充斥着虚而不实乃至近乎荒诞的神异性描写，甚至产生了互相攀比的现象。似乎不如此，就无法显发塔主的功德。对此，钱谦益沉痛地批判道："僧家不谙外教，不知古文法，则心欲推崇其师，而妄为无识者所撼。不直则道心不见，故不敢不以正告也。余为此言，不独以告汰师之徒，亦欲后之铭浮屠者，知有所谓古法而从事也。"④ 所谓"古法"，钱谦益在顺治十四年（1657）所做的《书汰如法师塔铭后》中云："凡读浮屠师者有三。一曰授受师资，系法脉啮节则书。二曰讲演经论，系教海关键则书。三曰

---

① （清）钱谦益：《有学集》卷36，第1263页。
② （清）钱谦益：《有学集》卷40，第1391页。
③ 详参见前论，兹不赘。
④ （清）钱谦益：《有学集》卷50，第1622页。

道场住持，系人天眼目则书。舍是无书焉。"① 由此可见，钱谦益的塔铭写作有三个重心：一是师资授受与法脉传承，与其秉持的佛教谱系理念相符；二是讲演经论与佛教义理研究，与反经明教的佛教理念相符；三是寺院住持与兴复，与其倡导的佛教入世精神相符。除此之外，则皆略而不书。针对含光炤渠认为《汰如法师塔铭》"寥寥数言，不足以称道德业"，请钱谦益重新润色修改的要求，他以上述三条原则为例进行了解释说明，其云：

> 余之铭汰师也，先书其行履，次书其讲演，后书其归宿。于苍师之状，无溢词焉，用古法也。书行履曰：随雨师住铁山，继师住中峰，既而说法于杭之皋亭、吴之花山、白门之长干寺，军持仗锡至止略具足矣。必欲补书曰：以何年往某处，以何梦兆住某山。甲乙编次，古无是也。法师应期必有檀越启请，四众围绕。必欲详书曰某宰官致书，某宰官护持，某捐资供养，某具舟津送，古德住五山十刹，尤唾弃为挂名官府，如有户籍之民。而今之津津利养者，何也？书讲演则莫大乎创讲《大钞》，与苍师践更法席，故次及之。书归宿则莫要乎临行怡然，惟自念言，心不知法，法不知心，直如谈倦欲息，声息旋微，故又次及之。末后引据苍师之论，谓师事业福德未能如古人，亦未可与今之不教不禅、欺世盗名者比。此苍师之直言也，亦实语也。所谓古人者，杜顺、贤首、清凉之流，谓师不如古人，非抑之也。虽未能如古人，而其戒力见地，已迥乎世之不教不禅、欺世盗名者，则已横截末流，如獐独跳，不可谓非扬之至也。然而师之生平以《华严》为大宗，以讲演《大钞》为弘愿。法席有终，此愿无已，故余为铭也。然则师之说法固未尝止，而《大钞》之讲席，其可以为未终乎？其所以葳往愿，启后缘，赞叹而唱导者，亦可谓深切著明已矣，谓未足称道德业者，何也？"②

---

① （清）钱谦益：《有学集》卷50，第1621页。
② 同上书，第1621—1622页。

从钱谦益的辩解中不难看出,《汰如法师塔铭》遵循着他所认同的"古法",而"古法"的背后,实际上是以信史为主,在材料来源上大量借用《行状》,并非有意虚构。这也是他反复强调"于苍师之状,无溢词焉""此苍师之直言也,亦实语"的原因所在。虽然在毛晋等人调解下,钱谦益在《又书汰如塔铭》中加入了汰如明河讲法华山,感石鼓有声、白鹤飞舞的异象,然仅以数语代之,并特意强调:"余往撰塔铭,据苍老行状,略书其事。戊戌冬,毛子晋过村庄,备道其亲闻于讲席者,乃知此。"[①] 换而言之,石鼓有声、白鹤飞舞等事,是他亲自听参与华山讲席的毛晋所说。

故而,钱谦益在塔铭中,继承和发扬传统史家的实录精神,希望通过塔铭的创作,达到续僧史的目的。可以说,实录精神和僧史意识,始终贯穿在钱谦益的塔铭文体中。如《紫柏尊者别集序》云:"私心拟议,愿踵憨老之后,撰第二碑,用以续僧史,发辉塔铭未尽光明。"[②] 僧史者,贵在取信。然纵观佛教史传,记述僧人神异事迹者不在少数。从信仰角度来讲,佛教僧传中的神通成分,带有自神其教的色彩,在佛教弘传过程中起到了促进作用。钱谦益本人对佛教轮回之说深信不疑,也可视为"信仰真实"之一种。然而,对于那些虚构性、荒诞性的宗教描写,他是极为排斥的。在《书宋文宪公壁峰禅师塔铭后》中,他以宋濂碑文为例,辨正《碧峰寺记》所载碧峰禅师事迹的虚假,传达出对佛教神异的批判性态度,"国初大浮屠,惟碧峰最著,流传神异,未易更仆。寺记所载,皆非实录,他可知已。示现微权,与诸法实相无二。末法无正知见,往往以神通相眩惑,请以文宪塔铭正之"[③]。钱谦益针对憨山德清晚年在曹溪时流传颇广的托生说,撰写了《憨山大师托生辨》,逐条辨正,目的是"惧后之修僧史、撰佛录者,采猎异闻,而讹滥正信也,既属忞公门人,告于其师,请为刊

---

① (清)钱谦益:《有学集》卷50,第1624页。
② (清)钱谦益:《有学集》卷21,第875页。
③ (清)钱谦益:《初学集》卷86,第1802页。

正。而又书其说,诒南华僧,镵诸塔院,昭示后人。"① 在《与路名泽溥》中,钱谦益提出晚年墓志铭的写作,以宣扬忠孝、指斥奸回为中心,秉笔直书,取信于历史,实际上是其塔铭写作理念在墓志铭中的反映。或者说,不管是为世俗之人写作墓志铭,还是为僧人写作塔铭,钱谦益均秉承了一贯的实录原则,其云:"不肖老矣,头童齿豁,一无建竖。惟此三寸弱翰,忝窃载笔。不用此表扬忠正,指斥奸回,定公案于一时,征信史于后世,依违首鼠,模棱两端,无论非所以报称知己,取信汗青,其如此中耿耿者何哉?谨用古人阳秋之法,据事直书,虽自愧朴学拙笔,不能驰骋雕绘,以争雄于词林,然自分钝弩,亦可谓不遗余力者矣。未知仁人孝子,以为何如也?"②

(二)丰富的佛教内涵

本着"正末法""续僧史"的写作目的,遵循"古法"的写作程式,钱谦益在塔铭中展现出多样化的佛教内涵。

第一,详记法系传承,以纠法统不明之弊。明末清初佛教中的僧诤事件,多由法统谱系引起。钱谦益有志于扶危救弊,有志于灯史编撰,故在塔铭中详述塔主师资传承,这一点在华严宗僧人塔铭中表现得尤为明显。当然,僧人行状中不载法统传承者,也只好付诸阙如了。

晚明华严宗的传承发展,可分南北两个系统。北方以清凉圣境五台山为中心,南方以江、浙为主,尤以雪浪洪恩系弟子为多。钱谦益两次参访雪浪洪恩,与门下弟子多有往来。他先后为雪浪洪恩、一雨通润、汰如明河、石林道源、苍雪读彻、道开自扃、固如通明等人作了塔铭。通过塔铭,我们可以大致勾勒出晚明雪浪系华严宗的传承体系。如在《华山雪浪

---

① (清)钱谦益:《有学集》卷43,第1471页。
② (清)钱谦益:《牧斋杂著》,第827页。关于钱谦益传状文"以史为文"的写作特点,刘卉的《论钱谦益传状文"以史为文"的写作特色》指出,钱谦益在史学领域的杰出造诣影响到了传状文的写作,呈现出"以史为文"的写作特色。不仅"为人写史",也"为史写人",强调实录的写作原则,为传记更有效地记录信史做出了探索与尝试。(参见《九江学院学报》2008年第4期)。其实,在塔铭僧传的写作中,钱谦益也秉承了"以史为文"的实录精神。

大师塔铭》中，钱谦益记云："无极和尚起自淮阴，传法于通、泰二公，具得贤首、慈恩性相宗旨，归而演法南都，而其门有雪浪恩公、憨山清公出焉。一车两轮，掖无极之道以济度群有，而法道焕然中兴。"① 此为江南华严宗传承之始。后记其传法弟子之盛，则云："传法弟子耶法、明宗、三明、归空、格空，瑞林先逝，觉法终隐匡山。殁后讲演者，巢松浸、一雨润在三吴，蕴璞愚在都下，若昧智在江西，碧空湛在建业，心光敏在淮南，南北法席师匠，皆出师门，信乎中兴之盛也。"② 在雪浪洪恩再传弟子《汰如法师塔铭》中，钱谦益一开始便对华严宗的法脉传承进行了交待，"贤首之宗，弘于雪浪，其后为巢、雨，为苍、汰，皆于吴中次补说法，瓶锡所至，在华山、中峰，两山云岚交接，梵呗相闻。四公法门冢嫡，如两鼻孔同出一气，但有左右耳"。③ "巢"为巢松慧浸，"雨"为一雨通润，为雪浪弟子。"苍"为苍雪读彻，"汰"为汰如明河，为一雨通润弟子，雪浪再传弟子。在《中峰苍雪法师塔铭》中，首叙云："清凉一宗，自长水晋源，不绝如线。……万历中，苍雪法师自滇适吴，得法巢、雨，为雪浪之元孙。……依一雨润于铁山，与汰如河师，并为入室弟子。雪浪之后，巢讲雨笔，各擅一长，二师殆兼有之，诸方所谓巢、雨、苍、汰者也。……嗣法弟子七人，闻照、书佩等为上首。"④《石林长老塔铭》云："二十三听《楞严》《法华》《惟识》《起信》于巢松法师。"⑤《道开法师塔铭》云："师事苍雪澈、汰如河，通贤首、慈恩二宗旨归。"⑥ 综上，我们根据塔铭记载，基本上能够厘清明末清初华严宗雪浪系的传承情况。

---

① （清）钱谦益：《初学集》卷69，第1571页。无极先师，学界认为是无极明信，如黄忏华的《图释中国佛教史》、江灿腾的《晚明佛教丛林改革与佛学争辩之研究》《晚明佛教改革史》等。夏清瑕《憨山大师佛学思想研究》中已辨其非（见《憨山大师佛学思想研究》，学林出版社2007年版，第43页），甚是。今再补证材料一则，《憨山老人梦游集》卷二十三《法性寺优昙华记》云："尝忆余韶年，初弃家。吾祖西林大师，延守愚先师，住奘师塔院。"（《新编卍续藏经》第127册，第543页下）

② （清）钱谦益：《初学集》卷69，第1574页。

③ 同上书，第1577页。

④ （清）钱谦益：《有学集》卷36，第1264—1265页。

⑤ 同上书，第1267页。

⑥ 同上书，第1268页。

第二，详记修证历程，树立修持标的。钱谦益与憨山德清虽有师生之谊，然仅有一面之缘。在《憨山大师庐山五乳峰塔铭》中，钱谦益对憨山大师之修行过程，尤其是开悟过程，描述得十分明晰。依《塔铭》，憨山德清19岁时随无极听《华严玄谈》，"至十玄门海马印森罗常住处，悟法界圆融无尽之旨"。①后缚禅天界寺，"三月之内，恍在梦中。出行市中，俨如禅坐，不见市有一人也"。②北游后，居北台之龙门，修观音圆通，"初则水声宛然，久之忽然忘身，众籁暗寂，水声不复聒耳矣。一日，粥罢经行急，立定光明如大圆镜，山河大地，影现其中。既觉，身心湛然，了不可得"。③在屡次神奇的宗教体验中，憨山德清也由一名普通僧人最终成长为一代高僧。《憨山大师庐山五乳峰塔铭》中记载的憨山德清修证体验，虽然多来自于《自序年谱》等资料，然经钱谦益的精心组织，更为引人入胜。圣严法师有云："姑且不论憨山大师的悟境究竟有多深，对于一位禅者的定境、悟境的叙述，能有如此的细微而明朗者，在中国禅宗史上，当可推为第一。"④又如密云圆悟作为晚明临济宗一代宗师，30岁时安置完妻儿，处理完家事之后，依幻有正传出家。《天童密云禅师悟公塔铭》载："传瞪目直视，杂以诟骂，惭闷成病。二七日，汗下乃苏。服劳四载，始纳僧服。掩关千日，矢明此事。传屡勘验，终不许可。师亦自谂，一似有物昭昭灵灵，卒未泯怀。如是六载，秋日过铜棺山顶，豁然大悟，忽觉情与无情，焕然等观，大端说似人不得，正大地平沉境界，从前碍膺涣然冰释。与其师往复纵辩，箭锋相触，如纪昌、飞卫之交射，几于辗车直过，拽倒绳床矣。"⑤密云圆悟参幻有正传，日以杂事劳作为主，当参问禅意时，反被大骂一通，然后抑郁成病。服事四年，始纳僧服，虽掩关千日，终不许可，如是六年，一直处于疑惑之中，直到过铜棺山顶时突然开悟。然后找师勘验，机锋对决，颇显一派临济家风。从始参到开悟，

---

① （清）钱谦益：《初学集》卷68，第1560页。
② 同上。
③ 同上书，第1561页。
④ 释圣严：《明末佛教研究》，宗教文化出版社2006年版，第58页。
⑤ （清）钱谦益：《有学集》卷36，第1257页。

前后十余年时间，中间几经波折，故参学实属不易。

第三，紧扣宗派特点，详载弘法之功。明末佛教在中国佛教史上处于衰微中的复兴。一方面是积弊累累，问题百出；另一方面是各宗派中有识之士奋起振兴，万历三高僧为突出代表，其他如华严宗、天台宗及临济宗、曹洞宗等，辈有人出。江南地区，尤以临济宗、华严宗为盛。钱谦益在塔铭中记华严宗僧人出世间功绩，重点以法席宣讲与经论疏注为中心，既符合了华严宗以义理研究为主的特点，又突出其弘法盛况。华严宗人以讲为主，每人宣讲又各具特色。如记二楞法师一雨通润，则云："师扫除注脚，敷演妙义，嚬呻咳唾，光明炽然，闻之如樯马奔驰，风涛回骇，破除宿物，得未曾有。"① 记汰如明河之讲经，则云："从上诸师，未讲《大钞》，苍、汰二师有互宣之约。师首唱一期，群鹤绕空，飞鸣围绕。"② 在《又书汰如塔铭后》补记云："开讲日，天池石鼓有声，四众咸有喜色。师蹙然曰：'谶有之：石鼓鸣，吴中兵。今江淮多警，岂宜有是？'一期讲毕，白鹤数十，飞鸣盘舞，咸以为讲演之瑞。师正色曰：'来鹤之事，道家有之，非吾佛法所重也。'"③ 算是对塔铭未尽之事的补充。

华严宗佛经疏释以根本经典《华严经》为中心，兼及《楞严经》《圆觉经》《法华经》《维摩诘所说经》等，唯识、因明兼有涉及。如记一雨通润之疏经，"首披《宗镜》，斩关抽钥，遍探《楞伽》《深密》等经，《瑜珈》《显扬》《广百》《杂集》《俱舍》《因明》等论，及大经《疏钞》与此论相通者，靡不疏通证明"。④ 记其讲经，则"出世说法利生者十有六年。讲《法华》《楞严》《楞伽》《华严玄谈》《唯识》者十二座"。⑤ 记其注经，则"注经二十余种，约法性则有《法华》《大窾》《楞严楞伽合辙》《圆觉近释》《维摩直疏》《思益梵天直疏》《金刚经心经解》《梵网经初释》《起信续疏》《琉璃品驳杜妄说辩谬》若干卷；约法相则有《唯识集

---

① （清）钱谦益：《初学集》卷69，第1575页。
② 同上书，第1578页。
③ （清）钱谦益：《有学集》卷50，第1623页。
④ （清）钱谦益：《初学集》卷69，第1576页。
⑤ 同上。

解》十卷,《所缘缘论论释发硎》《因明集释》《三支比量释》《六离合释释》若干卷"。① 其他华严宗僧人的塔铭与此相类,均对每个人所讲之经、所疏之经,列出了长长的书单,唯恐有所遗漏。他之所以这样做,除了突出塔主之弘法功绩外,更是希望通过不厌其烦地强调,引起世人对经教的重视。

对汉月法藏的禅法,钱谦益深恶痛绝,难有褒扬之词。因木陈道忞的关系,他对密云圆悟颇多赞颂之语。记其法席之盛,则云:"始至皆灰场草地,断磋败甓,既而高檐三丈,连阁四周,金田香界,随地涌出。洋溢海宇,轮蹄交跌,竿牍旁午。三韩、南诏,毡车蕃舶,莫不炷香顶礼,重译问讯。盛矣哉,近古未有也。"② 记其开坛弘法,则云:"掀翻露布,洞示真源,当门踞坐,只以一棒接人。如大火聚,触着便烧。如太阿剑,血不濡缕。办真实心,行真实行,悟真实道,说真实法,化真实众。"③ "如大火聚"等比喻的妙用,旨在突出临济宗以棒喝接人,门风峻烈之特点,与华严宗中以经论疏讲为主相比,又是别具一番特色。

(三) 各具特色的人物形象

佛教人物各具手眼,各有特点,禅、教、律、密,亦复不同。钱谦益所作塔铭,往往能够抓住人物的鲜明特点托之而出,表现出鲜明的僧人性格特色。

首先,借自我剃度之出家方式,示出家为僧之决心。按照佛教戒律的要求,只有征得父母同意后,方可出家。《弥沙塞部和醯五分律》载:"'世尊,我有是念,今欲出家。唯愿与我出家受戒。'佛言:'甚善。汝父母听未?'答言:'未听。'佛言:'一切佛法,父母不听,不得为道。'"④ 但也有一些人,怀着对佛教的热忱,在父母不许的情况下,依然自我剃

---

① (清) 钱谦益:《初学集》卷69,第1576—1577页。
② (清) 钱谦益:《有学集》卷36,第1258页。
③ 同上书,第1258—1259页。
④ (刘宋) 佛陀什译:《弥沙塞部和醯五分律》卷1,《大正藏》第22册,第2页中—第2页下。

度,出家为道。钱谦益所作塔铭中,雪浪洪恩与宗宝道独均属此类。《华首空隐和尚塔铭》云:"年十四,辞母入寺,习定树下,胸次如劈竹,冲口说偈,惊动其长老。年十六,自磨刀就磐石上,礼佛剃落,缚茅龙归山。单丁十余年,晨担山泉,走二十里抵城闉,如辨掌纹。"①雪浪洪恩的出家过程,更具传奇色彩。《华山雪浪大师塔铭》云:"极师讲《法华》、《规矩》于报恩寺,(雪浪)师年十三,从父往听,倾耳会心,留旬日不肯去。母使父趣归。师袖剪刀,礼玄奘大师发塔,自剪顶发,手提向父曰:'以此遗母。'父恸哭,师瞠视而已。"②"瞠"之一字,生动传神地刻画出年仅13岁的雪浪洪恩出家时的坚决之情。

其次,迥出僧流的鲜明个性。受阳明心学影响,明末清初为彰显个性之时,迥出时流、张扬个性之风波及佛教,华严宗大师雪浪洪恩可谓其中代表。《华山雪浪大师塔铭》云:"为小沙弥,颀然具大人相。一日设斋,往踞第一座。首座呵之,师曰:'此座谁坐得?'座曰:'通佛法者坐得。'师曰:'如是则我当坐。'座曰:'汝通何佛法?'师曰:'请问。'座举座上讲语,师信口肆应,无不了了。一众惊异曰:'此郎再来人也。'"③雪浪洪恩辨第一座谁人可坐,颇有禅家机锋,足见其机辨聪慧。他身为僧人,却喜好鲜衣美食,论诗度曲,颇遭时人非议。钱谦益在塔铭中也直言不讳地写道:"心下如地,坦无丘陵,不立崖岸,不避讥嫌。论诗度曲,见闻随喜。鲜衣美食,取次供养。"④雪浪洪恩"不避讥嫌"的个性,不仅引起少年钱谦益的反感,在当时人中也引起很大反响。沈德符《万历野获编》卷二十七"雪浪被逐"条载云:"(雪浪)然性佻达,不拘细行,友人辈挈之狭邪,初不峻拒,或曲宴观剧,亦欣然往就。时有寇儿名文华者,负坊曲盛名,每具伊蒲之馔,邀之屏阁,或时一赴,时议哗然。……雪浪者侍者数人,皆韶年丽质,被服纨绮,即衲衣亦必红紫,几可烟粉之饰。"⑤

---

① (清)钱谦益:《有学集》卷36,第1272页。
② (清)钱谦益:《初学集》卷69,第1571—1572页。
③ 同上。
④ 同上书,第1573页。
⑤ (明)沈德符:《万历野获编》卷27,上海古籍出版社2005年版,第2627—2628页。

此则记载，几可视为《塔铭》中"论诗度曲""鲜衣美食"数语的注脚。

再次，以身殉寺的无畏精神。南京陷落后，常熟、嘉定、嘉兴诸地，时局动荡，加之清廷剃发令下，各地多自发组织抗清。清军每下一城便烧杀抢掠，制造了诸如嘉定三屠等种种惨剧。作为嘉兴藏后期刊刻的重要场所，白法性琮住持嘉兴楞严寺三十余年。当清军来犯之时，他以大无畏的精神，保全此寺及所藏经藏。钱谦益如是记云："酉、戌之际，戎马焚突。师曰：'吾以寺殉经，以经殉佛，以身殉经殉寺。延颈碎首，其将安之？'净扫佛殿，洞开经厨，灯明香郁，佛声浩浩。弓刀引却，伽蓝不惊。有刀下重生六偈，人咸诵其遗身，曰：'吾未尝动。'"① 白法性琮不惊不怖、从容不迫，宁愿以身殉法，寺宇因此得全，经藏得护。

二 募缘疏

关于募缘疏，徐师曾的《文体明辨序说》云："按募缘疏者，广求众力之词也。桥梁、祠庙、寺观、经像，与夫释老衣食器用之类，凡非一力所能独成者，必撰疏以募之。词用俪语，盖时俗所尚。而桥梁之建，本以利人，祠庙之设，或关祀典，非他事之比，则斯文也，岂可阙而不录哉？故列之。"② 作为古代文体之一，募缘疏有着明确的写作目的，即以募化财物为主，佛、道两教对其运用为多，此外兼及桥梁、祠庙等事。钱谦益的募缘疏，《初学集》卷八十一收有14篇，其中13篇与佛教相关，另外一篇为好友卓去病募饭。《有学集》卷四十一收12篇，其中10篇与佛教相关，另外两篇一为道教《乾元道人祠屋疏》，一为《为柳敬亭募葬地疏》。《牧斋外集》卷二十一收6篇，去重一篇总计5篇，其中4篇与佛教相关，一篇为《赠王孝子乞财葬亲引》。此外，《径山志》中收录钱谦益募缘疏佚文3篇。总计钱谦益凡写作募缘疏35篇，去重1篇，实34篇。此中与佛教相关者30篇，占总量近90%。就内容而言，以募建佛寺、佛阁、塔院为主，兼有藏经刊刻。文中充斥着生死轮回、因果报应及佛教救护思想的

---

① （清）钱谦益：《有学集》卷36，第1262页。
② （明）徐师曾：《文体明辨序说》，人民文学出版社1998年版，第172页。

宣说，鼓励人民结善缘、积福德以求福报。就语言特点而言，以庄严肃穆的骈体文为主，骈散结合，灵活多变。就文体功能而言，以鼓励、劝诫为主，兼有警示、恫吓之用。

为了达到募集财物的目的，钱谦益在募缘疏文中充分揭示了所募之事的价值与意义。唯有如此，人们才会慷慨解囊，募缘目的才会实现。佛教的救护功用，因果、无常等思想观念，对普通信众而言，无疑具有强大的诱惑性和吸引力，成为钱谦益佛教类募缘疏文宣扬的主要内容。

首先，佛教救护功用的宣扬。佛教认为一切皆苦，唯有通过佛教修行，才能离苦得乐，达到解脱境界。诸佛菩萨会佑护处于苦难之中的芸芸众生，通过感应或愿力帮助众生脱离苦恼和险境。在三藏十二部经中，《法华经》《金光明经》与《仁王经》，因宣说神奇的护国功能，被尊为护国三经，并产生了很大影响。作为民俗信仰，人们对佛菩萨的救护功用谛信不疑。正是基于对佛教救护功能的谛信，上至君主帝王，下至平民百姓，他们以各种形式向佛教布施，以期免离灾难，当社会动荡不安时尤为强烈。

钱谦益身处明末清初之时，内有农民军蜂拥而起，外有来自清军的威胁，东南沿海又处于倭寇不断侵扰之中，国家内忧外患、岌岌可危。钱谦益在募缘疏文中审时度势，借塔庙等佛教建筑、佛菩萨等佛教人物以及佛教经典救护功用的宣扬，达到募缘目的。

作为佛教建筑之一，在佛教传统中，佛塔可以增加福慧，成就道业，诸如造塔、修塔、扫塔、礼塔、绕塔等，都会获得相应功德，得到相应果报。在民俗层面，佛塔建设与传统堪舆学等结合起来，起到镇护功效。以护国护教著称的佛教四大天王中的多闻多王，手中所持之物，一说即为宝塔。如《陀罗尼集经》卷十一云："左手执稍柱地，右手屈肘擎于佛塔"，《形色经》云："左定捧宝塔，右惠持宝剑"，《毗沙门天王功德经》云："身披金甲，左手捧宝塔，右手取如意宝珠，左右足下跌罗刹毗阇鬼"[1]，等等。

---

[1] 详参见李小荣《敦煌密教文献论稿》，人民文学出版社2003年版，第148—149页。

第五章　钱谦益的佛教散文

钱谦益在佛塔类募缘疏中，通过宣扬佛塔的镇护功能以达到募缘的目的。在《募建表胜宝恩聚奎宝塔疏》中，钱谦益专门讨论了佛塔的救护功能，其云："惟兹塔庙，号曰支提。用以表胜而报恩，亦能灭恶而生善。祥云盖覆，故知劫火不焚；净土庄严，定使三灾永息。役鬼神而周沙界，有若微尘；宁风旱而弭灾兵，何殊影响？"① 在《五台山募造尊奉钦赐藏经宝塔疏》中，钱谦益认为在"兵燹缠绵于赤县，干戈傍午于灵山"②，奴寇交侵、国家忧患之时，欲使国家重返盛世，必须仰仗佛塔的镇护之功，"一旦浮图建竖，雀离涌见于虚空；从此多宝辉煌，龙藏何殊于半满。显惟列圣，御宝刹以周天；佑我圣皇，乘金轮而柱地。威神炬烛，则犬羊戎马，投戈聆替戾之音声；慈照灯明，则南户左言，率土现窣波之影像。弥天宝网，修罗永遁于藕丝；匝地金绳，震旦尽登于莲界"③。若宝塔能够建立，经藏得以安置，历代皇帝驭之巡游天下，也可乘金轮廓清宇内。入侵的外族有如阿修罗般无处藏身，只得躲于藕丝之中。整个华夏大地，俨然安静祥和的佛国世界。

在弘传过程中，佛教中的某些特定佛菩萨因其独特之处，深受人们喜爱，诸如观音、地藏等菩萨信仰的流行，便是突出的例证。钱谦益在募缘疏中，通过特定佛菩萨救世功用的宣扬，达到募缘目的。其中最明显的是观世音菩萨。《径山募造大悲阁疏》因募造修建的是大悲阁，供奉大悲观世音菩萨，疏文中着重宣说观世音的救世功能，其云："大悲观世音以八万四千母陀罗臂，八万四千清净宝目，遍入微尘国土，拯拔一切有情，离诸苦恼，种种善巧方便，现身说法，必以时节因缘为主，如《华严》《普门品》所陈是也。佛言一切国土，种种灾难起时，当造千眼大悲像，诵持《大悲心陀罗尼神咒》，能使敌国归降，雨旸时若。百官万民，皆行忠赤。诸龙鬼神，靡不拥护。"④ 钱谦益虽云大悲观世音的救世功能见于

---

① （清）钱谦益：《初学集》卷81，第1731页。
② 同上书，第1718页。
③ 同上书，第1719页。
④ 同上书，第1723页。

《法华经·普门品》，但提到的"八万四千母陀罗臂"等，实源于《楞严经》卷六，而持诵的《大悲心陀罗尼神咒》则源于密教。由此可见，明代观世音信仰呈现出显、密结合的特点。崇祯年间，东北战事吃紧，各地局势也不容乐观。因此，钱谦益在文中突出大悲观世音的护国功能。唐伽梵达摩翻译的《千手千眼观世音菩萨广大圆满无碍大悲心陀罗尼经》，提到神咒护国功用时云："又若为于他国怨敌数来侵扰，百姓不安，大臣谋叛，疫气流行，水旱不调，日月失调。如是种种灾难起时，当造千眼大悲心像，面向西方，以种种香华、幢幡、宝盖，或百味饮食，至心供养。其王又能七日七夜，身心精进，诵持如是陀罗尼神妙章句。外国怨敌，即自降伏，各还政治，不相扰恼，国土通同，慈心相向。王子百官，皆行忠赤，妃后婇女，孝敬向王。诸龙鬼神，拥护其国。雨泽顺时，果实丰饶，人民欢乐。"① 与经中所提"王子百官，皆行忠赤"相关。明成祖朱棣在《御制大悲总持经咒序》中特别强调："如来化导，首重忠孝。凡忠臣孝子，能尽心以事君，竭力以事亲，所作所为，无私智陂行，广积阴功，济人利物，又能持诵是经咒，则跬步之间即见如来。"② 在《寒山报恩寺募建大悲殿疏》中，钱谦益对观音大士之救护功用又作一揭示，其云："吾读《楞严》《法华》《圆通》《普门》二品，观音大士于无量阿僧祇劫，修同体大悲，遍熏一切，以三十二应摄受众生，或单以慈应，或单以悲应，或合用慈悲应，如磁吸铁，如珠雨宝。众生以少善根，多劫因缘，仰承慈力，啐啄同时，应念解脱。……我佛菩萨照见一切众生，从身口意三，起惑造业，沉沦苦海，即用三业，摄化众生。一摄语业，称名除七难。二报身业，礼拜满三愿。三摄意业，存念净三毒。"③ 钱谦益此段文字基本上是对经文内容及智者注文的转述解说，意在突出观世音大士的救护功能，使"居士长者，净善四众，或以财施，或以法施，不惜舍檀波罗蜜，建立此

---

① （唐）伽梵达摩译：《千手千眼观世音菩萨广大圆满无碍大悲心陀罗尼经》，《大正藏》第20册，第109页下。
② （明）朱棣：《御制大悲总持经咒序》，《大正藏》第20册，第105页下。
③ （清）钱谦益：《有学集》卷41，第1414页。

道场。"①

其次，因果思想的宣说。因果论是佛教基本理论之一，与缘起论密切相关。缘起论认为，世界万物皆是因缘和合而成，"此有故彼有，此生故彼生。"② 有因必有果，有果必有因。因是能生，果是所生。善因得善果，恶因得恶果，有善恶之业因，必有苦乐之果报。不论在时间上还是空间上，因果律有其普遍性。从时间上看，因果遍于过去、现在、未来三世；从空间上看，除无为法外，人类社会及各种天界地狱，无不受因果律的支配。因果思想又与业力说结合。业为造作之意，"指内心的活动和由内心的思维所发动的言语与行为，以及这些活动所引起的力用"③。通常有两种、三种、五种之分，一般而言多指身、语、意三业。就性质而言，有善、恶、无记三种。其中无记属中性，无善恶之分；善业产生乐果，恶业产生恶果。业报指由业的善因、不善因所招致的苦乐果报。根据受报时间不同，又分为现报、生报和后报。

在钱谦益募缘疏中，时常通过对因果业报思想的宣扬，达到募缘目的。如在《一树庵募造佛殿疏》中抛出因果律，其云："余尝谓坏空成住，上观千岁，则尘沙之器界历然；报应果因，近考目前，则昆明之劫灰如在。"④ 既而论及徽郡自古便为繁华之地，但寅、卯之间，横遭劫难，"虎入邑而传翼，豕择人以磨牙"，"戮辱横及于妻孥，屠杀不免于鸡狗"。昔日的水火之灾，均由众生恶业所积。今日的清宁，仰仗佛力加被。唯有迎和避杀，植福本，种善因，"捐华屋一椽之直，省玉筵一金之需"⑤，回向佛门，创建精舍，既可报佛之恩，又可广植善因，邀得善果。《戒幢法院募铸双铜塔疏》借因果论以达到捐铜钱铸铜塔的目的。文中从西方国土之香世界与震旦国之臭世界的对比起笔，认为"众臭之中，铜臭为最"。众生造恶业如须弥山，皆由钱起。因钱而起贪心，因贪心而生盗想。因对钱

---

① （清）钱谦益：《有学集》卷41，第1414页。
② （刘宋）求那跋陀罗译：《杂阿含经》卷10，《大正藏》第2册，第67页上。
③ 方立天：《佛教哲学》，人民大学出版社2006年版，第168页。
④ （清）钱谦益：《初学集》卷81，第1722页。
⑤ 同上。

的占有争夺而产生嗔心，由嗔心而起杀果。因贪、嗔、痴三毒，产生杀、盗、淫三恶果，辗转相生，无有穷已。小者为同室操戈，大者为刀兵等三劫。地狱畜生，种种恶报，因果相生，无穷无尽。六趣众生，生死轮回，无不由此。其后，他呼吁道："无量众生为钱造业，众生浑身坐钱眼中。欲忏钱业，舍钱为上"。① 募钱铸塔，不仅能够忏除因铜钱所带来的无穷恶业，化刀兵水火为吉祥云，而且能够获得无穷的福报。在整个论证过程中，人民对铜钱的态度由珍爱到讨厌，金钱的性质由恶转善，业报思想为其理论基石。

其三，无常理念的宣扬。诸行无常是佛教三法印之一，指世间一切事物无不处于永无休止的生住异灭迁流变化中。基于此种认识，世间一切有为法，如同空花泡沫幻影，不能久住。若对其执着只能产生无边苦恼，永远得不到解脱。同时，佛教又提出涅槃有"常""乐""我""净"四德。人们要脱离无常的世间，求得永无生灭的涅槃，按照大乘佛教的观点，需要践行布施、持戒、忍辱、精进、禅定、智慧六度法门。因此，无常作为倡言布施的理论基础之一，在募缘疏中经常出现。如《华山寺募缘疏》云："今夫高岸为谷，屈指已移；劫火洞然，大千俱坏。何况功名舟壑，薤上之露易晞；第宅沧桑，局内之棋不定。一旦金穴既圮，银海不飞。碧血化为鬼燐，黄肠穿为兔穴。"② 世人生活的有情世间，屈指间高岸为谷，变化无常。坏劫之时，三灾并起，有情世界灭尽无余。功名富贵、金银财富、豪宅甲第、个体生命等，都如薤上之露，不可久住。富贵易失而佛门常在，"空门之钟磬，映玉匣而传声；古殿之灯火，拂金蚕而流照"。③ 在世间与佛门的对比中，人们自然被诱导归向佛乘，"凡具信心，各发弘誓"，"则揭慧日于昏衢，在我不徒自利；而扇凉风于火宅，使彼亦复无他。苟能赞叹于斯言，即可回向于诸佛"。④ 如此宣说，显然是希望世人能够慷慨解囊布施。

---

① （清）钱谦益：《牧斋杂著》，第818页。
② （清）钱谦益：《初学集》卷81，第1726页。
③ 同上。
④ 同上。

三 记体文

佛教类记体文在六朝时期已经出现，主要以翻译记、造像记与佛经杂记为主。① 到了唐代，记体文创作呈现出繁兴之势。虽佛教类记体文一枝独秀的局面不复存在，但就佛教类记体文而言，又出现了一些新的变化。原有的翻译记与杂记的创作数量减少，新的类型如造经幢记开始出现。到了宋代，佛教类记体文作为记体文之一种，引起世人重视，在文体分类中占有一席之地。如李昉的《文苑英华》和姚铉的《唐文粹》，都在"记"的子类下面分别标出"释氏"和"浮图"两类。然而，佛教类记体文没能引起学界足够的重视。

关于钱谦益的记体文，《初学集》中收有六卷47篇，其中佛教类9篇，包括8篇寺院修造记和1篇人物记；《有学集》收有二卷23篇，其中佛教类7篇，全部为寺院修造记。此外，《牧斋杂著》中据《有学集文集补遗》补《聚魁塔院新建大雄宝殿碑记》1篇，据《牧斋外集》补《接待庵记》1篇，总计得18篇。现即以此为据，对钱谦益佛教类记体文略作分析。

明吴讷《文章辨体序说》云："大抵记者，盖所以备不忘。如记营建，当记月日之久近，工费之多少，主佐之姓名。叙事之后，略作议论以结之，此为正体。至若范文正公之记严祠、欧阳文忠公之记昼锦堂、苏东坡之记山房藏书、张文潜之记进学斋、晦翁之作《婺源书阁记》，虽专尚议论，然其言足以垂世而立教，弗害其为体之变也。"② 由叙事为主，议论为辅，到专尚议论，是记体文自宋以后的重大变化。钱谦益佛教类记体文也凸显着此特点：议论的成分大大增加，甚至成为文章的主体。原有的记月日、工费、姓名等记事内容，反而为其次。议论的主体内容约略有三：一是儒释优劣之比较，二是释家弊端之批判，三是教化功用之宣扬。

---

① 何李《唐代记体文研究》以严可均《全上古三代秦汉三国六朝文》为例，对汉魏六朝记体文进行了统计，共得记体文92篇，其中79篇与佛教相关，其中翻译43篇，杂记14篇，造像记22篇。单从统计数字，即可看出记体文与佛教的渊源关系。（何李：《唐代记体文研究》，博士学位论文，华东师范大学，2010年，第17—18页）

② （明）吴讷著，罗根泽校点：《文章辨体序说》，第42页。

关于讨论儒释优劣，《龙树庵记》和《瑞光寺兴造记》可为代表。《龙树庵记》从文震孟、姚希孟之好友广传叙起，引出"华山有壤地之讼，僧徒惊怖欲散去，传告哀于佛，去氏削发，誓以死殉"。① 三年后，讼稍息，广传于墓田丙舍间结龙树庵以居。钱谦益借广传等教内人士誓死以守佛土的行为，大发议论："然其人往往以塔庙为国土，以伽蓝为金汤，而效死以守之，身可杀而不可夺，若传者何其固也？"② 士大夫的行径，与僧人形成了鲜明的对比。他们"身受国家疆圉之寄，而不难以戎索与虏。一旦丧师失地，日蹙国百里，拱手瞪目，彼此相顾视，所谓败则死之，危则亡之者，其于浮图何如也"？③ 佛教中塔庙遍四海，虽没有高爵之赏，没有严刑之罚，僧侣誓死守护。卿大夫身受国家之恩，视守国土若儿戏，"一旦有事，上不能谋，士弗能死，委而去之，国家之疆圉，曾不得比于浮图之塔庙，而不以为耻也"④。明崇祯朝，东北局势自毛文龙、袁崇焕被杀，孙承宗罢官之后，越发不可收拾。查之史实，崇祯三年（1630），清兵克永平和滦州。崇祯四年（1631）年七月，大凌城被清兵围困，山海关总兵宋传等援大凌，却败于长山。同年十月，孔有德反于吴桥，连续攻陷临邑、商河、齐东，屠新城。次年春，连续陷登州与黄县。李自成、张献忠的义军，也辗转于陕西、河南、湖广等地。内忧外患并作，朝廷岌岌可危。在此情况下，钱谦益借广传去氏削发以守佛土的举动，在守土问题上就儒、释优劣得失大发议论，用心良苦。在《瑞光寺兴造记》中，钱谦益对此加以生发，认为"浮屠以其塔庙为己，而不以其塔庙为己之塔庙"。⑤ 以塔庙为己，故庇治之不惜头目脑髓；不为己之塔庙，故所有收入不饱私囊，不虑及子孙万世，此正是儒士所不能及的。"士大夫之于浮屠，不独思愧也，岂亦可以知惧矣乎？"⑥ 批判与警诫并存，亦见其用心所在。

---

① （清）钱谦益：《初学集》卷42，第1105页。
② 同上。
③ 同上。
④ 同上书，第1106页。
⑤ 同上。
⑥ 同上书，第1107页。

钱谦益对佛教弊端的批判，则以禅宗为主。在《虎林重修报国院记》中，他对禅宗中形式化、模拟化的教学方式及追求荣名利养的价值取向提出了批判，提出以净救禅，"宁守净，无趣禅"，"宁守云栖之真净，无趋今日之伪禅"①。《天台渺法师灵异记》则借天台渺法师转生为慈月宫陈夫人之事，大弘天台教法，并借此对治狂禅之病："如来拳拳付嘱，惟此正法。正法衰熄，魔外盛行，未有甚于此时者也。当此时，阐扬台事，大明如来一期教之肩镳。"②《海宁安国寺祖庭修造记》提出，天台宗与禅宗之禅，离则两失，合则两得，体现出救末法之志。

教化功用之宣扬，在《地藏庵记》《虎丘云岩寺重修大殿记》诸篇中均有体现。《地藏庵记》重在阐述地藏菩萨"以大悲运大愿、弘大道、济大苦，兹悲拔救"之功用。首先，就庵之地理位置而言，"旁倚丽谯，俯瞰阛阓，幡幢落影，飘拂旗亭，鱼鼓流音，萦回屠肆"。因地处闹市，教化之功远较山林僻野为大。其二，因地处闹市，往来参拜人士众多，"翁媪炷香而邀福，樵牧插烛以祈年""植上升之种子，剪捺落之根芽"，众人广植善根，剪除宿业。其三，庵周围为民间祠祭场所，与其血肉熏蒿相比，庵中之清晓斋蔬与宵中梵呗，更能显出佛教的优胜之处，增长其向佛之心，"福我毗庶，摄彼人天"。③《虎丘云岩寺重修大殿记》重在突出云岩寺建于集金之精的阖庐墓葬之傍，以此来镇压吴中兵气，在"天下盗贼蜂起，兵火弥亘"之时，"中吴一隅，宵柝不警"，实由其祐护之功。此略带迷信的说法，实见当时民众信仰的目的及价值取向。

四　序跋

"序"指序文，以介绍著作的写作缘由、内容、体例等为主。王应麟的《辞学指南》云："序者，序典籍之所以作。"跋亦称题跋或跋尾，是写在书后、文后的说明性文字。徐师曾的《文体明辨》云："按题跋

---

① （清）钱谦益：《初学集》卷42，第1109页。
② （清）钱谦益：《初学集》卷43，第1123页。
③ （清）钱谦益：《有学集》卷27，第1026页。

者，简编之后语也。凡经传子史诗文图书之类，前有序引，后有后序，可谓尽矣。"①

钱谦益的绛云楼藏书富甲江南，然庚寅之火后荡为灰烬，其中许多孤本，不传于天下。然其所作题跋类文字，多载于《初学集》《有学集》中。潘景郑先生积20年之力，多方搜寻，汇集题跋265首，编成《绛云楼题跋》一书，举凡经、史、子、集、佛典、道笈，无不兼涉。其中涉及佛教典籍及僧人作品类题跋共计47则。在《钱牧斋全集》中，收佛教类序文计24篇，《嘉兴藏》收有《浮石禅师语录序》《寒松操禅师语录序》佚文两篇。此73篇文字，就内容而言，或为史实考证，或为作品鉴赏，或阐发佛学思想，或批评佛教积弊，或记奇人异事，内容颇为丰富。裴世俊的《钱谦益古文首探》分"用为正史发端之序文""阐述诗歌理论之序文""抨击'俗学''自是'之序文""表彰提携作者之序文""考论学术原委之跋文"五部分，综论钱谦益序跋，然佛教类之论尚少，故择要略述之。

考辨版本的源流得失，是序跋的一大功用。钱谦益的绛云楼藏书富甲江南，他本人对书籍的版本源流、优劣得失，了如指掌。虽庚寅之火使他毕生搜罗之古文逸典、珍本善本化为灰烬，但所藏宋版、元版、内府版等珍贵典籍，从《绛云楼书目》中略可窥见。序跋充分显现出版本考辨之功，佛教类序跋亦然。在《唐人新集金刚般若经石刻跋》中，钱谦益先叙源流，后辨得失。其略曰：唐太和元年（827），弘农杨承和取《金刚经》六译，排纂删缀，名《新集金刚般若波罗蜜经》，刻之于石。经文五千一百六十七字，今本仅四千四百五十六字。翰林学士王源中、柳公权等人为赞，太和四年（830）奏进，同年八月编入藏经目录。后因初刻八分书难读，唐玄度集王羲之书，太和六年（832）刻之于石。赵明诚《金石录》称"王右军六译《金刚》"，明末清初为新安程穆倩所藏。是书所得者，今藏本之字体实集王羲之书体之作，弥足珍贵。所失者，杨承和《新集金刚般若波罗蜜经》不是《金刚经》六译中的任何一本，而是"合诸家之译，

---

① （明）徐师曾：《文体明辨序说》，第136页。

择其言寡而理长，语近而意远者"，故有乱改经文之嫌，难免毁谤佛教之责。钱谦益极为痛恨明人空疏不学而又擅自改书之恶习，对张商英改删《楞严经》之举多次呵责①。他认为杨氏之举，并开后世孙知县、王日休以己意刊定《金刚经》的先河。在《大悲心陀罗尼经秘本》中，钱谦益先点明版式特点，突出其异：在写本形式上，咒文部分每一句下有白描小像，夹注诸佛菩萨鬼神名号于其下。据此特点，结合唐朝梵僧写经形式，断定为宫中物，自唐末战乱而从宫中流出。

考辨史实，兼以存史，是钱谦益序跋的另一特色。它集中体现了钱谦益的考史、辨史之功。现以《清教录》为例，略作说明。

《清教录》颁布于明洪武二十五年（1392），《金陵梵刹志》《明会典》《国榷》等虽对此有所记载，然大多语焉不详。如《金陵梵刹志》卷二"洪武二十五年"载："十二月二十一日，钦依关领《清教录》一百四十五本，发与各处僧纲司，依本刊板印造，俵散所属寺院僧人。"② 洪武二十七年（1394）正月八日，颁布《重申佛教榜册》，中列《清教录内禁约条例》，共计两条。一为天下诸僧名籍造册在寺，凡遇前来挂搭者，按册查验，不符者报官。二为严禁收养民间儿童为僧，规定年满23岁后，方可出家为僧。③ 依此看来，《清教录》显系针对教团内部僧人纪律的整顿。

从目录著录的一般通例来看，却与此书内容不符。《千顷堂书目》卷十"政刑类"著录云："《清教录》缺卷　备列僧徒交结胡惟庸谋反爰书，凡六十四人。"④ 此书前列有《明御制武臣敕谕》一卷，《武士训戒录》《臣戒录》一卷，《志戒录》二卷，《逆臣录》五卷，《昭示奸党录》一卷，第二录一卷，第三录一卷。其中《臣戒录》系"洪武十三年正月，胡惟庸谋叛，事觉，命翰林侍臣纂录历代诸侯王宗戚臣之属悖逆不道者凡二百十

---

① 钱谦益文中多次痛斥明人改书陋习，如《跋列女传》云："秦汉古书，多为今世妄庸人驳乱，其祸有甚于焚燎，不可不辨。"（《有学集》卷46，第1519页）其斥张商英删改《楞严经》之举，详见拙文〈《楞严经疏解蒙钞》的文献学价值〉，《江苏广播电视大学学报》2012年第1期。
② （明）葛寅亮：《金陵梵刹志》卷2，天津人民出版社2007年版，第243页。
③ 同上书，第255—256页。
④ （清）黄虞稷撰，瞿凤起、潘景郑整理：《千顷堂书目》卷10，上海古籍出版社2001年版，第262页上。

二人，备其行事，以类书之。六月书成，颁布中外。"①《志戒录》是"洪武十九年十月颁其书，刘三吾编辑，采晋李克至宋刘正彦为臣悖逆者凡百有余事，一名《历代奸臣备传》，赐群臣及教官诸生讲诵，使知所鉴戒"。②《逆臣录》系"太祖敕翰林臣辑录蓝党狱词"③。《昭示奸党录》三录三卷，系胡惟庸涉案人员及其招词之辑录，用以昭示天下。由此观之，《清教录》内容或与上述诸书同，只不过所列者为僧人而已。清钞本《明史》卷一百三十四"政刑类"在"《昭示奸党录》一卷，第二录一卷，第三录一卷"下载："《清教录》卷。□□□□交结胡惟庸谋逆□凡六十四人"，下列"《逆臣录》五卷太祖敕翰林臣辑录蓝党狱词。"④《昭示奸党录》与《逆臣录》均为昭示胡党案之作，《清教录》亦列其间，内容当亦似之。

钱谦益跋《清教录》两则，为我们研究相关问题提供了实证。其一云："《清教录》条例僧徒爰书交结胡惟庸谋反者凡六十四人，以智聪为首，宗泐、来复，皆智聪供出逮问之也。宗泐往西天取经，其自招与智聪原招迥异。宗泐之自招，以为惟庸以赃钞事文致大辟，又因西番之行，绝其车马，欲陷之死地，不得已而从之。智聪则以为惟庸与宗泐合谋，故以赃钞诬奏，遣之西行也。"⑤且不论宗泐、智聪孰是孰非，单就条列《清教录》内容而言，已经明确揭示出，朱元璋《清教录》之颁布，并不仅仅是对教团纪律的整顿，而是有更深的政治色彩。洪武十三年（1380），朱氏以谋反罪名诛杀了胡惟庸，并以此为借口，在朝臣中进行了一次大规模的清剿。洪武二十三年（1390），李善长等朝廷重臣因坐胡党案被杀，前后株连三万余人。万斯同《明史》中著录的《昭示奸党录》，是朱元璋"命刑部以肃清逆党事播告天下"⑥，将胡党涉案人员冠之以奸党之名颁布天下。而《清教录》当与《昭示奸党录》相配合，选录与胡惟庸有关之僧

---

① （清）黄虞稷：《千顷堂书目》卷10，第261页下。
② 同上书，第261页下—262页上。
③ 同上书，第262页上。
④ （清）万斯同：《明史》卷134，《续修四库全书》第326册，第342页上。
⑤ （清）钱谦益：《绛云楼题跋》，上海古籍出版社2005年版，第81页。
⑥ （清）谷应泰：《明史记事本末》卷13，中华书局1977年版，第183页。

人，汇集成册，颁示于天下。然该书流传极少，"闻《清教录》刻成，圣祖旋命庋藏其版，不令广布。今从南京礼部库中钞得，内阁书籍中亦无之"。① 故书中涉胡党之事，非但不为人知，如前言，反代之以其他内容。

第二节 佛教对钱谦益散文创作的影响

钱谦益不仅是诗坛巨匠，对于古文创作也是得心应手。他的古文铺张扬厉、雄健恣肆、词采富赡、比喻新奇、奇偶交错、骈散交融，取得了较高的文学成就。他的古文"从王、李入，而不从王、李出"②，兼采秦汉古文之长，深受唐宋散文影响，尤以韩愈、苏轼为重。明代古文大家宋濂、归有光等，均为其师法对象。钱谦益对佛经的文学性价值有着充分认识，自幼熟读佛教经典，善于汲取佛教典故，并化用于时文创作。他的为文历程及文风转向，均受佛教影响。

为了准确揭示钱谦益古文所受佛教之影响，先对其古文学习、创作的历程略作梳理。钱谦益初学为文，深受王世贞等后七子影响。《答山阴徐伯调书》云："仆年十六七时，已好凌猎为古文。澜翻背诵，暗中摸索，能了知某行某纸。摇笔自喜，欲与驱驾，以为莫己若也"。③ "余未弱冠，学为古文辞，好空同、弇山二集。朱黄成诵，能暗记其行墨。每有撰述，刻意模仿，以为古文之道，如是而已。"④ 继而受李流芳、程嘉燧、唐时升、娄子柔等嘉定四先生影响，始知除李、王之外，尚有唐宋诸大家之文，"长而从嘉定诸君子游，皆及见震川先生之门人，传习其风流遗书"⑤，"临川汤若士寄语相商曰：'本朝勿漫视宋景濂。'于是始覃精研思，刻意学唐、宋古文，因以及金元元裕之、虞伯生诸家，少得知古学所从来"⑥，

---

① （清）钱谦益：《绛云楼题跋》，第81页。
② 钱基博：《中国文学史》，中华书局1994年版，第846页。
③ （清）钱谦益：《有学集》卷39，第1347页。
④ （清）钱谦益：《牧斋杂著》，第676页。
⑤ 同上。
⑥ （清）钱谦益：《有学集》卷39，第1347页。

"久而翻然大悔,屏去所读之书,尽焚其所为诗文,一意从事于古学"①。《读宋玉叔文集题辞》中记叙得更为具体:"余之从事于斯文,少自省改者有四。弱冠时,熟烂空同、弇州诸集,至能暗数行墨。……长而读归熙甫之文,谓有一二妄庸人之为巨子,而练川二三长者,流传熙甫之绪言。先君子之言益信,一也。少奉弇州《艺苑卮言》,如金科玉律。及观其晚年论定,悔其多误后人,思随事改正。……盖弇州之追悔俗学深矣。二也。午、未间,客从临川来,汤若士寄声相勉曰:'本朝文,自空同已降,皆文之舆台也。古文自有真,且从宋金华著眼。'自是而指归大定。三也。毘陵初学《史》《汉》为文,遇晋江王道思,痛言文章利病,始幡然改辙。闽人洪朝选撰晋江行状,区别其源流甚晰。而弘、正之后,好奇者旁归于罗景明。吴人蔡羽与王济之书,极论其侧出非古。由是而益知古学之流传,确有自来。四也。余之于此道,不敢自认为良医,而审方诊病,亦可谓之三折肱矣。"② 不难看出,在钱谦益学习古文过程中,苏轼、宋濂、归有光诸人对其有很大影响。对此,龚鼎孳的《祭虞山先生牧斋钱学士之文》云:"恪守指归,则上下千载,惟昌黎与庐陵,抑震川而潜溪。"③顾苓的《东涧遗老钱公别传》亦云:"远轨昌黎、眉山,近准潜溪、震川。"④ 值得注意的是,对钱谦益影响较大的如苏轼等人的文章,皆受佛教影响。

作为唐宋八大家之一的苏轼,其文深受佛教影响,钱谦益论云:"吾读子瞻《司马温公行状》《富郑公神道碑》之类,平铺直叙,如万斛水银,随地涌出,以为古今未有此体,茫然莫得其涯涘也。晚读《华严经》,称性而谈,浩如烟海,无所不有,无所不尽,乃喟然而叹曰:'子瞻之文,其有得于此乎?'文而有得于《华严》,则事理法界,开遮涌现,无门庭,无墙壁,无差择,无拟议。世谛文字,固已荡无纤尘,又何自而窥其浅深,议其工拙乎?……苏黄门言少年习制举,与先兄相后先。自黄州以

---

① (清)钱谦益:《牧斋杂著》,第676页。
② (清)钱谦益:《有学集》卷49,第1588—1589页。
③ (清)龚鼎孳:《祭虞山先生牧斋钱学士之文》,载《牧斋杂著》,第964页。
④ (清)顾苓:《东涧遗老钱公别传》,载《牧斋杂著》,第961页。

后，乃步步赶不上。其为子瞻行状曰：公读《庄子》，喟然叹息曰：'吾昔有见于中，口未能言。今见《庄子》，得吾心矣。'后读释氏书，深悟实相。参之孔、老，博辨无碍。然则子瞻之文，黄州已前得之于《庄》，黄州之后得之于释。吾所谓有得于《华严》者信也。"① 这与苏辙在《亡兄子瞻端明墓志铭》中所言相符："既而谪居于黄，杜门深居，驰骋翰墨，其文一变，如川之方至，而辙瞠然不能及矣！后读释氏书，深悟实相，参之孔、老，博辨无碍，浩然不见其涯也。"② 苏轼《自评文》亦云："吾文如万斛泉源，不择地皆可出，在平地滔滔汩汩，虽一日千里无难。及其与山石曲折，随物赋形，而不可知也。所可知者，常行于所当行，常止于不可不止，如是而已矣。其他虽吾亦不能知也。"③ 苏轼此语的理论根源，"不外乎以寓动于静，寓静于动，动静一如为体的法界观思想"。④

宋濂为明代"开国文臣之首"⑤，他"自少至老，未尝一日去书卷，于学无所不通"。⑥ 钱谦益称："国初之文，以金华、乌伤为宗"⑦，"国初金华宋文宪公，承黄潛卿、吴立夫之绪学，蔚为大儒。尝入仙华山为道士，饱翻道藏。而其生平，阅释藏者凡三。故其文源本洙泗，参同释玄，为一代文章之祖。自时厥后，儒者或以博学有闻，而旁通二教者鲜矣"。⑧ 钱谦益搜集宋濂有关佛教的文字编成《护法录》一书，刻行于世。钱谦益对归有光之文，深自悦服。《新刻震川先生文集序》云："余服膺先生之书，不为不专且久，丧乱废业，忽忽又二十年，今乃始旋其面目，旷然知先生所以为文之宗要，岂不幸哉！"⑨ 归有光也是深达佛乘之士，钱谦益曾云："先生儒者，曾尽读五千四十八卷之经藏，精求第一义谛，至欲尽废其书。

---

① （清）钱谦益：《初学集》卷83，第1756页。
② （宋）苏辙：《栾城后集》卷22，中华书局1990年版，第1127页。
③ （宋）苏轼：《苏轼文集》第5册，中华书局1986年版，第2069页。
④ 吴明兴：《苏轼佛教文学研究》，博士学位论文，佛光大学，2009年，第14页。
⑤ （清）张廷玉：《明史》卷128，第3787—3788页。
⑥ 同上书，第3787页。
⑦ （清）钱谦益：《初学集》卷83，第1759页。
⑧ （清）钱谦益：《有学集》卷16，第752页。
⑨ 同上书，第729页。

而悼亡礼忏，笃信因果，恍然悟珠宫贝阙生天之处，则其识见盖韩、欧所未逮者，余固非敢援儒而入墨也。"① 因此，从师缘角度而言，钱谦益之文实间接受佛教影响。

从钱谦益的自身经历言，钱谦益自幼熟读佛经，深受佛教影响。《与京口性融老僧书》云："《维摩诘所说经》，做秀才时，曾阅肇公疏义，言简义精，尝谓如郭象注《庄》，王弼解《易》，可以离经而孤行也。"② 十八岁时，钱谦益于帖括之暇，读《楞严经》，感世尊托梦，深有省发。对佛教经典之研读，影响了他的时文创作，其在《何君实墓志铭》中云："余为时文，好刺取内典，名儒邵濂呼为《楞严》秀才，必旁及肇《论》《净名》注，兄击节叹曰：'又是方袍平叔矣。'其欣赏如此。"③ 可见，在钱谦益文风转变的过程中，《华严经》等佛教经典，均起过重要的促发作用。

明亡后，钱谦益日益沉浸于佛教之中，创作了大量的佛教类文字，"每灯残月落，梦回瘵醒，先佛古师，一二染神刻骨语句，影略逗漏，时时必落齿牙喉吻之中，如小儿弄语时，婆婆和和，有人诘之，茫然不能置答"④。诚如钱锺书所论："表扬累臣志士与援掇禅藻释典，遂为《有学集》两大端。"⑤ 钱谦益对此也不讳言："李叔则谓吾文，近来好用佛语，叔则不知余学殖日落，间资内典为谈助，而以为好用佛语，此所谓何不食肉糜耳。"⑥ 钱谦益创作了大量佛教类古文，足见其受佛教影响之大。

对于钱谦益散文风格，前贤时彦多有论之。邹式金在《牧斋有学集序》中称"其为文也，仰观云霞之变，俯察山川之奇，中究人物品类之盛，本之六经以立其识，参之三史以练其才，游之八大家以通其气，极之诸子百氏稗官小说以穷其用。文不一篇，篇不一局，如化工之肖物，纵横变化而不出乎宗，又如景星卿云，光怪陆离，世所希见，而不自其所至。

---

① （清）钱谦益：《有学集》卷16，第730页。
② （清）钱谦益：《初学集》卷79，第1703页。
③ （清）钱谦益：《有学集》卷31，第1146页。
④ （清）钱谦益：《有学集》卷50，第1624页。
⑤ 钱锺书：《管锥编》，中华书局1982年版，第1266页。
⑥ （清）钱谦益：《有学集》卷39，第1361页。

信艺苑之宗工、词林之绝品也。"① 郑之诚在《清诗纪事初编》中云："文宏肆奇恣，经史百家，旁及佛乘，悉供驱使。"② 裴世俊在《钱谦益古文首探》中认为："他善于揣摩，融会贯通，吸收韩愈古文的浑浩流转，雄奇奔放，欧阳修的雄辩滔滔，酣畅淋漓，苏轼的汪洋恣肆，纵横变化，又兼取宋濂古文的明朗晓畅和归有光的纡徐曲折，形成个人散文的艺术风格：气昌词赡，纵横雄放。"③ 李金松认为："他的散文写得铺张扬厉、雄健恣肆，而且词采富赡、比喻新奇。"④ 不管宏肆奇恣也好，雄健恣肆也罢，钱谦益古文风格的形成，深受佛教影响。

首先，钱谦益宏奇恣肆的文风，深受佛教浸染。诚如李金松的《钱谦益对散文艺术的开拓》所论："其散文创作在趋向唐宋派平易风格的同时，又兼采秦汉派的文气雄劲"⑤，"不是对秦汉派的简单重复，而是自出变化，变秦汉派的生奥艰涩为排比铺陈。"⑥ 其实，此"变"之过程，是综取各家之长的结果，佛教经典在其古文转变过程中起到了重要的促进作用。瞿式耜在《牧斋先生初学集目录后序》中云：

> 旋观先生之文，初变于历、启之交，规摹经营，不失参黍，其规矩绳尺，犹可寻也。已而学益博，思益深，气益厚，自唐、宋以迄金、元，精髓营魄，摄合于尺幅之上，方轨横鹜，而未知孰为后先。……癸酉，居太夫人丧，读《华严经》，益叹服子瞻之文，以为从华严法界中流出。戊寅春，逾冬领系，卒业三史，反复《封禅》《平准》诸篇，恍然悟华严楼阁于世谛文字中。子由称子瞻曰："读释氏书，深悟实相，博辨无碍，浩然不见其涯也。"先生其几矣乎！⑦

---

① （清）邹式金：《牧斋有学集序》，载《牧斋杂著·附录》，第952页。
② 郑之诚：《清诗纪事初编》卷3，中华书局1965年版，第307页。
③ 裴世俊：《钱谦益古文首探》，齐鲁书社1996年版，第113页。
④ 李金松：《钱谦益对散文艺术的开拓》，《华南师范大学学报》（社会科学版）2012年第4期。
⑤ 同上。
⑥ 同上。
⑦ （明）瞿式耜：《牧斋先生初学集目录后序》，《初学集》，第52—53页。

由规模七子到形成自己独特的风格,钱谦益的古文风格确经几番转变。崇祯六年(1633),钱谦益母亲去世,在此期间,他研读《华严经》,深深地体会到苏轼之文和《华严经》间的关系。崇祯十一年(1638)春,钱谦益因张汉儒的诬告在北京狱中已经度过了大半年的时间,他潜心研读史书,再次感悟到《华严经》对世间文学创作的影响。可以说,诸如《华严经》等佛教经典文风对钱谦益古文转变影响至大。

《华严经》全名《大方广佛华严经》,又称《大不思议经》《杂华经》等,是华严宗的根本经典。该经"以法界缘起为基点,以菩萨行和毗卢遮那崇拜为中心,展开了神奇美妙、富丽堂皇、光彩夺目、色泽斑斓之妙有世界"①,它以"思想的圆融、想像的丰富、境界的宏阔和文章的华美而著称,是最有文学性的佛经之一"②。铺陈夸张、想象奇特,成为此经最为鲜明的文学特色。《华藏世界品》中无穷无尽的华藏世界、《入法界品》中的弥勒楼阁,极尽铺陈之能事。经中之比喻,更是令人称奇。《入法界品》中称菩提心云:"菩提心者犹如种子,能生一切诸佛法故。菩提心者犹如良田,能长众生白净法故",连用一百零八种喻体称赞菩提心。如此大量之比喻,兼以排比句式出现,无疑给人以博大之气势,为中土文章所罕见。

钱谦益之文虽不似《华严经》比喻那样繁富,然排比兼比喻之运用,无疑增加了文章的气局。陈洪先生评《题佛海上人卷》云:"钱氏全用直说,其文学魅力乃由古文技巧中产生,如用排比句造成气势,用夸张言辞强化效果等。在一组排比里,他又在整齐中故作变化,如'此丑净之排场也''此市井之弹词也''此所谓郑人之争年,以先息为胜者也。'"③比喻兼排比手法的运用,在钱谦益文中较为常见。除《秋怀唱和诗序》《虞山诗约序》外,《读武闇斋印心七录记事》也体现了这种特点,如云:"其为书也,网罗三教,悬镜一心。穿天心,厌月窟,凌四游,贯

---

① 冯国栋:《八十华严〈入法界品〉之文学内蕴及其在造型艺术上的意义》,《佛经文学研究论集》,复旦大学2004年版,第65页。
② 侯传文:《佛经的文学性解读》,中华书局2004年版,第50页。
③ 陈洪:《佛教与中国古典文学》,天津人民出版社1993年版,第108页。

八极，骤而即之，如入鲛人之室，明珠夜光，撒地而涌出也；如登群玉之府，琬琰珪璋，触目而森列也。徐而探之，如涉大海，天吴阳侯，鱼颉鸟胻，砑硪而逆击也。如入深山穷谷，豪猪虎豹，迅奋而攫拿，急与之角而不暇也。"①

与《华严经》中大型群喻不同，以"如"为中心的比喻句型在佛经中更为常见。最为熟知者，当为《金刚经》中之四句偈，"一切有为法，如梦幻泡影，如露亦如电，应作如是观"②。连用"梦""幻""泡""影""露""电"等六种物象，阐述诸法空性。《摩诃般若波罗蜜经·序品》中有著名的"大乘十喻"，其云："解了诸法如幻、如焰、如水中月、如虚空、如响、如犍闼婆城、如梦、如影、如镜中像、如化，得无阂无所畏。"③《维摩诘所说经·观众生品第七》中，一口气道出了三十个"如"："譬如幻师，见所幻人，菩萨观众生为若此，如智者见水中月，如镜中见其面像，如热时焰，如呼声响，如空中云，如水聚沫，如水上泡，如芭蕉坚，如电久住，如第五大，如第六阴，如第七情，如十三入，如十九界。菩萨观众生为若此，如无色界色，如焦谷牙，如须陀洹身见，如阿那含入胎，如阿罗汉三毒，如得忍菩萨含恚毁禁，如佛烦恼习，如盲者见色，如入灭尽定出入息，如空中鸟迹，如石儿女，如化人起烦恼，如梦所见已寤，如灭度者受身，如无烟之火，菩萨观众生为若此。"④ 这种以"如"为中心的比喻群的出现，使抽象化的佛理得到了形象化说明，极大增加了佛经的文学性与可读性。在钱谦益文中，这种"如"字比喻群，多有出现。《复徐巨源书》云："水涸山枯，回向佛法。回观世间语言文字，如空花，如嚼蜡，如虫蚀木，如印印泥，以耽空扣响之人，守旁行四句之典。马、班二史，唐、宋八家，如梦中物，如呓中语。愿欲于此时点勘韵笔，主张艺林，镂缘影为文章，界虚空为坛墠，不亦诞乎！不亦荒乎！"⑤ 文中连用

---

① （清）钱谦益：《有学集》卷50，第1631页。
② （姚秦）鸠摩罗什译：《金刚般若波罗蜜经》卷1，《大正藏》第8册，第752页上。
③ 同上书，第217页上。
④ （姚秦）鸠摩罗什译：《维摩诘所说经》卷2，《大正藏》第14页，第547页中。
⑤ （清）钱谦益：《有学集》卷38，第1325页。

六个"如"字，借用佛教中常见的比喻，来说明自己对世间文字超脱的态度。在为文造势的同时，颇具感情色彩。《题纪伯紫诗》中借袁宏道评徐渭之语云："其胸中有一段不可磨没之气，英雄失路、托足无门之悲，故其诗如嗔如笑，如水鸣峡，如种出土，如寡妇之夜哭，如羁人之寒起。当其放意，平畴千里。偶尔幽峭，鬼语幽坟。"① 简短数语中，连用六"如"为喻，将徐渭诗中"不可磨没之气"全盘托出。《戏题徐仲光藏山稿后》云："仲光之文，本天咫、搜神达、纪物变、极情伪。其雅且正者，如金石，如箴颂；其变者，如小说传奇；其喜者，如嘲戏；其怒者，如骂鬼；其哀者，如泣如诉；其诡谲者，如梦如幻。"② 连用九"如"，来说明徐仲光文之"雅""正""变""喜""怒""哀""诡谲"等诸种特色，几近佛经中的十"如"。

其次，丰富多彩的佛教譬喻。"譬喻"一词，据李小荣《汉译佛典及其影响研究》所论，约含三义：一为修辞学中的譬喻，如前论之比喻；二为因明三支之一；三为九分教或十二分教之一，主要记载佛及弟子、居士等圣贤之行谊风范，贯穿着业报因缘的内容，如佛典中的譬喻经，类似文学中的寓言。钱谦益精通佛典，对此均有不同程度的运用。除了后文所论借佛教譬喻来委婉含蓄地表达其诗文主张外，佛教譬喻的大量运用，无疑增加了文章的可读性与趣味性。如论及当时学人缺乏正确的理论指导，则借用水母喻、诗魔喻、演若达多临镜狂走等佛典譬喻予以形象的说明。水母喻典出《楞严经》卷七，其云："如是故有非有色相，成色羯南，流转国土。诸水母等，以虾为目，其类充塞。"③ 水母无目而以虾为目，显指盲目信从之徒。如《启祯野乘序》论及当下史学流弊云："于是国故乱于朱紫，俗语流为丹青，循蟪蛄以寻声，傭水母以寄目，党枯仇朽，杂出于市朝，求金索米，公行其剽劫。"④《宋玉叔安雅堂集序》云："谚有之，海

---

① （清）钱谦益：《有学集》卷47，第1548页。
② （清）钱谦益：《有学集》卷49，第1605页。
③ （唐）般剌密帝译：《楞严经》卷7，《大正藏》第19册，第138页下。
④ （清）钱谦益：《有学集》卷14，第686页。

母以虾为目。二百年来，俗学无目，奉严羽卿、高廷礼二家之瞽说以为虾目。"① 诗魔喻出自《楞严经》卷九，其云："尔时天魔候得其便，飞精附人口说经法，其人不觉是其魔著，自言谓得无上涅槃，来彼求巧善男子处，敷座说法。"② 钱谦益借此说明论诗者受错误诗论的影响而不自知，反而四处鼓吹，如天魔依附人身而借人口宣说魔法。《湖外野吟序》云："萌于骄，甲于易，翳于昧，杀于欺，四者得一，即有下劣诗魔，入其心腑，牛鬼蛇神，飞精说法，吾敢乎哉！"③《再与严子论诗语》亦云："得生于喜，喜生于爱，是为爱魔，亦为诗魔。此魔入人之肺腑，能招引种种庸妄诗魔，以为伴侣，魔日强而诗日下。"④ 演若达多临镜狂走者，典出《楞严经》卷四，其云："汝岂不闻，室罗城中演若达多，忽于晨朝以镜照面，爱镜中头眉目可见，瞋责己头不见面目，以为魑魅无状狂走。"⑤ 演若达多头本无失，因见镜中影像而怀疑头被人取去，从而狂性大发。此与诗坛狂易之人，狂伪之状，约略似之。故《湖外野吟序》云："人有览镜而迷其头，狂走而求之者，又有临镜而憎其面，诟镜而碎之者。……今之称诗者，司盟立埤，更相角抵，而子独清明在躬，厚自引匿，斯亦晨朝引镜之时也。"⑥《赠别胡静夫序》云："譬诸狂易之人，中风疾走，眼见神鬼，口吞水火，有物凭之，懵不自知。已而晨朝引镜，清晓卷书，黎丘之鬼销亡，演若之头具显。试令旋目思之，有不哑然失笑乎？"⑦ 此外，诸如雪山神女喻、穷子喻、观河喻、毒鼓喻、海师探宝喻、迦叶起舞喻、煮簀喻等佛教譬喻，在其文中大量出现，显示出了作者深厚的佛学底蕴，使原本枯燥乏味的论说文变得富有文学情趣，构成了钱谦益文章一股别样的风采。

最后，雅俗并存的语言风格。在论及钱谦益古文语言风格时，词采富

---

① （清）钱谦益：《有学集》卷17，第764页。
② （唐）般剌密帝译：《楞严经》卷9，《大正藏》第19册，第149页中。
③ （清）钱谦益：《有学集》卷18，第803页。
④ 同上书，第1575页。
⑤ （唐）般剌密帝译：《楞严经》卷4，《大正藏》第19册，第121页中。
⑥ （清）钱谦益：《有学集》卷18，第804页。
⑦ （清）钱谦益：《有学集》卷22，第898页。

赡成为最常用的评价。钱谦益饱读诗书，博通三藏，"腹笥富而才情赡"。所作之文，据事类义，援古证今，词采富丽，典故多出，共同促成"雅"之特色。现仅就三教典故之运用，试举一例。《武闈斋印心录记事》开篇便云以三大火聚对待世间之书。一用神龙之火焚烧儒书，二用须弥之火对待释典，三以丁甲之火燃烧道书。在论及《武闈斋印心七录》时，钱谦益云："其以为儒家也，则未知为《河洛》之图与？端门之命与？赤虹黄玉之刻文与？其以为释家也，则未知为阿难海之集与？遮具盘之藏与？昙无竭之宝床金牒与？其以为道家也，则未知为《灵飞》之经与？良常之铭与？骊山老母之丹与？其以为诸子百家也，则未知为雕龙炙輠与？白马非马与？蒯通之《隽永》、郑虔之《荟蕞》与？"① 文中连举儒、释、道、诸子四家之典，其中儒、释、道类各三，其他类四，总计13个典故②，一气呵成，充分显示出他涵盖三教的学养，流露出他追求古雅的一面。然而，鲜有论及的是，其语言在"禅宗典籍通俗活泼语言风格的直接启示"下③，亦有俗的一面。《石梦禅师语录小引》云：

  庞居士访丹霞，霞拈起士幞头，曰："恰似个师僧。"士拈幞头安霞头上，曰："恰似个俗人。"祇如今牧斋老人不会参禅，不会说法，

---

① （清）钱谦益：《有学集》卷50，第1632页。
② 儒家类如《河洛》之图典出《周易·系辞上》"河出图，洛出书，圣人则之"；"端门之命"典出《春秋公羊传注疏》卷一"孔子受端门之命，制《春秋》之义"；"赤虹黄玉"或指谶纬家言（《开元占经》等占卜之书中多有记载，《四库总目》卷九十六有云："赤虹黄玉尤谶纬诞语，而信为古书"）。释家类"阿难海之集"指佛经之结集，是由多闻第一的阿难诵出；"遮具盘之藏"，典出澄观《华严经行愿品疏》卷二："东晋沙门支法领，志乐大乘，捐躯求法，至遮拘盘国，请得《华严》梵本三万六千偈"；"昙无竭之宝床金牒"典出鸠摩罗什译《摩诃般若波罗蜜经》卷二十七："释提桓因言：'善男子！是台中有七宝大床，四宝小床重敷其上。以黄金牒书般若波罗蜜置小床上，昙无竭菩萨以七宝印印之，我等不能得开以示汝'。道教类如《灵飞经》是道教经名，主要讲存思之法；"良常之铭"或指《良常山苍龙溪新宫铭》，见《茅山志·金薤编》（第十二篇下）；"骊山老母之丹诀"，《崇文总目辑释》卷四载："《阴符大丹经》一卷骊山老母注"，或指此。其他类如"雕龙"典出《史记·孟子荀卿列传》，指驺奭；"白马非马"典出《公孙龙子·白马论》；"蒯通"典出《汉书·蒯伍江息夫传》："通论战国时说士权变，亦自序其说，凡八十一首，号曰《隽永》"；"郑虔"典出杜甫《故著作郎贬台州司户荥阳郑公虔》："药纂西极名，兵流指诸掌。贯穿无遗恨，荟蕞何技痒。"
③ 周裕锴：《文字禅与宋代诗学》，高等教育出版社1998年版，第208页。

不会做诗，不会拈语录，镇日住三家村里，破饭箩边，脚波波地，口喃喃地，恰似个曾戴幞头的和尚。石梦大师又会参禅，又会说法，又会做诗，又会拈语录，忙来便开堂示众，一般鼻孔撩天，闲来就拈韵哦诗，到处落红满地，恰似个不戴幞头的乌纱。请问诸方长老，四众学人，者公案如何判断？岂不见莫将尚书谒晦堂心，触鼻观有省，呈偈曰："从来姿韵爱风流，几笑时人向外求。万别千差无觅处，得来原在鼻尖头。"咄咄！此义文长，付在来日。①

庞居士与丹霞对答机语，见《禅宗颂古联珠通集》②，意在僧与俗之间，并无绝对的界限。钱谦益借此生发，全仿禅典语录之俗语，揭示出僧俗身份的融通互换。在《回金汤主人戏论》中，钱谦益开篇便云："金汤主人，具护法眼，张牙努目说道，三宜是个活佛，具德是个妖僧。老夫聊借二语，落草盘桓。"③ 在其后论述中，钱谦益借禅家话头仿禅宗语体，"如今人有眼会看，有耳会听，有口会吃饭，有臀会婀屎，那个不是活佛？"从人人本具佛性立论，破除金汤主人的活佛妖僧之语，具显语言"俗"之特色，使人读来觉得入理三分又兴趣盎然。最后，借钱谦益《武林湖南净慈寺募建禅堂斋室延请禅师住持宗镜唱导文疏》以了结此段论述吧，其云："居士身为穷子，财施法施，一切无有，皮册有莲池大师《弥陀疏钞》一部，谨函致土人，作宗镜开堂资本。仍遥寄一语，普告四众：苍天苍天！老居士唱导护法竟也。"④

---

① （清）钱谦益：《有学集》卷21，第891页。
② （宋）法应集，普会续集：《禅宗颂古联珠通集》卷14，《新编卐续藏经》第115册，第106页上。
③ （清）钱谦益：《牧斋杂著》，第506页。
④ （清）钱谦益：《有学集》卷41，第1402页。

第六章　佛教视阈下的钱谦益文学思想

钱谦益的文学思想深受佛教影响。他以"灵心"论为主体，辅以世运和学问，构建起了完整的诗论体系。他以蔬笋气为中心，在梳理僧诗批评史的基础上，倡导僧诗的本色论，进而从比较文体学的角度，倡导诗偈同源。在传统诗禅论的基础上，他从诗法和悟境两个层面，对明代文坛上尤为盛行的《沧浪诗话》进行了批判性总结。为了调和师古、师心间的矛盾，他在诗论中大量借用佛教譬喻，委婉地表达出自己的观点。

第一节　灵心论

钱谦益是明末清初文坛巨擘，身兼文坛盟主与东林党魁。他的文学思想和诗歌创作在明清诗文转变中起到了关键性作用，成为清诗的开创者和奠基者。徐世昌的《晚晴簃诗汇》称"牧斋才大学博，主持东南坛坫，为明清两代诗派一大关键"[1]，朱则杰称他为"清诗开山鼻祖"[2]，诚非虚语。职是之故，钱谦益的诗论体系成为学界关注的热点。孙之梅的《灵心、世运、学问——钱谦益的诗学纲领》认为灵心、世运、学问三者互相联系，既包含了主观情志学养，也包含了客观境遇和时代世运，内容丰富，逻辑

---

[1] 朱则杰：《清诗史》，江苏古籍出版社2000年版，第56页。
[2] 同上。

严密，构成了一个完备的理论体系。① 其后朴璟兰、翁容、丁功谊、张永刚、朱莉美等诸位同仁在此基础上加以延伸拓展，对钱谦益诗论体系进行了探索。② 然而，钱谦益的灵心论到底源出何方？强调先天禀赋的灵心说又是如何统合后天学养和客观境遇的？这始终是钱谦益诗论研究中悬而未决的疑难问题。众所周知，钱谦益学殖深厚，精通三教，立论严谨，深受阎若璩、梁启超等人推许。他自幼奉佛，晚年几近佞佛，完成了《楞严经疏解蒙钞》等享誉禅林的佛学巨著。在佛教视阈下重新审视钱谦益的诗论体系，不仅可以解决上述难题，而且可以为研究钱谦益文学思想提供一个全新的视角。

一 "灵心"考论

灵心说是钱谦益诗学体系中的核心命题，它的提出经历了一个不断丰富、完善的过程。在《初学集》卷三十一《李君实恬致堂集序》中，钱谦益首次从诗学批评角度提出了"灵心说"，其云："文章者，天地英淑之气，与人之灵心结习而成者也。与山水近，与市朝远；与异石古木哀吟清咦近，与尘埃远；与钟鼎彝器法书名画近，与时俗玩好远。故风流儒雅、博物好古之士，文章往往殊邈于世，其结习使然也。"③ 在此，钱谦益认为"天地英淑之气"和"灵心"是构成文章的两个关键要素。"天地英淑之气"指异石、古木、哀吟、清咦、钟鼎、彝器、法书、法画等远离市朝、时俗的自然环境和人文环境，而"灵心"的内涵则尚不明晰。入清以后，他继续对灵心说进行补充。在《有学集》卷十八《梅杓司诗序》中，钱谦益认为学诗之道有可学而能、可思而致者，"若夫灵心俊气，将迎恍忽，禀乎胎性，出之天然。其为诗也，不矜局而贵，不华丹而丽，不钩棘而远。不衫不履，粗

---

① 孙之梅：《灵心、世运、学问——钱谦益的诗学纲领》，《山东大学学报》（哲学社会科学版）1996 年第 2 期。

② 诸家高论，所见如下。朴璟兰：《钱谦益的文学本质论》，《复旦学报》（社会科学版）2001 年第 4 期；翁容：《灵心、世运、学问——钱谦益诗论小议》，《漳州师范学院学报》（哲学社会科学版）2002 年第 4 期；丁功谊：《灵心、学问、世运、性情——论钱谦益的诗学思想》，《江西社会科学》2008 年第 5 期；张永刚：《灵心、世运、学问——论钱谦益的诗学体系》，《大连大学学报》2008 年第 5 期；朱莉美：《论钱谦益诗学的世运说》，《文学新钥》2009 年第 9 期。

③ （清）钱谦益：《初学集》卷 31，第 907 页。

服乱头，运用吐纳，纵心调畅。虽未尝与捃摭摇擢者炫博争奇，而学而能、思而致者，往往自失焉。"① 在此，钱谦益明确表示，"灵心"是"禀乎胎性，出乎天然"，是诗人与生俱来的先天禀赋，非学问思虑可致。顺治十三年（1656）八月十二日，他在《题族孙遵王破山断句诗后二首》中进而提出："诗家之铺陈攒俪，装金抹粉，可勉而能也。灵心慧眼，玲珑漏穿，本之胎性，出乎豪端，非有使然也。"② 在同年所作的《题杜苍略自评诗文》中，他又提出了灵心、世运、学问三者结合的诗论体系，其云："夫诗文之道，萌折于灵心，蛰启于世运，而茁长于学问。三者相值，如灯之有炷有油有火，而焰发焉。"③ 三者中，灵心作为诗文之道的初始，无疑成为世运、学问的基础。顺治十三年（1656）正月初三，在钱谦益为周亮工所作的《赖古堂宝画记》中，对灵心说进行了全面阐释，其云：

古之高人胜流，蛮遁遗俗者，其神情兴奇，必栖托于山水。或清斋燕处，未遑登涉，往往以图画代之。如渊明之诗所谓"泛览周王传，流观山海图"者是也。人生此世界，沉埋立浊恶世。市廛桎其身，名利梏其心，如蛣蜣转丸，不能自出。惟是栖名山，临大川，空灵秀发之气，吸而取之，可以涤荡尘俗，舒写道心。若乃天外数峰，云山一角，烟岚云物，涌现笔墨间者，化工妙韵，与方寸灵心，熏染映望相逼而出。向子平之五岳，宗少文之四壁，著屐非遥，卧游非近，此可与解人道也。……无始来，二气与业识和合，成就人身。此心识所变之境，一分与心识和合成人，一分即是山河大地国邑。山河大地皆依第八业识变现，而画家之灵心妙韵涌现笔墨间者，由觉人观之，比之于山河大地，不尤近乎？④

在此文中，钱谦益对自然山水、山水图册、作者、观者四者关系进行了

---

① （清）钱谦益：《有学集》卷18，第791页。
② （清）钱谦益：《牧斋杂著》，第111页。
③ （清）钱谦益：《有学集》卷49，第1594—1595页。
④ （清）钱谦益：《牧斋杂著》，第903—904页。

梳理，展现了由自然山水至山水图画的创作过程，以及由作者至观者的品鉴过程。首先，他从山水画创作过程出发，认为作者通过对自然山水的游赏品鉴，体悟世间哲理，涤除世俗之气，陶冶灵心，进而将对山水景物和世出世间哲理的体悟，通过山水图册展现出来。换而言之，山水画是自然山水与作者灵心的结晶。其次，他从山水图画品鉴的角度，认为观者通过对山水画作的欣赏，不仅可以深入体察图画作者对山水哲理的体悟，也可借此达到与亲临自然山水般涤除俗情、陶冶心神的妙用。不管是创作还是品鉴，唯有宿秉灵心者方可发现山水之美，体悟作者之心。换而言之，灵心也就成为山水创作与品鉴中的核心要素。为了更好地说明山水、图画、作者、观者之间的关系，钱谦益借用佛学理论进行了二次阐释。他认为人身是阴阳二气与业识和合的产物。业识的一部分与心识和合成人，另一部分则映现为山河大地。蕴含于作者内心的山水，比外部的自然山水更加接近心性本体。观者通过观赏山水图画，便能直接体悟灵心妙理。钱谦益在此不仅对"灵心说"进行了详细阐释，同时也为考察"灵心说"的来源提供了重要线索。

陈寅恪的《柳如是别传》曾说："牧斋之文，无一字无来处。"[①] 钱谦益儒释道三教兼通，学识渊广。金鹤冲的《钱牧斋先生年谱》引清代考据学奠基者阎若璩之语云："阎百诗曰：'吾从海内读书者游，博而能精，上下五百年，纵横一万里，仅仅得三人焉，曰钱牧斋宗伯也，顾亭林处士及黄南雷而三。'又曰：'何尝有第四人？'"[②] 钱谦益生平倡导通经汲古，学有本源，反对空疏浮泛，灵心说也非空穴来风。

儒释道三家中，对"心"探讨最为丰富、最为精微的非佛教莫属。[③] 值

---

① 陈寅恪：《柳如是别传》，生活·读书·新知三联书店2009年版，第925页。
② （清）钱谦益：《牧斋杂著》，第973页。
③ 在佛教经典中，关于"心"的论述不可胜数。若追寻其梵语源头，不外乎二：一，"心"为梵语citta的意译，音译作质多，具体含义有三。首先，"心"系心王及心所法之总称，系相对于色（物质）、身（肉体）而言，系五蕴中之受、想、行、识四蕴。其次，单指心王，属五位之一，指统一心之主体（六识或八识。）再次，系唯识学名词，指第八阿赖耶识，乃诸法产生之根本体，又称集起心。二，"心"为梵语 hṛd 或 hṛdaya 之意译，或译作肉团心、真实心、坚实心，原语乃具有心、精神、心脏等义的中性名词。亦含有中心（处中者）、真实心（万法本具之真如法性，如来藏心）及精要、精髓（《般若心经》之"心"）诸义项。（详参见慈怡主编《佛光大辞典》，第1395页上—1396页上）

得注意的是，唐代高僧宗密的《原人论》在权衡、融会三教基础上，提出了具有独创色彩的"灵心"说。宗密认为，儒道两家"万物与人，皆气为本"的气说，非究竟之学。佛教中人天教、小乘教、大乘法相教、大乘破相教等诸家所论，亦未达本原。唯有一乘显性教，"一切有情皆有本觉真心，无始以来常住清净，昭昭不昧，了了常知，亦名佛性，亦名如来藏"①，方为究竟之谈。

在《会通本末篇》中宗密借用了《大乘起信论》的理论架构，从由"本"至"末"、由"末"至"本"两个层面，对以"真性"为根本的"人"的生起过程进行了详细推演。首先，由"本"至"末"。他认为，因一真灵性被烦恼隐覆，名如来藏。众生依如来藏有"生灭"和"不生灭"两种心相。"不生灭"之真心与"生灭"之妄心和合而成阿赖耶识，有"觉"与"不觉"二义。依不觉义，最初念动，名为业相，能见之识与所见之境相续出现，产生"法执""我执"。因为"我执"生"贪爱""愚痴"，造善、不善种种业，"心神乘此善业，运于中阴，入母胎中（自注：此下方是儒道二教亦同所说），禀气受质（会彼所说，以气为本）。气则顿具四大，渐成诸根；心则顿具四蕴，渐成诸识。"②"色""心"和合成"人"。"人"之贫富、寿夭诸种差别，由业所引。

其次，由"末"至"本"。宗密认为，逆推本原，不外乎"气"（"色"）、"心"两端。其云：

> 然所禀之气，展转推本，即混一之元气也；所起之心，展转穷源，即真一之灵心也。究实言之，心外的无别法，元气亦从心之所变，属前转识所现之境，是阿赖耶相分所摄。从初一念业相，分为心、境之二。心既从细至粗，展转妄计，乃至造业。境亦从微至著，展转变起，乃至天地。业既成熟，即从父母禀受二气，与业识和合，成就人身。据此则心识所变之境，乃成二分：一分即与心识和合成

---

① （唐）宗密：《原人论》，《大正藏》第45册，第710页上。
② 同上书，第710页中。

人，一分不与心识和合，即成天地、山河、国邑。（按：着重号为笔者所加）三才中唯人灵者，由与心神合也。①

逆推本原，"气"（"色"）"心"皆由"心"所变现，因最初之无明业相，而有"心""境"差别，辗转造业，乃至变起天地。"心识"变现二分之境，元代僧人圆觉认为，"一者根身，识所依故；二者器界，识所缘故"②。"识"所依之"根身"与"心识"合和，成就人身。不惟"人"与器界之区别在此，"人"与动物之区别亦在此。以"灵"称人之因，"谓此血肉之身，由与心神合故。盖由心识宿世熏习所成，故能思虑等"③。以"灵"称人之因，盖与"根身"和合之"心识"，即为宗密所云"一真灵性""真一之灵心"。圣严法师认为"一真灵性"属宗密自创，"其实即是真性，便是恒常不变易的佛性如来藏，目的是为要会末通本，揽摄最末的儒、道二教"。④"灵心"作为"人"之本原，指佛性如来藏。

通过与《赖古堂宝画记》的比勘可以发现，钱谦益"灵心说"实际上源自《原人论》。此外，钱谦益在顺治八年（1651）至顺治十七年（1660）完成的《楞严经疏解蒙钞》卷四、卷十中，先后三次引用《原人论》疏释《楞严经》，足见他曾精研《原人论》。⑤除了《李君实恬致堂集序》外，《有学集》中涉及"灵心说"的文章，均写作于钱谦益疏释《楞严经》时期，这是其"灵心说"源出于《原人论》的重要佐证。

《原人论》中之"如来藏"系梵语复合词"tathāgata-garbha"之意译，"tathāgata"意为"如来"，"garbha"为"胎藏"，借哺乳动物在母胎成长说明众生身中本有如来之胎藏，均有成佛之可能。《如来藏经》云："彼善

---

① （唐）宗密：《原人论》，《大正藏》第45册，第710页下。
② （元）圆觉：《华严原人论解》，《新编卍续藏经》第104册，第283页下。
③ 同上书，第283页下—284页上。
④ 释圣严：《华严心诠》，宗教文化出版社2006年版，第194页。
⑤ 钱谦益引《原人论》疏释《楞严经》，分别见《楞严经疏解蒙钞》卷四，《新编卍续藏经》第21册，第331页上、第790页上、第791页上。另：钱谦益《楞严经疏解蒙钞》的疏释始末及文献学价值，参见王彦明《〈楞严经疏解蒙钞〉考论》，《新国学》2015年，第117—139页；《〈楞严经疏解蒙钞〉的文献学价值》，《江苏广播电视大学学报》2012年第1期。

男子、善女人，为于烦恼之所凌没，于胎藏中有俱胝百千诸佛，悉皆如我。"① 如来藏九喻中，有贫女怀圣胎喻，"譬如贫女人，色貌甚庸陋，而怀贵相子，当为转轮王。七宝备众德，王有四天下"②。贫女所怀贵子，即如来藏。在《大乘起信论》中，"心生灭者，依如来藏故，有生灭心。所谓不生不灭与生灭和合，非一非异，名为阿黎耶识。"③ 阿黎耶识又有"阿赖耶识""藏识""种子识""异熟识"等别称，这在钱谦益的诗论中也有不同的借用。论及"藏识"者，如《书旧藏宋雕两汉书后》云："尔时重见此书，始知佛言昔年奇物，经历年岁，忽然覆睹，记忆宛然，皆是藏识变现，良非虚语。"④《耦耕堂诗序》云："丧乱之后，归心空门，世间文字，都不省忆。惟孟阳清词丽句，尚巡留藏识中。"⑤ 论"异熟"者，如《与吴梅村书》云："真如内典所谓多生异熟，不思议熏习者，庶几无几倖其不能。"⑥ 论"胎性"者，如《高念祖怀寓堂诗序》云："文章之菁华，与名理之苕颖，皆成于胎性，根于种智。"⑦《萧伯玉墓志铭》云："盖俗之为病，根乎胎性，成于熏习，实多生异熟所为，非气力学问所可驱遣。"⑧

宗密所论"灵心"作为"如来藏"另一表述，本含统合三教之意。钱谦益在文论中，对道教中含有"胎藏"之意的"胎性"说也加以借用。《题遵王秋怀诗》云："予谓此非学问之误，乃胎性使然也。仙家言胎性舍于营卫之中，五藏之内，虽获良针，故难愈也。今诗人胎性凡浊，熏于荣卫五藏，虽有《文选》、唐诗以为针药，适足长其焰烟、助其繁漫耳。"⑨《陈百史集序》云："子亦知道家结胎之说乎？古之学者，六经为经，三史

---

① （唐）不空译：《大方广如来藏经》，《大正藏》第16册，第461页下。
② （东晋）佛陀跋陀罗译：《大方等如来藏经》，《大正藏》第16册，第459页上。
③ （梁）真谛译：《大乘起信论校释》，中华书局1992年版，第25页。
④ （清）钱谦益：《有学集》卷46，第1530页。
⑤ （清）钱谦益：《有学集》卷18，第782页。
⑥ （清）钱谦益：《有学集》卷39，第1363页。
⑦ （清）钱谦益：《有学集》卷16，第751页。
⑧ （清）钱谦益：《有学集》卷31，第1127页。
⑨ （清）钱谦益：《有学集》卷47，第1552页。

六子为纬,包孕陶铸,精气结轖。发为诗文,譬之道家圣胎已就,飞升出神,无所不可。今人认俗学为古学,安身立命于其中,凡胎俗骨,一成不可变,望其轻身霞举,其将能乎?"①

佛教的"灵心""藏识""种子识""异熟识"乃至于借用自道教中的"胎性""圣胎"诸说,均带有本原性、稳定性与不可变异性,钱谦益借此论诗,强调先天禀赋对诗人的决定性作用。《梅杓司诗序》认为诗歌"骈枝俪叶,取材落实,铺陈扬厉,可以学而能也。刓目钵心,推陈拔新,经营意匠,可以思而致也。"②唯有诗人之灵心俊气,"禀乎胎性,出之天然","其为诗也,不矜局而贵,不华丹而丽,不衫不履,粗服乱头,运用吐纳,纵心调畅,虽未尝与捃摭摇擢者炫博争奇,而学而能,思而致者,往往自失焉"③。《题族孙遵王破山断句诗后二首》亦云:"诗家之铺陈攒俪,装金抹粉,可勉而能也"④,唯有灵心慧眼,非有使然。在《梅村先生诗集序》中,钱谦益提到为诗之道,"有不学而能者,有学而不能者,有可学而能者,有可学而不能者,有学而愈能者,有愈学而愈不能者。有天工焉,有人事焉"⑤。所谓"可学而不能",指吴伟业"识趣正定,才力宏肆,心地虚明",天地之物象与古今之文心名理,"陶冶笼挫,归乎一气,而咸资以为诗"。同为"玄黄金碧""幺弦孤韵",在梅村则为神丹,为活句;在他人则为"掇拾之长物""偷句之钝贼",此间起决定作用的,非灵心而为何!

如其所论,则岂非如内典所论,终有部分一阐提人不可成佛,而此间亦有一分人,终不可为诗耶?事实并非如此。钱谦益的"灵心论"旨在反拨格调派、七子复古派等形式至上者,是他针对明末文坛中以"剽""窃""奴"为表征的不良文风下的一剂猛药。他并不是纯粹的"灵心"决定论者,而是巧妙地借用内典中之"熏习"说,在"灵心"与"世运""学

---

① (清)钱谦益:《牧斋杂著》,第677页。
② (清)钱谦益:《有学集》卷18,第791页。
③ 同上。
④ (清)钱谦益:《牧斋杂著》,第111页。
⑤ (清)钱谦益:《有学集》卷17,第756页。

问"间架起一座相互沟通的桥梁。

二 熏习说

"熏习",梵语"vāsanā"或"pravṛti""abhyāsa"之意译,亦作"薰习"。小乘经量部中已出现色心互熏说,然其最终完成与完善,则在唯识宗。《成唯识论》卷二云:"依何等义立熏习名?所熏、能熏各具四义,令种生长,故名熏习","如是能熏与所熏,识俱生俱灭,熏习义成。令所熏中,种子生长,如熏苣蕂,故名熏习"①。窥基的《成唯识论述记》亦释云:"熏者,击发义。习者,数数义。由数数熏发有此种故。"② 易言之,现行数数激发阿赖耶识,在促发原有种子生长的同时,并能长出新种子的熏发作用,称为熏习。它包含能熏与所熏,每一方面必须具备四个条件,方成熏习。《成唯识论》卷二载,能熏四义者,一为有生灭,此指有为法,无生灭之无为法非能熏;二为有胜用,"势力增盛,能引习气,乃是能熏",第八异熟心、心所非为能熏;三为有增减,"胜用可增可减,摄植习气,乃是能熏",佛果俱德圆满,非是能熏;其四,"与所熏同时同处,不即不离,乃是能熏"。所熏四义者,作为受熏之体,一为坚住性,要求一类之性,相续不断;二为无记性,受熏之体必须是无覆无记的,如果善、恶势力非常强盛,则不能容纳习气,不能成为所熏;三为可熏性,受熏之体必须是虚疏的,方可接受习气成为所熏,若体性坚密,则不能成为所熏;四者,与能熏和合,能熏所熏处同一时间,同一处所,非即非离,方可成为所熏。综上八个条件,成为受熏之体的,唯有第八识;发挥能熏之用的,则为前七识。八个条件同时具足,方可形成熏习,生成现行或种子。在熏习作用下,前念种子生成后念种子,也可生成现行;现行亦可反熏,形成种子,储存在阿赖耶识之中,形成三法二重因果。③

---

① (唐)玄奘译:《成唯识论校释》卷2,中华书局1998年版,第128页。
② (唐)窥基:《成唯识论述记》卷3,《大正藏》第43册,第242页中。
③ 参见韩廷杰《成唯识论校释·序言》,第10—20页;《成唯识论校释》卷2,第128—132页;谈锡永主编《唯识三十颂导读》,中国书店2007年版,第74—91页。

此外,《大乘起信论》提出了一种与唯识学不同的熏习说,其云:

> 有四种法,染法、净法起不断绝。云何为四?一者净法名为真如。二者一切染因,名为无明。三者妄心,名为业识。四者妄境界,所谓六尘。熏习义者,如世间衣服,实无于香。若人以香而熏习故,则有香气。此亦如是。真如净法实无于染,但以无明而熏习故,则有染相。无明染法,实无净业,但以真如而熏习故,则有净用。①

这种熏习说与唯识学中的熏习说相比,差别还是很明显的。首先,唯识学中的"能熏四义"规定能熏之体必须具备有生灭、有胜用、有增减等条件,限定在有为法中;《大乘起信论》则认为无生灭之真如,亦具能熏之用。其次,唯识学认为受熏之体应是无覆无记的,是非善非恶的,《大乘起信论》认为纯净至善之真如与杂染之无明亦可受熏。再次,唯识学中所熏之体应是虚疏不实的,恒常不变的真如体性,不能受熏;《大乘起信论》则认为真如亦可受熏。或许正是因为看到了两者的差异,高僧大德在疏解《大乘起信论》中,出现了"不思议熏"与"不思议变"的概念。②唐代法藏在《大乘起信论义记》卷三中云:"不思议熏者,谓无明能熏真如,不可熏处而能熏,故名不思议熏。又熏即不熏,不熏之熏名不思议熏。不思议变者,谓真如心受无明熏,不可变异而变异,故云不思议变。又变即不变,不变之变,名不思议变。"③简言之,《大乘起信论》中提到的无明能熏真如,本不可熏(变)而今可熏(变)者,打破了唯识学中熏习之常规,故以"不思议"名之。

因"灵心说"过于强调诗人先天禀赋的决定性作用,故假借佛教"熏

---

① (梁)真谛译:《大乘起信论》,高振农校释,第78页。
② (刘宋)求那跋陀罗译《楞伽阿跋多罗宝经》卷一云:"大慧,现识及分别事识,此二坏不坏,相展转因。大慧,不思议熏及不思议变是现识因。"[参见(宋)正受《楞伽经集注》卷1,上海古籍出版社2011年版,第13页上]其实真正对不可思议熏、不可思议变进行详细解释的,还是在《大乘起信论》的相关疏解中。正受《楞伽经集注》解释此语时,即引用了法藏《大乘起信论义记》卷三中的疏语。
③ (唐)法藏:《大乘起信论义记》卷3,《大正藏》第44册,第269页中。

习"说以补救之。与"熏习"之相近表述，在《初学集》中已经出现。《乞兰诗示西隐长老》云："酒肉相熏染，珠翠并攒簇。譬如汉明妃，嫁与胡虏族。"① 而真正将其运用于文学批评语境的，则出现在《有学集》中。

钱谦益认为，在明代文风日下的形势下，熏习说的提出，还是有其特定意义的。通过熏习理论，可以推知明代文风日下之因，借此寻求革弊之径。《瞭城汪云凭诗引》云：

> 余读内典，第八识果相门为异熟识，无始熏习，由多生招感安立，所谓异世而熟者也。吾于论诗，知果有异熟识。古人之所谓异熟者，《三百篇》也，《离骚》也，枚、李、曹、刘也。今人之所谓异熟者，远则严羽卿、刘辰翁也，近则高廷礼、李献吉也。多生熏习，邪正清浊，染神刻骨，非一生一劫之故，其所由来久矣。②

异熟为唯识学名词，阿赖耶识之异名，为阿赖耶识三相（自相、因相、果相）中之果相，"此是能引诸界、趣，生善、不善业异熟果故，说明异熟"。③ 也就是说，因为阿赖耶识能够引生三界、六趣、四趣等善、不善之果报，故名异熟。异熟者，含有变异而熟、异时而熟、异类而熟三义。钱谦益文中取异时熟之义，称"异世而熟"，"无始熏习，由多生招感安立"。人们能够招致什么样的果报，是由平时造作的善、恶业种子决定的，善、恶业种子是由熏习而形成的。从论诗的角度来讲，他认为古人所谓的异熟，受《诗经》《离骚》等熏习，今人则受严羽、刘辰翁、高棅、李梦阳等人熏习。受熏之因不同，所得之果自异。明乎此，方知熏习之所由，找到为诗为学之门径。此外，《琅环类纂序》亦云：

> 去古日远，九经三史之学尽失故初，基之以掴拾，加之以禆贩，

---

① （清）钱谦益：《初学集》卷18，第579页。
② （清）钱谦益：《牧斋杂著》，第499页。
③ （唐）玄奘译：《成唯识论校释》卷2，第101页。

益之以剽夺,汩没洄渊,久而滋甚。语有之:多所见,少所怪,见橐驼,知马肿背。今之腴闻駕说者,自其多生薰习,以迫于童习白纷,缪种痼疾,症结于膏肓藏府,各徇其师说,以为固然。其将使谁正之?①

捃拾、裨贩、剽夺、少见多怪,腴闻驾说,凡此种种不良风气(现行)的形成,皆因人们自少至老,接受不良习气的熏习,结成缪种(种子),症结(储存)于膏肓藏府(藏识)之中,促发现行,终而复始。在《赖古堂文选序》中,他穷究近代文章之弊,认为百年以来,学问之缪种与时代风气相结合,熏习盘踞于人心之中,"近代之文章,河决鱼烂,败坏而不可救者,凡以百年以来,学问之缪种,浸淫于世运,熏结于人心,袭习纶轮,酝酿发作,以至于此极也。"②"袭习纶轮"四字,颇难解索。宋代长水子璿的《金刚经纂要刊定记》卷一云:"'袭习纶轮'者,'袭'谓承袭,即相续义,由惑发业业能招苦,次第相续故。'习'谓熏习,即相教义,意明惑业念念教学念念熏习故。……然此二义必互相资,谓相续故相教,相教故相续,故云袭习。《唯识》云:'由诸业习气,复生余异熟'也。……'纶'即纶绪也,谓众生业种虽复无边,终不一时受六道报,报有次绪,故名纶绪也。……'轮'谓轮转,谓生已复死,死已复生,生死不停故名轮轮。……然二二对辨亦互相资,谓由惑业承袭,故使报应纶轮。实由报应纶轮,故令惑业袭习。斯则乘因感果,依果造因,因果相资以之不绝。……故《唯识颂》云:'由诸业习气,二取习气俱,前异熟已尽,复生余异熟。'"③简而言之,"袭"谓承袭,"习"即熏习,"纶"即纶绪,"轮"谓轮转。钱谦益借此四字意在说明缪种陋习在近百年时间里承袭相续,互相熏习,次第轮回,无有断绝。其后他列举了"经学之缪三"("解经之缪""乱经之缪""侮经之缪")、"史学之缪三"("读

---

① (清)钱谦益:《有学集》卷14,第695页。
② (清)钱谦益:《有学集》卷17,第768页。
③ (宋)子璿:《金刚经纂要刊定记》卷1,《大正藏》第33册,第173页下—174页上。

史之缪""集史之缪""作史之缪"），进而论及"《说文长笺》行而字学缪，《几何原本》行而历学缪，冬瓜瓠子之禅行而禅学缪"①，关注层面遍及经学、史学、文字学、历学、禅学乃至于文学，可谓"缪种"袭习纶轮之深，"其病在膏肓腠理，而症结传变，咸著见于文章"②。故"学问之缪种，诚难于被除，而文章升降之际，未易以只手挽也"。③

种子既因熏习而成，若想彻底改变恶习循环，亦自熏习开始。《曋城汪云凭诗引》云："居今之世，而思津涉古人，不为俗学所瞀眩也，必先自熏习始，禅家所谓知有入处者也。"④《唐诗鼓吹序》以具体事例阐释道：

> 盖三百年来，诗学之受病深矣。馆阁之教习，家塾之课程，咸秉承严氏之《诗法》、高氏之《品汇》，耳濡目染，镂心刻骨。学士大夫，生而堕地，师友熏习，隐隐然有两家种子盘互于藏识之中。迨其后时知见日新，学殖日积，洄旋起伏，只足以增长其邪根缪种而已矣。……荆公、遗山之选，未必足以尽唐诗。然是二公者，生于五六百年之前，其神识种子，皆未受今人之熏变者也。⑤

《唐诗鼓吹集》仅流布燕、赵间，《唐百家诗选》世有罕知者，严羽的《沧浪诗话》、高棅的《唐诗品汇》大行于世，为当时学诗的大环境。学人自出生始，接受严羽、高棅两家熏习，结成新种子（缪种），储存于藏识之中。随着学识增长，邪根缪种也随之增长，时风日下，诗道日穷。未受今人熏变的《唐诗鼓吹集》《唐百家诗选》，作为现行之一，得不到人们重视，不能达到能熏四义中"有胜用"的要求，不能发挥熏习作用。若想改变当下不良之气，唯有重新重视《唐诗鼓吹集》《唐百家

---

① （清）钱谦益：《有学集》卷17，第768—769页。
② 同上书，第769页。
③ 同上。
④ （清）钱谦益：《牧斋杂著》，第499页。
⑤ （清）钱谦益：《有学集》卷15，第709页。

诗选》等没有遭受不良风气熏习的唐诗选本，发挥其胜用，革除不良缪种，从根本上改变文风。

在《高念祖怀寓堂诗序》中，他将熏习分为世间与出世间两种，其云：

> 余谓诗文之道，势变多端，不越乎释典所谓熏习而已。有世间之熏习，韩子之所谓"无望其速成，无诱于势利，养其根而俟其实，加其膏而希其光"者是也。有出世间之熏习，佛氏所谓"应以善法扶助自心，应以法水润泽自心，应以境界净治自心，应以精进坚固自心，应以忍辱坦荡自心，应以智证洁白自心，应以智慧明利自心"者是也。世间之熏习，念祖胚胎前光，固已学而能之矣。出世间之熏习，则念祖于琮公，咨决扣击者，故当朝夕从事焉。而世间诗文宗旨，亦有外乎是乎？《易》曰："拟议以成其变化。"而至于变化，则谓之不思议熏不思议变，而疑于神矣。韩子之云根茂实华，膏沃光晔者，亦是物也。世间与出世间，亦岂有二道乎？①

对于世间熏习，钱谦益借用韩愈《答李翊书》里的一段话②，表明其重在涵养。对于出世间的熏习，他转引唐译《华严经》卷六十三《入法界品》，讲述善财童子南行至住林城，求见解脱长者，询问菩萨修行之道。菩萨告知善财童子包括上语在内的修行方便，其中精进、忍辱、智慧等涉及菩萨修行六度的问题，而对治对象皆为自心。"拟议以成其变化"出自《系辞上传》，意为通过譬拟和审议来确定事物的变化③，用来指称通过熏习而产生的变化。这种变化系"不思议熏不思议变"，承袭自《大乘起信论》中"熏习说"。在与吴梅村的信中，他也提到了"不思议熏"，"天人之际，可学不可学之介，出自心神，本乎习气。真如内典所谓多生异熟，不思议熏习者，庶几无几俾其不能，而镞砺其可学，为斯人少分箴砭，提

---

① （清）钱谦益：《有学集》卷16，第751页。
② （唐）韩愈：《韩愈集校注》，四川大学出版社1996年版，第1454页。
③ 参见黄寿祺、张善文《周易译注》，上海古籍出版社2004年版，第508—512页。

醒眼目耳。"① "可学不可学",指《梅村先生诗集序》中"以为诗之道,有不学而能者,有学而不能者,有可学而能者,有学而愈能者,有愈学而愈不能者。有天工焉,有人事焉"②。然"学"与"不可学"均出于心神,本乎习气,虽多生异熟,然通过不可思议熏,庶可改之。本不可熏而熏,本不可变而变,系不可思议,如陈元之识字。《赠别胡静夫序》云:"南海陈元自恨不学,晨夕陈《五经》拜之,久之忽能识字。盖圣贤之神理,与吾人之灵心,熏习传变,所谓如染香人身有香气,非人之所能与也。多读书,深穷理。严氏之绪言也,请以长子。"③晨拜五经而能识字,本不可变的"灵心"与圣贤的神理互相熏习,便能产生奇妙的境界。"多书读,深穷理"表露出对学问的重视。与"灵心"的先天决定论相比,熏习说的介入,成为沟通灵心与世运、学问的桥梁,使三者密合无间,融会成一个完整的诗论体系。

三 香观说

六根互用是佛教中一个颇为重要的概念,意谓只要消除六根的尘垢污染,使之返本归源,还于清净,那么六根中的任何一根都能起到其他诸根之用。《涅槃经》云:"如来一根,亦能见色、闻声、嗅香、别味、觉触、知法。"④《法华经》也认为,菩萨修行至六根清净位时,有六根互用之德。《楞严经》卷四记载,佛陀引导阿难推敲烦恼根本,认为眼、耳等六根为贼媒,自劫家宝,众生因此缠缚世间,不能超越。六根功德虽各不相同,"但于一门深入,入一无妄,彼六知根一时清净"。⑤佛陀进一步开示:现前六根非一非六,因为众生颠倒迷惑,生一六解,"汝(阿难)但不循动、静、合、离、恬、变、通、塞、生、灭、明、暗,如是十二诸有为相,随拔

---

① (清)钱谦益:《有学集》卷39,第1363页。
② (清)钱谦益:《有学集》卷17,第756页。
③ (清)钱谦益:《有学集》卷22,第898页。
④ (北凉)昙无谶译:《大般涅槃经》卷23,《大正藏》第12册,第503页上。
⑤ 赖永海主编:《楞严经》卷4,中华书局2010年版,第159页。

一根，脱黏内伏，伏归元真，发本明耀。耀性发明，诸余五黏应拔圆脱"①。也就是说，六根本来都是妙圆真心，本性是觉，若于此上再寻明觉，就变成了妄明妄觉，因而有动、静、明、暗等诸有为相。若不依循动静等相，随其一根脱离妄觉缠缚，向内观照，伏归本元，真心本有明耀就会显发出来，其余五根也会脱离有为相的黏缚，一时得到解脱。"不由前尘所起知见，明不循根，寄根明发，由是六根互相为用。"②六根脱黏，不再随顺十二种尘相生起妄知妄见。明觉不再依循根元，而是将浮尘、胜义二根寄托于根元，发挥本有之明的妙用。如此，六根便会脱离诸黏，明耀清净，自在无碍，随其一根，便会发生其他诸根之用，是为六根互用。《楞严经》中还列举了六根互用的修行范例，如"阿那律陀无目而见，跋难陀龙无耳而听，殑伽神女非鼻闻香，骄梵钵提异舌尝味，舜若多神无身觉触"③。此外，因修六根而获圆通者，如憍陈那五比丘因声悟道，优婆尼沙陀因色悟道，香严童子闻香悟道，药王、药上二法王子尝味悟道，跋陀婆罗因触悟道。观音菩萨从闻思修入三摩地，以修耳根圆通最为殊胜。"观音"二字，本身带有六根互用之意。

随着文士参禅之风盛行，自宋代起，六根互用说对古代文人的生活情趣、文学创作及审美方式均产生了很大影响。④《楞严经》中香严童子闻香入道的经历，成为后世文学创作和文学批评中"香观说"（亦称"鼻观说"）的经典来源。如周裕锴所论，黄庭坚"香寒明鼻观""云何起微馥，鼻观已先通""鼻观自如，诸根自例"诸句，将"鼻观说"最早引入诗文创作。怪不得苏轼在《和黄鲁直烧香二首》中云："四句烧香偈子，随香遍满东南。不是闻思所及，且令鼻观先参。"⑤

钱谦益熟谙佛教内典，十八岁始阅《楞严经》，并有楞严秀才之称。

---

① 赖永海主编：《楞严经》卷4，中华书局2010年版，第164页。
② 同上书，第165页。
③ 同上书，第165—166页。
④ 详参见周裕锴《"六根互用"与宋代文人的生活、审美及文学表现——兼论其对"通感"的影响》，《中国社会科学》2011年第6期。
⑤ 同上。

他所编集的《紫柏尊者别集》,多处言及六根互用。如《观世音赞》云:"音可以观,色可以听,二根如是,余则皆然,是以菩萨,六尘圆通,六根互用"①,《示范君昭》诗云:"处处青山有白云,此回何处更逢君。流泉若使眼根听,始信《楞严》非见闻。"② 因此,他对六根互用说并不陌生。

从生理来讲,随着年龄的增长,六根感官功能逐渐衰退,带有宗教神秘性的六根互用成为希望所在。钱谦益虽享八十三岁高龄,但晚年饱受老病之苦,耳聋目瞆成为其最大的烦忧,并屡屡见之于诗。如"君不见彭笺孙子八十翁,头童鬓秃两耳聋"③;"衰老残躯存两臂,两耳双聋苦填珥"④,"无酒治聋心悒怏,有文起躄兴蹒跚"⑤,"耳病双聋眼又昏,肉消分半不堪扪"⑥,"白头聋瞆无三老,青镜须眉似一翁"⑦,等等。他八十二岁时所做的《送方尔止》云:"余向苦半聋,今特甚,用稚孙书版画字,如隔重译。"⑧ 基于此,他自号"聋骏道人","吴人喧传瞿稼轩留守降灵郡城西,相率诣东皋招魂,塑像迎请上任。聋骏道人惊喜呜咽,放言作绝句十二首,用代里社迎神送神之曲"。⑨

《楞严经》中跋难陀龙无耳而听,成为他屡屡化用之典。《丙申春就医秦淮》其二十九云:"旭日城南法鼓鸣,难陀倾听笑蕾腾。有人割取乖龙耳,上座先医薛更生。"诗末钱谦益自注云:"旭伊法师演《妙华》于普德,余颇为卷荷叶所困,而薛老特甚。"⑩ "卷荷叶"者,耳也。在《病榻消寒杂咏》其四中,他转而改用"眼听","斗蚁军声酣乍止,鸣蛙战鼓怒初停。一灯遥礼潮音洞,梵呗从今用眼听。"除自我希冀外,他还借六根

---

① (明)真可:《紫柏尊者别集》卷2,《新编卍续藏经》第127册,第108页下。
② 同上书,第119页下。
③ (清)钱谦益:《有学集》卷11,第524页。
④ (清)钱谦益:《有学集》卷12,第602页。
⑤ (清)钱谦益:《有学集》卷13,第624页。
⑥ 同上书,第638页。
⑦ 同上书,第670页。
⑧ (清)钱谦益:《有学集》卷22,第905页。
⑨ (清)钱谦益:《有学集》卷13,第619页。
⑩ (清)钱谦益:《有学集》卷6,第290页。

互用说安慰友人。于润甫八十岁时，钱谦益为文称寿。时润甫病目眚，动止须人，故借六根互用以慰之，"润甫从游于憨山、紫柏，发明心地，其知所谓无目而视，无耳而听者乎？其知所谓眼如耳，耳如鼻，鼻如口者乎？废心而用形，以至于六根互用，则谓之浑身是眼，亦无不可。而区区目眚，何足以为病欤？"① 在《张元长真赞》中，钱谦益称他"盲于目而不盲于心"，"以天眼观之，其殆无目而视，证入圆通之室者"②。张石初病目眵盲而诗文益奇，钱谦益释云："佛言阿那律陀无目而视。夫曰无目而视，则世之有目而无视者多矣。律陀牛头天眼，能见三千大千世界。石初清斋晏晦，内视迢然，四部五车，如观掌果。佛言无目而视，岂不信乎？"③ "清斋晏晦，内视迢然"者，指《楞严经》中诸根脱黏归元，方可六根互用。

除眼、耳二根外，钱谦益诗中还出现了口、手互用。《慈门上人书华严经偈》云："而彼上人，不知有我。我身亦无，谁用手口？我无有手，谁写经者？我无有口，谁信佛者？手亦能念，口亦能写，手口互用，无有分别。"④《楞严经》中香严童子观香悟道，也屡次出现在钱氏诗文中。《和烧香曲》云："烟销鹊尾佛灯红，梦断钟残鼻观通。杂林香市经游处，衫袖浓熏尽逆风。"⑤《次韵赠赵友沂四首》其三云："断金资臭味，沉水证香严。"《七日朔日》云："清斋燕处得香严，落落圆音解缚黏。"《尊王敕先共赋胎仙阁看红豆花诗吟叹之余走笔属和八首》其三云："寂历香尘界画簾，小阑绨几供香严。"⑥

除诗歌创作外，钱谦益一度将六根互用引入文学批评。他的"香观

---

① （清）钱谦益：《初学集》卷37，第1030页。
② （清）钱谦益：《初学集》卷82，第1738页。
③ （清）钱谦益：《牧斋杂著》，第416页。
④ （清）钱谦益：《初学集》卷82，第1744页。
⑤ （清）钱谦益：《有学集》卷13，第628页。
⑥ （清）钱谦益：《有学集》卷11，第538页。又，钱谦益文中也经常出现香严童子之典，如《石林长老七十序》云："公被服儒雅，兼综油素，不畜盈长，不招徒侣。雀喧鸠聚之众，非屏之也，香严水观，湛如而已。"（《有学集》卷25，第968页）

说",因其独特性,备受学人重视。① 应该说,对"香观说",他是颇为自得的。《香观说书徐元叹诗后》文成后,他随即将其传示徐波与继起弘储。《后香观说》成后,钱谦益再次寄予弘储,"日来脚气作苦,幸两腕尚健,稍稍料理笔墨,又作《后香观说》,录呈奉博一笑"②。并转告徐波,"《后香观说》,在上人函中,可索一看。诸俟面时,方可倾倒耳"③。

对于"香观说"的具体内容,钱谦益如此写道:

> 余老懒不耐看诗,尤不耐看今人诗。人间诗卷,聊一寓目,狂华乱眼,蒙蒙然隐几而卧。有隐者告曰:"吾语子以观诗之法,用目观,不若用鼻观。"余惊问曰:"何谓也?"隐者曰:"夫诗也,疏瀹神明,洮汰秽浊,天地间之香气也。目以色为食,鼻以香为食。今子之观诗以目,青黄赤白,烟云尘雾之色,杂陈于吾前,目之用有时而穷,而其香与否,目固不得而嗅之也。吾废目而用鼻,不以视而以嗅。诗之品第,略与香等。或上妙,或下中,或斫锯而取,或煎箄而就,或熏染而得。以嗅映香,触鼻即了。而声色香味四者,鼻根中可以兼举,此观诗方便法也。"余异其言而谨识之。④

又《后香观说书介立旦公诗卷》云:

> 余用隐者之教,以鼻观论诗,作《香观说》序元叹诗卷。灵岩退老叹曰:"此六根互用,心手自在法也。"金陵介立旦公,遗其徒携所

---

① 苏轼《和黄鲁直烧香二首》其一已有将"香观说"引入文学批评领域的趋向。钱谦益文学创作与诗文批评并用,在继承苏、黄诸人的同时,又大大丰富了其内涵。蒲松龄在《聊斋志异·司文郎》中写盲僧用嗅觉品评文章的高下,或受钱谦益香观说的影响。关于此方面的研究成果,可参见陶礼天《鼻观说:嗅觉审美鉴赏论》,《文艺研究》1991年第1期;孙之梅《钱谦益的"香观""望气"说》,《中国韵文学刊》1994年第1期;杨敬民《钱谦益"香观说"与蒲松龄"以鼻观文"论之比较》,《社会科学辑刊》2007年第2期;丁功谊《钱谦益文学思想研究》,上海古籍出版社2006年版,第223—227页。
② (清)钱谦益:《牧斋杂著》,第335页。
③ 同上书,第252页。
④ (清)钱谦益:《有学集》卷48,第1567页。

著诗，属余评定。余自己丑读《江上诗》，叹其孤高清切，不失蔬笋气味，庶几道人本色。今十余年矣。余昔者论诗以目观，今以鼻观。余之观诗者，已非昔人矣。旦公之诗，所谓孤高清切，不失蔬笋气味者，有以异乎？无以异乎？曰："无以异也。"

古人以苾蒭喻僧。苾蒭，香草也。蔬笋，亦香草之属也。为僧者，不具苾蒭之德，不可以为僧。僧之为诗者，不谙蔬笋之味，不可以为诗。旦公具苾蒭之德，而谙蔬笋之味者也。其为诗也，安得而不香。吾规规于目观，以色声求旦公之诗，偏弦独张，清唱寡和，诚不欲与繁音缛绣、争妍而赴节。若夫色天清迥，花露滴沥，猿梵应呼，疏钟殷床。于斯时也，闻思不及，鼻观先参。一韵偶成，半偈间作。香严之观，所谓清斋晏晦，香气寂然来入鼻中者，非旦公孰证之？非鼻观孰参之？吾今取旦公诗，尽摄入香界中，用是以证成吾之香观也，不亦可乎？①

从上述对香观说的描述中不难看出，鼻观说是他提出的一个新的诗歌鉴赏方法，理论基础是佛教的六根互用，并参合了菩萨修行二十五圆通中的香严童子因香悟道的修行事例及《楞严经》中论六根功德优劣之文。其实，钱谦益经历了一个六根各各为用到六根互用的转变过程。隐者之论，"目以色为食，鼻以香为食""而其香与否，目固不得而嗅之也"，还停留在六根各各为用的阶段，即目之所取为色，而鼻之所取为香，两者各别，故目不可嗅香。诗为天地间之香气，其品第等级略与香等，可用鼻嗅之。当此之时，声、色、香、味四者，鼻根可以兼得，方成互用之法。因此，诗之香与否，是六根能否互用、鼻观能否成立的关键。那么，"香"的具体内涵是什么？有何功用？在钱谦益文论中扮演何种角色？这些尚需进一步探求。

---

① （清）钱谦益：《有学集》卷48，第1569—1570页。

钱谦益在诗歌中营造了一个香气四溢的世界。① 在诗论中，他认为香与诗密切相关，"夫诗也者，疏瀹神明，洮汰秽浊，天地间之香气也"②。当此世界臭秽之时，文字妙香自可代为佛事，除去浊臭，如《二王子今体诗引》云："唐有天人费氏告宣律师，阎浮提世间，臭气上熏于空四十万里，正直光音天。诸天清净，无不厌恶，唯香气上熏破之。故佛法中香为佛事。今佛所取栴檀兜率楼婆上妙之香，此伊兰臭秽，充满三界。诸天愍之，改令此世界中，得以文字妙香，代为佛事。"③

---

① 钱谦益的诗歌营造出一个异彩纷呈的感官世界，声、色、香、味俱全。就香而言，按佛教的说法，《初学集》以世俗之香为主，有兰香，如《五月望夜泛西湖归山庄作》："玉箫声中兰气香，月照兰舟如洞房"；菊香，如《客途中有怀吴中故人六首》其一："莲叶漏残秋雨后，菊花香淡夜禅初"；荷香，如《荷花辞十首》其五："刺密荷稠那得见，回船隔浦满风香"；蜡梅香，如《陆仲子移赠蜡梅二株次前韵为谢》其二云："野外垂垂销暗香，移来庭院借君芳"；梅香，如《梅圃溪堂》："过墙月亚疏枝影，度水风含别涧香"；桂花香，如《新阡八景诗》之《团桂天香》："三秋落子金波里，一夜飘香玉魄中"；茶香，如《谢于昭远寄庙后茶次东坡和钱安道韵》："活火新泉沸石铫，泼触乳花发香性"；酒香，如《金坛于润甫酿五加皮酒》："苦爱北酒佳，芳香入梦寐"；食品之香，如《荷叶鼎诗》："须臾荷香欣旋熟，软美无烦更淘漉"。此外，也不乏种种浓艳之香，如《杂忆十首次韵》其八："莫讶脂香传井口，朱唇啮过不多时。"《长干行》云："陌头白汗熏香粉，马上黄沙与画眉。"《仿元微之何处生春早二十首》其十云："脂泽流香暖，铅华溅水融。"其十四云："何处生春草，春生锦被中。芳香留半臂，兰露泛熏笼。"在《有学集》中，因晚年佛教信仰的影响，钱谦益诗中之香，明显带有出世色彩，与佛教相关者大量增加。诸如佛事之香，如《赠盛子久》："家山只在柴门外，梵罢香销看翠屏"；《腊月八日长干熏塔》："梵呗经声笼棋角，栴檀香气结楼台"；戒香，如《金陵杂题绝句二十五首》其十一："水榭新诗赞戒禽，横陈嚼蜡见清凉"；香灯，如《广陵登福缘佛阁四首》其一："度世香灯里，降魔应器中"；香象，如《桂殇四十五首》其二十一："香象衔悲频顶礼，金经扪泣重笺疏"；《缘天都峰趾度断凡桥下木梯憩文殊庵》："香象拒门表奋迅，神鸦乞食离嗔贪"；众香国，如《赠同行康孝廉》："众香国里分香去，群玉峰头采玉还"；忉利天香，如《灯屏词十二首》其六云："香风却载红云下，忉利新看香市回。"俗世之香因与佛事相关，带有浓厚的出世色彩。如写菊花，则云"小筑楯栏香国土，平分月令晚芳华"（《天遗家篱菊盛开》其二）；写梅花，则云："月落山僧潜掣泪，暗香枝挂返魂幡"（《丙申春就医秦淮寓丁家水阁》其二十六）；写食物之香，则云："贯花贝叶翻长寿，炊饭香秔请应真"（己亥正月十三日）其二），"新炊自笔田家饭，应供居然发众香"（《己亥夏五十有九日》），"秋衾昔梦禅灯稳，春饼残牙粥鼓香。"（《丙申元日》）当然，茶香、酒香，在《有学集》中间有书写，略带香艳的宝马香车，却成为对明时盛景的追忆，带有些许的凄凉与无奈，诸如"宝马香车火树中，沉香甲煎燎霜空"（《秦淮花烛词四首》其一），"丛残红粉念君恩，女侠谁知寇白门？黄土盖棺心未死，香丸一缕是芳魂"（《金陵杂题》其十），"柳市春风荡玉钩，香车宝马簇红楼"（《秦淮花烛词十二首为萧孟昉作》），"全疑月面为人面，不辨衣香与坐香。"（《灯楼行壬寅元夜赋示施伟长》）

② （清）钱谦益：《有学集》卷48，第1567页。
③ （清）钱谦益：《有学集》卷20，第858页。

那么，何种诗方具文字妙香？除了钱谦益明确提到的"蔬笋气"为"香"之一种外①，他还提到种种诗歌之"香"。在《范长倩石公集序》中，钱谦益将范氏之文比作质多罗树，坐其下者染香而不能去，亦如雪山女神之歌声，使五百仙人心逸而不自持，认为"诗文之妙，固无事襞绩鏧悦，而能使人口耳邮传，色飞神解"②。"襞绩鏧悦"者，指堆砌辞藻、雕饰文采的浓涂重抹之作，与"柔软清净"的雪山女神之歌声自不相同，与范长倩"学不纯师，不屑如民间文人，寻行数墨，缵言琢句以求当于作者"和"挥毫信腕，文不加点，游戏掉举，放笔自失"的创作风格亦不相类。故"香"之所指，当为作品中体现出的不事辞藻、"天然去雕饰"的自然清新之风。在《题交芦言怨集》中，他借"合德之体自香"道出："古人之诗，以天真烂熳自然而然者为工，若以剪削为工，非工于诗者也"，并以此作为编选《吾炙集》的标准，"吾之所取于《吾炙》者，皆其缘情导意、抑塞磊落、动乎天机而任其自尔者也。通人大匠之诗，铺张鸿丽，捃拾渊博，人自以工，而非吾之所谓自然而然者也"③。钱曾之诗虽"陶洗镕炼，不遗余力"，然其"天然去雕饰"，颇受钱谦益赞赏，《秋夜宿破山寺绝句十二首》也成为《吾炙集》开篇之作。在《杨弱生且吟序》中，钱谦益认为茉莉花因"清净离秽，腾芬散馥，残异于凡草木也"④，成为西天供佛的首选。受此花品性熏染，"其为诗也，宜素而馨"，"亦殊而丽"，清香靓妆，便娟旖旎，如素女雪儿般，要舍其艳质而留其素，强调

---

① 如《后香观说》云："古人以苾蒭喻僧。苾蒭，香草也。蔬笋，亦香草之属也。为僧者，不具苾蒭之德，不可以为僧。僧之为诗者，不谙蔬笋之味，不可以为诗。且公具苾蒭之德，而谙蔬笋之味者也。其为诗也，安得而不香。"（见《有学集》卷48，第1569页）其香之特征为"本色"之香，如评徐元叹诗云："元叹摆落尘坌，退居落木庵，客情既尽，妙气来宅，如薛瑶英肌肉皆香，其诗安得而不香？"（《有学集》卷48，第1568页）所谓"客情既尽，妙气来宅"，指只有涤除客情中的种种尘染，方可显露本有妙气，故妙气宅于内而发于外；"肌肉皆香"，此香亦非由外熏而得，而是发于身体自然之真。故其"香观说"中"香"，近于本色论，贵在于自然本真。而其风格特征，亦如其文中引杜甫《大云寺赞公房四首》"灯影照无睡，心清闻妙香"及韦应物《郡斋雨中与诸文士燕集》"燕寝凝清香"，其风格特征在一"清"字。
② （清）钱谦益：《有学集》卷18，第793页。
③ （清）钱谦益：《有学集》卷19，第829页。
④ （清）钱谦益：《有学集》卷20，第852页。

质朴天然而又清丽的诗风。在《题冯子永日草》中，他认为真正的"艳"，当如李商隐般，"其心肝腑脏，窍穴筋脉，一一皆绮组缛绣，排纂而成，泣而成珠，吐而成碧"；亦如"古之美人，肌肉皆香。三十三天以及香国，毛孔皆香"①，"刘季和有香癖，熏身遍体，张坦斥之曰俗。今之学义山者，其不为季和之熏身者鲜矣，而况不能如季和者乎？"② 李商隐、古之美人（指前引赵合德类）、三十三天及众香国与刘季和相比，虽共同特点在于香，差异也很明显。前者之香，是发之于内的源自于体性本真之"香"。而刘季和是熏自于外，虽遍体发香，但此香既伪又俗。此与钱谦益排伪击俗的诗论是相符的，所肯定的不外乎"伪""俗"之外的"真"。在《尊拙斋诗集序》中，钱谦益将龚氏之诗喻为能逆风行二千里的波质拘耆罗树之香，"世人读孝升诗，如忉利树华时，诸天共坐其下，闻香欢乐"③。龚氏诗风若何？何能如此之香？钱谦益云："故吾断以孝升之诗为文人学士缘情绮靡之真诗，性情学问，化工陶冶，可以疗举世之诗病，不独专门名家而已。"④ 其诗之本质在于"真"，而其"真"源于"性情"与"学问"的完美结合。学问虽为性情之外饰，若无学问之内在支撑，诗歌便会流于俗俚，如"《挂枝》《打枣》，咸播郊庙"⑤，反失其真。真性情之诗，需"物与性相摩，感与欲相荡，四轮三劫，促迫于外，七情八苦，煎煮于内，身世轧戛，心口交蹴，萌于志，发于气，冲击于音声，而诗兴焉"⑥。因此，钱谦益诗论中的"香"，是创作主体与作品风貌的融合，是以"本色"为中心，以"清""幽""自然"为特色，是"性情"与"学问"的熔铸，最终归结为真。换而言之，他的"香观说"，不仅仅是鼻、眼二根的感通，而是六根去除尘染后真我、真性情的外在流露，是六根复归灵心后的妙用。

---

① （清）钱谦益：《有学集》卷48，第1577页。
② 同上。
③ （清）钱谦益：《牧斋杂著》，第413页。
④ 同上书，第412页。
⑤ 同上。
⑥ 同上书，第411页。

第六章　佛教视阈下的钱谦益文学思想

关于钱谦益倡导"香观说"的用意，青木正儿的《清代文学评论史》云："盖谓目之所观，止于色即'文采'；以鼻嗅之，可悟其'香'即韵致；而'味'即兴趣、'声'即声律、'色'即文采，均可兼而得之。总之，他主张勿为诗的文辞之美所迷惑，而应鉴赏其韵致。这仍是打向拟古派的沉重的一棒。"① 同样，徐波作为深受竟陵派影响的诗人，钱谦益借题发挥，对其进行委婉地劝说。为此，他又提出了"呵香"说，《香观说书徐元叹诗后》云：

> 虽然，吾向者又闻呵香之说。昔比丘池边经行，闻莲花香，鼻受心著。池神呵曰：汝何以舍林中禅净而偷我香？俄有人入池取花，掘根挽茎，狼藉而去。池神弗呵也。有学诗者于此骈花镂叶，剽芳拾英，犯枣昏饾俗之忌，此掘根挽茎之流也；神之所弃而弗呵也。②

考钱谦益呵香说之根源，实出于《大智度论》卷十七，其云：

> 有一比丘，在林中莲华池边经行，闻莲华香，鼻受心著。池神语言：汝何以舍彼林中禅净坐处而偷我香？以著香故，诸结使卧者皆起。时更有一人来入池中，多取其花，掘挽根茎，狼藉而去，池神默无所言。比丘言：此人破汝池，取汝花，汝都无言。我但池岸边行，便见呵骂，言偷我香？池神言：世间恶人常在罪垢粪中，不净没头，我不共语也。汝是禅行好人而著此香，破汝好事，是故呵汝。③

不难看出，"窃香"者显指七子末流，徒知模拟剽窃，一无是处，无可救药，钱谦益也就不屑与之共语了。

---

① ［日］青木正儿：《清代文学评论史》，开明书局1969年版，第12页。
② （清）钱谦益：《有学集》卷48，第1568页。
③ ［印］龙树造、（后秦）鸠摩罗什译：《大智度论》卷17，《大正藏》第25册，第181页下—182页上。

四 客情既尽，妙气来宅

"客情既尽，妙气来宅"是钱谦益在刘禹锡"客尘观尽，妙气来宅"基础上提出的一个概念。因"情"的含义有多种，因此对情的取舍态度各异。唯有涤除"客情"的烦扰、缚缠，"妙气"来宅，方可返归本有之灵心。此与佛教妄尽还源之修行过程，颇为相同。

"性情"是钱谦益诗论中的一项重要内容，因论述对象与具体语境不同，诗学指向亦异。首先，性情是诗歌之本。《严印持废翁诗稿序》云："作为歌诗，往往原本性情，铺陈理道，讽喻以警世，而托寄以自广，若释然于功名身世之际。"① 《王元昭集序》云："古之作者，本性情，导志意，谰言长语，《客嘲》《僮约》，无往而非文也。涂歌巷春，春愁秋怨，无往而非诗也。"② 其二，性情要符合"温柔敦厚"的诗教观。《施愚山诗集序》云："《记》曰：'温柔敦厚，诗之教也。'……病有浅深，治有缓急，诗人之志在救世，归本于温柔敦厚，一也。……温柔敦厚，诗人之针药救世，愚山盖身有之。"③ 其三，诗中之情，贵在于"真"。基于此，他极力批判"伪情"，以及徒具形貌而无情者。"夫世之称诗者，较量兴比，拟议声病，丹青而已尔，粉墨而已分。其属情藉事，不可考据也。其或不然，剽窃掌故，傅会时事，不欢而笑，不疾而呻，元裕之所谓不诚无物者也。"④ 为此，他提出"人"与"诗"一而非二，应"诗其人"而非"人其诗"。"古云诗人，不人其诗而诗人者，何也？人其诗，则其人与其诗二也，寻行而数墨，俪花而斗叶，其于诗犹无与也。诗其人，而其人之性情诗也，形状诗也，衣冠笑语，无一而非诗也。"⑤ 若"人其诗"，作者刻意为诗，有刻意雕琢之嫌，非出乎诗人之本性。"诗其人"，无意为诗而诗反工，诗为真性情之流露，为真诗，故诗歌当发一己性情之真者。如论王元

---

① （清）钱谦益：《初学集》卷33，第951页。
② （清）钱谦益：《初学集》卷32，第932页。
③ （清）钱谦益：《有学集》卷17，第760页。
④ （清）钱谦益：《初学集》卷33，第958页。
⑤ （清）钱谦益：《初学集》卷32，第935页。

昭诗云:"当其登高能赋,对客伸纸,酒后耳热,慷慨悲歌,不知其孰为笔孰为墨也?亦不知其孰为诗孰为文也?笔不停书,文不加点,若狂飚怪雨之发作,而风樯阵马之凌厉也;若神仙之凭于乩,而鬼神之运其肘也;若雷电之倏忽下取,而虬龙之攫拿相掉也。有低回萌折不可喻之情,有峭独坚悍不可干之志,而后有淋漓酣畅不可壅遏之诗文。"① 其四,诗歌是性情与诽怨之结合,应重视其本有之社会功能。《季沧苇诗序》云:"《三百篇》变而为《骚》,《骚》变为汉、魏古诗,根柢性情,笼挫物态,高天深渊,穷工极变,而不能出于太史公之两言。所谓两言者,好色也,怨诽也。……好色者,情之橐籥也。怨诽者,情之渊府也。好色不比于淫,怨诽不比于乱,所谓发乎情,止乎义理者也。人之情真,人交斯伪。有真好色,有真诽怨,而天下始有真诗。一字染神,万劫不朽。"② 在性情与学问之间,应以性情为本,学问是防止诗歌流于俗俚之保障,是性情的外在装饰。"夫诗之为道,性情之与学问,参会而成者也。性情者,学问之精神也。学问者,性情之孚尹也"③,"执性情而舍学问,采风谣而遗著作,舆呼巷春,皆被管弦;《挂枝》《打枣》,咸播乐府。胥天下不悦学而以用妄相师也,必自此言始"④。因此,诗歌应在符合诗教观真情的内在要求下,融会世运、学问而成,"学殖以深其根,养气以充其志,发皇乎忠孝恻怛之心,陶冶乎温柔敦厚之教。其征兆在性情,在学问,而其根柢则在乎天地运世,阴阳剥复之几微"⑤。

世间情欲为情之一种,钱谦益不仅对其予以肯定,且借佛教中的情欲观予以解释。首先,关于绮靡浓艳之作,他以李商隐为例,借石林道源之口道出:"佛言众生为有情。此世界,情世界也。欲火不烧则不干,爱流不飘鼓则不息。诗至于义山,慧极而流,思深而荡。流旋荡复,尘影落谢,则情澜障而欲薪烬矣。春蚕到死,蜡炬成灰,香销梦断,霜降水涸,

---
① (清)钱谦益:《初学集》卷32,第933页。
② (清)钱谦益:《有学集》卷17,第759页。
③ (清)钱谦益:《牧斋杂著》,第659页。
④ 同上。
⑤ (清)钱谦益:《有学集》卷18,第801页。

斯亦箧蛇树猴之善喻也。其夫萤火暮鸦,隋宫《水调》之余悲也；牵牛驻马,天宝《淋铃》之流恨也。筹笔储胥,感关、张之无命；昭陵石马,悼郭、李之不作。富贵空花,英雄阳焰。由是可以影视山河,长挹三界,疑神奏苦集之音,阿徒证那含之果。宁公称杼山能以诗句牵劝,令入佛智,吾又何择于义山乎？"① 又《朱长孺笺注李义山诗序》云:"余往为源师撰序,推明义山之诗……又谓其绮靡浓艳,伤春悲秋,至于春蚕到死,蜡炬成灰,深情罕譬,可以涸爱河而干欲火。"② 钱谦益作《注李义山诗集序》时,"方翻阅《首楞》,抛弃世间文句",故论此世界为"情世界",或与《楞严经》相关。该经卷四论众生相继时云:"同业相缠,合离成化。见明色发,明见想成。异见成憎,同想成爱,流爱为种,纳想为胎。交遘发生,吸引同业,故有因缘生羯罗蓝、遏蒲昙等。胎、卵、湿、化,随其所应。卵惟想生,胎因情有,湿以合感,化以离应。情、想、合、离更相变易。所有受业,逐其飞沉。以是因缘,众生相续。"③ 也就是说,众生相续不断,轮回受报之因,在于胎生与卵生二类众生,同业相缠；湿生与化生,以离、合二法而成就、变化。妄心因无明而产生色境,因所见之色而产生妄想,或成憎恨,或成爱心。爱心流注,成为种子,将结成胎。爱欲通过交合流注于精血之中,吸引有共同业缘者入胎。因此,众生相续,以情为本,"想、爱同结,爱不能离,则诸世间父母子孙相生不断。"④ 钱谦益借此加以生发,众生既然因爱欲而生,亦将其因爱欲而亡。要使欲火燃于中,爱流鼓于中,达到"情澜障而欲薪烬"的解脱境地,进而认识到,富贵如空花,英雄如阳焰,就要借欲悟道,由爱得果。佛典中摩登伽女虽险些致使阿难破戒,然终因欲得果。李商隐之诗,亦如赞宁评皎然般,以诗句牵劝,令世人入于佛智,亦如《维摩诘经》所言:"先以欲勾牵,后令入佛智。"

---

① （清）钱谦益：《有学集》卷15,第704页。
② 同上书,第705页。
③ （唐）般剌密帝译：《楞严经》卷4,《大正藏》第19册,第120页上—120页中。
④ 同上书,第120页中。

因此，钱谦益对于爱欲采取较为开明的态度。他认为，在经历"慧""通""流""止"之后，人们最终返于空门，归向觉路。《李缁仲诗序》云：

> 伶玄不云乎，淫于色，非慧男子不至也。慧则通，通则流，流而后返，则所谓发乎情而止乎理义者也。佛言一切众生皆以淫欲而正性命，积劫因缘，现行习气，爱欲钩牵，谁能解免？而慧男子尤甚。向令阿难不入摩登之席，无垢光不食淫女之咒，则佛与文殊，提奖破除，亦无从发启。缁仲，慧男子也。极其慧之所通，通而流，流而止，则其返而入道也不远矣。不如是，而以危言督责，以道理讽谕，听而止之，犹为隔日之疟，而况其不止乎？①

李流芳之弟李缁仲早年在青楼红粉间做有情痴，然最终归向空门，成为钱谦益上述论述的实践者。文中"一切众生皆以淫欲而正性命"者，出《圆觉经》。《疏解蒙钞》转引云："若诸世界，一切种姓，卵生、胎生、湿生、化生，皆因淫欲，而正性命。当知轮回，爱为根本。由有诸欲，助发爱性。……欲因爱生，命因欲有。众生受命，还依欲本。爱欲为因，性命为果。"②同书卷六云："皆因淫欲正性命者，此中'性'字，不是真灵之性，意说人中性命也。'淫'谓耽染爱著，但是情染，总得名淫。纵使化生，亦依业染。"③爱欲为轮回根本，众生因爱欲而生，性命亦因爱欲而正。一味禁情止欲，并非唯一解决之道。唯有经爱欲洗礼，知爱欲非真，然后自然知止，返归正道，归于正觉，从而达到正性命之目的。维摩诘入于淫舍，目的在于"示欲之过"，他"或现作淫女，引诸好色者，先以欲钩牵，后令入佛智"的弘道方式，将"欲"视为化度众生的一种方便，钱谦益显然与之同出一辙。

---

① （清）钱谦益：《有学集》卷20，第838—839页。
② （清）钱谦益：《楞严经疏解蒙钞》卷4之1，《新编卍续藏经》第21册，第329页上。
③ （清）钱谦益：《楞严经疏解蒙钞》卷6之3，《新编卍续藏经》第21册，第472页下。

对于深受俗学伪情污浊之风影响的诗人士子,钱谦益认为,应当对其采取一番清洗剔濯之功,使"客情既尽,妙气来宅"。"客情既尽,妙气来宅"者,化用自刘禹锡的《送僧无嚞南游并引》,其云:

> 予策名二十年,百虑而无一得。然后知世所谓道无非畏途。唯出世间法可尽心耳。由是在席砚者多旁行四句之书,备将迎者皆赤髭白足之侣。深入智地,静通道源。客尘观尽,妙气来宅。内视胸中,犹煎炼然。①

"客尘"者,梵语"akasmāt-kleśa"之意译,又作客尘烦恼,相对于"自性清净"而言。关于"客""尘"之意,《楞严经》卷一云:"一切众生不成菩提及阿罗汉,皆由客尘烦恼所误。……譬如行客投寄旅亭,或宿,或食,食宿事毕,俶装前途,不遑安住,若实主人自无攸往。如是思维,不住名'客',住名'主人',以不住者,名为'客'义。又如新霁,清旸升天,光入隙中。发明空中诸有尘相,尘质摇动,虚空寂然。如是思惟,澄寂名'空',摇动名'尘'。以摇动者,名为'尘'义。"②也就是说,相对于"主"(自性清净心),"客"是不住的,是时时刻刻都在变化的;相对于澄寂的虚空,"尘"是摇动的,亦指烦恼犹如尘土般盖覆在自性清净心上,使本有的澄寂本体不得显现,这就是"众生不成菩萨及阿罗汉"之因。若想除去"客尘",唯有通过特殊的佛教修行方式——"观"。"观"是梵语"vipaśyanā"之意译,意译作"毗婆舍那",意指佛教中"定""慧"二法中的"慧",用寂静之慧,观察根尘内外诸法,成就三昧,进趣菩提。智𫖮《摩诃止观》卷三释"观"有三义:贯穿义(智慧利用穿灭烦恼)、观达义(观智通达契会真如)、对不观观(通约智断相待明观)。在"止""观"二法中,"止"只能停止攀缘,止息烦恼,使其不再生起。

---

① (唐)刘禹锡:《刘禹锡集笺证》卷29,第949—950页。
② (唐)般刺密帝译:《楞严经》卷4,《大正藏》第19册,第109页下。

"观"则可从根本上断除烦恼,显发乃至于返归真如本有明净之体。① 此一由迷到悟的过程,也就是刘禹锡所说的"深入智地,静通道源。客尘观尽,妙气来宅"。

钱谦益在诗论中多次引述刘禹锡之说。《空一斋诗序》云:"季华少习禅支,晚为清众,几案皆旁行四句之书,将迎多赤髭白足之侣。静拱虚房,永怀支遁。陵峰采药,希风道猷。所谓客情既尽,妙气来宅者与? 其为诗也,安得而不佳?"②《赠别胡静夫序》云:"刘子曰:'客情既尽,妙气来宅。'静夫其将进于道乎? 不徒贤于世之君子也。"③《香观说书徐元叹诗后》云:"元叹摆落尘坌,退居落木庵,客情既尽,妙气来宅,如薛瑶英肌肉皆香,其诗安得而不香?"④ 他将刘禹锡的"客尘观尽"改为"客情既尽",虽仅有两字之差,但却有数义之别。首先,"客尘"者,指一切烦恼而言,范围较宽;"客情"者,则专注于一"情"字。其次,"观尽"者,指通过智慧观照来消灭客尘烦恼的过程;"既尽"者,更多的是一种结果,即客情已经除去,妙气才会来宅。两者的共同点,则为经历了由"有"到"无",烦恼尽而真性显的过程。换而言之,此处的"客情",是与前揭"真情"相对的,深受剽窃、模拟等不良诗风影响而成的"伪情"⑤,或指"俗情"。《高念祖怀寓堂诗序》云:"念祖之为诗,去烦除滥,俗情既尽,妙气来宅,其熏习于琮公者深矣。"⑥ 在《萧伯玉墓志铭》中,钱谦益借用黄庭坚之语,认为"诸病可医,惟俗病不可医",萧伯玉"其于荣利声势,泊如也",故生平无俗情;"清斋法筵,围坛结界。闲房椠几,横经籍书,门墙溷厕,皆置刀笔。驿亭旅舍,未尝不焚香诵读也,故其生平无俗务";"以朋友为性命,以缁衲为伴侣,以杂宾恶客烦文谰语为黡赘疣痔,故其生平无俗交";"通晓佛法,精研性相",故无俗学;"于

---

① 详参见智顗《摩诃止观》卷3,《大正藏》第46册,第21页中—21页下。
② (清)钱谦益:《有学集》卷12,第842页。
③ (清)钱谦益:《有学集》卷22,第898页。
④ (清)钱谦益:《有学集》卷48,第1568—1569页。
⑤ 对于钱谦益诗论中对于"伪"的批判,孙之梅等诸位学人论之甚详,可参见《钱谦益与明末清初文学》第三章"文学思想(中)——傲剽奴",齐鲁书社1996年版,第279—313页。
⑥ (清)钱谦益:《有学集》卷16,第751页。

古今文章，辨析流派，搴剟砂砾，眼如观月，手如画风"，故无俗文俗诗。

为消除俗情的影响，诗人必须经过一番清洗剔濯。钱谦益对此深有体会，"余少而学诗，沉浮于俗学之中，憒无适从。已而扣击于当世之作者，而少有闻焉。于是尽发其向所诵读之书，泝洄《风》《骚》，下上唐、宋，回翔于金、元、本朝，然后喟然而叹，始知诗之不可以苟作，而作者之门仞奥窔，未可以肤心末学，跂而及之也。自兹以往，濯肠刻肾，假年穷老而从事焉"①。钱谦益晚年自称归向佛学，对世情文字深自忏除，或为另一种"濯洗"之举吧。他在论及李缁仲为诗之时，亦经过了一番磨砺与剉削，"禀长蘅兄弟之家训，闻孟阳诸公之格论，学有师承，文有原本，而又以盛年高才，流离坎壈，箕毕之风雨，龙汉之水火，天运人事，盘互参错，皆足以磨厉其深心，而剉削其客气。故其境会遭适，支离复逆，皆用以资其为诗"②。

为了达到对"灵心"本源的回归，钱谦益借用了天台判教中的"弹斥""淘汰"说。《陈古公诗集序》云："而吾人之为诗也，山川草木，水陆空行，情器依止，尘沙法界，皆含摄流变于此中。唯识所现之见分，盖莫亲切于此。今不知空有之妙，而执其知见学殖封锢柴塞者以为诗，则亦末之乎其为诗矣。吾尝谓陶渊明、谢康乐、王摩诘之诗，皆可以为偈颂，而寒山子之诗，则非李太白不能作也。佛于鹿野苑转四谛后，第三时用维摩弹斥，第四时用般若真空淘汰清净，然后以上乘圆顿甘露之味沃之。今不知弹斥，不知淘汰，取成糜之水乳以当醍醐，此所谓下劣诗魔入其心腑者也。"③ 钱谦益引用佛教中世界起源说，认为整个世界依空轮而创立，人身作为一小情世界，"含而为识，窍而为心，落卸影现而为语言文字。"诗歌为语言之精华，所描绘表现的，诸如水陆空行等，皆为唯识之相分，为藏识变现。为诗者矜声律、执知见，以末技为本，因此需一番淘汰、弹斥的功夫。如佛陀在初转法轮后，第三时用《维摩诘经》弹偏斥小，叹大褒

---

① （清）钱谦益：《初学集》卷32，第922—923页。
② （清）钱谦益：《有学集》卷20，第838页。
③ （清）钱谦益：《有学集》卷18，第799页。

圆，第四时用般若"真空"之意，彻底清除一切错误的观点，"然后以上乘圆顿甘露之味沃之"，诗坛或有复兴之机。

综上，灵心源于宗密的《原人论》，原指真如佛性如来藏心，钱谦益借以强调先天禀赋对诗文创作的决定性作用。为了调解灵心和世运、学问等后天修养间的矛盾，钱谦益借用了《大乘起信论》不可思议熏变理论，强调三者间的互相影响，兼以批判诗坛流弊。"客情既尽，妙气来宅"是熏习功效的具体呈现，旨在破斥客情俗情，注重真情，并提出了流而后返的佛教化性情解脱理念。香观说源于《楞严经》中的六根互用学说，强调六根复归灵心之后的妙用。

第二节　诗禅论

悟与法、复古与创新、师古与师心，是明代诗学发展的主线。严羽的《沧浪诗话》是明代文人普遍关注的焦点，他们从诗法到诗境，无不受严羽影响。钱谦益以《沧浪诗话》为中心，从禅法与悟境两个方面对其进行了批判性总结。

一　《沧浪诗话》的诗法与悟境

《沧浪诗话》本是针对宋代江西诗派流弊而提出的，在明代备受关注。朱东润云："大要自至正至康熙中王士祯之说大盛为止，此三百余年间，沧浪之论，于诗坛上影响至巨，虽间有异词，而势力不少衰。"① 方孝岳亦云："他这小小一部书，影响之大，令人震惊。不仅明朝李东阳及前后七子，一直到清朝的王士祯都跑不出他的门限，不过各人引申的说法，各不相同罢了。"② 明代诗坛中，从明初的林鸿至高棅、张以宁、贝琼、高启、解缙、黄子肃、李东阳，再到以李梦阳、何景明为代表的"前七子"，以李攀龙、王世贞为代表的"后七子"，无不受严羽诗学的影响。以王慎中、

---

① 朱东润：《沧浪诗话参证》，载《中国文学论集》，中华书局1983年版，第23页。
② 方孝岳：《中国文学批评》，生活·读书·新知三联书店1986年版，第124页。

唐顺之为代表的唐宋派及公安派、竟陵派,对严羽诗学进行反拨,同时又不同程度地受到《沧浪诗话》的影响,① 主要表现在"诗法"与"悟境"两个方面。

就诗法言,首先,严羽提出学诗要取法乎上,从最上乘学起。"夫学诗者以识为主,入门须正,立志须高;以汉、魏、晋、盛唐为师,不作开元、天宝以下人物","学其上,仅得其中;学其中,仅得其下","工夫须从上做下,不可从下做上"②。从最上乘学诗之论,开明代复古论之先河。所谓"最上乘",约有两个方面的含义:一是直追诗歌之源头。解缙的《学诗三则》云:"学诗者如参曹溪之禅,须使直悟上乘,勿堕空有。严生之论,可谓得三昧。"③ 李梦阳的《答周子书》云:"仆少壮时振翮云路,尝周旋鹓鸾之末,谓学不的古,苦心无益;又谓文必有法式,然后中谐音度。"④ "的"者,究竟之义,"的古"之论,已接近严羽所论"最上乘""第一义"之意。王廷相的《空同集序》云:"学其似不至矣,所谓取法乎上而仅中也,过则至且超矣。"⑤ 谢榛亦云:"严沧浪曰:'学其上,仅得其中;学其中,斯为下矣。'"⑥ 然而,何为"最上乘"? 文体不同,"的古"所指亦异。李梦阳认为,《诗经》为古诗之源,为天地间正音,符合"的古"之论,为"第一义",为"最上乘"。从此处学起,"阒然无以难也","文自西汉以来,诗自天宝以下,若为其毫素污者,辄不忍为。故所作一字一句,摹拟古人。骤然读之,斑驳陆离,如见秦、汉间人;高华伟丽,如见开元、天宝间人也"⑦,更是遵从严羽诗论说的结果。

"最上乘"的另一含义,是指学习诗歌艺术创作之最高峰。就复古派而言,表现在对盛唐诗歌的推崇上。严羽《沧浪诗话》将唐诗分为唐初

---

① 详参见朴英顺《严羽〈沧浪诗话〉及其影响研究》,博士学位论文,复旦大学,2000年,第79—120页。
② (宋)严羽:《沧浪诗话校释》,人民文学出版社1983年版,第1页。
③ (明)解缙:《说诗三则》,《明诗话全编》第1册,江苏古籍出版社1997年版,第463页。
④ (明)李东阳:《答周子书》,《明诗话全编》第2册,第1988页。
⑤ (明)王廷相:《李空同集序》,《明诗话全编》第2册,第2041页。
⑥ (明)谢榛:《诗家直说》,《明诗话全编》第3册,第3129页。
⑦ (清)永瑢等纂:《四库全书总目提要》卷172,第1507页下。

体、盛唐体、大历体、元和体、晚唐体五个时期，杨士弘在《唐音评注》中有盛唐、中唐、晚唐之分①。明初王行将其分为四期，《唐律诗选序》云："其变又四焉：曰初唐，曰盛唐，曰中唐，曰晚唐。"② 高棅《唐诗品汇》，始有四期九格分期法。《凡例》云："大略以初唐为正始，盛唐为正宗、大家、名家、羽翼，中唐为接武，晚唐为正变、余响，方外异人等诗为傍流。间有一二成家特立与时异者，则不以世次拘之。"③ 他将唐诗分为初、盛、中、晚四个时期，又依此四期分为正始、正宗、大家、名家、羽翼、接武、正变、余响、傍流等九格，将作家作品分门别类，纳入九格。高棅在四唐分期中，尤为重视盛唐，将其分为正宗、大家、名家、羽翼四类。唐诗四分法的界定，成为七子派"诗必盛唐"最为直接的理论基础。

其次，严羽认为学诗的关键在于"熟参"。"若以为不然，则是见诗之不广，参诗之不熟耳。试取汉魏之诗而熟参之，次取晋宋之诗而熟参之，次取南北朝之诗而熟参之……其真是非自有不能隐者。"④ 严羽的"熟参"论，在明人那里同样得到了回应。胡应麟的《诗薮》更是对此屡屡提及："若烂读上古歌谣及《三百篇》两汉诸作，溯其源流，得其意调，一旦悟入，真有手舞足蹈，乐不自支者。"⑤ "熟读""熟参"成了他们反复练习、模拟，达到诗歌复古的必不可少之法。

除诗法外，《沧浪诗话》的"悟"指向了诗歌境界。"诗者，吟咏情性也。盛唐诸人惟在兴趣，羚羊挂角，无迹可求。故其妙处，透彻玲珑，不可凑泊，如空中之音，相中之色，水中之月，镜中之象，言有尽而意无穷。"⑥ 对于此透彻玲珑、虚幻缥缈、虚实莫测、不可捉摸之悟境，明代文人亦多有响应者。黄子肃云："是以妙悟者，意之所向，透彻玲珑，如空

---

① 虞集《唐音原序》云："襄城杨伯谦好唐人诗，五言、七言古诗、律诗、绝句以盛唐、中唐、晚唐别之，凡几卷，谓之《唐音》。"参见（元）杨士弘编选《唐音评注》，河北大学出版社2006年版。
② （明）王行：《唐律诗选序》，《明诗话全编》第1册，第247页。
③ （明）高棅：《唐诗品汇》，上海古籍出版社1988年版，第14页。
④ （宋）严羽：《沧浪诗话校释》，人民文学出版社1983年版，第12页。
⑤ （明）胡应麟：《诗薮》，《明诗话全编》第5册，第5447页。
⑥ （宋）严羽：《沧浪诗话校释》，人民文学出版社1983年版，第26页。

中之音,虽有所闻,不可仿佛;如象外之色,虽有所见,不可描模;如水中之味,虽有所知,不可求索。"① 王廷相的《与郭价夫学士论诗书》云:"夫诗贵意象透莹,不喜事实黏著,古谓水中之月,镜中之影,难以实求是也。"② 谢榛的《四溟诗话》云:"诗有可解、不可解、不必解,若镜花水月,勿泥其迹可也。"③

二 批判性总结

钱谦益对明代文学进行了批判性总结,诚如邬国平所论,"作为一个文学批评家,钱谦益最重要的贡献是对明代近三百年的文学发展(主要是诗歌发展)作了一次自觉的总结"④。他对居明代文坛近百年重要地位的,导致文风日下的前后七子、竟陵派及其末流进行了评判。其中,他将诗学观念与学术批评相结合,对俗学、缪学与伪学大加痛斥。明代诗坛中流布广、影响深的《沧浪诗话》,成为他批判的重点。在《唐诗英华序》《唐诗鼓吹序》《宋玉叔安雅堂集序》《周元亮赖古堂合刻序》中的诸文,集中体现了对钱谦益严羽诗学的评判。

(一)"诗法"之批判

《沧浪诗话》要求学诗须从最上乘学起,盛唐自然成为取法之对象。随着对"七子"诗风的反拨,反对之声也随之出现。桑悦的《跋唐诗品汇》云:"唐人好吟咏,传凡三百余家,真有盛中晚之殊,唐业随之可考也。杨仲弘等所选俱得其柔熟之一体,唐人诗技要不止此。国朝闽人高廷礼有《唐诗品汇》五千余首,虽分编定目有正始、正宗、大家、名家、羽翼、接武、正变、余响、旁流之殊,要其见亦仲弘之见。是诗盛行,学者终身钻研,吐语相协,不过得唐人之一支耳。"⑤ 王世贞之弟王世懋认为

---

① (明)黄子肃:《黄子肃诗法》,《明诗话全编》第 2 册,第 961 页。
② (明)王廷相:《王氏家藏集》卷 28,《明诗话全编》第 2 册,第 2047—2048 页。
③ (明)谢榛:《四溟诗话》,载《历代诗话续编》,中华书局 1983 年版,第 1137 页。
④ 邬国平:《钱谦益文学思想初探》,《阴山学刊》1990 年第 4 期。
⑤ (明)桑悦:《跋唐诗品汇》,《明诗话全编》第 2 册,第 1616 页。

"格调""风格"一旦形成后,自有延续性,故而提出"逗"的概念。《艺圃撷余》云:"唐律由初而盛,由盛而中,由中而晚,时代声调故自必不可同。然亦有初而逗盛,盛而逗中,中而逗晚者。何则?逗者,变之渐也,非逗故无以变。"①"逗者,变之渐"的提出,无疑成为风格与时代间的缓冲。公安派从"性灵""求真"的角度,对"诗必盛唐"提出了质疑,江盈科记袁宏道之语云:"诗何必唐,又何必盛唐?要以出自性灵者为真诗耳。……由斯以观,诗期于自性灵出尔,又何必唐,何必初与盛之为沾沾哉?"②

然而,真正对唐诗四分说提出系统性批判的,当属钱谦益。对此,《唐诗英华序》云:

> 世之论唐诗者,必曰初、盛、中、晚,老师竖儒,递相传述。揆厥所由,盖创于宋季之严仪,而成于国初之高棅,承讹踵谬,三百年于此矣。夫所谓初、盛、中、晚者,论其世也,论其人也。以人论世,张燕公、曲江,世所称初唐宗匠也。燕公自岳州以后,诗章凄惋,似得江山之助,则燕公亦初亦盛。曲江自荆州已后,同调讽咏,尤多暮年之作,则曲江亦初亦盛。以燕公系初唐也,溯岳阳唱和之作,则孟浩然应亦盛亦初。以王右丞系盛唐也,酬春夜竹亭之赠,同左掖梨花之咏,则钱起、皇甫冉应亦中亦盛。一人之身,更历二时,将诗以人次耶?抑人以时降耶?世之荐樽盛唐,开元、天宝而已。自时厥后,皆自郐无讥者也。诚如是,则苏、李、枚乘之后,不应复有建安,有黄初。正始之后,不应复有太康,有元嘉。开元、天宝已往,斯世无烟云风月,而斯人无性情,同归于墨穴木偶而后可也。③

《唐诗鼓吹序》云:

---

① (明)王世懋:《艺圃撷余》,《明诗话全编》第5册,第4827页。
② (明)江盈科:《江盈科诗话》,《明诗话全编》第6册,5846页。
③ (清)钱谦益:《有学集》卷15,第707页。

> 唐人一代之诗,各有神髓,各有气候。今以初、盛、中、晚厘为界分,又从而判断之曰:此为妙悟,彼为二乘;此为正宗,彼为羽翼。支离割剥,俾唐人之面目,蒙幂于千载之上;而后人之心眼,沉锢于千载之下,甚矣诗道之穷也!①

《顾伊人诗序》云:

> 今之称诗者,大历已下,斥为旁门小乘,于元何有?子夏不云乎:"音者,生人心者也。治世之音安以乐,乱世之音怨以怒,亡国之音哀以思。"开元、天宝之诗,其于政和安乐也,已有间矣。执咸通已后之诗,而律以景龙、景云升平逸豫之音,不已辽乎?情动于中而形于声,乱世之不能不怨怒而哀思也,犹治世之不能不安以乐也。局于初、盛、中、晚之论,是将使人不惧而笑,不病而呻,哀乐而乐哀,音不生于心,声不动于情,而后可也。②

从上述所引钱氏之文来看,他对唐诗分期法的反驳,主要集中在以下几端:一者,以时代论诗不具合理性。若一人身历两期,应如何划分?二者,依诗歌风格而言,一个时间段的结束,并不意味着一种诗歌风格的了结。时间划分有其绝对性,而诗歌风格的发展演变则有其延续性,二者不可能完全同步。三者,从历史而言,诗歌发展是一迁流变化之过程,世有名家,代有佳篇,仅非唯有盛唐一个高峰。若独尊盛唐而其后无诗的话,依此推之,自苏武、李陵、枚乘之后,则不应有建安、黄初之诗,自正始之后,不应有太康、元嘉之作,且性情乃人类本性,是个性与共性的结合,是随时代变化而迁变的。因此,若强行采取一刀式分割,只会使"唐人之面目,蒙幂于千载之上;而后人之心眼,沉锢于千载之下"③,诗道则为之而穷。

---
① (清)钱谦益:《有学集》卷15,第709页。
② (清)钱谦益:《牧斋杂著》,第442—443页。
③ (清)钱谦益:《有学集》卷15,第707页。

第六章　佛教视阈下的钱谦益文学思想

在《沧浪诗话》中，严羽对唐诗分期留有一定余地。《诗评》云："盛唐人诗，亦有一二滥觞于晚唐者，晚唐人诗，亦有一二可入盛唐者，要当论其大概耳。"① 严羽"大概"之说，道出不必拘泥之意。钱谦益置此不顾，如《题徐季白诗卷后》云："天地之降才，与吾人之灵心妙智，生生不穷，新新相续。有《三百篇》，则必有楚《骚》。有汉魏建安，则必有六朝。有景隆、天元，则必有中、晚及宋、元。而世皆遵守严羽卿、刘辰翁、高廷礼之謷说，限隔时代，支离格律，如痴蝇穴纸，不见世界。斯则良可怜悯者。"② 尊崇盛唐之根本在于唐诗分期，若无分期，盛唐说不立，而严羽所谓禅家大小之区分、曹洞临济高下之论亦无立足之地。破严羽之目的，在破明人盲目复古之风。

（二）"悟境"之批判

严羽颇为自得之"妙悟"，因朦胧性和不确定性，一度招致世人怀疑。清代吴乔云："彼实无见于唐人，作玄妙恍惚语耳。"③ 钱锺书的《谈艺录》云："沧浪继言：'诗之有神韵者，如水中之月，镜中之象，透澈玲珑，不可凑泊。不涉理路，不落言诠'云云，几同无字天书。以诗拟禅，意过于通，宜招钝吟之纠谬，起渔洋之误解。"④ "别材""别趣"之说，虽没有完全忽略学问之重要性，但因对"不涉理路、不落言筌"的强调与重视，加之对江西诗派中"以学问为诗"的反拨，"学问"逐渐被人淡化，因而招致世人不满。茶陵诗派李东阳的《镜川先生诗集序》云："说者谓诗有别才，非关乎书，诗有别趣，非关乎理。然非读书不多，识理之至，则不能作。必博学以聚乎理，取物以广夫才，而比之以声韵，和之以节奏，则其为辞，高可讽，长可咏，近可以述，而远则可以传矣。"⑤ 严羽虽说"别材""别趣"非关"书"与"理"，然必须博学以聚理，取物以广

---

① （宋）严羽：《沧浪诗话校释》，人民文学出版社1983年版，第143页。
② （清）钱谦益：《有学集》卷47，第1563页。
③ （清）吴乔：《答万季野诗问》，载《清诗话》，上海古籍出版社1978年版，第29页。
④ 钱锺书：《谈艺录》，生活·读书·新知三联书店2001年版，第281页。
⑤ （明）李东阳：《镜川先生诗集序》，载《明诗话全编》第2册，第1665页。

才,加之声律、节奏等诗歌形式方面的要求,方能近可述而远可传。

钱谦益对妙悟之说批之更甚。《唐诗英华序》云:"其似是而非,误入箴芒者,莫甚于妙悟之一言。彼所取于盛唐者何也?不落议论,不涉道理,不事发露指陈,所谓玲珑透彻之悟也。"①《周元亮赖古堂合刻序》云:"沧浪之论诗,自谓如那吒太子,拆骨还父,拆肉还母,而未尝深极于有本。谓诗家玲珑透彻之悟,独归盛唐。则其所矜诩为妙悟者,亦一知半解而已。"②从引文可知,钱谦益批判"妙悟"者主要有二:一者,妙悟为一知半解之悟,其因在于无本。诗若无本,"徒以词章声病,比量于尺幅之间,如春花之烂发,如秋水之时至,风怒霜杀,索然不见其所有"③,无疑会流于形式与艺术上的追求,忽略诗歌内容的重要性。那么,如何是诗之本?钱谦益认为:"古之为诗者有本焉。《国风》之好色,《小雅》之怨诽,《离骚》之疾痛叫呼,结轖于君臣、夫妇、朋友之间,而发作于身世逼侧、时命连蹇之会,梦而噩,病而吟,春歌而溺笑,皆是物也,故曰'有本'。"④钱氏所谓诗歌之本,就是要发挥传统诗论中的风骚传统,抒发一己真情,要言之有物,而非无病呻吟。《沧浪诗话》论诗重在艺术层面,《诗经》并未被列入参诗系统,恰与钱氏重视诗骚传统相左,故有此讥。为变"无本"为"有本",钱谦益对"妙悟"进行了一番改造。在为虞山后学冯舒诗集所作的序中,钱氏云:

> 孟子不云乎:"君子深造之以道,欲其自得之也。"又曰:"博学而详说之,将以反说约也。"余以为此学诗之法也。抒山之言曰:"取由我衷,得若神表。"文外之旨,但见情性,不睹文字,严羽卿以禅喻诗,归之妙悟,此非所谓自得者乎?说约者乎?深造也,详说也,则登山之蹊,渡水之筏也。"读书破万卷,下笔如有神"和"别裁伪

---

① (清)钱谦益:《有学集》卷15,第707页。
② (清)钱谦益:《有学集》卷17,第767页。
③ (清)钱谦益:《有学集》卷15,第707页。
④ 同上。

体亲风雅,转益多师是汝师",得之者妙无二门,失之者邈若千里。此下学之径术,妙悟之指归也。①

钱氏此论颇有意思,所引《孟子》之语出自《孟子·离娄下》,其云:"孟子曰:'君子深造之以道,欲其自得之也。自得之,则居之安;居之安,则资之深;资之深,则取之左右逢其原,故君子欲其自得之也。'……孟子曰:'博学而详说之,将以反说约也。'"② 他强调的重点,在于通过一定的学习与积累,才能左右逢源,自得于心,由繁返约,达到"取由我衷,得若神表"的境界。然文外之深旨,唯有摆脱文字之困扰,方可自得,如《诗式》云:"可以意冥,难以言状。"达到妙悟的途径,则为"读书破万卷,下笔如有神""别裁伪体亲风雅,转益多师是汝师"。学习与积累,只不过是"登山之蹊,渡水之筏",悟后应舍其迹。唯此,才是"下学之径术,妙悟之指归"。钱谦益显然是借诗法之论来救悟境之失,与"王世贞晚年自悔论"有异曲同工之妙。二者驳斥妙悟"不落议论,不涉道理,不事发露指陈"。钱谦益从溯源的角度,以《诗经》为例,说明严羽所论之非。作为中国诗论的"开山纲领",诗言志是中国传统诗论中极为重要的一个方面,也是钱氏诗论的重要一环。《徐元叹诗序》云:"《书》不云乎:'诗言志,歌永言。'诗不本于言志,非诗也。歌不足以永言,非歌也。"③ 他将言志作为诗歌最基本的要素之一,并在《增城集序》《题燕市酒人篇》诸篇中反复强调,重视诗歌的"美刺"功用。

其实,钱谦益对严羽《沧浪诗话》的批判,主要是借严羽来批判前、后七子的复古文风。对此,较早关注钱谦益诗论的胡明曾云:"前后七子泥执于中、盛之界,将'天宝以上'与'大历以下'判若云壤,这与唐诗的所谓初盛中晚之分本没有实质联系。然而钱谦益没能冷静地在这一点作诗歌审美的深究细探,却贾其余勇将造成明诗复古颓风的责任一直追究到

---

① (清)钱谦益:《初学集》卷40,第1087页。
② 杨伯峻:《孟子译注》,中华书局1960年版,第189—190页。
③ (清)钱谦益:《初学集》卷32,第924页。

三百年前宋季之严羽。因为严羽在他的《沧浪诗话》里第一个将唐诗分为初盛中晚并号召世人做诗只学盛唐，不作开元天宝以下的人物。"① 对于严羽《沧浪诗话》的历史功绩，尤其是在反拨江西诗派流弊等方面，钱谦益还是极力肯定的。如其在《徐元叹诗序》中云："宋之学者，祖述少陵，立鲁直为宗子，遂有江西宗派之说，严羽卿辞而辟之，而以盛唐为宗，信羽卿之有功于诗也。"② 在《曾房仲诗序》中也说："吾又闻宋人作《江西诗派图》，推尊黄鲁直为佛氏传灯之祖，而严羽卿诃之，以为外道。"③

第三节　佛典譬喻与诗论

在佛经文学中，主要有两种譬喻：一为修辞学意义上的譬喻，相当于比喻；二为文学类型或文体学上的譬喻，也称为譬喻，目的均在于方便说法。如《长阿含经》卷七曰："诸有智者，以譬喻得解，我今更当为汝引喻。"④《大般涅槃经》卷五云："佛赞迦叶：善哉善哉，善男子，以是因缘，我说种种方便譬喻以喻解脱。"⑤《大智度论》卷三十五亦云："譬喻为庄严论议，令人信著。故人五情所见以喻意识，令其得悟，譬如登楼得梯则易上。"⑥ 因此，佛教经典对譬喻手法的大量使用，目的在于使深奥复杂的佛教义理简明易懂，便于世人对佛理的理解和接受。

钱谦益熟谙佛典，晚年奉佛日深，致力于对《楞严经》《心经》等佛教经典的疏释。他不但成功借用了灵心说、熏习说、六根互用说等来构建诗论体系，也深知譬喻说法之妙用，在评诗论文中屡屡采用佛典譬喻。在看似妙趣横生的文字背后，透露出作者颇为复杂的思想主张。医者喻、牧女喻与電珠喻是他最为常用且内涵颇为丰富的佛教譬喻，现先述钱谦益之

---

① 胡明：《钱谦益诗论平议》，《社会科学战线》1984年第2期。
② （清）钱谦益：《初学集》卷32，第924页。
③ 同上书，第930页。
④ （后秦）佛陀耶舍、竺佛念译：《长阿含经》卷7，《大正藏》第1册，第43页下。
⑤ （北凉）昙无谶译：《大般涅槃经》卷6，《大正藏》第12册，第396中—396下。
⑥ （后秦）鸠摩罗什译：《大智度论》卷35，《大正藏》第25册，第320页上。

论，次考佛典渊源，最后揭示寓意，依次简述如下。

一　牛乳喻

牛乳喻是钱谦益诗文中常用的佛典譬喻，《鼓吹新编序》云：

> 盖尝观如来捃拾教中有多乳喻，窃谓皆可以喻诗。其设喻曰：如牧牛女为欲卖乳，贪多利故，加二分水，转卖与余牧牛女人。彼女得已，转复卖与近城女人。三转而诣市卖，则加水二分，亦三辗转。卖乳乃至成糜，而乳之初味，其与存者无几矣。《三百篇》已下之诗，皆乳也。《三百篇》已下之诗人，皆牧牛之女也。由《风》《雅》《离骚》、汉、魏、齐、梁历唐、宋以迄于今兹，由三言四言五言之诗以迄于五七言今体，七言今体中则又由景龙、开元、天宝、大历以迄于西昆、西江。若弘、正、庆、历之所谓才子者，以择乳之法取之，自牧地而之于城市，其转卖之地，不知其几。自牧女而之城中之女，其辗转之人，不知其几。自牧牛之女加水二分，而至于作糜赡客，其加水二分，殆不可斗斛计矣。今欲于辗转卖乳之后，区分而品尝之曰：此为城内之乳，此为城外之乳也；此近市初交之乳，此城中作糜之乳也。夫然后醍醐奶酪可以辨若淄渑，而不为牧牛之女所笑。惟程子能，吾弗能也。
>
> 复有喻曰：长者畜牛，但为醍醐，不期奶酪。群盗构乳，盛以革囊，多加以水，奶酪醍醐，一切俱失。复有喻曰：牧女卖乳，辗转薄淡，虽无乳味，胜诸苦味。若复失牛，转抨驴乳，辗转成酪，无有是处。今世之为七言者，比拟声病，涂饰铅粉，骈花俪叶，而不知所从来，此盗牛乳而盛革囊者也。标新猎异，佣耳剽目，改形假面，而自以为能事，此抨驴乳而谓醍醐者也。别裁伪体，刊削枝岐，如长者之子，于一器中辨乳异相，此余之所不能，而程子之所以丹铅甲乙，目雎手勘，未敢以即安者也。[①]

[①] （清）钱谦益：《有学集》卷15，第710—711页。

钱谦益在此文中，连用了三个与"牛乳"有关的佛教譬喻。为了方便考察，姑且依次命名为"卖乳喻""群盗构乳喻"与"构驴乳喻"。关于"卖乳喻"者，钱谦益在其他文章中也有化用。如《成社诗序》云：

> 亦闻西竺之乳喻呼？牧牛之女乳味最善，加二分水，转卖余牧牛女，彼女转卖近城女人，复加二分水焉。近城女欲诣市卖之，又加二分水焉。展转加水，至于三加。煮乳作糜，都无乳味。卖乳之人，不知乳之加水，而咎乳味之不善，则亦过矣。诗文之弊，挽近弘多。要而论之，则粗浮浅近，其味薄而不美，皆西竺三加之乳耳。古人之诗文，得天地之元气，故厚。今人之诗文，得天地之闰气游气厉气，故薄。元气者，诗人之乳湩也。富有而日新，笃实而辉光，取新构之乳而无取三加之乳，于诗文之道其几矣乎？①

又《杨明远诗引》云：

> 明远体气自然，意匠深隐，得冲和简稚之真，而料简其似，亦闻西竺之鬻乳者乎？牧女之乳，辗转入城市，加水至于八分，则乳之味薄矣。明远之诗，西竺新构之乳也，余人则近加水之乳也。以乳喻诗，亦善喻也。②

考此譬喻之本源，实出于北凉昙无谶译《大般涅槃经》卷九《如来性品》：

> 复次，善男子，如牧牛女为欲卖乳，贪多利故加二分水，转卖与余牧牛女人。彼女得已，复加二分，转复卖与近城女人。女人得已，复加二分，转复卖与城中女人。彼女得已，复加二分，诣市卖之。

---

① （清）钱谦益：《牧斋杂著》，第667页。
② （清）钱谦益：《有学集》卷20，第856页。

时，有一人为子纳妇，当须好乳，以赡宾客，至市欲买。是卖乳者，多索价数。是人答言："汝乳多水，不直尔许。正值我今赡待宾客，是故当取。"取已，还家煮用作糜，都无乳味。虽复无味，于苦味中千倍为胜。何以故？乳之为味诸味中最。①

佛陀所说此则譬喻，意在他去世后，有恶比丘将《涅槃经》抄作多份进行流布，在深密要义中加入"世间庄严文饰无义之语"，如牛乳般经层层贩卖，虽煮成糜，都无乳味。虽无乳味却胜过苦味，旨在突出《涅槃经》在三藏十二部经中之重要地位。

钱谦益借用此则譬喻，着眼点在于"贩卖"二字，意在说明几经贩卖之后，诗歌中最初的"乳味"已经荡然无存。那么，譬喻中的"乳""牧牛女"等又各喻指什么呢？钱谦益云："《三百篇》已下之诗，皆乳也。《三百篇》已下之诗人，皆牧牛女也。"② 显然，他以"乳"喻诗，以"牧牛女"喻诗人。诗歌从《诗经》发展到明代，由三言至七言，七言中又经景龙、开元、天宝和宋代的西昆、西江，以及明代弘治、正治、隆庆、万历间前后七子复古运动，其中转卖之地、转卖之人、所加之水，不知有多少。其批判指向，由前后七子一直延续到了与钱谦益同时的陈子龙。如《列朝诗集》丁集《李按察攀龙》云："其拟古乐府也，谓当如胡宽之营新丰，鸡犬皆识其家。宽所营者，亲丰也，其阡陌衢路未改，故宽得而貌之也。令改而营商之毫，周之镐，我知宽之必束手也。《易》云拟议以成其变化，不云拟议以成其臭腐也。易五字而为《翁离》，易数句而为《东门行》《战城南》，盗《思悲翁》之句而云'鸟子五，鸟母六'，《陌上桑》窃《孔雀东南飞》之诗而云'西邻焦仲卿，兰芝对道隅'，影响剽贼，文义违返，拟议乎？变化乎？"③ 从钱谦益所举作品不难看出，李攀龙等前后

---

① （北凉）昙无谶译：《大般涅槃经》卷9，《大正藏》第12册，第421页下。此譬喻在唐代道世的《法苑珠林》卷三十中亦有收录。
② （清）钱谦益：《有学集》卷15，第710—711页。
③ （清）钱谦益：《列朝诗集》第8册，第4406页。

七子,不仅模拟,且改换古诗数字以为己作,其贩卖之举不言自明。凡此之类,成为他批判的焦点之一。因此,作诗、采诗者必须具备鹅王择乳之法,如《成社诗序》云:"水上之油,吹之甚易。水内之乳,嗳之甚难。鹅王之择乳也,易牙之辨淄、渑也,皆精于取乳之法者也。苟为不然,则乳之与水,相去几何?择乳而得水,择水而弃乳,且有置毒乳中,谓乳能杀人者。贞复与诸君勉之。"① 唯有如此,方能辨明诗中之"水"与"乳",不为牧牛女所笑。

其次,"群盗构乳喻",亦出《大般涅槃经》卷三:

> 佛告迦叶:"譬如长者多有诸牛,色虽种种,同共一群,付放牧人,令逐水草,但为醍醐,不求奶酪。彼牧牛者,构已自食。长者命终,所有诸牛,悉为群贼之所抄掠。贼得牛已,无有妇女,即自构捋,得已而食。尔时,群贼各相谓言:'彼大长者畜养此牛,不期奶酪,但为醍醐。我等今者,当设何方而得之耶?夫醍醐者,名为世间第一上味。我等无器,设使得乳,无安置处。'复共相谓:'唯有皮囊可以盛之。'虽有盛处,不知攒摇。浆犹难得,况复生酥?尔时,诸贼以醍醐故,加之以水,以水多故,奶酪、醍醐一切俱失。凡夫亦尔。虽有善法,皆是如来正法之余。何以故?如来世尊入涅槃后,盗窃如来遗余善法,若戒定慧。如彼诸贼,劫掠群牛。"②

关于此譬喻之具体含义,隋代灌顶法师撰写的《涅槃经会疏》中有一详解,其云:

> 初开譬中言"长者"者,先佛也;"群牛",说教也;"色种种",逗机异也;"同共一群",诠理等也;"付放牧人",弘经者也;"令逐水草",随机化益也;"唯为醍醐",期常住也;"不求奶酪",不期人

---

① (清)钱谦益:《牧斋杂著》,第668页。
② (北京)昙无谶译:《大般涅槃经》卷3,《大正藏》第12册,第381页下—382页中。

天二乘无常;"构以自食",弘经人自益也;"长者命终",先佛去世也;"贼掠群牛",佛教被盗也;"无有妇女",无慈心也;"构以自食",有得之利也;"相谓言去",欣慕深理也;"我等无器",非根性也;"设使得乳,无安置处",设能持戒,非常住基;"唯有皮囊",天人感报,设能持戒,成诸有业;"不知钻摇",无定慧方便;"浆"譬人天善;初"酪",譬似道;后"醍醐",譬真道;"加之以水",譬起我、人知见等也;"一切皆失",起见堕恶,人天善失。①

佛陀以种种佛理付诸弘法者,随机应化。虽因众生根器不同,但所诠理趣无别,不求人天二乘之果,唯以涅槃为期。弘经传法,不但自利,亦能利他。佛陀去世后,虽能盗取佛法,有如群盗窃取长者之牛。但不知修行方便,不能取得真正道果,反而陷入"我""人"知见而不能自拔,亦如群盗虽求醍醐,却盛以皮囊,加之以水,最终奶酪、醍醐两者俱失。

再次,关于"构驴乳喻",求那毗地译《百喻经》卷四云:

昔边国人不识于驴,闻他说言驴乳甚美,都无识者。尔时诸人得一父驴,欲构其乳,诤共捉之。其中有捉头者,有捉耳者,有捉尾者,有捉脚者,复有捉器者,各欲先得,于前饮之。中捉驴根,谓呼是乳,即便构之望得其乳。众人疲厌都无所得,徒自劳苦空无所获,为一切世人之所嗤笑。外道凡夫亦复如是,闻说于道不应求处,妄生想念,起种种邪见,裸形自饿,投岩赴火,以是邪见堕于恶道,如彼愚人妄求于乳。②

此譬喻中,"驴乳甚美"譬诸外道邪说邪见,若依其言,只能堕入恶道,亦如捉住公驴之根以为是乳,构之而不可得。又鸠摩罗什译《大智度

---

① (隋)灌顶:《涅槃经会疏》卷3,《新编卍续藏经》第56册,第818页下。
② [印]僧伽斯那撰,(萧齐)求那毗地译:《百喻经》卷4,《大正藏》第4册,第555页上。

论》卷二十五云:"如除摩梨山,一切无出栴檀木;若余处或有好语,皆从佛法中得。自非佛法,初闻似好,久则不妙。譬如牛乳、驴乳,其色虽同;牛乳攒则成酥,驴乳攒则成尿。佛法语及外道语,不杀、不盗、慈愍众生、摄心、离欲、观空虽同;然外道语初虽似妙,穷尽所归,则为虚诳。"① 唐代澄观《大方广佛华严经随疏演义钞》卷十四进而释云:"《智论》第三文,意谓佛教如牛乳,修得解脱,如抨得酪,生、熟酥等。不解修行,尚不得酪,况外道教犹彼驴乳?佛喻于牛,外道如驴。驴乳本非出酪之物,外道之教无解脱味,故抨驴乳但成屎尿。依外道教行,但招苦果,无所成益。"② 准上可知,"牛乳"喻指佛言,"驴乳"指外道之言。两者看似虽同,如都讲"不杀""不盗"等,但实质不同。依佛言教若不努力修行,尚不能得酪;若依抨击仅得屎尿之驴乳来进行修行的话,只能自招苦果,无所成益。明乎此,则"群盗构乳喻"与"构驴乳喻"之差别显而易见。前者系指虽能盗取佛法却不得方便,故不能得醍醐妙果;后者则是根本指导思想之误,依似是而非的外道之语,只能堕入恶道,而不可能得到善果。

对于佛教譬喻与诗论,钱谦益很清楚二则譬喻之间的差异:"今世之为七言者,比拟声病,涂饰铅粉,骈花俪叶,而不知所从来,此盗牛乳而盛革囊者也。标新猎异,佣耳剽目,改形假面,而自以为能事,此抨驴乳而谓醍醐者也。"③ "盗牛乳者"之弊,在于片面追寻声律辞藻之美,而不知门径,不知其所从来。"抨驴乳者"之弊,在于标新猎异,佣耳剽目,道听途说,改形换面,不仅不知其弊,反而自以为高。我们可从钱氏的相关言论中获知其批评指向。《袁祈年字田祖说》云:

> 今之为文者,有两人焉,其一人曰:必秦必汉必唐,舍是无祖

---

① [印]龙树造、(后秦)鸠摩罗什译:《大智度论》卷25,《大正藏》第25册,第191页中—191页下。
② (唐)澄观:《大方广佛华严经随疏演义钞》卷14,《大正藏》第36册,第106页上。
③ (清)钱谦益:《有学集》卷15,第711页。

也。是以人之祖祢而祭于已之寝也。其一人曰：何必秦？何必汉与唐？自我作古。①

《曾房仲诗序》云：

余盖尝奉教于先生长者，而窃闻学诗之说。以为学诗之法，莫善于古人，莫不善于今人。……古人之诗，了不察其精神脉理，第抉摘一字一句，曰此为新奇，此为幽异而已。于古人之高文大篇，一切抹杀，曰此陈言腐词而已。……献吉辈之言诗，木偶之衣冠也，土荳之文绣也。烂然满目，终为象物而已。若今之所谓新奇幽异者，则木客之清吟也，幽冥之隐壁也。纵其悽清感怆，岂光天化日之下所宜有乎？呜呼！学诗之敝，可谓至于斯极者矣！②

《刘咸仲雪庵初稿序》云：

诗文之缪，傭耳而剽目也，俪花而斗叶也。其转缪，则蝇声而蚓窍也，牛鸣而蛮语也。其受病，则皆不离乎伪也。③

《王元昭集序》云：

今之作者则不然，矜虫鱼，拾香草，骈枝而俪叶，取青而妃白，以是为陈羹像设斯已矣，而情与志不存焉。④

《列朝诗集小传》丁集中《钟提学惺》云：

---

① （清）钱谦益：《初学集》卷26，第826—827页。
② （清）钱谦益：《初学集》卷32，第929页。
③ （清）钱谦益：《初学集》卷31，第909页。
④ （清）钱谦益：《初学集》卷32，第932页。

伯敬（钟惺）少负才藻，有声公车间。擢第之后，思别出手眼，另立深幽孤峭之宗，以驱驾古人之上。……《诗归》出，而钟谭之底蕴毕露，沟浍之盈于是乎涸然无余地矣。当其创获之初，亦尝覃思苦心，寻味古人之微言奥旨，少有一知半见，掠影希光，以求绝出于时俗。久之，见日益僻，胆日益粗，举古人之高文大篇铺陈排比者，以为繁芜熟烂，胥俗扫而刊之，而惟其僻见之是师，其所谓深幽孤峭者，如木客之清吟，如幽独君之冥语，如梦而入鼠穴，如幻而之鬼国，浸淫三十余年，风移俗易，滔滔不返。余尝论近代之诗，抉摘洗削，以凄声寒魄为致，此鬼趣也。尖新割剥，以噍音促节为能，此兵象也。①

《列朝诗集小传》丁集中《谭解元元春》云：

　　谭之才力薄于钟，其学殖尤浅，谬劣弥甚，以俚率为清真，以僻涩为幽峭，作似了不了之语，以为意表之言，不知求深而弥浅；写解不解之景，以为物外之象，不知求新而转陈。无字不哑，无句不谜，无一篇章不破碎断落。……原其初，岂无一知半解、游光掠影，居然谓文外独绝，妙处不传，不自知其识之堕于魔，而趣之沉于鬼也。……承学之徒，莫不喜其尖新，乐其率易，相与糊心眯目，拍肩而从之。以一言蔽其病曰：不学而已。亦以一言蔽从之者之病曰：便于不说学而已。②

　　从以上六则材料可见，钱谦益诗论批评的重心指向两派：一为追求骈枝俪者，以主张"文必秦汉，诗必盛唐"的前后七子为代表，钱谦益称其为"陈羲象设""木偶之衣冠""土苴之文绣"，徒具形式而无感情；二为与七子复古论相反者，主张不必秦汉盛唐，"自我作古"便可，勇

---

① （清）钱谦益：《列朝诗集小传》，第570—571页。
② 同上书，第571—573页。

第六章　佛教视阈下的钱谦益文学思想

于为诗，敢于求新求异，以期迥出于时俗之外。在求新猎异之时却流为"木客之清吟，幽冥之隐壁"，如入鼠穴，如至鬼国，"鬼趣""兵象"为其突出表征。钱谦益所指后者显然是以钟、谭为代表的竟陵派。此外，佛教语境中的"抨驴乳者"指外道而言。在钱谦益诗论中，所谓"外道"者指竟陵派。如《列朝诗集》丁集第十四《吴居士鼎芳》云："吴鼎芳，字凝父，吴人，世居古洞庭。……凝父与葛震甫称诗于两洞庭，皆能被除俗调，自竖眉目。震甫晚自信不笃，颇折入钟、谭，而凝父亭亭落落，迥然尘埃之外。震甫自负才大，以为入佛入魔，无所不可，竟不免堕修罗藕丝中。凝父修声闻辟支果，虽复根器小劣，后五百年终不落野狐外道也。"① 葛震甫学钟、谭体，诗入竟陵一派，故"不免堕修罗藕丝中"。吴鼎芳精修佛道，诗歌取径与葛震甫不同，故"不落野狐外道"。"野狐外道"者，非竟陵而何？

钱谦益借驴乳喻抨击竟陵诗派，或与其诗论中的"厚"有关。钟惺论诗重"厚"，重学问之积累。《与高孩之观察》云："夫所谓反覆于厚之一字者，心知诗中实有此境也；其下笔未能如此者，则所谓知而未蹈，期而未至，望之而未之见也。何以言之？诗至于厚而无余事矣。……然必保此灵心，方可读书养气，以求其厚，夫若以顽冥不灵为厚，又岂吾孩之所谓厚哉？"② "厚"指诗中深厚之蕴藉，此与学问相关。"灵心"者，心中本有之灵也，与"顽冥不灵"相对。此二者相辅相成，方为真诗，"作诗必有灵心，犹严羽所谓'诗有别材'，'诗有别趣'，这才能'羚羊挂角，无迹可求'。但诗识又必求'厚'，这又必须'读书养气'才可；这又与严羽'非多读书，多穷理，不能极其至'（《沧浪诗话》）一致"③。竟陵派虽提出了"厚"的要求，但在钱谦益看来，钟、谭之学养，离"厚"确实相差太远。《列朝诗集小传》丁集中《钟提学惺》云："数年之后，所撰《古今诗归》盛行于世，承学之士，家置一编，奉之如尼丘之删定。而寡陋无

---

① （清）钱谦益撰集：《列朝诗集》第 10 册，中华书局 2007 年版，第 5669 页。
② （明）钟惺：《隐秀轩集》卷 28，上海古籍出版社 1992 年版，第 474 页。
③ 同上书，第 7 页。

稽，错缪叠出，稍知古学者咸能挟策以攻其短。"①《谭解元元春》云："谭之才力薄于钟，其学殖尤浅。……《诗归》之作，金根缪解，鲁鱼讹传，兔园老学究皆能指其疵陋，而举世传习奉为金科玉条，不亦悲乎。……以一言蔽其病曰：不学而已。亦以一言蔽从之者之病曰：便于不说学而已。"②对《诗归》缺失之批判，并非钱谦益的意气用事。顾炎武亦云："又近日盛行《诗归》一诗，尤为妄诞。魏文帝《短歌行》：'长吟永叹，思我圣考。'圣考谓其父武帝也，改为'圣老'，评之曰：'圣老字奇。'《旧唐书》李泌对肃宗言：'天后有四子，长曰太子弘，监国而仁明孝悌。天后方图称制，乃鸩杀之，以雍王为太子。贤自知不免，与二弟日侍于父母之侧，不敢明言，乃作《黄台瓜辞》，令乐工歌之，冀天后悟而哀愍。其辞曰：种瓜黄台下，瓜熟子离离。一摘使瓜好，再摘使瓜稀。三摘犹尚可，四摘报蔓归。而太子贤终为天后所逐，死于黔中。'其言'四摘'者，以况四子也。以为非四之所能尽，而改为'摘绝'。此皆不考古而肆臆之说，岂非小人而无忌惮者哉！"③求"厚"而不得厚，文学理论与创作实践的严重脱节，钱谦益讥其"似是而非"，也是他借用佛教"构驴乳喻"的批判意旨所在。

综上，钱谦益拈出此三喻，各有其特定的寓指对象，批判对象为前后七子和竟陵派，目标直指明代诗坛"学古而赝"和"师心而妄"两大症结，这是他总结明代文学尤其是诗歌发展状况而得出的主要结论。④

二 医者喻

在诗论中，钱谦益经常提到"医者喻"，亦即"新医""客（旧）医"之喻，《鼓吹新编序》云：

---

① （清）钱谦益：《列朝诗集小传》，上海古籍出版社1959年版，第570—571页。
② 同上书，第571—572页。
③ （清）顾炎武著，黄汝成集释，栾保群、吕宗力校点：《日知录集释》卷18，第1077页。
④ 邬国平的《钱谦益文学思想初探》认为"他在前面分析闽诗派、前后七子、竟陵派的弊失后提出的明诗两大症候'学古而赝'和'师心而妄'，一正一反，构成他总结明代文学所得出的主要结论"（载《阴山学刊》1990年第4期），恰与牛乳三喻的旨趣契合。

虽然，亦知夫旧医、新医之说乎？旧医、新医之所用者，皆乳药也。王之初病也，新医禁旧医之乳药，国中有欲服者，当斩其首，而王病愈。及王之复病也，新医占王病仍应服旧医之乳药，而王病亦愈。今夫诗，亦若是而已矣。上下三百余年，影悟于沧浪，吊诡于须溪，象物于庭礼，寻扯吞剥于献吉、允宁，举世瞑眩，奉为丹书玉册，皆旧医之属也。今之所择而取者，旧医之乳药与？新医之乳药与？抑亦新医所断之乳药，即旧医所服之乳药？是乳药者，亦是毒害，亦是甘露，以疗病得差为能，而不应以新、旧医为区别与？旧医之病人深矣，摇革囊，押驴乳，指毒药为甘露，不第加水二分而已也。今将舍城中之乳，而构城外之乳，因糜而求乳，因乳而求酪，因酪酥而求醍醐，则非驱逐旧医，断除乳药之毒害，新医之甘露妙药，固不可得而施也。程子其知之矣。簸扬淘汰，取材落实，禁汝之律令，与服汝之条教，双遮互夺，戛戛乎其难之。其有功于诗坛也，顾不韪欤！余既辞不也为序，假借乳喻以复程子，并以质诸世之能为新医者。①

钱谦益此喻源出《大般涅槃经》卷二，其云：

佛告诸比丘："善哉！善哉！汝今善能咨问是义，为自断疑。譬如国王暗钝少智，有一医师性复顽嚚，而王不别，厚赐俸禄。疗治众病纯以乳药，亦复不知病起根原。……复有明医晓八种术，善疗众病，知诸方药，从远方来。是时，旧医不知咨受，反生贡高轻慢之心。彼时明医即便依附，请以为师，咨受医方秘奥之法。……是时，旧医即将客医，共入见王。是时，客医即为王说种种医方及余伎艺，'大王当知，应善分别，此法如是可以治国，此法如是可以疗病。'尔时国王闻是语已，方知旧医痴骇无智，即便驱逐令出国界，然后

---

① （清）钱谦益：《有学集》卷15，第712页。

倍复恭敬客医。……彼客医言：'王虽许我一切身分，然我不敢多有所求。今所求者，愿王宣令一切国内，从今已往，不得复服旧医乳药。……'时王答言：'汝之所求，盖不足言。'寻为宣令：'一切国内有病之人，皆悉不听以乳为药。若为药者，当斩其首。'……其后不久，王复得病，即命是医：'我今病重困苦欲死，当云何治？'医占王病应用乳药，寻白王言：'如王所患，应当服乳。我于先时所断乳药，是大妄语，今若服者，最能除病。王今患热，正应服乳。'时王语医：'汝今狂耶？……先医所赞，汝言是毒，令我驱遣。今复言好，最能除病。如汝所言，我本旧医，定为胜汝。'是时客医复语王言：'王今不应作如是语。……（旧医）不别诸病，悉与乳药，如彼虫道偶成于字。……'时王问言：'云何不解？'客医答王：'是乳药者，亦是毒害，亦是甘露。云何是乳复名甘露？若是犅牛不食酒糟、滑草、麦麸，其犊调善，……如是乳者能除诸病，是则名为甘露妙药。除是乳已，其余一切皆名毒害。'尔时大王闻是语已，赞言：'大医，善哉善哉！我从今日始知乳药善恶好丑。'即便服之，病得除愈。寻时宣令一切国内，从今已往当服乳药。……尔时，大王及诸人民，踊跃欢喜，倍共恭敬供养是医。一切病者，皆服乳药，病悉除愈。"①

此则譬喻以"乳药"为主线，在"禁"与"服"的矛盾中依次展开，不失为一篇优秀的佛教譬喻。故事中旧医不别乳药的药理药性，不别疾病的生起根源，偶尔成功，便向暗钝少智的国王建议，凡是有病，一律全服乳药。客医深明医理、药性、病因，见到国王后，向其陈述种种方略技艺，取得国王的信任后，他为对治旧病之弊，拯救万民之病，向国王建议全面禁除旧医的乳药。此一刀切之举，实为当时特殊环境下不得已而采取的权宜之策。当国王病起之时，客医认为当服此前禁止的乳药。国王得知事情原委后，服药而病愈。故事中旧医、客医之间，经历了对乳药"肯

---

① （北凉）昙无谶译：《大般涅槃经》卷2，《大正藏》第12册，第378页上—378页下。

定"→"否定"→"肯定"的辩证思维过程。从旧医只知其名到客医的明辨是非应病与药,乳药的品性与价值得到了升华。一为毒药,一为醍醐,只取决于"医"者如何运用而已。钱谦益借此论诗,认为"旧医之属"实为从严羽至后七子整个传承体系的缩影。一为盗群牛、摇革囊之"复古派",一为"抨驴乳"之竟陵派,皆为旧医之属,皆在驱遣之列。只有驱除旧医,断除乳药之毒害,新医之妙药方可施行。如《陈古公文集》中所论,只有如维摩诘般用般若空观淘汰清净,如鹅王择乳般严加拣择,"然后以上乘圆顿甘露之味沃之",诗道方可重新振兴。①

在《俞嘉言医门法律序》中,钱谦益再次拈出"医者喻":

> 然吾观如来之论医,盖莫精于《大涅槃经》旧医客医之说。夫旧医之治病,不别风热寒温,悉令服乳。客医之厉禁之者宜也。厉禁行而王病愈,国无横死,禁乳之效,可见于前矣。迨王之热病作也,非乳不起,而客医之所以除病者,即所禁旧医之乳药而已。舍旧医之乳药,而求客医之乳药,虽谒大自在天而请之,岂可得哉!……佛言旧医别药,如虫食木,知者终不唱言,是虫解字。今《尚论》诸书具在,皆客医之乳药也。学者神而明之,无若虫之解字,为智人所笑,庶不负征君方便苦心矣。②

此虽就医论医,但"舍旧医之乳药,而求客医之乳药,虽谒大自在天而请之,岂可得哉"一语透露出一个极为重要的信息:医者虽有"旧医""客医"之别,"乳药"无别。舍旧医之乳药,则新医之乳药终不可得。那么,此"乳药"应之于诗论,究竟指什么?正如《鼓吹新编序》所云:"《三百篇》以下之诗,皆乳也。《三百篇》以下之诗人,皆牧牛之女也。"③ 依明代诗坛略论之,以李梦阳为代表的七子之崛起,纠以李东阳为代表的茶

---

① (清)钱谦益:《有学集》卷18,第799页。
② (清)钱谦益:《有学集》卷15,第719页。
③ 同上书,第711页。

陵派重格调、声律之失，本着严羽的第一义之说，倡言"文必秦汉，诗必盛唐"，成为学人之标的。以唐顺之为代表的唐宋派继之而起，虽给文坛再来一些新鲜空气，但又很快被后七子的声浪淹没。受李贽影响，公安三袁倡导"独抒性情"，迥出文坛，予复古派以反拨。继之而起的竟陵派虽以"性灵"为标的，然对公安派文学思想的核心，"代有升降，而法不相沿"及"喜怒哀乐、嗜好情欲""都进行了偷梁换柱的改造"①，最终流为"兵象""鬼趣"，被钱谦益贬为构驴乳者。由此视之，明代文坛中对"古"的抉择，在交替进行的肯定与否定的反复论辨中，可谓一波三折。

钱谦益早年追随李、王之学，后受李流芳、程嘉燧、汤显祖诸人影响，痛加追悔，焚毁少作，标志着他与旧学的彻底决裂。针对明代学术空疏之弊，他建立起通经汲古的虞山之学，提倡反经明教，重视对经典的回归，对"俗学""缪学"进行了猛烈的批判。就诗论一途，钱谦益把"灵心""世运""学问"三者完美结合，重视"言志""永言"的诗骚传统，倡导经经纬史，别裁伪体，转益多师，追流溯源，博学返约，达到"取由我衷，得若神表"的自由境界。凡此，均得益于古学的回归。因此，同为乳药的复古学说，在"旧医"（七子派）与"客医"那里，一为毒药，一为醍醐，因途径、方法的不同，便会产生截然不同的效果。钱谦益不遗余力地批判复古派，借助佛典中的"牛乳喻"与"医者喻"，将其复归古学的理念，隐微地展现在世人面前。②

---

① 孙之梅：《钱谦益与明末清初文学》，齐鲁书社1996年版，第320页。
② 对钱谦益和复古派的关系，学界普遍认为以批判复古派为主。然而，诚如王小舒的《钱谦益的诗学观及其前后期创作之异同》所论，钱谦益实际上赞成复古，他对"明七子"的批判属于总结复古派创作之教训，以便更好地走复古之路。他与"明七子"并非对立，而是前后相承的关系。钱谦益的诗歌创作与诗歌主张基本同步，早期学习"明七子"，以后转向唐、宋兼收，风格呈现为多元态势。入清后则主要宗法杜甫，并形成有别于前人的特色。此论亦可揭示钱谦益诗论中借用"医者喻"，委婉地表现出赞同复古的佐证。详参见王小舒《钱谦益的诗学观及其前后期创作之异同》，《文艺研究》2009年第5期。

三　雹珠喻

"雹珠喻"是钱谦益诗论中经常提到的又一譬喻,如《宋玉叔安雅堂集序》云:

> 此其说在群儿之雹论也;群儿不识珠,见雨雹焉,以为珠也,掬而藏之,俄而无余质矣。有大长者,富有宝珠,群儿相与噪曰:"此雹也,非珠也。"杂然抵而去之。其黠者则又咻曰:"果珠也,安知吾昔日之雹,非长者之珠?"长者心目了然,自信其为珠。群儿论雹为珠,论珠为雹,喧呶聒耳,都卢一笑而已。玉叔之诗,长者之宝珠也。一以为隋侯,一以为泉客,其光可以照乘,而其余可以弹鹊。其为珠不为雹,不待有目者而后知也。然而群儿之雹论,日喧呶而未已。群儿固不能指雹以乱珠,而抑将假长者之珠以盖雹也。玉叔虽自信其珠,其若之何?①

应该说,钱谦益对此则譬喻还是颇为自得,在相关文章中多次提到雹珠喻。《读宋玉叔文集题辞》云:

> 玉叔之文,骨力秀拔,意匠深远,标章命意,迢然以古人为师。盖其道心文府,本之天授,俗学之熏染,无自而滓其笔端也。吾是以读之而喜。虽然,群瞽冥行,无目诤日,虑玉叔出而空其群也,必将群噪吾言。吾是以滋惧。其说在吾之《雹论》也,亦蕲乎玉叔之自信而已矣。②

《李梦沙望古斋集序》亦云:

---

① (清)钱谦益:《有学集》卷17,第764页。
② (清)钱谦益:《有学集》卷49,第1589页。

日余游武林，叙莱阳宋玉叔诗，取群儿雹珠之喻，谓群儿不识珠，掬雹以为珠。既而知雹之非珠，则又疑长者之藏珠，群噪之以为雹。蕲玉叔之自信其珠，勿为群儿之所噪也。吾所取于仲默、子业者，以为长者之珠也。梦沙之才力，风飞焱竖，联翩怫悦，诗家之珠林玉府也。自今以往，学益殖，才益老，愿自信其珠，而无为群儿之雹论所聒噪，斯道其有兴乎？①

"雹""珠"是佛教经典中的常见事物，含义各不相同。"雹"之含义，约有两种。一是指代不祥的天象，如鸠摩罗什译《佛说仁王般若波罗蜜经》卷二认为非时降雹为七难之一："大水漂没百姓，时节返逆，冬雨夏雪，冬时雷电霹雳，六月雨冰霜雹，雨赤水、黑水、青水、雨土山、石山，雨沙砾、石，江河逆流，浮山流石。如是变时，亦读此经。为四难也。"② 二是造作恶业所得果报，如隋法智译《佛为首迦长者说业报差别经》卷一云："复有十业得外恶报，若有众生于十不善业多修习故，感诸外物悉不具足。……二者，以盗业故，感外霜雹螽蝗虫等，令世饥馑。"③"珠"在佛典中更为普遍，一般认为是佛教七宝之一。如《长阿含经》卷三云："何谓七宝？一金轮宝，二白象宝，三绀马宝，四神珠宝，五玉女宝，六居士宝，七主兵宝。"④ 宋施护译《轮王七宝经》卷一云："其王出时有七宝现。何等为七？所谓轮宝、象宝、马宝、主藏臣宝、摩尼宝、女宝，如是七宝随王出现。"⑤ 摩尼是梵语 maṇi 的音译，意译为宝石、珍珠，摩尼宝即珠宝。虽诸经论所说七宝名目稍异，大都包含"珠"宝。又珠多喻指实相妙理，或指众生自性，单从字义层面考察，很难与"雹"相提并论。

在众多关于"雹""珠"的文字中，《佛说央掘魔罗经》卷二所载央

---

① （清）钱谦益：《牧斋杂著》，第441页。
② （后秦）鸠摩罗什译：《佛说仁王般若波罗蜜经》，《大正藏》第8册，第832页下。
③ （隋）法智译：《佛为首迦长者说业报差别经》，《大正藏》第1册，第894页中。
④ （后秦）佛陀耶舍、竺佛念译：《长阿含经》卷3，《大正藏》第1册，第21页下。
⑤ （宋）施护译：《轮王七宝经》卷1，《大正藏》第1册，第821页上。

掘魔罗回答文殊菩萨的佛偈，与钱谦益的雹论颇为相似，其云：

> 譬如有愚夫，见雹生妄想，谓是琉璃珠，取已执持归，置之瓶器中，守护如真宝，不久悉融消，空想默然住。于余真琉璃，亦复作空想，文殊亦如是，修习极空寂，常作空思惟，破坏一切法，解脱实不空，而作极空想。犹如见雹消，滥坏余真实。汝今亦如是，滥起极空想。见于空法已，不空亦谓空。有异法是空，有异法不空。一切诸烦恼，譬如彼雨雹，一切不善坏，犹如雹融消。如真琉璃宝，谓如来常住，如真琉璃宝，谓是佛解脱。虚空色是佛，非色是二乘，解脱色是佛，非色是二乘，云何极空相，而言真解脱？文殊宜谛思，莫不分别想。①

偈中央掘魔罗所言，可分三个层面。首先，愚夫无智，认雹为珠。其次，雹化为水，知雹非珠。其三，知雹非珠，复认珠为雹。这其实代表了佛教认识论的三个阶段：其一，凡夫于世间事物生遍计执，生实有想，如同认雹为珠。其二，初识佛法之士，闻听佛言世间事物皆由因缘和合而成，本性为空，如雹化为水，知雹非实。其三，由诸法皆空生空寂想，堕入恶趣空，有如愚人将真琉璃宝认为是雹。央掘魔罗此则偈语，实际上主要批判耽于空义的恶趣空。

钱谦益借用雹珠喻论诗的目的，以及"群儿""雹""珠""长者""黠者"的寓意，可于相关文字稽考一二。《宋玉叔安雅堂集序》云：

> 家世与弇州游好，深悉其晚年追悔，为之标表遗文，而抉摘其指要，非敢以臆见为上下也。今之结俦附党，群而相噪者，祖述弇州之初学，掇拾其呕哕之余，以相荐扬。谚有之，海母以虾为目。二百年来，俗学无目，奉严羽卿、高廷礼二家之瞽说以为虾目。而今之后，

---

① （刘宋）求那跋陀罗译：《佛说央掘魔罗经》卷2，《大正藏》第1册，第527页中—527页下。

人又相将以俗学为目。同达人观之,可为悲悯。①

此中关键信息有二:一是王世贞晚年自悔论;二是今日学人皆遵从俗学瞽说。又此序之姊妹篇《读宋玉叔文集题辞》云:

余(牧斋自称)之从事于斯文,少自省改者有四。……少奉弇州《艺苑卮言》,如金科玉律。及观其晚年论定,悔其多误后人,思随事改正。而其赞熙甫则曰:"千载有公,继韩欧阳。余岂异趋,久而自伤。"盖弇州之追悔俗学深矣。二也。……要而言之,昔学之病在于狂,今学之病在于瞽。……今之人,传染其病,而不知病症之所从来,如群瞽之拍肩而行于涂,街衢沟渎,惟人指引。……盖其道心文府,本之天授,俗学之熏染,无自而浑其笔端也。……玉叔以古人为师,究极文章之体要,虽世所称高文钜笔,犹将持择洮汰,以为剽贼、为陈言。况夫目论耳食、嚼饭以喂人者,奚足置齿颊间乎?②

《李梦沙望古斋集序》云:

今论诗于中州者,莫不盛称何仲默,次及王子衡辈,而不复知有高子业。子业与何、李同时,其骨格迥拔,托寄在右丞、左司之间。……今人沿袭淫靡,取青妃白,嘈赞悦耳。子业之诗,如孤桐片玉,谁能好之?群瞽拍肩,耳食目论,不能知子业,亦岂真知仲默辈哉!……梦沙天才骏发,日新富有,上下汉魏三唐,驰骋凌猎,笼挫笔端,缛绣繁弦,无不象指如意。……要于翦剃榛楛,破除浮漂,拟诸近代,信可追踪子业。……吾所取于仲默、子业者,以为长者之珠也。③

---

① (清)钱谦益:《有学集》卷17,第764页。
② (清)钱谦益:《有学集》卷49,第1588—1590页。
③ (清)钱谦益:《牧斋杂著》,第440—441页。

从此三篇序文中可以推知:"群儿",借指盲目追随"复古"之士;"聋者",借指俗学,或专指奉严羽、高棅二家之瞽说者;"长者之珠",一指宋玉叔之诗,二为何景明、高叔嗣(子业)之诗。"长者"的具体所指,颇难确定。从"吾所取于仲默、子业者,以为长者之珠"视之,则可指何景明与高叔嗣。《宋玉叔安雅堂集序》中的长者,或指有过自悔之举的王世贞。钱谦益认为,王世贞早年追随李攀龙,继而为后七子中领军人物,主导文坛二三十年。王世贞晚年追悔早年的复古之论,进而对苏轼、归有光等人的态度发生了较大转变。此论一出,成为文坛一大公案。①钱谦益不仅仅是追悔,而且焚烧文稿,与复古派彻底决裂。如前论,钱谦益晚年对"复古"的态度又发生了一些微妙的变化。他拈出王世贞晚年自悔论,实际上借七子派领袖的自悔来否定七子复古理论。同时,钱谦益通过"自悔论",有意拉开王世贞与"后七子"其他成员的距离,将其从七子集团中慢慢剥离出来,所谓"彼以我将易置将帅,空其壁垒也"②。

借用七子派成员前后矛盾的言论分化瓦解复古派,是钱谦益经常采用的行文策略。如论谢榛之命运,则云:"谢茂秦故社中老宿,有违言于历下,则合从以摈之,用以立懂示威,海内词人有不入其门墙,不奉其坛埠者,其能自立者亦鲜矣。"③记王世贞长子王士骐,称其"论诗文,多与弇州异同,尝语余(按:指钱谦益)曰:'先人构山园,叠石架峰,以堆积为工。吾为泌园,土山竹树,与池水映带,取空旷自然而已。'余笑曰:'兄殆以为园喻家学乎?'同伯笑而不答。"④王士骐所说的园林结构由工巧到自然的转变,殆在钱谦益的眼中成为诗风从模拟到自然的转变,将其父子的诗学分途有意凸显。

---

① 关于王世贞晚年自悔论的研究,可参见孙学堂《〈读书后〉与弇州晚年定论》,《南开学报》(哲学社会科学版)2000年第2期;裴世俊《试析钱谦益的"弇州晚年定论"——兼及钱锺书对"定论"的评价》,《山东师范大学学报》(人文社会科学版)2004年第2期;焦中栋《"王世贞晚年定论说"考辨》,《晋阳学刊》2005年第1期;魏宏远《王世贞晚年"自悔"论》,《中国文学研究》2008年第1期。
② (清)钱谦益:《有学集》卷17,第764页。
③ (清)钱谦益:《列朝诗集小传》,第496页。
④ 同上书,第437—438页。

至于此处为何将何景明及高叔嗣诸人之作，喻为长者之珠，尚需一番考索。何、李论争，已为学人之共识，兹略而不论。钱谦益对高叔嗣的赏识，出人意料。钱谦益仿元好问《中州集》编选的《列朝诗集》，按甲、乙、丙、丁等依次排列。各集中的卷首第一人，多为政坛、文坛上的重要人物。如《乾集上》为明太祖朱元璋，《甲前集》《甲集》为刘基，《乙集》为解缙，《丙集》为李东阳，《丁集下》为程嘉燧。除程嘉燧是钱谦益的挚友外，其他诸人皆为明代政坛、文坛要员。钱谦益将高叔嗣置于《丁集上》之首，则是别有用意。《明史·文苑三》载："高叔嗣，字子业，祥符人。……十八岁举于乡，第嘉靖二年进士。授工部主事，改吏部。……迁湖广按察使，卒官，年三十有七。叔嗣少受知邑人李梦阳，及官吏部，与三原马理、武城王道同署，以文艺相磨切。其为诗，清新婉约，虽为梦阳所知，不宗其说。陈束序其《苏门集》，谓有应物之冲澹，兼曲江之沈雄，体王、孟之清适，具高、岑之悲壮。"① 高叔嗣终官湖广按察使，自非显宦；卒年三十七，享年不永；就文坛地位而言，更是远不如其师李梦阳。唯一突出的一点，就是虽受教于李梦阳而不宗其说，亦即钱谦益在《高按察叔嗣》中所云："子业少受知于李献吉，弱冠登朝，薛君采一见叹服，诗以清新婉约为宗，未尝登坛树帜，与献吉分别淄渑，固已深惩洗拆之病，而力砭其膏肓矣。……世之君子，堕落北郡云雾中，懵不知返，亦可以爽然而悟矣。"② 在当时复古氛围的笼罩下，唯受知于李梦阳而不宗其说之高氏，方能起到警悟人心之妙用。在罨珠喻中，钱谦益称其诗文为长者之珠，正是看重高叔嗣虽出于李梦阳而不师其说，希望达到分化、瓦解复古派之目的。

第四节　僧诗批评论

钱谦益借用蔬笋气正面评价僧人诗作，强调先为僧而后为诗僧的僧诗

---

① （清）张廷玉：《明史》卷287，第7368—7369页。
② （清）钱谦益：《列朝诗集小传》，第372页。

本色论。他的《列朝诗集》收录了108名僧人的1349首诗歌,并为僧人写作小传,较为清晰地反映出明代僧诗乃至于明代佛教文学的发展状况,符合他以"蔬笋气"为中心的僧诗评价体系。此外,他从比较文体学的角度,倡导诗、偈同源。

一 蔬笋气

蔬笋气又称"酸馅气""菜气""衲子气"等,是北宋来以评价僧诗的术语。"蔬笋气"最早盖由苏轼提出,其《赠诗僧道通》云:"雄豪而妙苦而腴,只有琴聪与蜜殊。[公自注]钱塘僧思聪,总角善琴,后舍琴而学诗,复弃诗而学道。其诗似皎然而加友放。安州僧仲殊诗,敏捷立就,而工妙绝人远甚,殊辟谷,常啖蜜。语带烟霞从古少,[公自注]李太白云:他人之文,如山无烟霞,春无草木。气含蔬笋到公无。[公自注]谓无酸馅气也。香林乍喜闻檐卜,古井惟愁断辘轳。为报韩公莫轻许,从今岛可是诗奴。"① 诗中特地在"气含蔬笋"句末注云"谓无酸馅气也"。显然,"蔬笋气"(或"酸馅气")是苏轼评价僧诗的重要术语,且兼含贬义,认为僧诗中无"蔬笋气"为高。

苏轼之后,以"蔬笋气"评论僧诗者,代不乏人,却呈现出两种截然不同的价值取向。一是承袭苏轼观点,认为僧诗无"蔬笋气"为高。叶梦得的《石林诗话》云:"近世僧学诗者极多,皆无超然自得之气,往往反拾掇摹效士大夫所残弃,又自作一种僧体,格律尤凡俗,世谓之酸馅气。子瞻有《赠惠通》诗云:'语带烟霞从古少,气含蔬笋到公无。'尝语人曰:'颇解蔬笋语否?为无酸馅气也。'闻者无从皆笑。"② 欧阳澈云:"格健要除蔬笋气,语工须带雪霜清。"③ 元代赵孟若云:"无蔬笋气有泉石心,造清虚冷淡之境,扫尘腐粗率之谈。"④ 明倪谦的《航上人字济川说》云:

---

① (宋)苏轼:《苏轼诗集》第7册,王文诰辑注,孔凡礼点校,中华书局1982年版,第2451页。
② 同上。
③ (宋)欧阳澈:《欧阳修撰集》卷6,《四库全书》集部第1136册,第406页下。
④ (元)赵孟若:《白云集序》,《四库全书》集部第1192册,第666页上。

"戒航字济川者，姑苏琴川人也，……喜吟咏，作为韵语，清新洒脱，无蔬笋，故名动江湖，有能诗声。"① 究其否定之因，诚如周裕锴所论，不外乎意境过于清寒，缺乏人世生活的热情；题材过于狭窄，缺乏广泛深刻的社会生活内容；语言拘谨少变化，篇幅短小少宏放；作诗好苦吟，缺乏自然天成之趣；好用禅语，缺乏空灵蕴藉之韵等。② 其二，肯定"蔬笋气"是僧诗的独特风貌。如宋蔡绦的《西清诗话》云："东坡言僧诗要无蔬笋气，固诗人龟鉴。今时语解，便作世网中语，殊不知本分家风，水边林下气象盖不可无。若尽洗去清拔之韵，便与俗同科，又何足尚？"③ 南宋欧阳守道的《赠福上人序》云："诗各从本色自佳，今使山林高人强说富贵，岂惟不能，亦不愿。若纨绮子弟作穷淡语，纵使道得，亦料想也。蔬笋，僧诗正味，何必他脱去耶？"④ 元好问的《木庵诗集序》云："东坡读参寥子诗，爱其无蔬笋气，参寥用是得名。宣、政以来，无复异议。予独谓此特坡一时语，非定论也。诗僧之诗，所以自别于诗人者，正以蔬笋气在耳。"⑤ 明末谢肇淛的《小草斋诗话》云："东坡言僧家诗要无蔬笋气，此为太着相道耳。要之，世间神情境物与诗合者，莫过于僧。若舍方外之踪而逐烟花绮丽之场，不但失本来面目，亦且堕恶道而不知。"⑥ 肯定僧诗中"蔬笋气"者，认为蔬笋气是僧人本分家风，是僧诗正味，是僧、俗诗风的分界线。僧人若舍弃此家风，强为尘世中语，舍方外之踪而逐烟花之场，不仅失却僧诗本色，而且会堕入恶趣。⑦

---

① （明）倪谦：《倪文僖集》卷32，《四库全书》集部第1245册，第598页上。
② 详参见周裕锴《中国禅宗与诗歌》，上海人民出版社1992年版，第46—48页。
③ （宋）阮阅编：《诗话总龟》卷44，人民文学出版社1987年版，第280页。
④ （宋）欧阳守道：《巽斋文集》卷7，《四库全书》集部第1183册，第561页下。
⑤ （金）元好问：《遗山集》卷37，《四库全书》集部第1191册，第430页。
⑥ （清）郑方坤：《全闽诗话》卷11，《四库全书》集部第1486册，第421页上。
⑦ 有关蔬笋气的论述，参见蒋亮《关于"酸馅气"》，《辞书研究》1982年第2期；周裕锴《中国禅宗与诗歌》，第45—53页；许红霞《"蔬笋气"意义面面观》，《中国典籍与文化》2005年第4期；李舜臣《"蔬笋气"、"酸馅气"与古代僧诗批评》，《中国诗学》第10辑，人民文学出版社2005年版，第51—59页；李舜臣《岭外别传：清初岭南诗僧群研究》，南方日报出版社2017年版，第171—183页；高慎涛《僧诗之"蔬笋气"与"酸馅气"》，《古典文学知识》2008年第1期。

同样,"蔬笋气"是钱谦益僧诗批评的重要术语。在诗歌中,钱谦益以"蔬笋气"形容僧人清苦的生活方式,兼含褒贬。如《乞兰诗示西隐长老》云:"蔼蔼五亩园,幽幽读书屋,既脱蔬笋酸,不受腥腐辱。"① 诗中"既脱"所云,意为兰花若归书生,植于清幽的读书室中,日与清歌为伴,便能远离僧人清苦而带有酸腐之气的山居生活,显然带有贬义色彩。然《恤庐诗》云:"蔬笋盈盘,炉香霏微。如光音人,下食地肥。"② 他又将蔬笋盈盘的僧人生活,比于光音天人初来世间时的美好生活,带有欣羡之意。

钱谦益在评价僧诗时,一反前人对僧诗蔬笋气的负面评价,如《题介立诗》云:

昔人云:"僧诗忌蔬笋气。"余谓惟不脱蔬笋气,乃为本色。惟清惟寒,亦玄亦淡,如佛言食蜜,中边皆甜。此真蔬笋气,天然禅悦之味也。旦公诗托寄孤高,属意清切,庶几道人本色,不失蔬笋气味。余读而深叹之。唐僧之诗,各有原本。赞宁称杼山之诗,谓文人结习深重,故以诗句率劝,令入佛智。此昼诗之本领也。旦公从文字因缘,深入佛智,作诗如华严楼阁,弹指皆启,岂以一章半偈为能事乎?他日以今之旦,配古之昼,何为不可?③

钱谦益认为"蔬笋气"是僧诗固有特征,是僧人本色的体现,蕴含着天然禅悦之味。此种观点,在其僧诗批评文字中反复出现。如《后香观说书介立旦公诗卷》云:"金陵介立旦公,遣其徒携所著诗,属余评定。余自己丑读《江上》诗,叹其孤高清切,不失为蔬笋气味,庶几道人本色。"④《普福昌上人诗序》云:"岂惟两公哉,灵一、清江之徒,吴融谓如么弦孤

---

① (清)钱谦益:《初学集》卷16,第578页。
② (清)钱谦益:《有学集》卷11,第555页。
③ (清)钱谦益:《有学集》卷48,第1581页。
④ 同上书,第1569页。

韵，瞥入人耳者，皆真僧也，皆真诗也。昔人言僧诗忌蔬笋气。忌疏笋之气，而腥浓肥厚之是嗜，僧之本色尽矣，诗于何有？司空表圣有言：'解吟僧亦俗。'而况其未必解乎！"① 在《寄巢诗序》中，钱谦益认为石林道源的诗是"蔬笋也，鲭鱼也，春余之孤花，睡梦之清磬"②。钱谦益认为，僧诗蔬笋气应该具备的风格特征主要是"清""寒""玄""淡"，要重视僧人固有生活的抒写，摆脱世俗诗歌中的情色物欲。可以说，固守僧人本色是僧诗蔬笋气的先决条件。

钱谦益认为，对僧人而言诗文乃骈枝俪叶，是禅修余事。他极为反对企图通过诗文渔猎虚名的僧人，如《题山晓上座啸堂诗》云："今之缁流，多喜为诗。或排列华要，如千佛名经。或摭拾偈颂，如戏科诨。每一触目，辄为赤眚满眼。"③《松影和尚报恩诗草序》亦云："今世多诗人，禅贩数十联排偶，设坛立坫，作大词宗；又多禅人，剽掠数十则公案，铺眉苦眼，号善知识。"④ 钱谦益从佛教史上开宗立派的高僧著述入手，找到了理论依据。他在《南来堂拾稿》中写道："余尝谓古今禅讲诸师，文集行事者绝少。以贤首一家，征之帝心，惟《法界观门》一书而已。贤首惟《教义还源观》《金师子章》而已。清凉、圭峰，著述弘多，皆无文集行世。古人之指意，以为后五百岁，弘宗扶教，其纲要在于阐扬法界，廓清教海。而骈文俪叶之文，固不足为有无也。"⑤ 在《空一斋诗序》中，他借皎然之语，认为诗道乃余尘未泯，远非僧人钦羡甚至追逐之事，"杼山有言：'鬟名之人，万虑都尽。强留诗道，以乐性情。'盖由瞥起余尘未泯，岂有健羡于其间哉？逐名利，耽嗜欲，拾膏馥，聚尘俗膻腻之肺腑，而发清净柔软之音声，天下无有。"⑥ 基于此，他认为佛教徒在宗教修持之余可以为诗文，但不可本末倒置，以诗文为追求的目标。如称鹤如"禅诵之

---

① （清）钱谦益：《有学集》卷21，第888页。
② 同上书，第883页。
③ （清）钱谦益：《有学集》卷48，第1583页。
④ （清）钱谦益：《有学集》卷21，第884页。
⑤ （清）钱谦益：《绛云楼题跋》，第172页。
⑥ （清）钱谦益：《有学集》卷20，第842页。

暇，焚香涤砚，贾其余闲，作为歌诗，与词人诗僧，击钵刻烛，往复酬和，其言蔼如也"①，称同乡牧云通门"凡集中语言文句，如瓶泻水，如橐鼓风，如虫蚀木，偶然成字，于公何有哉"②，称普福昌上人"少历讲肆，精心白法，以其余力为诗"③。对喜涉外典、酷爱诗文创作的石林道源，"余每见必痛规之"④。进而，钱谦益提出了先为僧而后为诗，先为僧人而后为诗僧的观点。他在《普福昌上人诗序》中说："吾谓世之为僧者，知所以为僧，而后知所以为诗。为诗僧者，知所以为诗之僧，而后知所以为僧之诗。叶梦得曰：'沙门，华言离欲也。'离欲则方寸地虚而万景入，入必有所泄，乃形乎词而遭乎声律。然则为沙门者，固未有不能离欲而工诗者也。三毒柴其中，五盖缠其外，浮根浅智，萤光熠耀，用以邀声誉，聚徒党。乡令中宵后夜，香销烛擔，星河易转，夜气乍回，弹指而叹，抚心而语，有不心毛俱竖，怖泪交零，茫然丧其所怀来者乎？有能闻余言而思，思而悔，悔而求其所以为僧为诗者，向所谓蔬笋之气，不离本色者，其应病之药乎？"⑤

钱谦益以蔬笋气为中心的僧诗评价理念，在《列朝诗集》的编选中得到了充分体现。⑥首先，在《列朝诗集小传》中，钱谦益道出了以蔬笋气为中心的选诗标准。对于那些不合"蔬笋气"之作，他根据选诗准则进行筛选。如西吾道衡因中年以后之诗涉世过深，好游走于士大夫之间，受到了钱谦益指责。钱谦益在选诗时，多选其尚存衲子本色与道人之语的作品，对中年以后的作品，一概不选。如《西吾衡上人》云："西吾少时，有诗数十首，不娴格律，时时有道人语。中年率意应酬，殊失本色，余所录者，皆其少作也。"⑦ 在《孤松秀上人》中，钱谦益不无批判地写道："上人富于词藻，采撷六朝，多所沾丐，小赋骈语，时足献酬，而意象凡

---

① （清）钱谦益：《有学集》卷48，第1582页。
② （清）钱谦益：《有学集》卷21，第890页。
③ 同上书，第887页。
④ 同上书，第882页。
⑤ 同上书，第888页。
⑥ 详参见李舜臣《钱谦益〈列朝诗集〉编选释氏诗歌考论》，《文学遗产》2015年第3期。
⑦ （清）钱谦益：《列集诗集》，中华书局2007年版，第6465—6466页。

近，殊非衲子本色。昔人言僧诗忌蔬笋气，如秀道人者，正惜其少蔬笋气耳。"① 孤松慧秀诗歌之失在于过多地受六朝习气影响，诗文中酬赠之作过多，缺乏僧人本色，与"蔬笋气"之僧诗取向不同。而其中受到批判最为激烈者，莫过于蕴璞如愚。《石头如愚》云：

> 如愚字蕴璞，江夏人。少为书生，跅驰负俗，削发为僧，居衡山之石头庵。自楚来金陵，居石头城南碧峰寺，遂号石头和尚。自负才藻，剃染后使性重气，时时作举子业，思冠巾入俗，与时人角逐，已而复罢。为雪浪受法弟子，思篡其讲席，谮于郭祭酒，使之噪而逐之。雪浪之门人相与鸣鼓而攻之，不使伣其师门，诸方咸恶之，以为法门之师子虫也。后入燕京，居七指庵，遘恶疾，舌根眼根及手足皆烂坏，号呼狼狈而死。愚为人才辩纵横，笔舌掉厉，以诗游于宰官族姓，摇笔数千百言，观者争吐舌相告。曹能始叙其诗，谓其五言律诗奇险，多慷慨悲愤之句，不作禅语，所以为佳。僧诗不作禅语可也，如石头七言诗吊太白、东坡诸篇，不徒野狐外道，直是牛头阿旁波波叱叱口吻，亦可以其不作禅语而取之乎？"松子诱鼯剥，花神恼蝶过。"鄙俚秽杂，无所不有，道人本地风光，应作如是观否？吾师傅文恪公学佛作家也，叙《石头庵集》，拈出此中末后一句云："'去去石头路滑'，石头毕竟死此句下。"余存石头诗，仍附雪浪门徒之后，为渠末后发露忏悔，庶不负定裏一片老婆心尔。②

钱谦益此则小传，显然带有浓厚的感情色彩。诚如李舜臣所论，"牧斋叙蕴璞的性情和事迹，基本属实；但对于其诗的评价，则难免有'因人废诗'之嫌"③。蕴璞如愚为了篡夺其师雪浪洪恩的讲席，不惜唆使郭正域

---

① （清）钱谦益：《列集诗集》，第6459页。
② 同上书，第6412—6413页。
③ 李舜臣：《晚明诗文僧蕴璞如愚考论》，《石河子大学学报》（哲学社会科学版）2016年第3期。

驱逐雪浪洪恩，此中背叛师门的举措，不管是从入世法还是出世法的角度，都应遭到谴责。而蕴璞如愚心气颇高、不甘寄人篱下，也是此事发生的动因之一。加上他深受公安三袁性灵学说的影响，"基本不受僧人身份的制约，敢于在诗中抒写一己之情""大概还是明代摄入绮语、艳词最多的僧人"①，自然与钱谦益的"蔬笋气"格格不入。然将其诗文斥为野狐外道，显然有失公允。

在《列朝诗集》中，钱谦益将诗僧分为高僧与名僧两类，其中选择36名高僧计946首诗歌，人均超过26首，选录名僧72人403首诗歌，人均不足6首，非常明确地反映出其重高僧而轻名僧的倾向。如汤用彤先生所论，"盖名僧者和同风气，依傍时代以步趋，往往只使佛法灿烂于当时。高僧者特立独行，释迦精神之所寄，每每能使教泽继被于来世"②。他们的诗歌创作也存在差异，如清代尤侗所云："云门、雪窦禅而不诗，惠休、无本诗而不禅。"③"禅而不诗"者，盖指高僧之诗，而"诗而不禅"显为诗僧之作。具体而言，钱谦益在《列朝诗集》中选录僧诗时，实际上尽量顾及了宗教性和文学性的结合。他舍弃了纯粹以宣教悟道为主的拈古、颂古、像赞、偈颂等质木无文的僧人作品，大量收录了净土诗、咏物诗、题画诗、山居诗等题材作品，展现出了僧人多样化的生活状态。尤其值得注意的是，他编选了大量的山居诗。据李舜臣统计，闰集中仅诗题含有"山居""水居"等字样的诗歌达96首，约占佛教类诗歌总数的7%，其中还不包括诗题中未含山居实际上描写山居生活的作品。仅就雪山法杲一人，钱谦益就选录了其32首山居诗，充分显示出他对此类题材的偏好。其实不难理解，此类作品是僧人日常生活情境的真实反映，大多表现出幽古清音、林间雅致与僧人的清苦境遇，是僧人本色的体现。④

---

① 李舜臣：《晚明诗文僧蕴璞如愚考论》，《石河子大学学报》（哲学社会科学版）2016年第3期。
② 汤用彤：《汉魏两晋南北朝佛教史》，昆仑出版社2007年版，第170页。
③ （清）尤侗：《西堂杂俎·杂俎二集》，《续修四库全书》第1406册，第328页。
④ 参见李舜臣《钱谦益〈列朝诗集〉编选释氏诗歌考论》，第114—124页。

二　诗偈论

偈为梵语 geya 或 gāthā 的汉译，为九部经或十二部经之一，又有绝、绝句、颂、偈名、偈颂、祇夜、迦陀、伽陀、偈他等种种异称。偈大致相当于中土诗歌，在句式上有齐言体（如三言、四言、五言、七言、九言等）、杂言体、接转式等形式，句数二句至十句不等，如玄奘译《瑜伽师地论》说："讽颂者，谓以句说，或以二句，或以三、四、五、六句说。"①偈颂的表达功能，则有说理、赞颂、叙事、描摹、抒情、言志、重复、引申等，具有音乐性、仪式性等特征。②

钱谦益极力反对空疏浮泛的明代学风，倡导学有本源，致力于建立以通经汲古为特色的虞山之学。随着晚年浸染佛教日深，受佛教影响日大。在诗歌起源问题，由先秦《诗经》、唐尧赓歌进一步追溯远源，在比较诗、偈文体异同的基础上，提出了诗偈同源论。关于诗偈的关系问题上，钱谦益陈允吉、张伯伟、侯传文、李小荣等学者均进行了不同程度的讨论。他们或从汉译偈颂文本出发探讨翻译体制与文体性质，或论中印诗学的异同及传播效应，或谈偈颂对中古诗歌的影响，等等。③然对钱谦益的诗偈论，鲜少涉及，故略论析之。

在《杨无补古农诗草序》中，钱谦益认为赞颂诗始于西方，并对佛教中的赞颂诗歌发展源流进行了仔细的梳理，其云：

> 呗匿之作，本于天音。赞颂之诗，始于西土。昔者莺鸟赞佛，获得人身，遂抽盛藻，仰符授记。无著、世亲，悉皆仰止。陈那、提婆，祖习相和。其后龙树菩萨，以诗代书，文藻秀发，慰诲勤勤。其杜得迦摩罗，取佛本生事而为诗赞，欲令顺俗妍美，读者欢爱，教摄群生耳。戒日王取乘云菩萨以身代龙之事，缉为歌咏，奏谐弦管。尊

---

① （唐）玄奘译：《瑜伽师地论》卷81，《大正藏》第30册，第753页上。
② 参见李小荣《汉译佛典文体及其影响研究》，上海古籍出版社2010年版，第88—172页。
③ 同上书，第88—89页。

者马鸣亦造歌词,并作《佛本行诗》,大本传译有十余卷,五天南海,无不讽诵。意明字少,而构义能多。此方之为诗者,虽复制曲《房中》,协律鼓吹,宫商击戛,有尚于此者乎?①

在《历朝应制诗序》中,钱谦益重点追溯了应制诗的源头,由汉武帝的《柏梁》至唐虞之际的《卿云》,"帝庸作歌,时良喜起,不创始于唐、虞之际乎?古称舜为宾客,禹为主人,八风修通,百工相和而歌《卿云》。'卿云烂兮,糺缦缦兮',则帝之命辞,古今应制之首唱也。自《柏梁》之前,溯而上之,请自此始"②。进而往前追溯,钱谦益找到了周穆王与西王母之间的《白云》《黄竹》之歌,"人间世之君臣,矢音作颂,祝千秋而奉万年者,有若是焉者乎?"③ 进而往前追溯,钱谦益找到了佛陀与弟子们的应制赞颂之作,并将其视为应制之作的真正源头。其云:

又姑舍是,溯而上之,中天调御,初会菩提场中,无量大自在天王乃至日月天子,莫不稽首礼足,作颂赞歌,华严之会,佛为主人,则云集海众,皆宾客也。若云佛为法王,则诸天莫非王臣,伽陀祇夜称扬赞叹,非诸天应制之诗而何?五天礼佛,盛传赞叹一百五十颂及四百五十颂,所育丽齐天花、理高峻岳者,此则《雅》《颂》之元首,音声之宗极也。曹子建游鱼山,闻空中梵天之音,写为梵呗。二君妙选应制诗,归极于诸天之偈颂,写天音为梵音,则亦斯世之子建也。吾请为唱喁焉。④

钱谦益从应制的写作体制方面,即君王等命题而作的特点出发,认为在弘法法会上,佛陀为主人,亦为法王,而诸弟子、天王、天子为宾客,

---

① (清)钱谦益:《牧斋杂著》,第417—418页。
② (清)钱谦益:《有学集》卷15,第715页。
③ 同上。
④ 同上书,第716页。

415

为王臣,此时创作的赞佛歌偈,显然带有应制诗的特点,为应制诗的最早源头。在《白下秋声引》中,钱谦益认为将诗歌感于哀乐、缘情绮靡的创作机制与情感功能发挥到极致的是佛教之歌,中国诗歌体制虽然发生了很大变化,然声调韵律与音乐性,实与梵呗偈赞相通,其云:

> 余读内典,西国五百仙人在山中住,甄陀罗女于雪山池中浴,闻其细妙歌声,柔软清净,即失禅定。譬如大风吹诸林树,心醉狂逸,不能自持。因而语古人之诗,所谓缘情绮靡,惊心动魄,长言永歌,至于感金石而动神鬼者,要其极致,则西国之歌声,所谓细妙柔软清净者,庶几尽之。东国之有诗章,犹西土之有梵呗也。呗云梵者,净也。色界诸天来觐佛者,皆陈偈赞,谓之天音。陈思王居鱼山,闻空中梵天音响,清雅哀婉,乃模其声,因经中伽陀,写为梵呗。此方之诗,体制代变,要其浮声切响,宫商叶应,靡不与东赞西偈,自然妙合。吾之论清净歌声有合于诗者,信也。①

他从情感性与音乐性两个角度阐释了中土诗歌和印度梵呗的渊源关系。就情感性而言,五百仙人闻甄陀罗女歌声而失禅定,则诗歌之缘情绮靡、感人至深者,此为极致。就韵律性而言,而"东国之诗章,犹西土之有梵呗也",将中国诗歌与佛教梵呗两相对等。色界诸天朝见佛陀时歌唱偈赞,称为天音。陈思王曹植在鱼山闻空中梵天音乐,模写其音,结合佛经的伽陀,创作了梵呗。因此,中国的梵呗乃至于诗歌,其源头则在印度。中国诗歌虽体制多变,但从韵律性与音乐性上讲,实与赞偈梵呗同。暂且抛弃曹植创作梵呗事之真伪不论,仅从文本本身来讲,钱谦益显然已经注意到了中国诗歌和佛教偈颂的共通性,从探源溯流和中印文体情感性、韵律性的角度进行比较,认为中国诗歌深受佛教影响。

当然,钱谦益的诗偈同源论和佛教化的世界起源学说是联系在一起

---

① (清)钱谦益:《牧斋杂著》,第498页。

第六章 佛教视阈下的钱谦益文学思想

的。《古诗赠新城王贻上》云："风轮持大地，击飚为风谣。吹万肇邃古，赓歌畅唐尧。朱弦氾汉魏，丽藻沿六朝。有唐盛词赋，贞符汇元包。百灵听驱使，万象穷镂雕。"①"风轮"者，佛教中所谓执持世界的四轮之一，钱曾引《楞严经》注云："觉明空昧，相待成摇。故有风轮，执持世界。"《陈古公诗集序》中借用佛教起源学说，认为佛教偈颂歌词和中国古诗均为语言文字精华，庶可视为对前引《古诗赠新城王贻上》的自我解释，其云："佛言此世界初，风金水火四轮，次第安立，故曰四轮持世。四轮之上为空轮，而空轮则无所依。道书载海内洞天福地，其中便阙疏窗，玲珑钩贯，一重一掩，如人肺腑。以此证知空轮建立，灼然不诬也。人身为小情器界，地水火风，与风金四轮相应。含而为识，窍而为心，落卸影现而为语言文字。偈颂歌词，与此方之诗，则语言之精者也。"②

---

① （清）钱谦益：《有学集》卷11，第543页。
② （清）钱谦益：《有学集》卷18，第799页。

结　　论

在明末清初的历史舞台上，钱谦益是一个举足轻重的人物。他学识渊博，博贯三教，才情富赡，著作宏富。从"文坛盟主""东林党魁""风流教主""两朝领袖"等褒贬不一的称号中可见时人对他的重视。乾隆皇帝禁毁其书，然从各地奏折来看，《初学集》《有学集》二集已遍布大半个中国。在度过漫长的禁毁期后，《清史稿·文苑传》还原了他本该拥有的历史地位。张元济《四部丛刊》中对《初学集》《有学集》二集的收录，给学人提供了较为便利的文献资料。陈寅恪先生晚年的皇皇巨著，将钱谦益研究引入了一个新高潮。《钱牧斋全集》的点校出版，为学人提供了极大的便利。纵观琳琅满目的研究成果，涵盖文学、史学、文献学诸方面，独对其佛学与佛教方面的研究，独享寂然。除陈垣、连瑞枝、孙之梅诸位前辈学人外，鲜有涉猎。

窃以为，佛教是钱谦益个人生命的一部分，是构筑其文学、学术成就的重要一环。离开佛教谈钱谦益，是不全面的，也是不完整的。通过本书的论述，可以发现以下几点：

首先，通过史料钩沉，我们能发现钱氏一族有着源远流长的奉佛传统，钱谦益一支的远祖吴越钱氏、近祖虞山钱氏及与其关系密切的祖、父二辈，均有奉佛倾向，这对其奉佛倾向的形成有着潜移默化之影响。纵观其人生履历，虽入清前后对佛教的态度略有差异，然佛教始终伴随其中。他与明末佛教诸宗龙象，保持着良好的交往。身逢晚明佛教复兴之时，在师友的相互影响下，钱谦益肩上自然多了一份宗教责任。为革除旧弊，他提出了反经明教的佛教改革观点,并亲自将其付诸实践。为此,他先后疏解了《楞严经》《心经》《金刚经》《华严经》等佛教经典,整理了憨山德清、紫柏真可等名僧的别集,并为《嘉兴藏》的后期刊刻,奉上了一份心力。就思想方面,他主张会通儒释、政教,响应时代号召,旗帜鲜明地提出了忠孝佛性论。对明末佛教诸宗派之利弊得失,分别进行了评价。

其次,作为明末清初文坛上重要的文学家与文论家,他的诗文创作与文学理论,明显受到佛教思想的浸染。由酒色诗禅到以出世间妙义写世间感慨,钱谦益的创作理念发生了极大的转变。他带着佛教的琉璃碗感悟个体生命,观照世间万物;他以劫为中心,构建起佛教化的诗歌世界,隐微地传达其自我心曲;通过大量借用佛教典故,他的诗歌呈现出圆融无碍之境,并时时伴有禅趣。在古文创作方面,他创作了大量的诸如塔铭、募缘疏等佛教题材的作品,从文风转变乃至作品风格的形成,佛教均功不可没。在诗论方面,他以灵心说为中心,借用熏习等佛教理论,构建起三位一体的诗学体系。对盛行并影响到整个明代诗坛的《沧浪诗话》,他从诗法与悟境两个方面,进行了批判性总结。在具体论证中,他大量借用佛教譬喻,阐述出对复古的复杂态度。

基于各种原因,清代彭际清在编撰《居士传》时,并没有将钱谦益列入其中。通过本书的论证,我们可以发现,在明末清初居士群体中,应给予他一定的历史地位。倘真能引起学人对钱谦益与明末清初佛教间关系的重新思索,也算是对古人之苦心有所交待,同时也以此作为本书的一个小结。

参考文献

一 中文

（一）钱谦益作品及年谱

1. （清）钱谦益著，钱曾笺注，钱仲联标校：《钱牧斋全集》，上海古籍出版社2003年版。
2. （清）钱谦益著，卿朝晖辑校：《牧斋初学集诗注汇校》，上海古籍出版社2012年版。
3. （清）钱谦益：《列朝诗集小传》，上海古籍出版社2008年版。
4. （清）钱谦益：《楞严经疏解蒙钞》，《新编卍续藏经》第21册，新文丰出版公司1995年版。
5. （清）钱谦益：《般若心经略疏小钞》，《新编卍续藏经》第41册，新文丰出版公司1995年版。
6. 周法高编：《足本钱曾牧斋诗注》，台湾三民书局1973年版。
7. （清）钱谦益著，许逸民、林淑敏点校：《列朝诗集》，中华书局2007年版。
8. （唐）杜甫著，钱谦益注：《钱注杜诗》，上海古籍出版社2009年版。
9. （清）葛万里：《牧斋先生年谱》，《北京图书馆藏珍本年谱丛刊》第64册，北京图书馆出版社1999年版。
10. （清）彭城退士：《钱牧翁先生年谱》，《北京图书馆藏珍本年谱丛刊》

第 64 册，北京图书馆出版社 1999 年版。

11. 金鹤翀：《钱牧斋先生年谱》，《北京图书馆藏珍本年谱丛刊》第 64 册，北京图书馆出版社 1999 年版。

12. 张近凡：《清钱牧斋先生年谱》，《北京图书馆藏珍本年谱丛刊》第 64 册，北京图书馆出版社 1999 年版。

13. 方良：《钱谦益年谱》，线装书局 2007 年版。

（二）其他古籍（以出版时间先后为序）

1. （清）徐鼒：《小腆纪年附考》，中华书局 1957 年版。

2. （明）谈迁：《国榷》，中华书局 1958 年版。

3. （明）沈德符：《万历野获编》，中华书局 1959 年版。

4. （明）归庄：《归庄集》，中华书局 1962 年版。

5. （清）永瑢等纂：《四库全书总目》，中华书局 1965 年版。

6. （清）张廷玉：《明史》，中华书局 1974 年版。

7. （清）谷应泰：《明史纪事本末》，中华书局 1977 年版。

8. 赵尔巽：《清史稿》，中华书局 1977 年版。

9. （清）王夫之等：《清诗话》，上海古籍出版社 1978 年版。

10. 周法高：《钱牧斋柳如是佚诗及柳如是有关资料》，三民书局 1978 年版。

11. （晋）干宝著，汪绍楹校注：《搜神记》，中华书局 1979 年版。

12. （清）阮元校刻：《十三经注疏》，中华书局 1980 年版。

13. （明）瞿式耜：《瞿式耜集》，上海古籍出版社 1981 年版。

14. （清）王夫之：《永历实录》，岳麓书社 1982 年版。

15. （清）王应奎：《柳南随笔续笔》，中华书局 1983 年版。

16. （唐）法藏著，方立天校释：《华严金师子章校释》，中华书局 1983 年版。

17. （清）吴任臣撰：《十国春秋》，中华书局 1983 年版。

18. （宋）朱熹：《四书章句集注》，中华书局 1983 年版。

19. （明）徐渭：《徐渭集》，中华书局 1983 年版。

20. 《中华大藏经》编辑局编：《中华大藏经》（汉文部分），中华书局 1984

年版。

21.（清）计六奇：《明季北略》，中华书局 1984 年版。

22.（清）计六奇：《明季南略》，中华书局 1984 年版。

23.（清）陈璧著，江村、瞿冕良笺证：《陈璧诗文残稿笺证》，上海古籍出版社 1984 年版。

24.（清）黄宗羲：《明儒学案》，中华书局 1985 年版。

25.（清）屈大均：《广东新语》，中华书局 1985 年版。

26. 印鸾章：《清鉴》，中国书店 1985 年版。

27.（清）查继佐：《罪惟录》，浙江古籍出版社 1986 年版。

28. 佚名：《清史列传》，中华书局 1987 年版。

29.（唐）王绩著，韩理洲校点：《王无功文集》，上海古籍出版社 1987 年版。

30.（隋）智𫖮著，李安校释：《童蒙止观校释》，中华书局 1988 年版。

31.（宋）张敦颐著，王进珊点校：《六朝事迹编类》，南京出版社 1989 年版。

32.（明）袁宗道著，钱伯城标点：《白苏斋类集》，上海古籍出版社 1989 年版。

33.（清）吴伟业著，李学颖集评标校：《吴梅村全集》，上海古籍出版社 1990 年版。

34.（清）钱陆灿：《康熙常熟县志》，江苏古籍出版社 1991 年版。

35.（唐）实叉难陀译：《华严经》，上海古籍出版社 1991 年版。

36.（唐）般剌密帝译，天如惟则会解：《大佛顶首楞严经会解》，上海古籍出版社 1991 年版。

37. 释弘一：《弘一大师全集》，福建人民出版社 1991 年版。

38.（梁）真谛译，高振农校释：《大乘起信论校释》，中华书局 1992 年版。

39. 藏经书院编：《卍续藏经》，新文丰出版股份有限公司 1993 年版。

40. 妙生主编：《常熟破山兴福寺志》，古吴轩出版社 1993 年版。

41.（清）黄宗羲：《黄宗羲全集》，浙江古籍出版社 1994 年版。

42.（明）刘若愚：《酌中志》，北京古籍出版社 1994 年版。

43. 大藏经刊行会编：《大正新修大藏经》，新文丰出版股份有限公司 1996

年版。

44. （明）李清：《三垣笔记》，中华书局1997年版。

45. （唐）玄奘译，韩廷杰校释：《成唯识论校释》，中华书局1998年版。

46. （明）管志道：《问辨牍》《续问辨牍》，《北京图书馆古籍珍本丛刊》第106册，书目文献出版社1998年版。

47. （清）黄宗羲等：《南明史料八种》，江苏古籍出版社1999年版。

48. （宋）王偁著，孙言诚、崔国光点校：《东都事略》，齐鲁书社2000年版。

49. 章开沅主编：《清通鉴》，岳麓书社2000年版。

50. （清）钱陆灿：《调运斋文集》，《四库未收书辑刊》第7辑第23册，北京出版社2000年版。

51. （清）柳如是著，周书田、范景中辑校：《柳如是集》，中国美术学院出版社2002年版。

52. 范景中、周书田编纂：《柳如是事辑》，中国美术学院出版社2002年版。

53. （唐）释道世著，周叔迦、苏晋仁校注：《法苑珠林校注》，中华书局2003年版。

54. （宋）张君房编，李永晟点校：《云笈七签》，中华书局2003年版。

55. 钱海岳：《南明史》，中华书局2006年版。

56. （清）顾炎武著，黄汝成集释，栾保群等校点：《日知录集释》，上海古籍出版社2006年版。

57. （清）朱彝尊选编：《明诗综》，中华书局2007年版。

58. （清）钱曾著，谢正光笺校，严志雄编订：《钱遵王诗集笺校》（增订版），"中央研究院"中国文哲研究所2007年版。

59. （清）万斯同：《明史》，上海古籍出版社2008年版。

60. （清）汪琬著，李圣华笺校：《汪琬全集笺校》，人民文学出版社2009年版。

61. （宋）王应麟著，（清）翁元圻等注，乐保群等校点：《困学纪闻》，上海古籍出版社2008年版。

62. （清）周亮工著，朱天曙整理：《周亮工全集》，凤凰出版社2008年版。

63. 李贽：《焚书 续焚书》，中华书局2009年版。

64. （清）周亮工著，黄曙辉编：《赖古堂集》，华东师范大学出版社2009年版。

65. 赖永海、杨维中译注：《楞严经》，中华书局2010年版。

66. （清）林古度：《林茂之诗选》，《清代诗文集汇编》第1册，上海古籍出版社2010年版。

67. （清）读彻：《南来堂诗集》，《清代诗文集汇编》第5册，上海古籍出版社2010年版。

68. （清）卢世㴶：《尊水园集略》，《清代诗文集汇编》第5册，上海古籍出版社2010年版。

69. （清）邢昉：《石臼集》，《清代诗文集汇编》第5册，上海古籍出版社2010年版。

70. （清）毛晋：《和友人诗》，《清代诗文集汇编》第12册，上海古籍出版社2010年版。

71. （清）熊开元：《鱼山剩稿》，《清代诗文集汇编》第14册，上海古籍出版社2010年版。

72. （清）薛所蕴：《桴庵诗》，《清代诗文集汇编》第14册，上海古籍出版社2010年版。

73. （清）冯如京：《秋水集》，《清代诗文集汇编》第18册，上海古籍出版社2010年版。

74. （清）阎尔梅：《白耷山人诗集》，《清代诗文集汇编》第19册，上海古籍出版社2010年版。

75. （清）冯班：《钝吟全集》，《清代诗文集汇编》第20册，上海古籍出版社2010年版。

76. （清）程邃：《萧然吟》，《清代诗文集汇编》第21册，上海古籍出版社2010年版。

77. （清）朱鹤龄：《愚庵小集》，《清代诗文集汇编》第22册，上海古籍出版社2010年版。

78. （清）函昰：《瞎堂诗集》，《清代诗文集汇编》第 27 册，上海古籍出版社 2010 年版。

79. （清）纪映钟：《戆叟诗钞》，《清代诗文集汇编》第 30 册，上海古籍出版社 2010 年版。

80. （清）钱龙惕：《大咒集》，《清代诗文集汇编》第 33 册，上海古籍出版社 2010 年版。

81. （清）杜濬：《变雅堂诗集》，《清代诗文集汇编》第 37 册，上海古籍出版社 2010 年版。

82. （清）方文：《嵞山集》，《清代诗文集汇编》第 38 册，上海古籍出版社 2010 年版。

83. （清）曹溶：《静惕堂诗集》，《清代诗文集汇编》第 45 册，上海古籍出版社 2010 年版。

84. （清）释澹归：《遍行堂集》，《清代诗文集汇编》第 47 册，上海古籍出版社 2010 年版。

85. （清）黄与坚：《愿学斋文集》，《清代诗文集汇编》第 74 册，上海古籍出版社 2010 年版。

86. （清）徐枋：《居易堂集》，《清代诗文集汇编》第 81 册，上海古籍出版社 2010 年版。

87. （清）严熊：《严白云诗集》，《清代诗文集汇编》第 100 册，上海古籍出版社 2010 年版。

88. （清）释今无：《阿字无师光宣台集》，《清代诗文集汇编》第 129 册，上海古籍出版社 2010 年版。

89. （清）王士祺：《带经堂集》，《清代诗文集汇编》第 134 册，上海古籍出版社 2010 年版。

90. （后秦）僧肇等注：《注维摩诘所说经》，上海古籍出版社 2011 年版。

91. （明）董其昌著，邵海清点校：《容台集》，西泠印社出版社 2012 年版。

92. （明）李流芳著，李柯纂辑点校：《李流芳集》，浙江人民美术出版社 2012 年版。

93. （清）冯班著，（清）何焯评，李鹏点校：《钝吟杂录》，中华书局 2013 年版。

94. （清）龚鼎孳著，孙克强、裴喆编辑校点：《龚鼎孳全集》，人民文学出版社 2014 年版。

95. （清）彭绍升著，张培锋校注：《居士传校注》，中华书局 2014 年版。

96. （清）顾苓著，李花蕾点校：《塔影园集》，华东师范大学出版社 2014 年版。

97. （明）汤显祖著，徐朔方笺校：《汤显祖集全编》，上海古籍出版社 2015 年版。

98. （明）程嘉燧著，沈习康点校：《程嘉燧全集》，上海古籍出版社 2015 年版。

99. （清）王时敏著，毛小庆点校：《王时敏集》，浙江人民美术出版社 2016 年版。

（三）今人论著（按作者姓氏音序排列）

1. 蔡鸿生：《清初岭南佛门事略》，广东高等教育出版社 1997 年版。
2. 陈国庆、刘莹：《中国学术思想编年》（明清卷），陕西师范大学出版社 2006 年版。
3. 陈庆元：《福建文学发展史》，福建教育出版社 1996 年版。
4. 陈扬炯：《中国净土宗通史》，江苏古籍出版社 2002 年版。
5. 陈文新主编：《中国文学编年史》（明末清初卷），湖南人民出版社 2006 年版。
6. 陈寅恪：《柳如是别传》，上海古籍出版社 1980 年版。
7. 陈寅恪：《陈寅恪全集》，生活·读书·新知三联书店 2001 年版。
8. 陈永革：《晚明佛教思想研究》，宗教文化出版社 2007 年版。
9. 陈永革：《阳明学派与晚明佛教》，中国人民大学出版社 2009 年版。
10. 陈玉女：《明代的佛教与社会》，北京大学出版社 2011 年版。
11. 陈垣：《明季滇黔佛教考》，河北教育出版社 2000 年版。

12. 陈垣：《清初僧诤记》，中华书局 1962 年版。

13. 陈垣：《中国佛教史籍概论》，中华书局 1962 年版。

14. 陈允吉：《古典文学佛教溯源十论》，复旦大学出版社 2002 年版。

15. 陈允吉主编：《佛经文学研究论集》，复旦大学出版社 2004 年版。

16. 陈允吉：《佛教与中国文学论稿》，上海古籍出版社 2010 年版。

17. 陈望南：《海虞二冯研究》，中山大学出版社 2011 年版。

18. 陈自力：《释惠洪研究》，中华书局 2005 年版。

19. 陈遵妫：《中国天文学史》，上海人民出版社 2006 年版。

20. 丁功谊：《钱谦益文学思想研究》，上海古籍出版社 2006 年版。

21. 杜继文等：《佛教史》，中国社会科学出版社 1991 年版。

22. 杜松柏：《禅学与唐宋诗学》，黎明文化事业股份有限公司 1976 年版。

23. 方立天：《中国佛教哲学要义》，中国人民大学出版社 2002 年版。

24. 冯其庸、叶君远：《吴梅村年谱》，文化艺术出版社 2007 年版。

25. 葛兆光：《中国思想史》，复旦大学出版社 2000 年版。

26. 顾诚：《南明史》，中国青年出版社 1997 年版。

27. 郭朋：《明清佛教》，福建人民出版社 1982 年版。

28. 郭朋：《中国佛教思想史》，福建人民出版社 1998 年版。

29. 郝润华：《钱注杜诗与诗史互证方法》，黄山书社 2000 年版。

30. 洪修平：《中国禅学思想史》，中国人民大学出版社 2007 年版。

31. ［日］忽滑谷快天：《中国禅学思想史》，朱谦之译，上海古籍出版社 1994 年版。

32. ［日］荒木见悟：《佛教与儒教》，杜勤等译，中州古籍出版社 2005 年版。

33. ［日］荒木见悟：《明末清初的思想与佛教》，廖肇亨译，上海古籍出版社 2010 年版。

34. 黄卓越：《佛教与晚明文学思潮》，东方出版社 1997 年版。

35. 黄卓越：《明中后期文学思想研究》，北京大学出版社 2005 年版。

36. 江灿腾：《晚明佛教改革史》，广西师范大学出版社 2006 年版。

37. 江灿腾：《晚明佛教丛林改革与佛学争辩之研究》，新文丰出版公司1990年版。

38. 江灿腾：《明清民国佛教思想史论》，中国社会科学文献出版社1996年版。

39. 赖永海主编：《中国佛教通史》，江苏人民出版社2010年版。

40. 李富华、何梅：《汉文佛教大藏经研究》，宗教文化出版社2003年版。

41. 李君明：《明末清初广东文人年表》，中山大学出版社2009年版。

42. 李爽：《〈钱注杜诗〉研究》，上海古籍出版社2016年版。

43. 李舜臣：《岭外别传：清初岭南诗僧群研究》，南方日报出版社2017年版。

44. 李小荣：《敦煌密教文献论稿》，人民文学出版社2003年版。

45. 李小荣：《汉译佛典文体及其影响研究》，上海古籍出版社2010年版。

46. 廖肇亨：《中边·诗禅·梦戏》，允晨文化实业股份有限公司2008年版。

47. 廖肇亨：《忠义菩提：晚明清初空门遗民及其节义论述探析》，"中央研究院"中国文哲研究所2013年版。

48. 梁启超：《佛学研究十八篇》，上海古籍出版社2001年版。

49. 梁启超：《中国近三百年学术史》，远方出版社2004年版。

50. 吕澂：《中国佛学源流略讲》，中华书局1979年版。

51. 吕澂：《吕澂佛学论著选集》，齐鲁书社1991年版。

52. 罗时进：《地域·家族·文学》，上海古籍出版社2010年版。

53. 罗宗强：《明代文学思想史》，中华书局2013年版。

54. 马奔腾：《禅境与诗境》，中华书局2010年版。

55. 牟润孙：《注史稿丛稿》，中华书局1987年版。

56. 潘桂明：《中国居士佛教史》，中国社会科学出版社2000年版。

57. 潘桂明、吴忠伟：《中国天台宗通史》，江苏古籍出版社2001年版。

58. 潘桂明：《中国佛教思想史稿》，江苏人民出版社2009年版。

59. 裴世俊：《钱谦益诗歌研究》，宁夏人民出版社1991年版。

60. 裴世俊：《钱谦益古文首探》，齐鲁书社1996年版。

61. 裴世俊：《四海宗盟五十年——钱谦益传》，东方出版社 2001 年版。

62. ［加］卜正民：《为权力祈祷——佛教与晚明中国士绅社会的形成》，张华译，江苏人民出版社 2005 年版。

63. 钱穆：《中国近三百年学术史》，商务印书馆 1997 年版。

64. 钱锺书：《管锥编》，中华书局 1982 年版。

65. 钱锺书：《谈艺录》，生活·读书·新知三联书店 2007 年版。

66. 任道斌：《方以智年谱》，安徽教育出版社 1983 年版。

67. 任宜敏：《中国佛教史·明代》，人民出版社 2009 年版。

68. ［日］三浦理一郎：《毛晋交游研究》，华东师范大学出版社 2012 年版。

69. 石俊等：《中国佛教思想资料选编》，中华书局 1989 年版。

70. 释见一：《汉月法藏禅法之研究》，法鼓文化事业股份有限公司 1999 年版。

71. 释见晔：《明末佛教发展之研究——以晚明四大师为中心》，法鼓文化事业股份有限公司 2007 年版。

72. 释圣严：《明末佛教研究》，宗教文化出版社 2006 年版。

73. 释圣严著，关世谦译：《明末中国佛教之研究》，台湾学生书局 1988 年版。

74. 孙昌武：《佛教与中国文学》，上海人民出版社 2007 年版。

75. 孙昌武：《禅思与诗情》，中华书局 1997 年版。

76. 孙立：《明末清初诗论研究》，广东高等教育出版社 1999 年版。

77. 孙之梅：《钱谦益与明末清初的文学》，齐鲁书社 1996 年版。

78. 孙之梅：《钱谦益与明末清初的文学》，山东大学出版社 2010 年版。

79. 汤用彤：《隋唐佛教史稿》，武汉大学出版社 2008 年版。

80. 汤用彤：《汉魏两晋南北朝佛教史》，武汉大学出版社 2008 年版。

81. 汤用彤：《印度哲学史略》，上海世纪出版集团 2006 年版。

82. 王红蕾：《憨山德清与晚明士林》，中国社会科学出版社 2010 年版。

83. 王红蕾：《钱谦益藏书研究》，南开大学出版社 2013 年版。

84. 王颂：《宋代华严思想研究》，宗教文化出版社 2008 年版。

85. 魏道儒：《中国华严宗通史》，江苏古籍出版社 1998 年版。

86. 谢国桢：《明清之际党社运动考》，中华书局1982年版。

87. 谢国桢：《明末清初的学风》，上海书店出版社2006年版。

88. 谢正光：《清初诗文与士人交游考》，南京大学出版社2011年版。

89. 谢正光：《停云献疑录》，浙江大学出版社2015年版。

90. ［荷兰］许理和：《佛教征服中国》，李四龙、裴勇等译，江苏人民出版社1998年版。

91. 严世雄：《钱谦益〈病榻消寒杂咏〉论释》，联经出版事业股份有限公司2012年版。

92. 严耀中：《中国东南佛教史》，上海人民出版社2005年版。

93. 杨连民：《钱谦益诗学研究》，社会科学文献出版社2007年版。

94. 杨曾文：《宋元禅宗史》，中国社会科学出版社2006年版。

95. 张慧剑：《明清江苏文人年表》，上海古籍出版社1986年版。

96. 张永刚：《明末清初党争视阈下的钱谦益文学研究》，凤凰出版社2012年版。

97. 赵伟：《晚明狂禅思潮与文学思想研究》，巴蜀书社2007年版。

98. 赵炜：《明末清初虞山诗学研究》，百花洲文艺出版社2011年版。

99. 赵园：《明清之际士大夫研究》，北京大学出版社2014年版。

100. 周明初：《晚明士人心态及文学个案》，东方出版社1997年版。

101. 周齐：《明代佛教与政治文化》，人民出版社2005年版。

102. 周叔迦：《周叔迦佛学论著集》，中华书局1991年版。

103. 周裕锴：《文字禅与宋代诗学》，复旦大学出版社2017年版。

104. 周裕锴：《中国禅宗与诗歌》，复旦大学出版社2017年版。

105. 周裕锴：《禅宗语言》，复旦大学出版社2017年版。

106. 朱则杰：《清诗史》，江苏古籍出版社2000年版。

（四）学位论文（以答辩时间先后为序）

1. 连瑞枝：《钱谦益与明末清初的佛教》，硕士学位论文，台湾清华大学，1993年。

2. 张永贵：《钱谦益与晚明社会》，博士学位论文，复旦大学，2000 年。

3. [韩] 朴璟兰：《明末清初的文学与思想》，博士学位论文，复旦大学，2001 年。

4. 刘福田：《钱曾〈牧斋诗注〉之史事考察》，博士学位论文，东海大学，2001 年。

5. 袁丹：《钱谦益与文献学》，硕士学位论文，武汉大学，2002 年。

6. 古尊师：《钱谦益诗歌三变》，硕士学位论文，北京大学，2005 年。

7. 邬烈波：《钱谦益心态与文学思想研究》，博士学位论文，南开大学，2003 年。

8. 陆海旸：《钱谦益后期诗歌研究》，硕士论文，复旦大学，2005 年。

9. 焦中栋：《论钱谦益的明代文学批评》，博士学位论文，浙江大学，2005 年。

10. 李欣锡：《钱谦益明亡以后诗歌研究》，博士学位论文，台湾师范大学，2008 年。

11. 徐美文：《钱谦益著述与藏书之研究》，硕士学位论文，台北大学，2009 年。

12. 张凌林：《忠孝与佛性——钱谦益儒佛思想研究》，硕士学位论文，南京大学，2011 年。

（五）期刊论文（以发表时间先后为序）

1. 孙之梅：《钱谦益的"香观""望气"说》，《中国韵文学刊》1994 年第 1 期。

2. 连瑞枝：《钱谦益的佛教生涯与理念》，《中华佛学学报》1994 年第 7 期。

3. 陈洪：《清初文论中的佛学影响》，《南开学报》1996 年第 6 期。

4. 连瑞枝：《汉月法藏与晚明三峰宗派的建立》，《中华佛学学报》1996 年第 9 期。

5. 谢正光：《钱谦益奉佛之前后因缘及其意义》，《清华大学学报》（哲学社会科学版）2006 年第 3 期。

6. 杨敬民：《钱谦益"香观说"与蒲松龄"以鼻观文"论之比较》，《社会科学辑刊》2007 年第 2 期。

7. 夏志前：《〈楞严〉之诤与晚明佛教——以〈楞严经〉的诠释为中心》，《中国哲学史》2007 年第 3 期。

8. 苏勇强、徐百成：《钱谦益诗歌批评方法——望气说》，《聊城大学学报》（社会科学版）2008 年第 3 期。

9. 龚隽：《宋明楞严学与中国佛教的正统性——以华严、天台〈楞严经〉疏为中心》，《中国哲学史》2008 年第 3 期。

10. 师雅惠：《佛境文心——试论佛学对钱谦益文学思想的影响》，《中国社会科学院研究生院学报》2009 年第 2 期。

11. 冯国栋：《钱谦益塔铭体论略》，《文学遗产》2009 年第 5 期。

12. 王红蕾：《钱谦益〈大佛顶首楞严经疏解蒙钞〉考论》，《世界宗教研究》2010 年第 1 期。

13. 苏勇强、陈宇：《钱谦益诗歌批评方法——胎性说》，《聊城大学学报》（社会科学版）2010 年第 1 期。

14. 杨遇青、王娟侠：《论佛禅质素和晚明文学演进之思想脉络》，《江汉论坛》2010 年第 11 期。

15. 熊艳：《钱谦益诗论的佛学影响》，《文艺报》2011 年 5 月 27 日第 8 版。

16. 李舜臣：《钱谦益〈列朝诗集〉编选释氏诗歌考论》，《文学遗产》2015 年第 3 期。

二 外文专著

（一）英文（以出版时间先后为序）

1. Hsu Sung-Peng, *A Buddhist Leader in Ming China：The Life and Thought of Han-Shan Te-Ching*, The Pennsylvania State University Press, 1979.

2. Yu Chun-Fang, *The Renewal of Buddhism in China：Chu-Hung and the Late Ming Synthesis*, New York：Columbia Univirsity Press, 1981.

3. Yu Chun-Fang, *Zibo Zhanke: A Buddist Leader in Late Ming China*, Ann Arbor, Mich.: Univ. Microfilms International, 1985.
4. Lawrence C. H. Yim, *Qian Qianyi's Theory of Shishi during the Ming-qing Transition*, Institute of Chinese Literature and Philosophy, "Academia Sinica", 2005.

（二）日文（以出版时间先后为序）

1. ［日］荒木见悟：《佛教と儒教——中国思を形成するもの》，平乐寺书店1973年版。
2. ［日］荒木见悟：《明末宗教思想研究——管东溟の生涯とその思想》，创文社1979年版。
3. ［日］荒木见悟：《阳明学の开展佛教》，研文出版社1984年版。
4. ［日］荒木见悟：《阳明学の位相》，研文出版社1992年版。
5. ［日］长谷部幽蹊：《明清佛教教团史研究》，同朋舍1993年版。
6. ［日］荒木见悟：《忧国烈火禅：禅僧觉浪道盛のたたかい》，研文出版社2000年版。

后　　记

　　望着窗外皑皑白雪，此刻内心格外宁静。想到书稿结束了，还要写一篇后记，脑海中却是一片空白，不知道该写点什么。

　　记得小时候，我窝在奶奶被窝里，听到冬季呼啸的北风，畏畏缩缩地不想起床，不想上学。奶奶总是燃起一堆柴草，烘暖我冰冷的衣服，也烘暖我的心窝。她和爷爷用孱弱的身躯，把我推向了大山之外。

　　十余载的求学生涯中，有幸遇到了众多善良的师友，陪伴、督促我一路走来，简单的"感谢"二字显得苍白而无力。往日一幕幕温情的画面，依稀回荡在眼前。龙延老师在我孤独无助时，伸出了援助之手。袁书会老师言传身教，指引我走向学术之路。李小荣老师勤奋、严谨、渊博，使我受益终生。这部小小的书稿，从最初选题开始，无不凝聚着李老师的心血。陈庆元老师将新购《足本钱曾牧斋诗注》复印本慷慨相赠，且屡屡相助。孙之梅老师先后两次不顾舟车劳顿，耳提面命，让我受益匪浅。博士毕业后三年多来，有幸参加吴光正老师主持的《中国宗教文学史》课题，多次得到吴老师及课题组其他老师的指点，结识了一些志同道合的好友，实乃人生之幸。中国社会科学出版社的李炳青、张湉编辑，为本书的出版付出了艰辛的劳动。所愧者生性驽钝，学识浅薄，或有诸多难尽人意之处，希望在将来的学习中能够有所补正。

　　如今奶奶卧病在床，我在千里之外。我想，早该回去了，不能被某些东西牵绊了行程。于是，拼命地改呀，改呀，改到了现在。放假啦，书稿

后　记

改完啦，终于可以回家啦！石头路滑，雪天路更滑，希望自己能够小心翼翼地、坚定不移地走下去！

王彦明

丁酉年腊月十二日